Katja Doubek
Blue Jeans

Zu diesem Buch

San Francisco, 1853: Menschen aus aller Herren Länder treffen zusammen, um ihr Glück im Goldrausch zu versuchen. Unter den Abenteurern ist ein junger Mann aus Deutschland, der endlich Geld verdienen und seine große Liebe aus der Heimat nachholen möchte. Aus Segeltuch hat er eine Arbeitshose zusammengenäht und zieht nun durch die Goldgräbercamps, um diese zu verkaufen. Levi Strauss ist so ganz anders als die Glücksritter: Er setzt auf harte Arbeit und Ehrlichkeit – und gewinnt. Die Arbeitshose von Levi Strauss & Co. erobert die USA und später, mit Nieten versehen, als Blue Jeans die ganze Welt. Levi Strauss wird reich und angesehen; nur das Mädchen aus Bamberg, für das er all das getan hat, sah er nie wieder... Spannend und mit Lust am farbigen Detail erzählt Katja Doubek die Geschichte des armen Auswanderers, der 1829 in der Nähe von Bamberg geboren wurde und 1902 als reicher Mann in Kalifornien starb. Zugleich ist es die Geschichte eines Kultobjektes, das die Welt verändert hat.

Katja Doubek, geboren 1958, studierte Psychologie, Germanistik, Philosophie und Geschichte, ist heute als Psychotherapeutin tätig und verfaßte zahlreiche Sachbücher und besondere Lexika. Sie lebt in München. Zuletzt erschienen von ihr »Das Lexikon der Attentate«, »Blue Jeans. Levi Strauss und die Geschichte einer Legende« und »Katharina Kepler«.

Katja Doubek
Blue Jeans

Levi Strauss und die Geschichte einer Legende

Mit 25 Abbildungen

Piper München Zürich

Von Katja Doubek liegen in der Serie Piper vor:
Das intime Lexikon (3280)
Lexikon merkwürdiger Todesarten (3408)
Lexikon der Attentate (3809)
Blue Jeans (4194)

Für Josef

Ungekürzte Taschenbuchausgabe
April 2004
© 2003 Piper Verlag GmbH, München
Umschlag/Bildredaktion: Büro Hamburg
Isabel Bünermann, Friederike Franz,
Charlotte Wippermann, Katharina Oesten
Foto Umschlagvorderseite: Nikolai Schaub, Jorge Schmidt
Satz: Satz für Satz. Barbara Reischmann, Leutkirch
Druck und Bindung: Clausen & Bosse, Leck
Printed in Germany   ISBN 3-492-24194-8

www.piper.de

INHALT

Vorwort 7

ERSTER TEIL

Der achte Tag 9
Glückliche Jahre 17
Ein schwerer Abschied 37
Bürger zweiter Klasse 47

ZWEITER TEIL

Der Aufbruch 59
Auf großer Fahrt 68
Wenig Milch und etwas Honig 89
Ein Schneider aus Riga 99
Fliegende Händler 105

DRITTER TEIL

Kentucky 120
Das Gold des Johann August Sutter 130
Zu neuen Ufern 140
San Francisco 159

VIERTER TEIL

Lotta Crabtree 187
Unterwegs im Wilden Westen 192
Chinatown 214
Levi Strauss & Co 219
Glaube und Geschäft 226
Unruhige Zeiten 235
Hong Teng Wu 249

FÜNFTER TEIL

Eine geniale Idee 264
Ein schwerer Verlust 285
Auf den Wogen des Erfolges 293
Der Aufstand 304
Die Zeit vergeht 310

SECHSTER TEIL

Neue Wege 316
Wo die Liebe hinfällt 320
Ein neues Jahrhundert 330
Das Ende 349

Epilog 358

Dank 360

VORWORT

Es ist erst wenige Jahre her, da wurde in einer verlassenen Bergarbeiterstadt im US-Bundesstaat Nevada eine verblichene Arbeitshose gefunden. Das an sich wäre noch nichts Besonderes, wäre diese Hose nicht etwa 120 Jahre alt und trotz einiger Risse so gut erhalten, daß man sie heute noch tragen könnte. Eine Woche steigerten Denim-Fans im Internet um die Wette, doch der Zuschlag für die begehrte Rarität ging zum Preis von 46 532 Dollar an die Firma Levi Strauss & Co. Damit erwarb das Unternehmen eine original Levis Jeans, wie sie seinerzeit bereits überall in Amerika getragen wurde – ohne Gürtelschnallen, dafür aber mit Nieten, Hosenträgern und einer Extratasche an der Seite.

Die Spuren des seltenen Fundstückes führen uns weit zurück zum Beginn des 19. Jahrhunderts. Damals wurde in der Nähe von Bamberg ein bitterarmer Knabe geboren, der als halbwüchsiger Junge nach Amerika auswanderte und dort als Erfinder der Jeans zu Weltruhm gelangte – Levi Strauss.

Nachdem er, unterstützt von seinen beiden Halbbrüdern, als einfacher Hausierer sein Glück in New York und Kentucky versucht hatte, machte er sich auf den mühsamen Weg nach Kalifornien und landete schließlich in San Francisco. In der brodelnden Stadt am Meer wurden Existenzen gemacht – und zerstört. Millionäre wie William Chapman Ralston und Johann August Sutter, einst reichster Mann des Landes, standen plötzlich vor dem Ruin, während schillernde Figuren wie Zeitungsmacher Patrick Randolph Hearst zu unermeßlichem Wohlstand gelangten.

In San Francisco trafen Menschen aus aller Herren Länder aufeinander, alle mit einem Ziel: schnell zu Ruhm und Reichtum zu gelangen. Hier sangen und tanzten Weltberühmtheiten wie Lola Montez und Lotta Crabtree vor ausverkauften Häusern. Hierher brachte Buffalo Bill nach mörderischen Parforce-Ritten die Post aus dem Osten des Landes, und hier etablierte Levi Strauss gemeinsam mit seinem Schwager David Stern seinen ersten kleinen Laden.

Das Leben an der Westküste war hart, aufregend und zunächst voller Entbehrungen. Verbrechen waren an der Tagesordnung und wurden mangels greifender Gesetze oft mit Lynchjustiz geahndet. Doch der junge Mann aus Deutschland ließ sich nicht entmutigen. Allen Gefahren zum Trotz zog er jahrelang durch die Goldgräbercamps, um Hosen aus Segeltuch zu verkaufen. Ohne je selbst eine Hacke oder Schaufel in der Hand gehabt zu haben, legte er so in der Zeit des Goldrausches im Wilden Westen den Grundstein für sein späteres enormes Vermögen und ein Imperium, das bis in die heutige Zeit besteht.

Dank seiner außergewöhnlichen Kreativität sowie seines guten Gespürs wurde er zu einem der beliebtesten und erfolgreichsten Kaufleute seiner Zeit. Das belegen zahlreiche Quellen, biographische Zeugnisse und das Archivmaterial verschiedener Zeitungen, die für dieses Buch herangezogen wurden. Wenig belegt dagegen ist, naturgemäß, sein Privatleben. Das gilt auch für die legendäre Geschichte von seiner unerfüllten Liebe zu einem jungen Mädchen, das er in der Heimat zurücklassen mußte. Hier habe ich mich für die Version entschieden, die mir die stimmigste zu sein schien – belegt ist sie nicht.

Katja Doubek

ERSTER TEIL

Der achte Tag

Behutsam lüpfte der Mohel das weiße Tuch und betrachtete den schlafenden Säugling. Er beugte sich so tief hinunter, daß die Schläfenlocken und sein langer, schwarz-grauer Bart beinahe den Bauch des halbnackten Kindes berührten. Zur Feier des Tages hatte der ehrwürdige Mann den Tallith angelegt. Eigentlich trug er ihn nur beim Gottesdienst in der Synagoge, aber heute, am 6. März 1829, dem achten Tag nach der Geburt des kleinen Jungen Löb, verdeckte der viereckige, weiß-blau gestreifte Gebetsmantel die schwarze Alltagsjacke des alten Herrn.

»Gelobt seist du, Ewiger, unser Gott, König der Welt, der Du uns geheiligt durch deine Gebote und uns die Beschneidung befohlen«, sprach der Mohel den Segensspruch und griff mit Daumen und Zeigefinger die winzige Vorhaut des kleinen Löb. Der lag, das Köpfchen leicht zur Seite gedreht, auf dem Schoß seines Onkels, des Viehhändlers Lippmann Strauss.

Die lange, schmale Stube war festlich geschmückt. Noch am Nachmittag zuvor hatte die Großmutter die Dielen auf den Knien geschrubbt und den Tisch liebevoll gedeckt. Auch wenn das Geld im Haus Nr. 83 immer knapp war, sollte das Fest der Beschneidung des jüngsten Sohnes gebührend begangen werden.

Der Hausierer Hirsch Strauss stand kurz vor seinem fünfzigsten Lebensjahr. Drei Jungen und zwei Mädchen hatte ihm seine erste Frau geboren, bevor sie – gerade mal fünfunddreißig Jahre alt – an Abzehrung gestorben war und den Witwer allein mit fünf hungrigen Mäulern zurückgelassen hatte. Sieben Tage hatte er um sein Weib getrauert, sieben Tage kaum etwas zu sich genommen; sieben Tage hatte er auf einem Schemel gesessen und war trotz der aufmunternden Worte seiner Besucher schier untröstlich gewesen. Dann straffte er die Schultern und versammelte seine Kinder um sich. Er befahl den beiden ältesten, Jakob und Rösla, zehn und neun Jahre alt, sich um die kleine Maila zu kümmern. Das Baby war kaum neun Monate und mußte versorgt werden. Daraufhin legte er die Hand des fünfjährigen Lippmann in die seines siebenjährigen Bruders Jonathan und gebot beiden bis zu seiner Rückkehr aufeinander zu achten, der Großmutter folgsam zur Hand zu gehen und ihr keinen Kummer zu machen.

Während Rösla sanft die Wiege ihrer kleinen Schwester in Bewegung hielt, schnallte Hirsch Strauss sich seine Holzkiepe auf den Rücken. Eine Woche war er nicht unterwegs gewesen, doch kaum hatte er die Riemen zurechtgezurrt, spürte er sie wieder, die schmerzenden Druckstellen rechts und links vom Hals. Die schwere, sperrige Kiste, aus groben Brettern zusammengenagelt, war etwa sechzig Zentimeter breit, fünfundvierzig Zentimeter hoch und stand dreißig Zentimeter vom Rücken ab. Sie war gefüllt mit Knöpfen, Bändern, Nadeln, Faden, Stoffen und manchmal sogar mit Werkzeug und Geschirr. All das eben, was die Hausfrauen und Bauern in der Umgebung des kleinen bayerischen Dorfes Buttenheim vielleicht gerade brauchen konnten und hoffentlich kauften. Tagein, tagaus stapfte Hirsch Strauss mit seiner schweren Last über die schlecht gepflasterten Straßen, durch matschige Felder und die dichten Laubwälder der Gegend. Oft haderte er mit seinem Schicksal und dem Gesetz, das seinem älteren Bruder den florierenden väterlichen Viehhandel zugesprochen und ihm nur die Wahl des Hausierens gelassen hatte. Der knappe Erlös seiner Arbeit reichte eher schlecht als recht, die Familie zu ernähren. Doch mehr noch als Essen und Kleidung fehlte den Kindern die liebevolle Fürsorge der Mutter.

Ein paar Meter die Straße des Judenviertels herunter wohnte im Haus Nr. 76 der Viehhändler Seligmann Haas mit seiner Frau Henela und Tochter Rebekka. Das Mädchen war zwanzig Jahre jünger als der Hausierer Strauss, wußte einen Haushalt zu führen, mochte Kinder und fühlte sich sehr zu dem benachbarten Witwer hingezogen. Kaum ein Jahr nach dem Tod seiner ersten Frau heiratete er die tüchtige Rebekka, und am 24. Dezember 1823 schenkte sie Töchterchen Vögela das Leben.

Fünf Jahre vergingen. Hirsch Strauss zog noch immer mit seiner Kiste von Haus zu Haus. Rebekka versorgte die Kinder, wusch, nähte, backte, kochte und putzte. Fromm verrichtete sie ihre Pflichten und hielt die sechsköpfige Brut zu Gehorsam vor Dem Ewigen und dem Vater an. Am 26. Februar 1829 schickte sie die kleine Vögela erst zur Hebamme und dann mit den Halbgeschwistern vor die Tür, heizte den Herd in der Küche ordentlich ein, stellte den großen Kessel mit Wasser auf, legte sich in eines der Betten in der Kammer und entband wenig später einen gesunden Sohn. Als ihr Mann am frühen Abend die Stube betrat, stürmten ihm die Kinder mit der frohen Botschaft entgegen. Hirsch öffnete die angelehnte Tür einen Spalt weit und spähte vorsichtig in die Kammer. Die Wöchnerin lag mit einem frischen Nachthemd bekleidet und von einem festen Kissen gestützt in ihrem Bett. Im linken Arm hielt sie den friedlich schlummernden Neugeborenen. Normalerweise trug Rebekka die Haare in einem üppigen Kranz, jetzt lagen zwei dicke Zöpfe rechts und links von ihrem Kopf auf dem Kissen. Hirsch fand seine erschöpfte Frau wunderschön. »Du siehst aus wie ein junges Mädchen«, sagte er zärtlich und küßte sie auf die Stirn. Rebekka lächelte stolz und schlug die Decke ein wenig zurück, damit er das Kind besser sehen konnte. Hirsch betrachtete gerührt das von der Geburt gerötete Gesichtchen seines Jüngsten und gab dem Jungen den Namen Löb. Wenig später verließ er das Haus, um die notwendigen Vorbereitungen zu treffen.

Sein erster Gang führte ihn zu Rebekkas Eltern, die ihn mit einem herzlichen »Lechaim« – »Auf das Leben« – empfingen und umarmten. Von dort ging er die kleine Seitenstraße herauf, überquerte die Straße und wandte sich nach links. Aus den Fenstern des Hauses Nr. 134 drang schwaches Licht. Dort lebte sein Bruder Lippmann mit seiner zweiten Frau Schönla und den jüngeren der insgesamt neun Kinder. Schönla strich ihre lange Schürze glatt und öffnete. »Wir haben einen gesunden Sohn, Dem Ewigen sei Dank«, sagte Hirsch zur Begrüßung und deutete eine kleine Verbeugung an. Schönla küßte ihn auf die Wange, nahm seine Hand und zog ihn in die Stube. »Lippmann!«, rief sie ihrem Mann zu, »es ist ein Junge!« »Setz dich zu uns«, lud Lippmann seinen Bruder ein und zeigte auf eine Schale mit Gebäck. »Hast du Hunger? Greif nur zu, es ist genug da.« Hirsch, der den ganzen Tag kaum etwas gegessen hatte, ließ sich nicht zweimal bitten. Dankbar nahm er auch den angebotenen Tee an und genoß die erquickende Süße des heißen Getränkes.

»Lippmann«, hob er zu sprechen an und klaubte einen Krümel aus seinem Bart, »ich wollte dich fragen, ob du des Jungen Gevatter sein willst.« Lippmann atmete tief ein, blies die Wangen auf und schob seine von Stolz geschwellte Brust ein wenig nach vorne. Was für eine Ehre, die sein Bruder ihm da erwies! Er sollte der Pate des kleinen Jungen sein. Auf seinem Schoß sollte das Kind liegen, wenn der Akt der Beschneidung vollzogen würde. Seine Knie sollten den Altar für das heilige Ritual bilden. Das machte ihn gewissermaßen zur Hauptperson der Handlung. Würdevoll erhob er sich und antwortete: »Es ist mir nicht nur eine Freude, sondern auch eine große Ehre, deinem Sohn der Gevatter zu sein. Laß mich wissen, wenn du mit dem Mohel gesprochen und einen Tag vereinbart hast. Ich werde da sein.«

Schon vor Wochen hatte Hirsch Strauss mit dem Mohel gesprochen. Der lebte ebenfalls im kleinen Judenviertel des Ortes, nur ein paar Häuser entfernt, und hatte schon vor vielen Jahren vor dem Rabbiner seine Kenntnisse der rituellen Vorschriften bewiesen. Danach war er vor ein Gremium von Ärzten zitiert worden, um zu zeigen, daß er auch den fachlichen Teil ordnungsgemäß gelernt hatte und mit dem kleinen, scharf geschliffenen Messer präzise umzugehen wußte. Die Urkunde, in der seine Befugnis beglaubigt und seine Fertigkeit offiziell bestätigt wurde, hielt er seither in Ehren und achtete jedesmal, wenn er gerufen wurde, auf das genaueste darauf, daß das Ritual so ausgeführt wurde, wie es vorgesehen war.

So auch an diesem 6. März. Schon am Abend zuvor war der Mohel in die Nr. 83 gekommen und hatte mit der Familie die »Nacht der Wache« verbracht und dafür gesorgt, daß alle Gebete für das Wohlbefinden des kleinen Jungen und das Glück der Eltern gesprochen worden waren. Mit diesem Beisammensein am Vorabend der Beschneidung wurden nach altem Brauch die bösen Geister ferngehalten, auf daß sie keine Gewalt über das Neugeborene gewännen.

Rebekka war unruhig. Der Gedanke daran, daß ihrem kleinen Sohn am nächsten Tag eine Wunde zugefügt werden würde, machte ihr Sorgen. Immer wieder wachte sie auf und holte Löb schließlich aus der alten Wiege, um ihn ganz nah bei sich zu haben. Erst in den frühen Morgenstunden schlief sie ein, den Säugling fest an sich gedrückt.

Schon mit Anbruch des Tages begann die Großmutter die bevorstehende Zeremonie vorzubereiten. Nahe am Fenster, wo das Licht am hellsten war, stellte sie einen Stuhl für den Gevatter auf die linke und den schönsten Sessel des Hauses auf die rechte Seite. Auf dem Sessel lagen eigens für den Anlaß üppig bestickte Kissen. Es war der symbolische Platz für den Propheten Elia, der den Mohel beaufsichtigen und unterstützen sollte. Die Großmutter schob die beiden Stühle noch ein wenig hin und her. Erst als sie wirklich im vollen Licht des Fensters standen, ging sie in die Küche, um frisches Wasser zu holen. Sie füllte die Waschschüssel auf dem Tisch und überprüfte die Talgkerzen, die überall aufgestellt waren.

Währenddessen öffnete und schloß sich die Haustür ohne Unterlaß. Freunde und Verwandte trafen einer nach dem anderen ein und füllten die Stube mit heiterem Geplauder. Rebekka nahm das schlafende Baby fest in den Arm und bemühte sich, ihren Herzschlag unter Kontrolle zu halten. Sie hörte die Stimme des Mohel. Gleich würde es so weit sein. Sie strich Löb zärtlich über den Kopf. Da trat die Großmutter in die Kammer. In der Hand hielt sie ein mit Stickereien reich verziertes Kinderhemdchen, ein wenig verblichen, denn schon die Halbbrüder Jakob, Jonas und Lippmann hatten es zum festlichen Anlaß getragen. Rebekka richtete sich auf und reichte den Säugling aus dem Bett. Die Großmutter trug ihn zur Kommode und legte ihn auf das weiche Moltontuch. Löb beschwerte sich unwirsch als sie ihn entkleidete. Erst als die lange Stoffbahn, die als Windel diente, vollständig abgewickelt war, strampelte er vergnügt mit befreiten Beinen und pieselte lächelnd und in hohem Bogen auf die Wickelunterlage. Schweigend trocknete die Großmutter die kleine Pfütze mit dem sauberen Ende der Windel und zog ihrem jüngsten Enkel das Festhemdchen an. Sie schlug ein weißes Tuch um seinen Unterleib und die Beine und trug den zufriedenen Säugling in die Stube.

Dort herrschte inzwischen feierliche Stille. Andächtig betrachteten die Gäste die Instrumente, die der Mohel neben der Waschschüssel auf dem Tisch ausgebreitet hatte. Wie die Orgelpfeifen standen die mit eiskaltem Pumpenwasser gewaschenen Kinder mit feuchten Kragen und leuchtenden Augen an der Wand aufgereiht, während der siebzehnjährige Jakob und sein Cousin Joel mit großen Kerzen in der Hand und angemessen ernsthaften Gesichtern je hinter einem der beiden Stühle standen. Aus der Küche zog der köstliche Duft sauren Krauts herein, der Ofen in der Ecke gab wohlige Wärme ab, und durch das Fenster am schmalen Ende des Raumes fielen milchig die Strahlen der Frühlingssonne. Der Mohel stand mit ernster Miene am Tisch und trocknete sich soeben die Hände mit dem bereitgelegten weißen Leintuch, als die Großmutter würdevoll den Raum betrat. Gevatter Lippmann saß bereits auf seinem Stuhl und lehnte sich bei ihrem Anblick ein wenig zurück, um einen bequemen Platz für seinen Neffen zu schaffen. Während alle die Zeremonie mit Spannung erwarteten, ließ der kleine Löb sich völlig unbeteiligt auf den Schoß seines Paten legen. Lippmann hatte seinen besten Anzug angezogen und genoß sichtlich das Privileg, den Sohn seines jüngeren Bruders an diesem Tag auf den Knien zu halten. Ein Kissen auf dem Schoß, bettete er das Köpfchen des Säuglings sorgfältig an seinen Bauch, legte je eines der kleinen Beine auf seine Oberschenkel und hielt die Waden mit zärtlichem, aber bestimmten Griff.

Der Mohel zog die Vorhaut des Jungen ein wenig nach vorne. Löb gab noch immer keinen Mucks von sich, mit geschlossenen Augen ließ er bis hierher alles über sich ergehen. Der Mohel griff mit der rechten Hand nach dem scharfen Messer und waltete seines Amtes. Löb zuckte zusammen, riß entsetzt die Augen auf und stieß einen gellenden Schrei aus, der in jämmerliches Weinen mündete und Rebekka in der Kammer Tränen in die Augen trieb. »Gelobt seist du, Ewiger, unser Gott, König der Welt, der du uns geheiligt durch deine Gebote und uns die Beschneidung befohlen«, versuchte der Mohel mit dem Segensspruch das inzwischen mörderische Gebrüll des Babys zu übertönen. In der Kammer lag Rebekka mit hilflos geballten Fäusten und fragte sich, warum Mädchen wohl von Geburt an der jüdischen Gemeinde angehörten, während Jungen diese schmerzhafte Prozedur über sich ergehen lassen mußten. Während der Mohel das Blut abtupfte und einen winzigen Verband anlegte, sprach Hirsch Strauss mit erhobener Stimme, was die Tradition gebot: »Gelobt seist du, Ewiger, unser Gott, König der Welt, der du uns geheiligt durch deine Gebote und uns befohlen, den Sohn in den Bund unseres Vaters Abraham aufzunehmen.« Löb schrie noch immer und wehrte sich gegen den brennenden Schmerz, indem er nach Leibeskräften mit Armen und Beinen ruderte. Die Gäste hatten sich nach dem Segensspruch erhoben und antworteten im Chor: »Wie er in den Bund eingeführt worden, so möge er in die Thora, in die Ehe und in die Ausübung guter Werke eingeführt werden.« Keiner von ihnen konnte ahnen, daß das Schicksal etwas anderes mit dem kleinen Jungen vorhatte, und nicht alle guten Wünsche in Erfüllung gehen sollten.

Noch während er auf dem Schoß seines Paten lag, wickelte die Großmutter ihren plärrenden Enkel mit geübtem Griff und zog ihn an. Der Mohel hob einen Becher mit Wein, segnete den Säugling erneut, benetzte ihn mit einigen Tropfen Wein, nannte ihn bei seinem Namen und sprach die Formel: »Ich sprach zu dir, als du so in deinem Blute dalagst, du sollst leben!« Dann nahm die Großmutter Löb vom Schoß seines Onkels und brachte ihn zu Rebekka, die ihn liebevoll entgegennahm. In ihren Armen beruhigte er sich, noch bevor sich in der Stube alle zum Essen um den Tisch versammelt hatten.

Die Kerzen leuchteten noch immer, das frische Brot duftete köstlich, die Schüsseln dampften, der Wein funkelte. Am Kopfende stand der Mohel und sang das feierliche Tischlied, dann setzte sich die Gesellschaft und unterbrach die lebhafte Schwatzerei beim Essen nur, um von Zeit zu Zeit ein Gebet zu sprechen oder einer Ansprache zu lauschen.

Rebekka aber saß halb aufgerichtet in ihrem Bett, während neben ihr das Kind schlief und sich von den erlebten Strapazen erholte. Zärtlich schaute sie auf Löb herab. Glücklich, daß alles überstanden war, wußte sie, daß sie die kleine Wunde in den nächsten Tagen pflegen und gewissenhaft säubern mußte, bis der Mohel bei seinem letzten Kontrollbesuch sagen würde, daß alles verheilt war.

Glückliche Jahre

Binnen weniger Wochen hatte sich Rebekka von der Geburt erholt und das vorgeschriebene Bad in der Mikwe genommen. Längst trug sie die dicken Zöpfe wieder zum Kranz gelegt, paßte wieder in die alten, wollgewebten Kleider und widmete sich ihren häuslichen Pflichten. Solange sie in Stube, Küche oder Kammer arbeitete, lag Löb in der kleinen hölzernen Wiege, die schon den anderen sechs Kindern als Bettchen gedient hatte. Entweder schlief er friedlich oder er gurrte vergnügt vor sich hin und versuchte seine kleinen Fäuste geballt in den zahnlosen Mund zu stecken. Der Sommer kam und Rebekka hielt sich oft in dem Gemüsegärtchen hinter dem Haus auf. Sie pflanzte, jätete, zupfte und nutzte jeden Millimeter der kleinen Fläche aus, um dem Boden etwas Eßbares für die Familie abzugewinnen. Die Winter waren oft bitterkalt, doch zwischen Frühling und Herbst herrschte mildes Klima in Buttenheim. Die Rosen blühten bis in den November, das Spalierobst stand prächtig und der Hopfen gedieh auf den Feldern. Rebekka verstand ihr Handwerk vortrefflich. Je nach Jahreszeit erntete sie Schalotten, Zipollen, Rokambolen, rote, gelbe und Mairüben, Schwarzwurzeln, Möhren, Kraut und Pörschkohl, Warzenkürbis, Kartoffeln, Petersilie, Pimpinelle und Wintermajoran. Was sie nicht selbst einkochte oder in ihrer Küche verwertete, ließ sie ihre Stiefsöhne für ein paar Kreuzer im Dorf verkaufen. Den Erlös verwahrte sie sorgsam in ihrem Knippel, ihrem »kleinen Knoten«. Fest zusammengebunden in einem großen Taschentuch trug sie die Münzen stets bei sich und leistete sich davon den Luxus weißer statt der billigeren braunen Hühnereier. Braune Eier zu kaufen war gefährlich, das hatte Rebekka in frühester Kindheit von ihrer Mutter gelernt. »Ganz gleich, wie sehr du sie ins Licht hältst«, hatte Henela ihr eingeschärft, »du wirst nie durch die Schale der braunen Eier hindurchsehen können, und so wirst du nie feststellen können, ob sie unbefruchtet und für koschere Speisen geeignet sind.« Wenn Rebekka Eier kaufte, glich das immer einer ernsthaften Zeremonie. Die Worte ihrer Mutter im Ohr, prüfte, drehte und wendete sie jedes Stück mehrmals, hielt es ins Licht, drehte es nochmal, schaute von unten und zur Sicherheit noch einmal von allen Seiten, bis sie es endlich in ihren Korb legte. Und jedesmal, wenn sie dann nach Hause ging, dachte sie daran, wieviel weniger zeitraubend die Sache mit den Eiern wäre, wenn sie eigene Legehennen hätte.

Außer von einer großen Kinderschar hatte Rebekka Strauss, immer davon geträumt, vielleicht ein paar Hühner, Schafe, ein oder zwei Ziegen und vielleicht sogar eine Kuh ihr eigen zu nennen. Aber wenn die Geschäfte schlecht gingen – und das war oft der Fall – brachte ihr Mann kaum genug heim, um die Kinder ordentlich zu kleiden und satt zu kriegen. Gingen die Geschäfte besser, mochte es manchmal wohl für einen Braten reichen, aber sicher nicht für eigene Tiere. Zudem war das Grundstück um das winzige Häuschen viel zu klein für die Viehhaltung. Im Dorf wurde das Arme-Leute-Haus deswegen »Tropfenhäusla« genannt: Es gab so wenig Grund, daß die vom Dach herabfallenden Regentropfen die äußere Begrenzung bildeten. Rebekka wirtschaftete so sparsam wie möglich. Das dunkle Brot backte sie selbst, die allabendliche Suppe streckte sie mit viel Wasser, und die Stummel der abgebrannten Kerzen sammelte sie, schmolz sie zusammen, zog frische Dochte ein und fertigte neue Lichter. Jonathan, Lippmann und Löb trugen Jakobs abgelegte Kleidung, für Maila und Vögela schnitt sie die Röckchen aus Röslas alten Stücken. War ein Pullover an den Ellbogen zerschlissen und löchrig, wurde er aufgeribbelt, die krause Wolle stramm über ein hölzernes Brett gewickelt, unter dem Pumpenschwengel durchfeuchtet, glatt getrocknet und aufs Neue verstrickt.

Hatte sie im Garten zu tun oder mußte sie auf dem Markt etwas besorgen, vertraute Rebekka den kleinen Löb entweder Mailas oder Vögelas Obhut an. Die Mädchen überboten sich gegenseitig darin, das Baby zu füttern, zu herzen und mit fröhlichen Grimassen und Taschentüchern vor dem Gesicht zum Lachen zu bringen. Währenddessen hatten die Brüder alle um das Haus anfallenden Männerarbeiten zu verrichten, denn der Vater war noch immer jeden Tag unterwegs und blieb oft sogar die ganze Woche weg. Sie sammelten Holz für Küche und Stube, besserten den Zaun aus, brachten den Kehricht hinter das Haus und wendeten auf Rebekkas Geheiß widerwillig den stinkenden Kompost, damit sie ihren Garten düngen konnte.

Hirsch Strauss absolvierte nach wie vor seine langen Märsche in der Umgebung. Gewissenhaft achtete er jedoch stets darauf, daß er spätestens am Freitagnachmittag zu Hause war, damit er den Sabbat mit der Familie verbringen konnte. Das Fest begann am Abend vor dem Samstag, und Familie Strauss beging den ersten Gottesdienst meist zu Hause. Schweigend und andächtig lauschten die Kinder Rebekkas Worten, wenn sie, mit den Händen die Augen bedeckend, flüsternd betete. Vor ihr stand auf dem Tisch der große Kerzenleuchter und strahlte, während Rebekka inbrünstig um Glück für ihre Familie, die Nächsten und sich selbst bat. Die kleine Synagoge mit dem rituellen Tauchbad lag schräg gegenüber und Hirsch freute sich die ganze Woche auf den Tag der Einkehr und Ruhe. Wenn er sich dann nach dem Gottesdienst von den Freunden verabschiedet, die Straße überquert hatte und den schmalen Weg an der Längsseite des spitzgiebeligen Fachwerkhäuschens entlang ging, wurde ihm ganz warm ums Herz. Trotz der ständigen Geldnot schaffte es seine Frau immer wieder, die Stube gemütlich herzurichten, die Kinder gesund und die Wäsche sauber zu halten und obendrein noch eine warme Mahlzeit auf den Tisch zu bringen. Dankbar schaute er sie an, wie sie in der Nähe des Ofens saß. In ihrem Haarkranz zeigten sich die ersten Silberfäden, die Hände waren rau von der vielen Arbeit und dennoch kam es ihm vor, als wäre seine die schönste Frau von allen.

Rebekka fühlte, daß ihr Mann sie beobachtete, ließ die Flickarbeit für die Nachbarin sinken, lächelte ihn an und schaute auf den Boden. Da saß der kleine Löb und spielte selbstvergessen mit einer Schachtel Knöpfe aus des Vaters Hausierkiste. Jonathan und Lippmann zerstörten die Idylle. Laut um einen Apfel streitend stürmten sie mit schmutzigen Stiefeln in die Stube, schubsten Löb um, fielen auf den Boden und ehe Vater oder Mutter sie beim Schopf packen konnten, prügelten sie aufeinander ein, während der erschrockene Löb aus vollem Hals schrie. Sofort hatte Hirsch die zwei Rabauken am Schlafittchen gepackt, beförderte sie ohne große Worte vor die Tür, schleifte sie zur Pumpe und kühlte beide mit einem gezielten Wasserstrahl. Heulend und mit pudelnassen Köpfen standen sie vor ihm, gelobten den Zankapfel gerecht zu teilen und wischten die laufenden Nasen mit dem Ärmel. »Es ist Sabbat, eure Mutter hat alles geputzt und ihr kommt mit den dreckigen Stiefeln in die Stube! Was denkt ihr euch dabei? Geht und bringt das wieder in Ordnung!« Hirsch war verärgert und bekam vor Zorn einen Hustenanfall. Folgsam und ohne ein Widerwort holten die Brüder einen Lumpen und beseitigten ihre Schmutzspuren in der Stube.

Jakob, Hirschs ältester Sohn, hatte inzwischen das Haus Nr. 83 verlassen und war in die Nr. 134 zu Lippmann Strauss gezogen. Dort half er seinem Onkel bei der Viehpflege, mistete die Ställe aus und verrichtete auch sonst die Arbeiten eines Knechtes. Lohn bekam er dafür nicht, aber Logis und drei Mahlzeiten täglich. Hirsch und Rebekka waren dankbar, daß Jakob sich auf diese Weise selbst versorgte. Seit er aus dem Haus und Rösla verheiratet war, gab es etwas mehr Platz und nur noch fünf Kinder zu füttern. Dennoch blieb das Geld knapp. Längst hatte Rebekka Maila und Vögela nähen, sticken und stopfen gelehrt, und so saßen sie zu dritt beinahe jeden Abend bei Kerzenlicht und flickten die Wäsche und Hemden der Nachbarn, die ihnen dafür entweder ein paar Kreuzer oder Naturalien zahlten.

Wenn Hirsch Strauss erschöpft von seinen langen Märschen zurückkehrte, stellte er die Kiste auf den Boden neben den Schrank in der Stube, dehnte den müden Rücken und rieb sich die wunden Schultern. Nach dem Abendessen setzte sich Löb dann wie in der Kindheit auf den Boden und nahm alles aus der Kiepe. Gewissenhaft sortierte er die Knöpfe wieder in ihre Schachteln, rollte die Bänder zusammen, faltete den Stoff und ordnete die Nägel nach Größe, um dann alles wieder einzuräumen, so wie es ihm der Vater gezeigt hatte.

Hirsch Strauss liebte seinen Jüngsten sehr. Löb hatte sich zu einem fleißigen, gehorsamen und freundlichen Kind entwickelt, jederzeit bereit, den Eltern zur Hand zu gehen, kleine Botendienste zu versehen und der Mutter im Gemüsegarten zu helfen. In der Sabbat-Schule gehörte er zu den Ersten seiner Altersstufe, und der Rabbi war mehr als einmal voll des Lobes über seine schnelle Auffassungsgabe. Wenn er Rebekkas Aufträge und alle anderen Aufgaben erledigt hatte, spielte Löb mit den anderen Kindern aus der Nachbarschaft im Freien.

Rechts, ein paar Meter die Straße hinunter, um eine kleine Kurve und dann ein wenig geradeaus, war sein Lieblingsplatz. Dort floß ein munteres Bächlein, an dem im Sommer unter den Büschen bunte Blumen und sattes, grünes Gras wuchsen. In der Mitte führte ein Steg über das Wasser zum Anwesen des schmerbäuchigen, reichen Gutsbesitzers Schneider. Löb beschäftigte sich stundenlang damit, aus kleinen Stöcken, Gräsern und Blättern Spielzeugflöße zu bauen, sie auf der einen Seite das Steges zu Wasser zu lassen, um dann ganz schnell auf die andere Seite zu laufen und zu schauen, wie die Gefährte auf den kleinen Wellen des Flüßchens unter dem Steg hervor und den Wasserlauf hinab tanzten. Sorgsam achteten er und die anderen Kinder aus dem Judenviertel darauf, daß sie rechtzeitig vom Steg verschwanden und sich hinter den Büschen versteckten, wenn der schmucke Zweispänner des Gutsherren Schneider nahte.

Schneider war ein strenger Mann. Er schätzte es ganz und gar nicht, wenn die »jüdischen Rotznasen« sich in der Nähe seines Grundstückes aufhielten. »Ich wünsche nicht, daß das Paulinchen auch nur in die Nähe dieser Streuner kommt!«, gab er jeden Morgen Order, während er die dicke goldene Uhr an der dicken goldenen Kette in die Westentasche vor seinem dicken Bauch steckte. Seine stille, doch ebenso gestrenge Frau nickte, das Kindermädchen zupfte ihr Häubchen zurecht, legte die Hände auf die Schürze und knickste artig. Und so spielte die kleine Pauline Schneider immer unter Aufsicht und meistens ganz alleine im parkähnlichen Grundstück des vornehmen Hauses. Oft schaute sie sehnsüchtig durch das feine schmiedeeiserne Geländer der doppelseitig begehbaren Treppe zu den anderen Kindern herüber und wünschte nichts so sehr, wie ein Teil dieser heiteren, unbeschwerten Gemeinschaft zu sein. Mehrmals hatte sie versucht, heimlich aus dem reich verzierten Tor zu entwischen und die wenigen Meter über den weiten Hof zum Steg zu gelangen, doch jedesmal griff sie spätestens bei der großen Pumpe entweder die feste Hand der Mutter oder das Kindermädchen am blonden Zopf oder dem weißen Spitzenkragen und beförderte sie unsanft wieder hinter den Zaun.

Pauline blieb nichts anderes übrig, als sich in ihre goldene Gefangenschaft zu ergeben. Nur der sonntägliche Kirchgang bot eine Gelegenheit, vor Tür und Tor zu kommen, und darauf freute sie sich immer besonders. Die beinahe hundert Jahre alte Kirche mit dem buntgoldenen Wappen über dem Portal und den kostbaren Heiligenfiguren aus Stein lag nur ein paar Schritte vom Schneiderschen Haus. Fein herausgeputzt, meist in dunkelblauem Samt, winters mit einem schwingenden Mäntelchen darüber, folgte Pauline, die langen blonden Haare fest geflochten, den Eltern beim ersten Glockenschlag zur Messe. Kaum war sie alt genug, daß die Mutter sie nicht mehr an die Hand zwang, verlangsamte das Kind die Schritte unmerklich, so daß sie bereits beim Steg mindestens einen Meter zurücklag. Ihre Phantasie schlug Purzelbäume. Sie dachte sich die Eltern weg und stellte sich vor, wie es wäre, wenn sie jeden Tag einfach so herumspazieren könnte, wenn sie ihren hölzernen Reifen nicht im Garten, sondern auf der Straße den Hang hinab treiben, den Ball nicht an die Wand, sondern Spielgefährten aus Fleisch und Blut zuwerfen könnte. Pauline träumte ihren Sonntagstraum und ihre Schritte wurden immer langsamer. Bis zur Kirche hatte sie die Distanz meist vervierfacht und wußte genau, daß der Vater spätestens an der steinernen Treppe rufen würde: »Pauline! Was trödelst du so herum! Meinst du, unser Herrgott wartet ausgerechnet auf dich? Spute dich! Die Messe beginnt jeden Augenblick!« Jeden Sonntag sagte er diese Worte, und Pauline machte ein leises Spiel daraus, sie mitzusprechen und dabei eine vorsichtige Grimasse zu ziehen.

Es war ein warmer Sonntag im Mai des Jahres 1841, als Löb Pauline zum ersten Mal bewußt wahrnahm. Die Mutter hatte ihn geschickt, bei der Nachbarin weißes Mehl zu borgen. Das Wetter war herrlich und Löb hatte einen Umweg für seinen Gang gewählt. Er kickte einen Kiesel vor sich her, während er die Straße herunter ging und bewunderte das Glitzern der Sonnenstrahlen, die sich in den wabenförmigen, bleiverglasten Fenstern der Kirche brachen. »Hans Guck in die Luft! Halte die Augen auf die Straße gerichtet, wenn du läufst!«, herrschte ihn Schneider an, den er um ein Haar angerempelt hätte. Löb starrte auf die goldenen Knöpfe, die über dem beeindruckenden Bauch prangten und sprang entsetzt zur Seite. Der Gutsbesitzer wich keinen Millimeter von der Stelle, runzelte die Stirn bedrohlich, maß Löb mißmutig von oben bis unten, zwirbelte an seinem Bart, schüttelte den Kopf und setzte sich schließlich wieder in Bewegung. Kaum hatte er den zweiten Schritt getan, da schien es Löb, als sähe er einen Engel. Pauline hatte der Mutter abgetrotzt, die langen Haare offen tragen zu dürfen. Ihr zarter Hals ragte aus einem weißen, gestärkten Kragen, der das leuchtende Blau ihres Kleides geradezu himmlisch zur Geltung brachte. Die Spitzen ihrer blanken, schwarzen Schuhe blitzten auf der staubigen Straße. Löb hatte Pauline schon oft im Garten gesehen, aber daß sie so schön war, war ihm bis heute nicht aufgefallen. Er stand da mit offenem Mund und merkte betroffen, wie ihm die Schamesröte ins Gesicht kroch. Verlegen drehte er eine seiner schwarzen Locken, senkte den Blick und hätte alles gegeben, wenn Pauline seine abgestoßenen Schuhe und die grobgewebte, vom Bruder geerbte Leinenhose nicht sähe. Seine Sorgen waren ganz unnötig, denn Pauline hatte ohnehin Augen für etwas ganz anderes. Sie sah einen blassen, schmalen Jungen, mit reiner Haut, langen, feingliedrigen Fingern, dichten, schwarzen Haaren und Augen, so melancholisch unter den schweren Lidern, daß sie zu gern gewußt hätte, ob er traurig war oder immer so schaute. Vom Vater zurechtgewiesen, beschleunigte sie ihren Schritt, und Löb war sicher, daß sie ihm zulächelte, bevor sie in der Kirche verschwand.

Von nun an zog es ihn geradezu magisch zum Steg und täglich ein Stückchen weiter in Richtung des Hauses, hinter dessen Fenstern er seine Angebetete vermutete. Manchmal gelang es ihm tatsächlich, einen Blick auf sie zu erhaschen, und als Pauline eines Tages sogar winkte, stand für Löb Strauss fest: Die oder keine würde er heiraten. Jeden Nachmittag wartete er an der Ecke auf das Mädchen und strahlte selig, wenn sie ihm auf dem Weg von der Schule nach Hause freundlich zunickte. Die großen Ferien kamen, eine harte Zeit für Löb, denn Pauline reiste mit ihren Eltern für vier Wochen in die Sommerfrische.

Kaum hatten sie das Dorf verlassen, saß Löb jeden Abend nach dem Essen auf der Steinstufe vor dem Haus, sog die laue Luft ein, schlang die Arme um die angewinkelten Knie und träumte von Pauline. Rebekka war die erste, die nach einer Woche merkte, was mit ihrem Sohn los war. »Nimm ihn mit, wenn du morgen gehst. Ich glaube er ist unglücklich verliebt und braucht Abwechslung, um auf andere Gedanken zu kommen«, sagte sie eines Abends zu ihrem Mann. Hirsch Strauss vergewisserte sich, daß seine Frau eine Weile ohne die Hilfe des Sohnes zurechtkam. Ihr Vorschlag gefiel ihm sehr. Er war im Laufe der Jahre sichtlich gealtert. Sein Rücken, krumm vom vielen Schleppen, schmerzte rund um die Uhr, aber vor allem machte ihm seit Wochen ein hartnäckiger Husten so zu schaffen, daß er bisweilen keine Luft mehr bekam. Er rief Löb zu sich: »Mein Junge, geh' heute früh zu Bett, du wirst mich in der nächsten Woche begleiten. Ich brauche deine Hilfe. Ich habe so schwer zu tragen, und draußen ist es heiß, mir fehlt oft der Atem.« Löb schluckte. Eine Woche unterwegs mit dem Vater. Eine Woche weg von Buttenheim. Nicht auszudenken, wenn Pauline in dieser Woche zurückkäme und er wäre nicht da. Er dachte kurz nach und schüttelte energisch den Kopf. »Vaterleben, das geht nicht. Ich muß hier bleiben! Die Mutter braucht mich ums Haus.« Er richtete einen flehenden Blick auf Rebekka, doch die schüttelte den Kopf. »Der Vater braucht dich gerade mehr als ich. Wir kommen schon zurecht und Ende der Woche seid ihr wieder zurück.« Löb kannte seine Mutter, sie war zwar sanft und geduldig, aber in ihren Entscheidungen unerbittlich. Er wußte, daß weiteres Reden sinnlos war und ging wortlos in die Kammer, wo er in sein Bett kroch und sich die Decke über den Kopf zog. Selten hatte er sich so hilflos und ohnmächtig gefühlt.

Zu seiner Überraschung verging die Woche mit dem Vater wie im Flug. Überall, wo sie hinkamen, wurden sie herzlich willkommen geheißen. Die Bauern auf den abgelegenen Höfen freuten sich, den Hausierer Hirsch zu sehen. Und das nicht nur, weil dieser ein vielseitiges Angebot in seiner Kiepe mit sich führte, sondern auch, weil er von ausgesuchter Höflichkeit und guten Manieren war. Löb lernte schnell, die verbindliche Art seines Vaters zu kopieren und leuchtete vor Stolz, wenn die Hausfrauen sein Geschick beim Heraussuchen der Knöpfe und Messen der Bänder lobten. Wenn sie nicht in einer Schänke oder einem Privathaus ein warmes Mahl bekamen, rasteten Vater und Sohn meist im Schatten eines Obstbaumes oder in der angenehmen Kühle eines Waldweges. Dann packte Hirsch Rebekkas dunkles, selbstgebackenes Brot aus und schnitt mit einem scharfen Messer doppeldaumendicke Scheiben vom Laib, während Löb eingelegten Hering aus den Vielfachlagen des Papieres wickelte, in die seine Mutter den stinkenden, aber köstlichen Fisch eingeschlagen hatte. Nach einer Ruhepause, in der Hirsch meist ein Nickerchen hielt, machten sie sich dann wieder auf den Weg und boten ihre Waren feil.

Wenn der Sonnenuntergang nahte, baten die beiden bei

den Bauern in Scheune oder Stall um Quartier. Meist fand sich eine barmherzige Seele, die ihnen Unterschlupf für die Nacht gewährte. War das einmal nicht der Fall, schlugen sie ihr Lager im Freien auf, am Wegesrand oder im Wald, je nachdem, wo ihr Marsch sie hingeführt hatte. Erschöpft breitete Löb dann ein Stück Wollstoff über seine Schuhe, schob sich das Bündel als Kissen unter den Kopf, streckte seine müden Beine von sich und schlief meist binnen Sekunden ein. Oft träumte er von Pauline, die er sehr vermißte. Obwohl er häufig an das Mädchen dachte, fand der Junge tagsüber wenig Zeit und noch weniger Kraft, mit seinem Schicksal zu hadern. Er war das viele Laufen nicht gewöhnt, vom Schleppen ganz zu schweigen. Froh um jede Rast, die der Vater anordnete, machte Löb sich große Sorgen. Zum ersten Mal sah er, wie sehr die Atemnot Hirsch quälte. Als sie am dritten Tag einen kleinen Hügel hinaufgingen, wurde der Hausierer von einem so entsetzlichen Hustenanfall gepackt, daß er sich für mehr als eine halbe Stunde niedersetzen und ausruhen mußte. Löb bot ihm an, die Holzkiepe ein Stück des Weges zu tragen, doch kaum hatte er die schwere Kiste auf dem Rücken, mußte er auch schon kleinlaut zugeben, daß er unter der Last keinen Fuß vor den anderen setzen konnte. Also blieb es dabei, er trug den Sack mit Proviant und den beiden Wolldecken für die Nacht, der Vater schleppte die Waren.

Am Abend des Donnerstag war Löb so müde und erschöpft, daß er beinahe nicht mehr essen konnte. Nach alter Hausierersitte bestand der Vater darauf, daß sie vor dem Schlafen ihre Socken auszogen und wuschen. Löb saß am Ufer eines kleinen Baches und betrachtete seine geschundenen Füße. An beiden Fersen näßten dicke Blasen, der mittlere rechte Zehennagel schillerte in verschiedenen Blautönen und die Füße waren rot und dick. Wortlos wusch er seine Socken im fließenden Wasser. Er hatte Mühe die Augen offen zu halten. Hirsch sah, daß sein Sohn am Ende seiner Kräfte war, nahm ihm die Strümpfe aus der Hand, wrang sie aus und noch bevor er sie über einen Ast des nächsten Baumes zum Trocknen gehängt hatte, war Löb fest eingeschlafen und träumte von Pauline. Zuerst war es ein schöner Traum. Hand in Hand gingen sie über eine Wiese, neckten sich und pflückten süße Kirschen von einem Baum. Doch dann erschien plötzlich Gutsbesitzer Schneider auf der Wiese, schlug Löb die Kirschen aus der Hand und griff ihn an der Schulter. Löb hatte Angst, und das Rütteln an seiner Schulter war ihm unangenehm. Er versuchte, die störende Hand abzustreifen, doch Gutsbesitzer Schneider ließ nicht locker. Schließlich öffnete Löb die Augen und blickte geradewegs in das Gesicht seines Vaters, der versuchte, ihn zu wecken.

Die Socken waren noch klamm und Löb verfluchte den Brauch, sie allabendlich zu waschen. Trotzdem streifte er sie über, denn in Lippmanns alten Schuhen ohne Strümpfe zu gehen, bedeutete ganz sicher noch mehr Blasen und Druckstellen. Plötzlich fiel ihm ein, daß Freitag war, und daß sie heute nach Buttenheim zurückkehren würden. Schlagartig hob sich seine Stimmung und so leichtfüßig es die Blessuren zuließen, folgte er seinem Vater.

Pauline war noch nicht nach Buttenheim zurückgekehrt. Doch es sollte nur noch zwei Wochen dauern, bis die Schule wieder begann. Löb zählte die Tage. Endlich war es soweit, und Löb stand wieder an der Ecke und wartete auf das letzte Läuten der Schulglocke. Er sah Pauline schon von weitem. Ihr Haar war von der Sonne noch etwas heller als sonst, ihre Haut leicht gebräunt. Sie war so schön, sein Herz klopfte bis zum Hals. Noch zehn Schritte, noch fünf Schritte, drei, zwei – Löb nahm all seinen Mut zusammen: »Darf ich dir die Tasche nach Hause tragen?«, fragte er mit bebender Stimme. Pauline zögerte den Bruchteil einer Sekunde, dann sah sie ihn freundlich an und antwortete. »Nicht bis nach

Hause, ich soll nicht mit Fremden sprechen.« Löbs Herz rutschte vor Enttäuschung in die Hose. »Aber vielleicht bis zum Steg, dann sieht's die Mutter nicht«, erlöste ihn Pauline von seiner Qual. Zehn Schultage vergingen. Zehn Schultage, an denen Löb Paulines Tasche an der Ecke wortlos entgegennahm, schweigend neben ihr herging und ihr die Tasche ohne eine Silbe zu verlieren am Steg wieder zurückgab. Am elften Tag ergriff Pauline die Initiative: »Am hinteren Ende unseres Gartens, dort wo das Feld mit den Apfelbäumen beginnt, ist der Zaun kaputt. Komm um sechs Uhr dorthin«, sagte sie, bevor sie über den Steg nach Hause stapfte. Löb konnte sein Glück kaum fassen. Er würde Pauline treffen, allein, ohne daß jemand sie sehen konnte, nicht einfach nur so auf der Straße neben ihr hergehen, sondern vielleicht neben ihr sitzen, mit ihr reden, vielleicht sogar ihre Hand halten, vielleicht sogar – nein, weiter traute er sich nicht zu denken.

Der Sommer ging in den Herbst über, die Tage wurden kürzer und die Blätter fielen von den Bäumen. Aus dem Regen wurde Schnee, die Christen feierten die Zeit des Advent und überall, außer im jüdischen Viertel, bereitete sich Buttenheim auf Weihnachten vor. Ob es stürmte oder schneite – Löb wartete jeden Abend pünktlich um 18.00 Uhr am Zaun auf Pauline. Oft stand er dort, bibbernd vor Kälte, und sie kam nicht. Manchmal kam sie nur, um zu sagen, daß sie gleich wieder ins Haus müsse. Aber wenn es ihr gelang, Mutter und Dienstboten zu täuschen und sie Zeit für ihn mitbrachte, schwebte Löb im siebten Himmel. Dann träumten sie von einer gemeinsamen Zukunft, hielten sich an den Händen und schworen bei jedem Abschied, daß nichts und niemand sie je trennen würde. An diesen Abenden kam Löb immer sehr beschwingt nach Hause, war noch hilfsbereiter als sonst und seine Augen sprühten glückliche Funken.

Wieder war es seine Mutter, die die Veränderung als erste bemerkte. Sie beschloß, der Sache auf den Grund zu gehen, und als Löb am nächsten Abend das Haus verließ, folgte sie ihm. Rebekka staunte nicht schlecht, als sie ihren Jüngsten Hand in Hand mit der Tochter des reichsten Mannes am Ort sah. Dahin verschwand er also jeden Spätnachmittag. Dieses bildhübsche Kind war also der Grund für Löbs Stimmungsschwankungen. Sie zog sich vorsichtig zurück und als Löb eine halbe Stunde später die Stube betrat, tat seine Mutter, als sei nichts geschehen.

Sie nutzte die Ruhe des folgenden Sabbat, um mit ihrem Mann zu sprechen. Hirsch Strauss reagierte genauso, wie sie es vorhergesehen hatte – und für richtig hielt. »Was sind denn das für Flausen! Wer hat ihm denn so etwas in den Kopf gesetzt? Pauline Schneider ist nicht nur Christin, sie ist auch reich. Als Christin wird sie niemals einen jüdischen Mann heiraten und als reiches Mädchen ganz sicher nicht den armen Sohn eines Hausierers.« Rebekka nickte zustimmend. »Sprichst du mit ihm!« war weniger eine Frage als eine Aufforderung, und Hirsch Strauss kam ihr sofort nach.

Löb saß auf dem Holzboden des kleinen Flures vor der Küche und schnürte seine Schuhe. Gerade wollte er aufstehen, als sein Vater plötzlich vor ihm stand: »Komm herein in die Stube, mein Sohn, ich muß mit dir reden.« Löb versuchte anhand des Tonfalls zu ergründen, ob er nur etwas ausgefressen hatte, der Vater eine Rüge erteilen wollte, oder ob es etwas für ihn zu tun gab. Er schaute Hirsch von unten ins Gesicht, doch weder an der Stimme noch an den Augen konnte er erkennen, worüber der Vater mit ihm sprechen wollte. Nur ein ungewöhnlicher Ernst lag in seinem Blick. Hirsch ging in die Stube, und als Löb seine Schuhe wieder ausgezogen hatte, saß er im Sessel neben dem Ofen und erwartete seinen Sohn. »Setz dich, mein Junge«, sagte er freundlich. Löb schob beruhigt einen Stuhl vom Tisch herüber – wenn Hirsch Strauss so freundlich war, konnte nichts Schlimmes kommen. Was dann kam, übertraf jedoch seine Vorstellungen bei weitem.

»Deine Mutter hat mir gesagt, daß du dein Auge auf ein Mädchen geworfen hast«, leitete der Vater seine Ansprache ein. »Auf ein besonders hübsches Mädchen.« Löb fühlte, wie die Röte aus seinem Kragen nach oben zog, und eine Sekunde später stand sein Gesicht in Flammen. »Auf ein besonders reiches Mädchen«, der Vater sprach noch immer voller Wohlwollen, aber Löb meinte zu verglühen. »Doch leider ist dieses Mädchen eine Christin, nicht wahr?« Des Vaters Stimmlage veränderte sich deutlich, von Freundlichkeit und Wohlwollen war nichts mehr zu spüren. Es folgte ein gestrenger Vortrag über die Unterschiede der beiden Religionen, die Tradition, der sich auch Löb zu beugen hatte; die Unterschiede der Herkunft, dem Bewußtsein von Stand und Möglichkeiten, dem sich Löb zu beugen hatte; ein Vortrag über die Liebe im allgemeinen und speziellen und die Regeln, denen sich Löb zu beugen hatte. »... und deshalb verbieten Mutter und ich dir, daß du das Mädchen weiterhin triffst. Schlage sie dir aus dem Kopf, Löb, und sieh dich woanders um. Nachbars Rachel, zum Beispiel, ist ein sehr nettes Kind. Ihr Vater und ich haben schon oft darüber gesprochen, was für ein schönes Paar ihr beide abgeben würdet. Wenn wir im nächsten Jahr deine Bar-Mizwa gefeiert haben, werden wir uns Gedanken über eine passende Braut für dich machen, und du wirst sicher zufrieden sein.« Die letzten Worte hörte Löb schon nicht mehr. Sein Kopf war wie mit Watte gefüllt, in den Ohren klingelte schrill »und deshalb verbieten Mutter und ich ...«

Den Kopf gesenkt, doch innerlich kerzengerade, verließ er die Stube, zog seine Schuhe wieder an und lief in den Wald. Vorbei an den Wiesen und Äckern, vorbei am Friedhof, immer tiefer hinein, bis er auf eine kleine Lichtung kam. Dort verkroch er sich immer, wenn er traurig war oder nachdenken mußte. Und heute gab es viel nachzudenken. Er setzte sich auf das feuchte Gras und begann einzelne Halme auszuzupfen. Löb wußte, daß sein Vater mit vielem recht hatte. Er wußte, daß er zu arm war, um ein Mädchen wie Pauline zu heiraten. Er wußte, daß beide Eltern gegen die Verbindung sein würden, weil sie unterschiedlichen Religionen angehörten. Die Sache mit der Religion ließ sich nicht ändern, jedenfalls fiel Löb nicht ein, wie – aber die Sache mit dem Geld, die würde er ändern! Einen konkreten Plan hatte er noch nicht, aber er würde so viel Geld verdienen, daß auch der dicke Herr Schneider nichts dagegen haben konnte, wenn er, Löb Strauss, seine Tochter Pauline heiratete. Und er würde sich nicht verbieten lassen, Pauline weiterhin zu sehen. Bei dem Gedanken wurde ihm ganz heiß. Das konnten, das durften die Eltern nicht tun. Sie konnten ihn nicht von ihr fernhalten – und wenn sie es nicht einsahen, dann mußte er eben noch vorsichtiger sein und Pauline noch heimlicher sehen. Oder Briefe schreiben; wie gut, daß seine Mutter ihn schreiben gelehrt hatte. Löb schaute in die Baumwipfel. Am besten fing er gleich damit an; ein bißchen Übung konnte nicht schaden. Statt Pauline die Tasche nach der Schule nach Hause zu tragen, konnte er ihr ebensogut täglich einen Brief geben. Das schien ihm eine gute Idee. »Ich werde sie heute abend sehen und ihr von meinem Plan erzählen«, murmelte er vor sich hin und stand vergnügt auf. Er hatte einen Weg gefunden, mit der neuen Situation umzugehen und war sehr erleichtert. Sein Hosenboden war kalt und feucht, matschige Blätter klebten daran. Löb strich sie von seinem Hinterteil, dabei fiel sein Blick auf den Boden. Das Gras rund um den Platz, auf dem er gesessen hatte, war entwurzelt. »Der Rasen hat eine Glatze«, dachte er und mußte lachen. In diesem Moment schlug der Buttenheimer Kirchturm ein Viertel vor 18.00 Uhr. Löb nahm seine Beine in die Hand und rannte so schnell er konnte den Hang hinunter, um pünktlich am Loch im Zaun zu sein.

An diesem Abend wartete er vergebens auf Pauline. Als er am folgenden Morgen an der Ecke vor der Kirche stand, um sie zu sehen, ging sie nicht wie sonst weit hinter ihren Eltern, sondern so dicht zwischen beiden eingeklemmt, daß Löb nicht einmal ein Lächeln von ihr erhaschen konnte. Auch Sonntag abend kam sie nicht zum Zaun. Löb war verzweifelt. Montag nach der Schule stand er am festen Platz und bangte. Endlich erspähte er Pauline in der Gruppe der Mitschüler. Als sie vor ihm stand, schaute sie ihn traurig an: »Wir dürfen uns nicht mehr sehen«, flüsterte sie niedergeschlagen. »Mein Vater weiß alles, das Mädchen hat uns gesehen und verpetzt, er ist furchtbar böse auf mich.« Löb wisperte ihr seinen Plan zu und Paulines Gesicht hellte sich merklich auf. »Jeden Tag hier«, zischelte sie gehetzt, bevor sie ihren Schritt beschleunigte, um die anderen Kinder einzuholen.

Schon am nächsten Tag tauschten die beiden die ersten Briefe. Löb schrieb von der ernsten Ansprache seines Vaters und Pauline schilderte, was bei ihr zu Hause geschehen war:
... und dann hat er mich gerufen. Du kannst Dir nicht vorstellen, wie wütend er war. Sein Gesicht war ganz rot, und die Spitzen seines Bartes zitterten. Und dann hat er mich so angebrüllt, daß ich Angst hatte, er schlägt mich. Immer wieder hat er geschrien, ich solle die Finger von dem jüdischen Habenichts lassen, sonst sei ich eine Frau ohne Anstand und solle mir lieber einen Strick nehmen oder ins Wasser gehen. Solche wie ich dann wäre, liefen zuhauf in Bamberg herum, und keiner wolle etwas mit ihnen zu tun haben; sie spuckten auf der Straße nach ihnen. Und er spucke auch auf mich, wenn ich ihm nicht gehorche, und außerdem sei ich dann nicht mehr seine Tochter und könne sehen, wo ich bleibe, aber nicht mehr in seinem Haus. Und ich sei undankbar; er und die Mutter täten alles für mich, und ich vergelte es so und träfe mich mit einem jüdischen Streuner, der nur ans Geld denke. Und dann hat er mich

Sonntag zur Beichte geschickt und hat gesagt, ich soll nur ja die Wahrheit sagen und hoffen, daß der Herr mir vergibt, wobei er nicht sicher sei, ob der Herr so eine Sünde überhaupt vergeben könnte. Und dann hat er mich ohne Essen zu Bett geschickt. Und die Mutter hat geweint und immer nur gesagt, wie konntest du, wie konntest du? Aber später ist sie dann in mein Zimmer gekommen und hat mir was zum Essen gebracht und gesagt, daß der Herr mir schon vergeben wird, wenn ich nur aufrichtig bereue. Aber ich kann gar nicht aufrichtig bereuen, weil ich Dich so lieb habe, und jetzt habe ich Angst, daß der Herr mir nicht vergibt. Weißt Du eigentlich, woran man merkt, wenn der Herr einem nicht vergibt? ...

Löb wußte es nicht, aber Paulines Brief schnürte ihm das Herz ab. Was hatte er für ein Glück mit seinen Eltern, wie elend mußte sich Pauline fühlen. Gleich nach dem Abendessen setzte er sich auf das Bett in der Kammer und schrieb ein ganzes Blatt voll mit tröstenden Worten.

Rebekka war zufrieden. Ihr offenbar folgsamer Jüngster ging keinen Abend mehr aus dem Haus, des Vaters Worte hatten wohl gewirkt. Beruhigt nahm sie an, daß Löb sich so oft in der Kammer aufhielt und schrieb, weil er sich auf seine Bar-Mizwa vorbereitete. Durch die angelehnte Tür drang ein wenig Wärme vom Stubenofen in die Schlafkammer, Löb saß auf seinem Bett. Obwohl er oft ellenlange Briefe an Pauline verfaßte, studierte er tatsächlich auch die Heilige Schrift. Sein 14. Geburtstag stand kurz bevor und bald darauf würde er offiziell als »Sohn des Gebots« in den Kreis der erwachsenen Männer der Gemeinde aufgenommen werden. Zu diesem wichtigen Anlaß galt es, ein kleines Referat über einen Abschnitt aus der Bibel zu halten. Löb wollte seine Sache unbedingt gut machen und arbeitete eifrig.

Endlich war es so weit. Weil der Vater die ganze Woche unterwegs gewesen war, konnte die Bar-Mizwa nicht am

Montag oder Donnerstag gefeiert werden. Da es aber ein Tag sein mußte, an dem in der Synagoge aus der Thora gelesen wurde, blieb nur der Samstag. Löb erwachte schon ganz früh am Morgen, vorsichtig kletterte er über den schlafenden Lippmann, mit dem der das Bett teilte und ging, den Zettel mit seinem Referat in der Hand, mit nackten Füßen in die Stube. Der Ofen hatte noch ein wenig Restwärme vom Abend zuvor, aber Löb fror erbärmlich und hatte vor Aufregung ein flaues Gefühl im Magen. Er setzte sich in Vaters Sessel neben dem Ofen, zog die Knie an und las den Vortrag, den er später zu halten hatte, wohl zum tausendsten Mal. Das Blatt war schon ganz zerknittert und Löb konnte den Inhalt längst auswendig. Er räusperte sich und sagte die Worte leise vor sich hin. Rebekka, aufgewacht vom Knarren der alten Dielen und der Flüsterstimme ihres Sohnes, kam in die Stube. Ihre langen Zöpfe waren inzwischen fast ganz grau, aber ihr Gesicht hatte noch immer wenig Falten. Sie rieb sich den Schlaf aus den Augen und strich Löb über den Kopf: »Kindele, bist aufgeregt?« Löb, der sich heute als alles mögliche fühlte, nur nicht als »Kindele«, ließ sich die zärtliche Geste trotzdem gerne gefallen und nickte: »Ach, Mutterleben, so sehr, daß der Bauch weh tut«, antwortete er wahrheitsgemäß. Die Mutter schob ein paar Holzscheite in den Ofen und ging in die Küche, um auch dort einzuheizen und Wasser für einen schwarzen Tee aufzusetzen. »Das beruhigt den Bauch ein wenig«, sagte sie und begann die Stube für den großen Tag ihres Sohnes herzurichten. »Wenn du getrunken hast, geh schon raus und wasch dich, nachher ist's mit der Ruhe vorbei«, warf Rebekka über die Schulter und stellte die Kerzenleuchter auf den Tisch. Löb stellte seinen Becher auf dem Ofen ab und tat, was sie gesagt hatte. Mit dem warmen Tee im Bauch ließ sich das eiskalte Wasser aus der Pumpe etwas besser ertragen als sonst, trotzdem hatte Löb am ganzen Körper Gänsehaut, als er wieder hereinkam und sich die Haare trocknete.

Die Familie erwachte, einer nach dem anderen, und gemeinsam legten sie letzte Hand an, um alles fertig vorbereitet zu haben, wenn Hirsch und Löb wieder aus der Synagoge kamen. »Vergiß dein Kappele nicht«, rief Rebekka ihrem Sohn nach, aber da hatte der die kleine Kopfbedeckung schon zurechtgerückt. Mit weichen Knien überquerte er die Straße. Mit dem Gefühl, seine Beine seien aus Pudding, betrat er die Synagoge. Mit eiskalten Händen wartete er darauf, daß der Rabbi ihn zur Thora rief – und dann ging auf einmal alles wie von selbst. Als hätte er nie etwas anderes getan, sprach Löb den vorgeschriebenen Segensspruch über die Thora, sah aus dem Augenwinkel das stolze Gesicht seines Vaters, und ging wieder an seinen Platz. Dann war die Reihe an Hirsch. Auch er wurde vom Rabbi gerufen und sagte die ihm vorgeschriebenen Worte, die ihn von der Verantwortung für seinen Sohn befreiten, so wie er es schon bei Jakob, Jonathan und Lippmann getan hatte.

Während der Rabbi die Zeremonie in der Synagoge zelebrierte, bereiteten die Frauen das Festessen vor. Rebekka hatte eine sättigende Suppe aus getrockneten Erbsen aus ihrem Garten gekocht, danach gab es ein Stück Huhn mit Kartoffeln, und schließlich zum Nachtisch gekochte Trockenfrüchte mit Gebäck, das Maila und Vögela zu Ehren des kleinen Bruders gebacken hatten. Dazu durfte natürlich heißer, süßer Tee nicht fehlen. Löb hatte seine kleine Rede fehlerfrei gehalten und sein Vater befand erfreut, daß dieser eindeutig den besten Bar-Mizwa-Vortrag von all seinen Söhnen präsentiert hatte. Löb war stolz und glücklich. Seine Augen leuchteten, die Wangen glühten. Was für ein wundervoller Tag. Wäre es nach ihm gegangen, hätte jetzt, da er die Prüfungen bestanden hatte, jeden Tag Bar-Mizwa sein können. So gutes und reichliches Essen auf dem Tisch, er strich sich über den gefüllten Bauch; so gute Laune bei den Gästen, und er, Löb Strauss, die Hauptperson, von allen gefeiert – ach, wenn Pauline ihn nur sehen könnte! Der Gedanke tat einen Moment lang weh, dann kam Maila mit dem Nachtisch, und Löb hatte alle Hände voll zu tun, das zuckrige Kompott genußvoll aus seinem Schälchen zu löffeln.

Ein schwerer Abschied

Nach jüdischem Gesetz war Löb jetzt erwachsen und damit in der Lage, seinen Vater bei der Ernährung der Familie zu unterstützen. Bis dahin hatten Jonathan und Lippmann sich diese Aufgabe geteilt, doch für vier Hausierer war die Umgebung Buttenheims zu klein. Die beiden jungen Männer mußten sich eine andere Beschäftigung suchen. Die diesbezüglichen Gesetze waren nicht eben judenfreundlich, und so kamen die zwei überein, ihr Glück in Amerika zu versuchen. An einem Sonntagabend nach dem Essen sprachen sie mit Hirsch und Rebekka. Die beiden ließen die Jungen ungern ziehen, aber nachdem die erste Überraschung heruntergeschluckt war, sagte Hirsch: »Versucht euer Glück, viele vor euch haben es schon getan und haben ihr Glück gefunden.« Nach einer kleinen Pause fügte er hinzu: »Und wenn es gar nicht geht, gibt es immer noch uns und das Haus in Buttenheim.« Die Papiere waren schnell besorgt, und bald darauf brachen Lippmann und Jonathan auf in das Land, von dem man sich erzählte, es gebe dort keine antisemitischen Gesetze und Vorurteile.

Seither kamen immer wieder Briefe aus Amerika, in denen die Brüder ihr neues Leben schilderten. Sie schrieben, daß man sie wegen ihrer Unerfahrenheit »greenhorns« nannte, was auf jiddisch soviel wie »Griene« hieß, daß sie die Sprache immer besser lernten, daß sie mit anständiger Arbeit gutes Geld verdienten, mit dem sie sparsam umgingen. Insgeheim dachte Löb darüber nach, ob er den beiden nicht folgen sollte, um in Amerika ein reicher Mann zu werden und dann Pauline zu heiraten. Aber er verwarf den Gedanken wieder. Eltern und Schwestern brauchten ihn hier. Der Vater war ganz dünn geworden und konnte die schwere Kiepe längst nicht mehr schleppen.

Löb nahm seine neue Verantwortung sehr ernst. Er maß beinahe einen Meter und siebzig, hatte dicht gewelltes, schwarzes Haar, helle Haut und hielt sich auffallend gerade. Nicht besonders kräftig gebaut, aber dafür um so zäher, verließ er jetzt allmontaglich früh am Morgen mit Hirsch Strauss das Haus, um die Waren in der Umgebung feilzubieten. Gemeinsam hatten sie eine zweite, etwas kleinere Kiste zusammengezimmert, in der Hirsch das Sortiment von Knöpfen, Bändern und Nähzeug trug. Auf dem Deckel waren zu dichten Bündeln gerollt zwei dicke Wolldecken mit Lederriemen festgezurrt. Löb trug die große Kiepe mit Geschirr und Werkzeug, und auch wenn er sich bemühte, es nicht zu zeigen, empfand er seine Bürde als schwer. Rebekka hatte ihm zwei Wollumpen zurechtgeschnitten, mit denen er die Tragegurte dort umwickelte, wo sie auf der Schulter lagen. Trotzdem hatte er rote schmerzende Druckstellen und oft fühlte er sich am Abend so zerschlagen, daß er meinte, das Kreuz müsse ihm entzwei brechen. Mit der Zeit wuchsen jedoch seine Muskeln und er lernte, das Gewicht der Kiste im Stundenrhythmus so zu verlagern, daß die Beschwerden geringer wurden.

Hirsch Strauss war in den letzten Monaten merklich gealtert, die Falten zwischen Nase und Mund zu tiefen Kerben geworden. Seine Augen lagen in dunklen Höhlen, das Gesicht war verhärmt, der Körper hager. Die heftigen Hustenanfälle kamen immer öfter und dauerten länger als je zuvor. Mehr als einmal mußte er sich am Wegrand niedersetzen, die Holzkiste abschnallen und um Atem ringen.

»Lungensucht«, hatte der Arzt schon vor Monaten festgestellt und besorgt den Kopf geschüttelt. »Er braucht Ruhe, Ruhe und nochmals Ruhe sowie kräftigendes Essen.« Doch Hirsch Strauss lachte nur: »Ruhe, Ruhe, Ruhe, du bist lustig, Doktor. Wenn ich ruhe, wer soll denn dann die Mäuler stopfen? Und wo soll das kräftige Essen herkommen?« Darauf wußte auch der Doktor nichts zu sagen. Und so blieb alles, wie es war. Seit Löb ihn begleitete, hatte Hirsch sein Angebot sogar noch erweitert und trug jetzt vor allem Stoffe, ein wenig Steingut und kleines Werkzeug mit sich. Die Geschäfte gingen recht gut. Zusammen mit dem, was Rebekka, Maila und Vögela durch ihre Näharbeiten verdienten, reichte es ein wenig besser, als in den Jahren zuvor. Löb war stolz, den Eltern zur Hand gehen zu können. Er liebte die gemeinsame Zeit mit dem Vater und hatte keine Mühe, freundlich mit den Bauersleuten zu reden und den Hausfrauen immer wieder aufs Neue seine Knöpfe und Bänder zu präsentieren, während Hirsch vor den Männern die Messer und Werkzeuge ausbreitete.

So gerne Löb mit seinem Vater unterwegs war, so sehr haßte er das Herumstapfen, wenn das Wetter schlecht war. Besonders im Frühling, wenn die Schneeschmelze die Wege in schlammige Rutschbahnen verwandelte, wenn die Schuhe schon nach wenigen Metern durchweicht waren und die klamme Kleidung und auch am heißesten Feuer nicht mehr trocknete. Überglücklich genoß er daher die Freitage, wenn sie in die behagliche Wärme der Stube zurückkamen, und das heiße Bad, das er als kleiner Junge so verabscheut hatte, erschien ihm manches Mal als das größte aller Geschenke.

Kehrten sie von ihren langen Märschen zurück ins Haus Nr. 83, war es noch immer Löbs Aufgabe, beide Kisten vollständig zu entleeren, alles neu zu sortieren, wieder zu verpacken, zu überprüfen und aufzufüllen, was fehlte, sowie eine Liste zu fertigen mit all den Dingen, die hinzugekauft werden mußten. Er erledigte diese Arbeit gewissenhaft und nicht ungern. Ordnung zu schaffen, machte ihm Spaß und außerdem konnte er währenddessen ungestört seinen Gedanken nachhängen. Die wanderten noch immer täglich zu Pauline. Beide Eltern hatten sich längst beruhigt, denn Löb und seine Freundin verstanden es meisterlich, keinen Verdacht zu erregen. Am festen Platz, zur festen Zeit tauschten sie, seit Löb den Vater begleitete, nur noch sonntags ihre Briefe aus, und immer wieder gelang es ihnen, Arbeit und Aufsicht zu entwischen und einander für ein paar Minuten zu sehen.

Eines Abends im April 1846 saß Löb wieder in der Nähe des Ofens auf dem Boden und richtete die Kisten für den kommenden Tag. Um ihn herum lag in kleinen Häufchen das ganze Nähzeug säuberlich eins neben das andere gelegt, da fiel sein Blick auf den großen Sack, mit dem seine Brüder noch immer Rebekkas Gartenernte und Eingekochtes zum Markt trugen.

Plötzlich kam ihm ein Gedanke: »Vaterleben, wie wäre es, wenn ich sonntags mit einem kleinen Teil unserer Sachen hier in dem Sack durch unser und das Nachbardorf ginge? Ich könnte an den Türen läuten. Wenn sie in der Kirche waren, sind die Christen sonntags fast alle zu Hause. Vielleicht können wir da noch ein kleines Geschäft machen.« Rebekka ließ das Strickzeug sinken, und auch Maila und Vögela schauten überrascht von ihren Arbeiten auf. Der Löb, was der für Ideen hatte! Hirsch Strauss saß in seinem Sessel und schnitzte an einem Kochlöffel. Neben ihm lag das Taschentuch, das er sich bei seinen Hustenanfällen vor den Mund hielt. Es hatte Flecken von getrocknetem Blut. Er atmete schwer und dachte einen Augenblick nach: »Der Gedanke ist nicht schlecht, mein Sohn, und ein bißchen mehr Geld in der Kasse kann nie schaden.« Müde legte er den Kopf zurück.

Am folgenden Sonntag schulterte Löb am Morgen den prall gefüllten Sack und machte sich zunächst auf den Weg in das vier Kilometer entfernte Dorf Hirschaid. Wenn er jetzt ging, so hatte er sich ausgerechnet, würde er genau nach dem Kirchgang der Hirschaider dort ankommen, konnte bis zum Mittagessen von Haus zu Haus gehen und klopfen, um sich danach auf den Rückweg zu machen und am Nachmittag seine Runde durch Buttenheim zu drehen. Der Himmel war bedeckt, die Luft klar und noch kühl, aber man konnte den Frühling schon riechen. Munter schritt er in Vaters Fußstapfen aus und träumte davon, eine eigene Familie zu haben und sie zu versorgen.

Seine Idee bewährte sich. In Hirschaid wunderte man sich zwar über den sonntäglichen Besuch eines Hausierers, doch Löb konnte einiges verkaufen und machte sich stolz über den Erfolg und voller Vorfreude auf die Gesichter der Eltern auf den Weg zurück. Während er durch den Wald ging und den frischen Geruch genoß, zogen dunkle Wolken am Himmel auf. Ein Aprilgewitter braute sich zusammen. Löb beschleunigte seinen Schritt. Bei Gewitter im Wald zu sein, das wußte er seit Kindesbeinen, war gefährlich. Gerade hatte er den Acker auf der Anhöhe vor Buttenheim erreicht, da begann es zu blitzen und zu donnern, und gleich darauf schüttete es wie aus Kübeln. Es dauerte keine fünf Minuten, da war Löb bis auf die Knochen durchnäßt. Er schaute sich um. Nirgends war auch nur die geringste Möglichkeit, Schutz vor dem Wolkenbruch zu finden, also blieb ihm nichts, als in den sauren Apfel zu beißen und weiter durch den strömenden Regen zu laufen. Das war beschwerlich, denn die Erde des Feldweges hatte sich in schweren Matsch verwandelt und klebte wie Blei an seinen Schuhen. Am Ortsrand streifte Löb den Schmutz ab, so gut es eben ging, und klopfte an der ersten Tür. Ein alter Mann öffnete: »Was hast du dabei?«, fragte er und schaute neugierig auf Löbs Sack. Mit klammen Fingern schnürte der sein Bündel auf und bemühte sich verzweifelt, den Sack auf seinem rechten Knie zu balancieren, damit ihm nichts in den Schmutz fiel.

Hinter dem alten Mann stand jetzt auch noch eine kaum jüngere Frau, die ebenfalls interessiert zuguckte, wie Löb nacheinander sein Angebot hervorholte. Nach längerem Äugen und Suchen nahmen die beiden schließlich ein Messer und einen Meter blaues Band, zahlten und wendeten sich zurück ins Haus. Löb bedankte sich höflich, paßte einen Moment nicht auf, und konnte nicht mehr verhindern, daß ihm eine offene Pappschachtel mit Knöpfen auf den Boden fiel. Oh, wie er das haßte! Er sammelte die Knöpfe einzeln aus dem Schlamm und steckte sie in die Hosentasche. Heute abend würde er jedes Stück waschen und trocknen müssen, bevor er es wieder einsortieren konnte. Löb schulterte seine Tasche und ging weiter ins Dorf hinein. Vom Kirchturm schlug es drei. Das Wetter besserte sich nicht, es hatte sich eingeregnet, und Löb hatte sich gerade entschieden nach Hause zu gehen, da fiel ihm etwas Besseres ein. Wie wäre es, wenn er noch im Gutshaus Schneider vorbeiginge. Vielleicht konnte er bei dieser Gelegenheit Pauline kurz sehen – einen Versuch war es zumindest wert! Löb atmete tief durch, schulterte die Tasche etwas höher und machte sich auf den Weg. Über dem Dorf lag sonntagnachmittägliche Stille. »Kein Hund geht bei diesem Wetter vor die Tür«, dachte Löb, während er durch die engen Gassen in Richtung Gutshaus ging. Das schwere Eisentor zum Vorgarten war nur angelehnt. Löb drückte den rechten Flügel auf und stieg die Stufen zur Tür hinauf. Ein wenig mulmig fühlte er sich schon. Was, wenn Schneider die Tür selbst öffnen würde. Löb klopfte zaghaft. Drinnen regte sich nichts. Löb klopfte etwas stärker. Jetzt hörte er Schritte. Es waren Frauenschritte. Das Dienstmädchen öffnete die Tür einen Spalt. Löb entschuldigte sich für die Störung und sagte artig sein Sprüchlein: »Nähzeug aller Art, Knöpfe, Nadel, Faden und bunte Bänder«, auch Scheren und scharfe Messer, wollte er noch hinzufügen. Doch dazu kam er nicht mehr. Hinter dem Mädchen stand, die Pfeife in der Rechten, der Hausherr persönlich. Beim Anblick des jungen Mannes, der ihm seit Jahren ein Dorn im Auge war, lief er vor Zorn augenblicklich rot an. Im selben Moment wich aus Löbs Gesicht alle Farbe. »Was willst du hier am heiligen Sonntag, du Lump!« donnerte Schneider, ohne eine Antwort abzuwarten. »Verschwinde auf der Stelle, und wage es nicht noch einmal, hierher zu kommen, sonst hetz' ich dir den Gendarm auf den ungewaschenen Hals! Der macht kurzen Prozeß mit Gesindel wie dir.« Mit einem lauten Knall schlug er die Tür zu und ließ Löb im Regen stehen. Der wischte sich die Tropfen aus dem Gesicht und trabte wütend nach Hause. Wie er diesen dicken, aufgeblasenen Wichtigtuer haßte! Er kickte einen Stein zur Seite. Aber der sollte sich wundern! Säcke voll Geld würde er, Löb, verdienen, und dann würde er um Paulines Hand anhalten und Schneider würde glücklich sein, die Tochter mit so einem reichen Mann zu vermählen. Tief in seinem Herzen wußte Löb natürlich, daß Schneider nie glücklich sein würde, ihn zum Schwiegersohn zu haben, ebensowenig, wie seine Eltern glücklich sein würden, eine Christin an seiner Seite zu sehen. Er drängte das Problem aus seinem Kopf und öffnete die Haustür, froh, daß er sich endlich seiner nassen Sachen entledigen konnte.

Aus der Stube drangen Stimmen. Löb meinte die des Arztes zu hören. Der Vater! Und richtig, als er die Türe öffnete, sah er den Vater bleich und erschöpft auf dem Boden liegen. Rebekka kniete neben seinem Oberkörper. Sie hatte ihm ein Kissen unter den Kopf gelegt und gab ihm gerade einen Löffel süßer Marmelade, um den Husten zu stillen. Opiumtropfen, um die Qualen zu lindern, waren den Reichen vorbehalten. Doch auch sie konnten die Krankheit nicht heilen, die der Auslöser für beinahe jeden zweiten Todesfall zwischen fünfzehn und vierzig Jahren war. Die Doktoren waren sich uneinig über die Ursache. Während die einen schlechte Ernährung und Mangelerscheinungen dafür verantwortlich machten, waren die anderen sicher, daß sich nicht kurierte Lungenentzündungen in die tödliche Lungenschwindsucht verwandelten. Hilflos verordneten sie gutes Essen, Bettruhe, Schonung, Haferbrei und bisweilen brechmittelhaltiges Wasser. Letzteres blieb dem ohnehin stark geschwächten Hirsch Strauss erspart. Der Arzt stand am Tisch, er hatte seine eigene Behandlungsmethode: »Es wird nicht ohne einen Aderlaß gehen«, sagte er gerade als Löb das Zimmer betrat. So hatte er sich seine Ankunft nicht vorgestellt. Stolz wollte er den Eltern die eingenommenen Münzen vorzählen, und jetzt lag sein Vater auf den Holzdielen und der Arzt bereitete einen Aderlaß vor. Mit vereinten Kräften halfen sie Hirsch Strauss auf und stützten ihn in die Kammer, wo Rebekka ihren Mann liebevoll zu Bett brachte. Er verzog kaum eine Miene, als der Arzt ihm die Nadel in die Ellbeuge stach und harrte reglos mit geschlossenen Augen aus, bis das Schälchen unter seinem Arm halb voll mit Blut gelaufen war. Dann verband der Arzt die kleine Wunde, wünschte gute Genesung und verließ das Haus.

Weder des Doktors gute Wünsche noch sein Aderlaß hatten die erhoffte Wirkung. Statt sich zu erholen, wurde der Kranke immer schwächer. Von diesem Tag an machte sich Löb von Montag bis Freitag allein auf die langen Wege. Sein Vater konnte das Haus nicht mehr verlassen. Er fieberte hoch, seine Stimme war heiser, die geschwollenen Füße paßten nicht mehr in die Schuhe. Wenn er sich etwas besser fühlte, stand er auf. In Socken und Hausschlappen, den Rücken gekrümmt, den Kopf nach vorne gesenkt, legte er mühsam die paar Schritte vom Bett zu seinem Lieblingssessel zurück und war dann meist so erschöpft, daß sein fahles Gesicht sich unter einem erneuten Erstickungsanfall dunkel verfärbte. Löb verabschiedete sich jeden Montagmorgen voller Sorge, er könne seinen Vater am kommenden Freitag nicht mehr lebend antreffen. Seine aufmunternden Worte kamen ihm falsch vor, und während er sie sprach, wußte er nicht, ob er eher dem Kranken oder sich selbst Hoffnung machen wollte. Hirsch Strauss spürte, daß es keine Heilung für ihn geben würde. Eines Montags hielt er die Hand seines Sohnes etwas länger als gewöhnlich, er befahl Mutter und Schwestern seinem Schutz und flüsterte: »Weißt du, mein Sohn, welches die erste Frage ist, die der Allmächtige uns beim Weltgericht stellt? Warst du ehrlich in deinen Geschäften?, wird er dich fragen. Vergiß nicht, mein Junge, daß Jerusalem zerstört wurde, weil es in seinen Mauern keine rechtschaffenden Menschen mehr gab«, ermahnte er Löb und schloß ermattet die Augen. Rebekka, Maila und Vögela pflegten den Patienten hingebungsvoll. Sie legten ihm kühlende, feuchte Tücher auf die heiße Stirn, stützten ihm mit Kissen den Rücken, wuschen ihn und wechselten tagein, tagaus die durchgeschwitzten Laken. Der Juni nahte, draußen wurde es wärmer, die Sonne strahlte durch das Fenster der Kammer, doch Hirsch Strauss konnte nicht mehr aufstehen. Bei jedem Hustenanfall drohte er zu ersticken, spuckte Blut und rang um Atem. Seine Kräfte schwanden zusehends. Wenn Rebekka ihm ein paar Löffel stärkender Brühe eingeflößt hatte, sank er erschöpft zurück. Wenn er schlief, atmete er mit einem gurgelnden Schnarchton, als läge er unter Wasser. Sein Schlaf war unruhig. Von den Anfällen gequält, schreckte er ständig hoch. Am 10. Juni 1846 kam sein Ende. Es war am frühen Morgen. Rebekka tupfte ihrem Mann, der gerade einen furchtbaren Erstickungsanfall gehabt hatte, die Stirn, da schrie dieser auf einmal mit todesängstlicher Stimme: »Luft, gebt mir Luft, gebt mir mehr Luft!«, dann sank er zur Seite.

Der Arzt hatte es bei seinem letzten Besuch vorausgesehen, und Löb war in den vorangegangenen Tagen nur in der nächsten Umgebung unterwegs gewesen, um vor Einbruch der Dunkelheit zu Hause sein zu können. Es war noch hell, als er sich am späten Nachmittag des Tages dem Haus näherte. Schon von weitem hörte er das Klagen der Frauen und beschleunigte seinen Schritt. Sein Vater lag bereits in einen einfachen Holzsarg gebettet und mit einem schwarzen Tuch bedeckt. Rebekka und die Mädchen waren außer sich vor Trauer, sie hatten Teile ihrer Kleidung zerrissen und weinten. Unter Schluchzen wiederholte die Witwe immer ein und denselben Satz: »Ich will nicht mehr leben – ich will nicht mehr leben. Ohne ihn will ich nicht mehr leben.« Löb ließ seine Mutter gewähren.

Am nächsten Morgen wurde der Sarg von vier Nachbarn auf den Friedhof getragen. Ohne ein Wort gingen sie durch das Dorf, den Feldweg hinauf und machten keine Pause, bis sie am Waldrand angekommen waren. Das schmiedeeiserne Tor des kleinen Friedhofs stand bereits offen. Direkt neben dem seiner ersten Frau war ein frisches Grab für den Verstorbenen ausgehoben, die Träger setzten den Sarg ab. Der Himmel war grau, es regnete leise. Schweigend hatte die Trauergemeinde den Toten begleitet, nur Rebekkas untröstliche Seufzer waren von Zeit zu Zeit zu hören gewesen. Der Rabbi hielt eine ergreifende Rede, würdigte Hirsch Strauss als ehrbares, aufrichtiges Mitglied der Gemeinde und lobte seine Frömmigkeit und seinen Fleiß und die liebevolle Fürsorge, mit der er sich stets um seine Familie gekümmert hatte. Löb wischte sich die Augen, sein Gesicht war naß von einer Mischung aus Tränen und Regen, gemeinsam mit den Schwestern stützte er Rebekka, die sich nach der Zeremonie nicht vom Grab trennen mochte. Schließlich ließ sie sich doch überreden und ging am Arm ihrer Kinder den Weg zurück ins Dorf.

Im Hause Strauss wurde Shiva gehalten. Für die siebentägige Trauerzeit verbannte man alle Stühle aus der Stube, die Trauernden und ihre Gäste saßen auf dem Boden oder kleinen Schemeln ohne Lehne. Weil von diesen nicht genug vorhanden waren, hatte ein Nachbar leere Obstkisten vorbeigebracht, die jetzt als Sitzgelegenheit dienten. Die Dielen des kleinen Hausflures war bedeckt mit Schuhen. Rechtzeitig zum Morgen- und Abendgebet versammelte sich beinahe die ganze jüdische Gemeinde in der Stube. Es war ein stetes Kommen und Gehen. Jeder in der Gemeinde hatte den Hausierer Hirsch Strauss gemocht, und alle wollten seiner Witwe und den Kindern Trost zusprechen. Die Trauernden gingen auf Strümpfen, bewegten sich leise, die Stube war von tröstlichem Gemurmel erfüllt. An den Abenden entzündete Rebekka im Fenster ein Totenlicht, dessen Schein durch ein kleines weißes Leinenstück trübe nach draußen drang. Drei Tage saß die Witwe wie erstarrt auf ihrem Schemel, weigerte sich, etwas zu essen und trank nur von Zeit zu Zeit einen kleinen Schluck Tee. Am vierten Vormittag brachte ihre Mutter gekochte Eier – »rund wie dein Schmerz, ohne Anfang und ohne Ende«, tröstete sie die Tochter. Nachdem alle Fremden das Haus verlassen hatten, versammelte Rebekka am Abend des siebten Tages ihre Kinder um sich und betete mit ihnen: »Euer Vater ist in den Scheul eingegangen, in das Reich der Toten. Es ist der Ort des Dunkels und des Schweigens, an dem ihn selbst der göttliche Zorn nicht mehr erreichen kann.« Löb fuhr fort: »Wer unter dem Schirm des Höchsten sitzt und unter dem Schatten des Allmächtigen bleibt ...«, doch die Stimme versagte ihm, und er weinte bitterlich.

Bürger zweiter Klasse

In dieser Zeit regierte in Bayern König Ludwig I. Er war bis zu seinem sechzigsten Lebensjahr ein braver Mann und sparsamer Regent. So sparsam, daß er sogar die Rückseiten nicht mehr benötigter Staatspapiere mit seinen persönlichen Notizen und Gedichten beschrieb, um unnötige Geldverschwendung zu vermeiden. Das änderte sich nachhaltig, als er 1846 die Tänzerin Lola Montez kennenlernte. Sie raubte dem alternden König erst das Herz, dann den Verstand, und plünderte zum Schrecken von Ministern und Untertanen die königlichen Schatzkammern. Der König gab ihr alles und machte sie sogar zur Gräfin, aber er konnte nicht erzwingen, daß das Volk sich mit seiner Geliebten abfand. Die Bayern fürchteten die Montez wie der Teufel das Weihwasser und haßten sie wie die Pest. Vom einfachen Schuster bis zum hochrangigen Minister waren sie überzeugt, daß sie Seiner Majestät nicht nur den bis dahin klaren Geist verwirren, sondern auch die Macht stehlen und die Regierung an sich reißen wollte. Allenthalben gingen sie protestierend auf die Straße und warfen Steine in die Fenster des Hauses der königlichen Mätresse.

Lola Montez hatte am 17. Februar 1821 als Elisabeth Rosanna Gilbert das Licht der Welt in Irland erblickt. Zeitweise in Indien aufgewachsen, war sie zu einem äußerst eigenwilligen jungen Mädchen herangewachsen. Mit ihrem schwarzen Haar, den leuchtend blauen Augen, der schneeweißen, irischen Haut und üppig wohlproportionierten Formen betörte sie die Männerwelt. Zum Entsetzen aller an ihrer Erziehung Beteiligten brannte sie, kaum erwachsen, mit einem wesentlich älteren Mann durch. Der mißglückten Ehe folgten mehrere Affären, an deren Ende sie eine neue Identität angenommen hatte und zu einer Frau mit Vergangenheit wurde. Am 5. Oktober 1846 quartierte sie sich in München gemeinsam mit ihrem Schoßhund Zampa in einem der besten Häuser am Platze ein und bezog ein Zimmer im Gasthof »Bayerischer Hof« am Promenadenplatz. Drei Tage später gewährte der König dem prominenten Gast der Stadt eine Vormittagsaudienz. Kaum hatte der Lakai die Türen des Empfangssaales von außen hinter der Tänzerin geschlossen, da kursierten in der Stadt schon die ersten Gerüchte über ihren Besuch beim Regenten. Angeblich hatte dieser auf Lolas üppiges Dekolleté gedeutet und mit unverhohlener Neugier gefragt: »Natur oder Kunst?« Worauf die Montez eine Schere vom königlichen Schreibtisch nahm und statt einer Antwort ihr Mieder bis zum Nabel aufschlitzte. Ludwig war entzückt von der Darbietung und bald darauf Wachs in Lolas Händen. Bereits am 14. Oktober durfte sie gegen ein angemessenes Honorar auftreten.

Experten und fachkundigem Publikum entging keineswegs, daß die bildschöne Frau tanzte wie ein Bauerntrampel. Statt begeisterten Applauses tönte böses Zischen aus dem Parkett. Ludwig I. hatte zwar keine Ahnung von tänzerischen Darbietungen, aber das Zischen empfand er als Unhöflichkeit seinem Gast gegenüber. Er ließ die Anführer ermitteln und einen von ihnen, einen Münchener Gendarmen, zur Strafe für sein unflätiges Betragen nach Regensburg versetzen. Darüberhinaus hatte der König ohnehin nur Augen für das schöne Gesicht und den herrlichen Körper der Künstlerin. Prompt gab er ein Portrait seiner Angebeteten in Auftrag und begann, sie regelmäßig im »Bayerischen Hof« aufzusuchen. Während der Maler fleißig den Pinsel schwang, poussierte Seine Majestät mit dem Modell.

Lola baute ihre Position im Herzen des Königs aus und zeigte dem Rest der Welt von Tag zu Tag größere Arroganz. Ihre Kritiker wurden immer lauter, doch Ludwig war ihr verfallen und mochte die warnenden Stimmen nicht hören. Nach einem Streit mit dem Direktor des »Bayerischen Hofs« quartierte er seine Herzdame in der Suite eines anderen angesehenen Etablissements ein, das wesentlich näher am Palast lag. Zu diesem Zeitpunkt hatte die kesse Lola bereits ein königlich zugesichertes Jahresalär von stattlichen zehntausend Gulden. Die eingeweihten Minister waren außer sich. Nicht nur sie selbst verdienten deutlich weniger, auch die höchstbezahlten Universitätsprofessoren der Münchener Universität erhielten kaum mehr als zweitausend Gulden. Doch damit nicht genug, versprach der König seiner Mätresse auch noch eine eigene Equipage und ein eigenes

Haus, dessen Renovierung und Ausstattung nach Lolas Geschmack die Staatskasse weitere zwanzigtausend Gulden kostete. Sowohl der inoffizielle als auch der öffentliche Widerstand gegen die Montez wuchsen erheblich. Sogar der Klerus sah sich gezwungen, etwas zu unternehmen. Man schickte einen Kardinal zum König, der Ludwig ermahnte, sich weniger den üppigen Formen der Künstlerin und mehr seinen politischen Pflichten zu widmen. Seine Majestät hörte sich die frommen Worte an und geleitete den Kardinal zur Tür. Zum Abschied ließ er den braven Kirchenmann wissen, was er von dessen Einmischung hielt: »Bleib er bei seiner Stola, ich bleib bei meiner Lola«, lautete der Bescheid.

Während die Straßenkinder ihr Pferdeäpfel und Boshaftigkeiten an den Kopf warfen, versuchte der Adel sich der Montez durch Bestechung zu entledigen. Fünfzigtausend Gulden wurden der Tänzerin geboten, wenn sie Bayern auf der Stelle verlassen und nie wieder einen ihrer zierlichen Füße dorthin setzen würde. Madame ließ statt dessen eine Alabasterskulptur ihres rechten Fußes anfertigen, stellte diese auf einem kleinen Marmorsockel als Briefbeschwerer auf Ludwigs Schreibtisch und erzählte ihrem König die ganze Geschichte. Ludwig küßte fortan den Briefbeschwerer und betete seine Geliebte noch vehementer an. Seine Untertanen quittierten es mit Spott und Schmähversen, die die Polizei immer wieder von den Mauern entfernen mußte: »Montez, du große Hur / Bald schlagen wir deine Uhr! ... Pfui Teufel Königshaus/ Mit unserer Treu ist's aus / Bringt uns nur Schand und Spott / Helf uns der liebe Gott.« Je lauter die Stimmen der Gegner, umso unverbrüchlicher des Königs Loyalität zu seiner »Lolitta«, wie er sie zärtlich nannte. Schließlich wurde sie in der Öffentlichkeit derart angefeindet, daß der Regent einen Gendarmen – natürlich auf Staatskosten – zu ihrem Schutz abkommandierte.

Diese und ähnliche Eskapaden erzählte man sich mal erzürnt und mal erheitert im ganzen Land. Besonders die Hausierer, die viel herumkamen und entsprechend viel hörten, waren als Überbringer der neuesten königlichen Anekdoten stets gern gesehen.

Löb Strauss gehörte zu denen, die sich über die immer neuen Geschichten von Geldverschwendung und Prunk und Protz nicht amüsierten. Während seine Familie ums Überleben kämpfte, fuhr die Mätresse des Königs im französischen Zweispänner, von prächtigen Rappen gezogen, unter Polizeischutz spazieren. Gerecht war das nicht!

Sicher, der König war stolz auf sein Land. Bis vor kurzem hatte er die Steuergelder seiner Untertanen mit Vorliebe dafür verwendet, daß besonders die Hauptstadt immer wieder von namhaften Künstlern und Architekten verschönert wurde. Auch zu diesem Zweck hatten vor allem seine jüdischen Untertanen ordentlich Steuern zu entrichten. Löb wußte genau zu sagen, wieviel von seinen spärlichen Einnahmen der Fiskus verlangte. Die Juden zahlten neben den landesüblichen auch noch Sonderabgaben für ihren oft ärmlichen Wohnraum und natürlich für ihre Arbeit. Die Begründung für die höheren Beträge war ihr Glaube. Wer katholisch war, zahlte weniger.

Mit dem Emanzipationsdekret von 1812 waren die Juden zwar als Staatsbürger anerkannt worden, doch später wurden vielerorts einschränkende Verordnungen erlassen, so auch im Königreich Bayern. Wer jüdischen Glaubens war, hatte nicht die freie Wahl der Wohngegend. In beinahe jedem Ort gab es einen kleinen Bezirk, das »jüdische Viertel« genannt; hier und nur hier konnten sich die Juden ansiedeln. Die Regierung war sogar so weit gegangen, zu reglementieren, wie viele jüdische Paare heiraten durften – weniger Hochzeiten, weniger jüdische Kinder war die einfache Rechnung. »Die Zahl der Judenfamilien an den Orten, wo sie dermalen bestehen, darf in der Regel nicht vermehrt, soll vielmehr nach und nach vermindert werden...« besagte das berüchtigte Matrikelgesetz aus dem Judenedikt des Jahres 1813. So mußten jeder Jude und jede Jüdin eine offizielle Genehmigung einholen, um heiraten und einen Haushalt gründen zu dürfen. Die bayerischen Beamten gestatteten fast ausschließlich – und meist auch nur nach einer saftigen Bestechung – dem ältesten Sohn einer Familie, zu heiraten und sich im Ort seiner Vorfahren niederzulassen. Ebenso schwierig war die Ausübung eines Berufes. Anstelle des bis dahin üblichen Schutzbriefes mußte auch hier eine Matrikel erworben werden. Wer sie besaß, konnte sie dem Erstgeborenen vererben. Aber nur der älteste Sohn durfte das Gewerbe des Vaters fortführen, weitere männliche Nachfahren mußten sich andere Lebensräume und Tätigkeiten suchen. Mit diesen Gesetzen schränkte der katholische Staat Bayern das Leben der jüdischen Minderheit erheblich und schmerzhaft ein. Trotzdem träumte Löb Strauss noch immer davon, eines Tages Pauline als reicher Mann zu heiraten. Wenn er jedoch abends müde und erschöpft in irgendeinem Stall, einer Scheune oder gar am Wegrand sein Lager aufschlug, wußte er genau, in der Heimat und auf diese Weise würde das niemals erreichbar sein.

Kurz nach dem Tod ihres Mannes hatte Rebekka sich bereits entschlossen, den kleinen Anteil, den sie am Haus Nr. 83 besaß, zu verkaufen und war mit Löb, Maila und Vögela zu ihrem Schwager Lippmann und seiner Familie gezogen. Mit vier weiteren Bewohnern wurde es im Haus Nr. 134 zwar recht eng, aber Lippmann tat sein Bestes, der Familie seines verstorbenen Bruders zu helfen. Kaum drei Monate waren verstrichen, da schlug das Schicksal erneut erbarmungslos zu. Am 15. September 1846 erlag Lippmann Strauss im Alter von vierundsiebzig Jahren einem Herzinfarkt. Fassungslos stand Rebekka an seinem Grab. Was sollte jetzt aus ihr und den Kindern werden?

Die Zeiten waren schwer und um Familie Strauss stand es schlecht. Löb lief sich die Schultern krumm und die Füße blutig, aber oft kam er am Ende der Woche zurück und hatte kaum soviel verkauft, wie er brauchte, um sich unterwegs zu ernähren. Rebekka, Maila und Vögela wuschen und nähten für die Nachbarn von morgens in der Früh bis spät in den Abend, doch auch ihre Arbeit brachte nicht viel ein. Der Winter kam. Das Geld wurde so knapp, daß Rebekka kein Holz mehr für den Ofen vom Nachbarn kaufen konnte. Längst hatte sie aufgehört wie früher bei der Hausarbeit zu singen. Mit den Töchtern ging sie in den Wald und sammelte feuchte Äste, um ein wenig Wärme in die Stube zu bringen. Doch statt zu heizen, qualmten die Reiser meist nur erbärmlich. Löbs Verzweiflung wuchs mit jedem Tag. Es mußte doch einen Weg geben. Er wollte nicht sein Leben lang für ein paar Kreuzer durch die Dörfer laufen. Er wollte nicht zusehen, wie die Hände seiner Mutter immer rauher, ihre Augen immer müder wurden, und sie sich nicht einmal genug zu essen leisten konnten. Er wollte nicht abwarten, bis Maila und Vögela zu alt waren, um zu heiraten, weil sie zu arm waren, um geheiratet zu werden. Wenn kein Wunder geschah, würde Pauline nie seine Frau werden und er nie aus diesem Elend herauskommen. Löb schlug wütend mit der flachen Hand auf seine Strohmatratze. Es staubte gewaltig. Er mußte husten und dachte an seinen Vater, der die Frauen seinem Schutz empfohlen hatte.

Wenige Tage später geschah ein kleines Wunder. Im bayerischen Buttenheim traf ein weiterer Brief aus dem fernen New York ein – der erste, den Jonathan und Lippmann nach dem Tod des Vaters geschrieben hatten:

»Liebe Familie, Der Ewige, gepriesen sei sein Name, hat es gut mit uns gemeint. Amerika ist ein wunderbares Land!« Sie schrieben von ihren Erfolgen, die sie als fliegende Händler hatten, von dem Geld, das sie sparten, vom amerikanischen Leben und den hübschen Mädchen im Viertel. Aber vor allem schrieben sie, daß in diesem Land jeder, der einigermaßen fleißig und sparsam sei, es zu etwas bringen konnte. Am Abend ging Löb zu Bett und bis er einschlief, wiederholte den letzten Satz aus dem Brief immer wieder leise in seinem Kopf. Am nächsten Morgen bei Sonnenaufgang stand sein Entschluß fest: Er würde den Brüdern mit Mutter und Schwestern folgen! Mochte König Ludwig das Geld für die Vergnügungen seiner Mätresse pressen aus wem er wollte ... Mochten die Mächtigen noch mehr Gesetze erlassen, die den Juden das Leben erschweren. Ihn, Löb Strauss, konnten sie nicht daran hindern, ein reicher Mann zu werden und das Mädchen zu heiraten, das er liebte! In Hochstimmung verließ er am Montag das Haus. Nie waren ihm seine Wege so kurz, die Kiepe so leicht vorgekommen. Hielt er sonst hier und da ein Schwätzchen, so beeilte er sich jetzt, sein Bündel zu öffnen, um die Waren zu präsentieren und rasch wieder zu schnüren, wenn er etwas verkauft hatte. Löb mußte nachdenken, einen Plan aushecken.

Sicher, daß er sofort ihre Zustimmung erhalten würde, unterbreitete er Mutter und Schwestern am kommenden Sabbat nach dem Abendgebet seinen Vorschlag: »Zehntausend Juden sind schon von Bayern in das neue Land gezogen! Ihnen allen geht es gut, so gut, wie den Brüdern! Keiner von ihnen ist zurückgekommen. Ich habe gehört, daß in Hirschaid zwölf Männer nach dem nächsten Pessachfest aufbrechen wollen, in der neuen Welt ihr Glück zu suchen. Wir schließen uns ihnen an und reisen zu Jonathan und Lippmann.« Triumphierend und stolz auf seine hervorragende Idee, griff er den Becher und nahm einen großen Schluck Tee. Während Maila und Vögela schnell zu begeistern waren, senkte Rebekka den Blick.

Löb kannte seine Mutter und wußte, daß die im Schoß zusammengelegten Hände und die krause Stirn nichts Gutes verhießen. Und richtig, nach einer Weile des Schweigens begann Rebekka zu sprechen: »Löb, mein Junge, ich kann dich verstehen, du bist jung, du bist kräftig, du hast Mut. Ich verstehe, daß du in das neue Land ziehen möchtest, es den Brüdern gleich zu tun. Ich aber bin alt, bin schwach, bin müde. Ich habe keine Kraft mehr. Ich werde die Sprache nicht mehr lernen. Seit beinahe einhundert Jahren ist die Familie hier im Dorf, hierher gehöre ich, hier bin ich geboren, hier habe ich mit dem Vater gelebt und hier will ich sterben. Hier ist Vaters Grab, und neben ihm will ich beerdigt werden. Diesen Ort zu verlassen käme mir vor, wie mein Leben zu verlassen.« Sie sah ihren Sohn fest an. Damit hatte Löb nicht gerechnet. Intuitiv begriff er, daß es keinen Sinn hatte, weiter auf Rebekka einzureden. Er mußte die Sache überdenken. Liebevoll nahm er seine Mutter in den Arm, küßte sie auf die Stirn, sagte den Schwestern gute Nacht und ging zu Bett. Maila und Vögela taten es ihm gleich, während Rebekka an diesem Abend noch lange am Tisch sitzen blieb, den müden Kopf in die Hände gestützt.

Löb konnte nicht einschlafen. Immer und immer wieder drehte und wendete er seinen Plan, doch ganz gleich von welcher Seite er das Vorhaben auch beleuchtete, eine bessere Lösung für die Probleme der Familie fiel ihm nicht ein. Er ließ den Sonntag verstreichen, ohne Amerika auch nur mit einer Silbe zu erwähnen und ging am Montag wie immer schwer beladen aus dem Haus. Auch Rebekka wußte, daß das letzte Wort zu diesem Thema noch keineswegs gesprochen war und grübelte während der ganzen Woche darüber. Hin und her gerissen war sie zwischen ihren Ängsten und Sorgen und der Tatsache, daß sie in Buttenheim keine Chance hatten, mehr als das Allernötigste einzunehmen. Am Freitag kehrte Löb zurück. Wieder hatte er nur sehr wenig verkaufen können, und fester denn je entschlossen, sich dem Elend nicht dauerhaft auszusetzen, wollte er noch einen Versuch machen, die Mutter zu überreden. Maila und Vögela hatten während seiner Abwesenheit jeden Abend in ihren Betten gelegen und über die mögliche Reise gesprochen. Sie waren sich von Anfang an einig, daß sie Löbs Idee um jeden Preis unterstützen mußten. Nicht nur, daß ihr jüngerer Bruder seit des Vaters Tod das Familienoberhaupt war und sie sich ein wenig zu Gehorsam verpflichtet fühlten, sie kamen auch schnell überein, daß kein Risiko zu hoch war, wenn es um die Gelegenheit ging, dem armseligen bayerischen Dorfalltag ein für alle Mal zu entfliehen. »Was soll sein«, hatte Vögela noch am Donnerstag abend geflüstert, »in New York leben die Brüder. Sie werden uns nicht im Stich lassen. Und auf der Reise sind wir alle zusammen, da wird schon nichts geschehen.« Maila pflichtete ihr bei: »Schlimmer als hier kann es nicht werden. Ich habe immer davon geträumt, eines Tages zu heiraten und Kinder zu haben. Aber hier im Ort, wo sich sogar die herumstehenden Häuser und Bäume langweilen, werde ich keinen Mann finden. New York ist groß, und vielleicht kann ich dort eines Tages für eine eigene Familie waschen und nähen und nicht immer nur für fremde Menschen.«

Rebekka hatte das Abendessen – eingelegten Hering, dunkles Brot und Tee – auf den Tisch gestellt und setzte sich. Löb wußte, daß die drei Frauen von ihm erwarteten, daß er das Wort ergriff. Er brach ein Stück Brot ab, kaute es langsam, spülte mit einem Schluck Tee nach, räusperte sich und sagte: »Mutterleben, ich habe nachgedacht.« Rebekkas Gesicht hellte sich auf, sie meinte zu spüren, daß ihr Sohn seine Meinung geändert haben könnte. Als Löb zwei Sekunden später fortfuhr, runzelte sie jedoch wieder die Stirn und ihre Miene verdüsterte sich deutlich. »Mutterleben, ich verstehe alles, was du uns am letzten Sabbat gesagt hast. Ich verstehe, daß du die Fremde fürchtest, und ich verstehe auch, daß du die Heimat nicht verlassen möchtest.« Maila und Vögela kauten schweigend und nickten zustimmend. Löb hatte längst erkannt, daß die Schwestern auf seiner Seite waren: »Aber du mußt auch uns verstehen. Schau Mutter, wir sind jung, wir haben das Leben noch vor uns. Unsere Tage haben vierundzwanzig Stunden, von denen uns achtzehn der König nimmt. Wir arbeiten wie die Maultiere und dennoch bleibt nach allen Steuern kaum genug zum Leben. Maila und Vögela wollen heiraten«, die beiden verschluckten sich fast, so heftig geriet ihr Nicken, »und hier in Buttenheim oder in Hirschaid werden sie so schnell niemand finden – und Bamberg ist weit. Und ich, Mutter, ich will nicht ein Leben lang für ein paar Kreuzer die schwere Kiepe schleppen und nie genug einnehmen, um euch ein neues Kleid oder ein schönes Tuch schenken zu können. Und du, du sollst nicht bis ans Ende deiner Tage flicken und waschen, bis sich die Haut von deinen Händen schält.« Rebekka strich ihm liebevoll über den Kopf, aber Löb ließ sich von ihrer Geste in seiner Rede nicht beirren. »Der Vater hat vor seinem Tod gesagt, ich soll euch schützen und für euch sorgen, hier kann ich das nicht. Aber in Amerika, das verspreche ich, werde ich eines Tages so viel Geld haben, daß du dich ausruhen kannst – und der König wird es mir nicht wegnehmen und seiner Montez teuren Tand dafür kaufen«, schloß er trotzig. Um ein Haar wäre ihm herausgerutscht, daß er dann zurückkehren werde, um Pauline zu heiraten und zu sich zu holen, aber das verschluckte er gerade noch.

Rebekka hatte ihren Teller von sich geschoben und schwieg. Löb sah an ihrem Gesicht, daß er noch nicht gewonnen hatte, seinem Ziel aber ein wesentliches Stück näher gekommen war.

In den folgenden Wochen gaben weder er noch die Schwestern Ruhe. Wann immer sich eine Gelegenheit ergab, bearbeiteten sie Rebekka, die jeden Abend zum Grab ihres

Mannes ging, um sich Rat zu holen. Im Januar 1847 war es so weit – die Mutter gab nach. Löb, Maila und Vögela hätten vor Freude um den Tisch tanzen können, als sie schließlich sagte: »Um euretwillen, Kinder, und weil Vater auch eine bessere Zukunft für euch gewünscht hätte – ja.«

ZWEITER TEIL

Der Aufbruch

Die Entscheidung war gefallen, und jetzt ging alles sehr schnell. Als am übernächsten Montag der Viehhändler Fleischmann früh am Morgen mit seinem Karren nach Bamberg aufbrach, saß Rebekka Strauss in ihrem besten Kleid und frisch gewienerten Stiefeln neben ihm. Es war ein klirrend kalter Januarmorgen und Rebekka war froh, daß sie das dicke wollene Tuch über den schäbigen, abgewetzten Mantel um ihre Schultern gelegt hatte. Fest eingewickelt in eine Decke, hielt sie auf dem Schoß einen samtenen Beutel, in dem sie ihr Geld, einen Kamm, ein Stück Brot als Tagesproviant und ein sauberes Taschentuch verwahrte.

Gemeinsam mit ihren Kindern hatte sie einige Abende zuvor nachgeschaut, was ihnen vom Verkauf des Häuschens geblieben war. Dann hatten sie zusammen überlegt, was sie wohl bekommen könnten, wenn sie ihr Hab und Gut bis auf ein paar persönliche Kleinigkeiten verkauften und den Betrag dazugerechnet. Überschlagen war die Summe gerade so hoch, daß sie sich alle vier die Reise nach Bremerhaven und die billigste Schiffspassage leisten konnten.

Trotz der Eiseskälte genoß Rebekka die Fahrt nach Bamberg. Viehhändler Fleischmann war ein redlicher, aber wortkarger Mensch. Er berechnete ihr kein Geld dafür, daß er sie nach Bamberg mitfahren ließ. »Schinden wollen wir die Gäule nicht – sollen uns ja heut' abend wieder heimbringen«, sagte er nach der Hälfte der Strecke. Rebekka war es recht so. Sie liebte das Schnauben der Rösser, die Dampfwolken, die sie in die Luft stießen, und das Knirschen des gefrorenen Weges. Inzwischen war die Sonne aufgegangen, der Schnee über den Feldern glitzerte und Rebekkas Herz wurde ganz leicht. Wahrscheinlich hat Löb recht, dachte sie bei sich, während sie die weiße Landschaft betrachtete. Die Kinder müssen ihr Glück woanders versuchen. Zu Hause in Buttenheim sind die Möglichkeiten zu gering. Es heißt doch immer, Amerika sei das Land, wo Milch und Honig fließen – warum soll nicht auch ein bißchen davon für uns sein. Sie gewöhnte sich langsam an den Gedanken, die Heimat zu verlassen. Gemeinsam mit ihren Kindern würde schon alles gut gehen. Ein wenig bange war ihr allerdings, wenn sie an die lange Reise dachte – und dazu noch mit dem Schiff. Wochenlang nichts als Wasser ringsherum, und sie konnte nicht schwimmen. Unwillkürlich preßte sie die Knie zusammen und hielt ihren kleinen Samtbeutel etwas fester.

Der Kirchturm von Bamberg kam in Sicht, und nicht lange darauf zog Fleischmann die Zügel auf dem Marktplatz an und ließ seinen Fahrgast absteigen. »Um Fünfe wieder hier«, sagte er bestimmt, tippte zum Gruß mit Zeige- und Mittelfinger an die Hutkrempe und wendete seinen Karren. Rebekka sah sich auf dem Platz um. Auf der einen Seite hatte ihr zwar seit jeher das bunte Treiben in der Stadt gefallen, auf der anderen Seite jedoch Angst gemacht. Sie erinnerte sich, wie sie einst mit ihrem Vater, dem Viehhändler Seligmann Haas, nach Bamberg hatte fahren dürfen. Wie Fleischmann eben hatte der Vater den Karren auf dem Platz angehalten und seine Tochter heruntersteigen heißen. Wie heute war damals Markt gewesen und im Gedränge verlor Rebekka, verleitet von der Vielfalt der bunten Stände und fremden Gerüche, den Vater aus den Augen. Es folgten schreckliche Minuten. Noch heute war sie sicher, daß es Stunden gewesen waren, bis endlich ein großer, barmherziger Mann das weinende Kind auf seine Schultern setzte.

Von dort oben suchte und fand sie ihren Vater, der sie erst glücklich in die Arme schloß, dem fremden Helfer dankte und ihr dann mit der bloßen Hand den Hintern versohlte. An das Gefühl von Scham, Hilflosigkeit und ungerechter Behandlung erinnerte sie sich noch heute.

Rebekka ging sicheren Schrittes zum Rathaus, die Treppe hinauf und geradewegs zum Amtszimmer. Sie klopfte energisch. Der Amtmann ließ sie eintreten. Kaum setzte Rebekka den ersten Fuß in den geheizten Raum, da fing ihre von der Kälte gerötete Nase an zu laufen – wie gut, daß sie ein Taschentuch eingesteckt hatte. In der Mitte der staubigen Stube mit milchigtrüben Fenstern saß ein kleiner, dünner Mensch mit lichtem Haar und einer Brille auf der Nase. Er verschwand beinahe hinter einem für ihn viel zu großen Schreibtisch. Sein weißes Hemd war bis zu den Ellbogen mit schwarzen Ärmelschonern vor Tinte und Schmutz geschützt. Vor ihm lag eine dick beschmierte, angebissene Butterstulle. Rebekka, die vor Tagesanbruch aufgestanden war und kaum etwas gefrühstückt hatte, lief das Wasser im Mund zusammen. Sie schluckte, grüßte, brachte mit leicht belegter Stimme ihr Anliegen vor und bat höflich, der Amtmann möge ihr beim Ausfüllen der notwendigen Anträge zur Ausreise für sich und ihre Kinder behilflich sein. Um die Sache nicht unnötig zu komplizieren, verschwieg sie sicherheitshalber die Tatsache, daß Maila nicht ihre leibliche Tochter war. Sie trugen alle denselben Nachnamen, das sollte reichen. Der kleine Mann putzte umständlich seine Brille, plusterte sich ein wenig auf und tunkte seinen Federkiel ins Tintenfaß. Dann nahm er die Personalien der zukünftigen Auswanderer auf, ließ sich bestätigen, daß sie die Reise bezahlen konnten und legte das noch tintenfeuchte Blatt mit wichtiger Geste zur Seite. Rebekka wußte nicht so recht, wie sie sich verhalten sollte. War das alles gewesen? Wie ging es jetzt weiter? Unsicher fragte sie: »Wann darf ich denn wiederkommen und die Papiere holen?« »Die werden jetzt erst geprüft, dann bestätigt und dann zugestellt.« So antwortete der Amtmann, sehr überzeugt von seiner eigenen Bedeutung. Rebekka hätte gerne gewußt, was da genau geprüft und wann in etwa die Papiere zugestellt werden sollten, aber eine innere Stimme riet ihr, sich ruhig zu verhalten. Freundlich entrichtete sie die verlangte Gebühr, verabschiedete sich, schloß leise die Tür und trat wieder ins Freie. Den Rest des Tages verbrachte sie vergnügt in Bamberg. Sie sah sich die große Synagoge an, stöberte hier, schaute da und fand viele hübsche Kleinigkeiten, mit denen sie Maila und Vögela eine Freude hätte machen können. Doch jedesmal, wenn sie schon versucht war, in ihrem Samtbeutel nach Geld zu kramen, rief sie sich zur Ordnung. Es galt zu sparen für die große Reise und da zählte jeder Kreuzer. Also holte sie nur das Stück trockenes Brot hervor, setzte sich an den Rand eines Brunnens und trank zur kargen Mahlzeit das eiskalte Wasser aus der hohlen Hand.

Vom Kirchturm läutete es eben fünf, da sah sie Fleischmann mit seinem Karren um die Ecke biegen. Er hielt direkt neben dem Brunnen und half Rebekka hinauf. Seine Geschäfte waren offensichtlich gut gegangen, denn hinten auf der Holzpritsche sah Rebekka ein paar Säcke mit Mehl und Hafer liegen. Sie erzählte von ihrem Besuch im Rathaus, doch bis auf diese wenigen Sätze legten die beiden die zwanzig Kilometer nach Buttenheim ebenso schweigend zurück wie den Hinweg. Es war dunkel, und Rebekka spürte, wie ihr die Müdigkeit in die Glieder kroch. Sie hatte ihr wollenes Schultertuch wieder um und wickelte sich in die Decke ein, so gut es ging. Die Pferde trabten im Gleichschritt, der Wagen rumpelte über den Weg. Rebekka nickte ein und wachte erst wieder auf, als Fleischmann seine Gäule an der Ecke vor dem Haus zum Stehen brachte. Mit steif gefrorenen Gliedern kletterte Rebekka vom hölzernen Bänkchen, bedankte sich und sagte beinahe schon im Gehen: »Und richte deiner Frau aus, wenn was zu nähen oder zu flicken ist, meine Mädchen und ich tun's gern für euch.« Fleischmann nickte, grüßte zum Abschied und fuhr weiter.

Es wurde Frühling. Die ersten bunten Blumen flossen aus den kleinen, schmiedeeisernen Kästen auf die mit frischem Weiß getünchten Mauern. Hauptstraße und Marktplatz des Dorfes machten einen gemütlichen, gepflegten und heimeligen Eindruck. Aber im Judenviertel sah die Wirklichkeit anders aus. Hier regierten in den meisten Häusern Armut, Bedürftigkeit und Hunger. Löb brauchte dringend neue Schuhe, um auf den von der Schneeschmelze aufgeweichten Wegen überhaupt laufen zu können, doch das Geld reichte nicht einmal, um die alten Latschen vom Schuster reparieren zu lassen. Rebekka Strauss war nach dem Tod ihres Mannes sichtlich gealtert. Es machte sie traurig, ihren Sohn zu sehen, wie er sich abrackerte. Der Junge war so herzensgut, fleißig und klug dazu. Wie gerne hätte sie ihm ein besseres Leben ermöglicht, aber das Geld reichte kaum für die lebensnotwendigen Dinge.

Die örtliche Zeitung hatte zweimal gedruckt, daß Mutter und Kinder das Land verlassen wollte. Die Anzeigen sollten den möglichen Gläubigern Gelegenheit geben, ihre Schulden einzutreiben. Doch so knapp das Geld auch war, Familie Strauss konnte stolz darauf sein, bei niemandem in der Kreide zu stehen, und so nahmen sie die Annoncen nur als Beweis dafür, daß ihre Anträge bearbeitet wurden.

Knapp ein halbes Jahr hatte es gedauert, bis am 4. Juni 1847 das Landgericht einen Brief an die Regierung schickte: »... Die Auswanderungsakten der Rebekka Strauss von Buttenheim mit ihren drei Kindern nach Nordamerika werden der höchsten Stelle mit dem Reisepaß vorgelegt.« Zehn Tage später kamen die geprüften Reisepässe und Papiere mit Genehmigung und Siegel aus Bamberg. Löb hatte vor Aufregung feuchte Finger, als er sie in den Händen hielt. Gleichzeitig beschlich ihn eine große Traurigkeit. Bald würden sie aufbrechen, bald würde er keine Briefe mehr mit Pauline tauschen können, sie nicht mehr von Zeit zu Zeit heimlich treffen können.

Die Tochter des Gutsbesitzers Schneider war zu einem sehr hübschen jungen Mädchen geworden. Sie hatte die Schule beendet und lernte jetzt alles, was ein Fräulein ihres Standes können mußte. Sie zeichnete treffende Portraits, konnte ein wenig Klavier spielen, tanzte ausgezeichnet und verstand es, anmutige Stickereien in den Rahmen zu zaubern. Das Liebespaar hatte längst einen Weg gefunden, die elterlichen Verbote heimlich zu umgehen und sah einander regelmäßig. Es war Paulines Idee gewesen, sonntags am Nachmittag, wenn Löb nicht mit seiner Kiepe unterwegs war und das Dorf ruhte, Besuche bei einer Freundin vorzutäuschen und sich statt dessen unten am Bachlauf im Schutz einer Hecke mit Löb zu treffen. Diese Freundin, ihrerseits in Schneiders Stallburschen verliebt, war auf Paulines Hilfe angewiesen und »würde sich eher die Zunge herausreißen lassen, als uns zu verraten«, wie Pauline Löb immer wieder glaubhaft versicherte. Bei Wind und Wetter, sommers wie winters, kamen beide pünktlich jeden Sonntag zum Stelldichein und niemand schöpfte Verdacht.

Einige Tage vor der geplanten Abreise verkaufte und verschenkte Familie Strauss alles, was sie nicht in ihr neues Leben mitnehmen konnte. Der Platz auf dem Schiff war begrenzt, die Auswanderer durften nur sehr wenig dabei haben, wollten sie nicht den ohnehin knappen Schlafraum damit blockieren. Viel war nach dem Umzug in die Nr. 134 ohnehin nicht geblieben, aber ein wenig Geschirr, Tischwäsche und ein paar geflickte Kleidungsstücke hatten sie noch abzugeben. Löb erzielte einen guten Preis für seine beiden Holzkiepen und deren Inhalt. Stolz gab er Rebekka den Erlös, die die Münzen in ihrem Knippel verschnürte. Jetzt, nachdem die schwere Entscheidung gefallen war, entwickelte die Mutter ungeahnte Kräfte. Für sie war am schlimmsten, ihr

Heimatdorf und das Grab ihres Mannes zu verlassen, von allem anderen konnte sie sich leicht trennen. Maila und Vögela hingegen hätten am liebsten alles mitgenommen. Ihre Taschen zerbarsten fast, so voll waren sie gestopft, bis Rebekka ihnen schließlich mit einem energischen »Das muß reichen!« Einhalt gebot. Unter lautem Protest reduzierten die beiden ihr Gepäck. Während seine Schwestern unablässig räumten und sortierten, wurde Löb immer stiller und schlich mit traurigen Augen umher. Egal, was er einpackte, sein Liebstes mußte er zurücklassen. Ganz gegen seine sonstige Gewohnheit mochte er kaum noch etwas essen, so schwer lag ihm die bevorstehende Trennung von Pauline im Magen. Nachbarn und Freunde kamen und gingen, verabschiedeten sich, wünschten Glück und inspizierten neugierig die noch zu verkaufenden Kleinigkeiten. Rebekka hatte ihr Bündel längst geschnürt. In die geliebte Daunendecke, die sie noch von ihren Eltern hatte, wickelte sie den Samowar und die siebenarmigen Messingleuchter, auf die sie nicht verzichten mochte.

Der letzte Sonntag war gekommen. Löb pflückte am Wegrand einen bunten Blumenstrauß. Das Herz schwer wie Blei, war er unterwegs, um von Pauline Abschied zu nehmen. Schon als er sie kommen sah, in ihrem langen hellblauen Rock, die weiße Bluse hoch geschlossen und das Haar kunstvoll geflochten, schnürte es ihm den Hals zu. Schweigend saßen sie eine Weile nebeneinander. Während er den Strauß fast zerdrückte, ergriff Löb das Wort: »Es ist nicht für immer, wenn alles gut geht, ist es nicht einmal für sehr lange. Ich komme zurück und werde dich holen. Ich verspreche es dir, eines Tages werde ich reich sein, viel reicher als dein Vater es ist, und dann komme ich wieder, und du wirst meine Frau.« Pauline lachte ungläubig auf. »Mach dich nur nicht lustig über mich! Die Weisen sagen, wenn man sich über jemand lustig macht, ist es als würde man ihn töten«, erboste sich Löb. »Ich mache mich nicht über dich lustig und töten will ich ich dich schon gar nicht. Ich wünschte so sehr, es käme alles so, wie du sagst«, Pauline drückte seine Hand und eine Träne kullerte über ihre Wange. »Ich warte auf dich – wirst du mir schreiben?« »So oft es nur geht, das verspreche ich«, Löb nahm ihr Gesicht zwischen seine Hände und küßte sie zärtlich. Sie schlang ihre Arme um seinen Hals, als wollte sie ihn nie wieder loslassen. Dann ließ sie die Arme sinken und begann bitterlich zu weinen. Löb hätte am liebsten mitgeweint. Aber das ging nicht. Er war es gewesen, der unbedingt hatte fortgehen wollen, jetzt konnte er nicht jammern. Außerdem mußte es sein. Wie sonst sollten sie jemals heiraten können? »Weine nicht, ich komme wieder, wir gehören zusammen und nichts und niemand wird uns trennen«, sagte er mit fester Stimme und legte ihr die Blumen in den Schoß. Pauline weinte dennoch weiter. Eine Viertelstunde blieb noch, dann mußte sie nach Hause. Löb hielt sie im Arm und wiegte sie wie ein kleines Kind sachte hin und her, dabei grub er seine Nase in ihre Halsbeuge und sog den geliebten Duft mit geschlossenen Augen tief ein. Die Kirchturmglocke schlug zur vollen Stunde, Pauline mußte gehen. Sie löste sich aus der Umarmung und nestelte an ihrem hellblauen Häkeltäschchen. Schließlich förderte sie ihre Lieblingshaarspange aus Silber, verziert mit einer Rose, zu Tage. Sie kramte noch etwas weiter und fand, wonach sie suchte: ein kleines Lederbeutelchen an einem ledernen Band. »Ich habe es selbst genäht, du kannst die Haarspange herein tun und es um den Hals tragen. Es soll dich an mich erinnern und dir Glück bringen«, sagte sie mit gesenktem Blick. Löb bedankte sich beschämt. Wie hatte er vergessen können, an ein Abschiedsgeschenk für Pauline zu denken. Was war er nur für ein Tölpel! Er stand auf und brach eine besonders schöne dunkelrote Rose vom Busch der direkt neben ihnen stand. »Eine Rose für meine Rose«, sagte er und reichte sie Pauline. Ein letzter Kuß, eine letzte Umarmung, dann rannte

Pauline in Richtung Gutshaus, ohne sich noch einmal umzudrehen. Löb stand wie versteinert und sah ihr nach, bis sie um die Ecke gebogen war. Er steckte die kleine silberne Spange in den Beutel, hängte ihn sich um den Hals und verbarg ihn sorgfältig unter seinem Hemd. Den würde er tragen, bis er Pauline wieder sah, gelobte er feierlich.

Wie lange er noch gestanden hatte, konnte er hinterher nicht mehr sagen, aber sein linkes Bein war eingeschlafen und kribbelte, als kröchen Ameisen durch die Adern. Langsam folgte er dem Bachlauf aufwärts, blieb am Steg stehen, wo er als kleiner Junge so gerne gespielt hatte, ließ wehmütig das Gutshaus links liegen und ging an der Nr. 83 vorbei. Gerne wäre er noch einmal hineingegangen, hätte einen Blick in Küche, Stube und Kammer geworfen, aber als er unlängst mit Maila darüber sprach, hatte Rebekka ausdrücklich gesagt: »Verkauft ist verkauft, laßt die neuen Leute zufrieden.«

Es dämmerte, als Löb von der letzten Runde durch sein Heimatdorf nach Hause zurückkehrte. Bis auf den großen Tisch und die sechs Stühle, die der Familie ihres Schwagers gehörten, hatte Rebekka tatsächlich alles verkauft und verschenkt. Löb fühlte sich unwohl in der leeren Stube und war froh, daß sie von den Nachbarn zum Abendessen eingeladen waren. Auch hier letzte Umarmungen und gute Wünsche, dann gingen Rebekka, Maila, Vögela und Löb Strauss zum letzten Mal in Buttenheim zu Bett. Von Reisefieber gepeinigt, verbrachten sie eine unruhige Nacht und erwachten noch vor Sonnenaufgang. Die Kutsche sollte erst um 10.00 Uhr abfahren, und so blieb ausreichend Zeit für einen Besuch am Grab des Vaters. Schweigend stiegen sie bei Tagesanbruch den kleinen Hügel hinauf, schweigend betraten sie den Friedhof und standen andächtig schweigend am Grab von Hirsch Strauss. Löb sah dem Gesicht seiner Mutter an, wie schwer ihr dieser Abschied fiel. Er dachte an Pauline, dachte daran, daß Rebekka ihren Mann sehr geliebt hatte, und nahm sie liebevoll in den Arm. Sie hob den Kopf ein wenig und lächelte ihn dankbar an. Dann ging ein Ruck durch ihren Körper, sie legte den mitgebrachten Stein auf das Grab, die Kinder taten es ihr gleich, und zusammen kehrten sie dem kleinen Friedhof am Waldrand ein für alle Mal den Rücken.

Auf großer Fahrt

Früh um neun Uhr stand Familie Strauss beladen wie die Packesel mit ihren zusammengeschnürten Habseligkeiten am Platz. Die Postkutsche war schon eingetroffen. Der Postillion hatte die Pferde getränkt und schickte sich an, das Gepäck der Reisenden zu verstauen. Als Stauraum für die Koffer, Säcke, Bündel und Taschen diente die Schoßkelle, ein kiepenähnlicher Anbau am Fahrzeugende. Löb hievte eine große Holzkiste nach oben. Er hatte sie aus Latten gebaut und mit einem eisernen Schloß versehen. Knapp einen Meter breit und etwa halb so tief und hoch, bot sie Platz für all das, was auf dem Schiff dringend gebraucht wurde. Der Postillon nahm das schwere Teil entgegen, Löb steckte sich sein verrutschtes Hemd wieder in die Hose und tastete nach dem Lederbeutel. Beruhigt stellte er fest, daß er sich befand, wo er zu sein hatte. Obwohl es sommerlich warm war, hatte Rebekka ein dickes Kleid angezogen und ihr Tuch um die Schultern gelegt. Außerdem trug sie die schweren Schnürhalbschuhe, die sie wegen ihrer Krampfadern bevorzugte, und ihr engstes Korsett. Es ächzte ein wenig, als sie sich in die Kutsche setzte. Rebekka atmete durch, so tief es die Schnürung zuließ. Sie hatte die Reiseroute auswendig gelernt und murmelte sie leise vor sich hin: »Buttenheim – Bamberg – Lichtenfels – Meiningen – Eisenach – Mühlhau-

sen – Göttingen – Einbeck – Mühlenbeck – Hildesheim – Hannover – Nienburg – Verden – Bremen – Bremerhaven.«
Zehn Tage würde die Kutschfahrt dauern, Rebekka versuchte, eine bequeme Position zu finden. Der Platz in der Schoßkelle reichte nicht aus. Maila, Vögela und die Mutter saßen zwischen Kisten und Fässern, und wußten kaum, wo sie ihre Füße hinstellen sollten. Der Postillion rückte seinen großen schwarzen Hut zurecht, blies das Abfahrtssignal in sein Horn und ließ die lederne Peitsche knallen. Mit einem Ruck setzte sich die Postkutsche in Bewegung. Die kräftigen, frischen Pferde legten die Strecke nach Bamberg ohne Pause zurück. Hier stiegen noch zwei weitere Fahrgäste zu, und jetzt wurde es wirklich eng. Löb bat den Kutscher, neben ihm auf dem Bock sitzen zu dürfen. Hier oben saß es sich um einiges besser und Löb genoß den angenehmen Wind, der ihm in den Schopf fuhr.

Die Jahreszeit war günstig für die Reise. Die Wege und Straßen waren einigermaßen trocken, die Gasthäuser gelüftet und warm, die Pferde konnten mit frischem Gras versorgt werden. Löb schaute aus dem Fenster, sah die Wiesen und Felder vorüberziehen und sog die neuen Eindrücke auf wie ein Schwamm. Das Übernachten in den Gasthäusern gefiel ihm gut. Einige hatten sogar richtige Federbetten, die Löb ganz besonders liebte. Wenn er eines dieser wundervollen Plumeaus ergatterte, kuschelte er sich so schnell wie möglich hinein und vergaß auf der Stelle alles um sich herum. Und dann die zierlichen Waschgeschirre aus weißem Porzellan, manchmal mit bunten Blumen verziert – Löb dachte an Pauline, und daß diese ihr sicher auch gefallen würden. Was für ein Unterschied zu den Scheunen und Ställen, in denen er zu Hausiererzeiten geschlafen hatte! Hier war alles sauber, die gute Verpflegung reichlich – er schnalzte bei dem Gedanken an eine besonders leckere Kartoffelsuppe mit der Zunge – und die Wirtsleute meist freundlich. Eine Wirtin hatte sogar eine extra Portion Butter gebracht, weil sie den deftig geräucherten Schweinespeck nicht anrührten. Bei jedem Halt stiegen Leute ein und aus. In Göttingen war es ein Mann, der roch, als hätte er sich monatelang nicht gewaschen. Rebekka preßte ihr Taschentuch vor die Nase, und Löb hielt immer die Luft an, wenn der Mann etwas sagte, so ekelerregend war sein Mundgeruch. Zur Erleichterung aller verließ er die Kutsche bereits in Einbeck wieder und sein Platz wurde von einer hübschen jungen Frau eingenommen. Maila und Vögela hatten die ersten Kilometer still und scheu in ihren Ecken verbracht. Schnell gewöhnten sie sich jedoch an die vielen neuen Leute und redeten bald sehr vertraulich mit Menschen, die sie nie zuvor gesehen hatten und vermutlich nie wieder sehen würden. Rebekka fand das Verhalten der beiden unschicklich, runzelte mißbilligend die Stirn, sagte aber nichts. Bis Hildesheim verlief die Fahrt ohne Zwischenfälle.

Der Kutscher sah als erster, daß sich ein Unwetter zusammenbraute. Er zog die Zügel an und brachte die Pferde zum Stehen. Während er das festgezurrte Gepäck kontrollierte, sagt er zu Löb, der die Gelegenheit genutzt hatte, um sich hinter einem Baum zu erleichtern: »Das wird bös! Hier bin ich schon oft in schweres Wetter geraten. Wollen hoffen, daß es nicht zu heftig wird – die Strecke bis Hildesheim ist ohnehin nicht die beste.« Löb nickte zustimmend, hatte aber keine Ahnung, wovon der Mann sprach. Was sollte schon geschehen? Die Kutsche hatte ein Dach. Er zuckte die Schultern und setzte sich statt auf den Bock neben seine Schwester.

Kaum eine Stunde später brachen die Wolken und sintflutartige Regenfälle stürzten auf die Erde. Binnen kürzester Zeit war die Erde auf dem Weg vollkommen aufgeweicht, die Pferde hatten Mühe einen Huf vor den anderen zu setzen, geschweige denn, den schweren Wagen zu ziehen. Der Kutscher knallte mit der Peitsche und trieb sie gnadenlos weiter. Es galt, so schnell wie möglich aus dem Morast zu entkommen. Mit jedem weiteren Tropfen wurde der Boden weicher, das Weiterfahren schwerer. Plötzlich rutschte das vorderste Pferd seitlich ab und ging in die Knie. Es riß das nächste und übernächste mit sich und mit einem gefährlichen Krachen sank die Kutsche wie in Zeitlupe nach links. Der Kutscher sprang vom Bock in den Matsch und erhob sich. Die prächtige Uniform mit den silbernen Kordeln und Knöpfen war über und über mit Schlamm bedeckt, der Mann jedoch unversehrt. Aus seinem Gefährt drangen ängstliche Schreie. Innen herrschte ein unbeschreibliches Durcheinander. Aus dem Gewirr von Armen und Beinen versuchte jeder, die eigenen Gliedmaßen herauszuziehen. Löb stemmte eine schwere Tasche von seinem Gesicht und sah seine Mutter hilflos auf dem Rücken liegen. Eingezwängt in ihr Korsett konnte sie sich überhaupt nicht bewegen, japste nach Luft und ruderte mit den Armen. Maila hatte inzwischen mit Hilfe des Postillions ein Seitenfenster geöffnet. Die Türe war zwar verkeilt, doch die meisten Fahrgäste konnten – von innen geschoben, von außen gezogen –, die Kutsche durch die Luke verlassen. Nur Rebekka nicht. So sehr sie sich mühte, so sehr Löb ihr auch half, sie steckte einfach fest. Schließlich kletterte auch Löb aus der Kutsche, gab seiner Mutter Anweisungen, wo sie sich festhalten sollte, und richtete den Wagen gemeinsam mit den anderen Fahrgästen im strömenden Regen wieder auf. Drinnen tat es einen dumpfen Schlag. Rebekka war abgerutscht und hatte den Haltegriff losgelassen. Mit einigen blauen Flecken und etwas derangiert, aber ohne nennenswerte Verletzungen konnten ihre Kinder sie wenig später befreien. Panisch umklammerte sie ihren Samtbeutel, in großer Sorge, jemand könnte das Chaos nutzen und etwas von ihrem mühsam ersparten Reisegeld entwenden. Die Reisenden suchten Schutz unter den Bäumen, während der Kutscher erst die Pferde und dann seinen Wagen inspizierte. Den Tieren war nichts geschehen, dennoch trat er mit schlechten

Nachrichten auf die kleine Gruppe zu. »Die hintere Achse ist angebrochen« – er zeigte auf Löb – »komm, hilf mir, sie zu flicken. In Hildesheim werden wir dann zum Stellmacher müssen, sonst kommen wir nicht weit.« Löb hatte noch nie eine Achse repariert und staunte über das Werkzeug, das im Wagen verstaut war: Hammer, Nägel, Stricke, Zangen, ein Gefäß mit Fett zum Schmieren und sogar eine Winde. Der Postillion verstand sein Handwerk. Er schickte Löb in den Wald, passende Äste zu suchen, schnitzte diese mit flinker Hand zurecht, stützte die Achse ab, band alles fest und ehe die Fahrgäste sich versahen, konnten sie ihre Habseligkeiten in der Kutsche wieder zusammenklauben und verstauen, einsteigen und weiterfahren, Richtung Hildesheim.

Während dort der Stellmacher eine neue Achse anpaßte, saßen die Fahrgäste im Hildesheimer Krug und warteten. Maila, Vögela und Rebekka nutzten die Zeit, um ihre angeschmutzten Kleidungsstücke und zerzausten Frisuren wieder herzurichten. Drei Männer in hohen Schaftstiefeln, dunklen Lodenjacken und großen breitkrempigen Hüten tranken Bier und spielten Karten. Von Zeit zu Zeit zogen sie abwechselnd die silbernen Uhren aus ihren Westentaschen und kontrollierten die Zeit. Dann spielten sie weiter. Löb saß an ihrem Tisch und kiebitzte. Als es Zeit war, ins Bett zu gehen, zahlte er für seine Milch fünf Kreuzer und zählte sorgfältig das Wechselgeld, das er auf den Silbergroschen herausbekommen hatte. Dann wünschte er höflich eine gute Nacht, verließ den Schankraum und erklomm vorsichtig die steile Stiege zu den Schlafkammern.

Am nächsten Tag konnte die Reise weitergehen. Löb lehnte verschlafen mit geschlossenen Augen in einer Ecke und lauschte dem Rattern der Räder auf dem Kopfsteinpflaster. Als Kies unter den eisenbebänderten Rädern zu knirschen begann, wußte er, daß sie die Stadt verlassen hatten. Je näher sie an Bremerhaven herankamen, um so häufiger sahen sie kleine Gruppen von Menschen, die zu Fuß oder auf hölzernen Karren mit zwei Rädern in derselben Richtung wie sie unterwegs waren. Mit schweren Säcken und Taschen beladen, schleppten sie sich langsam voran – Alte, Familien mit kleinen Kindern, junge Männer in Handwerkertracht und sogar schwangere Frauen. Sie alle waren auf dem Weg zum Hafen, wo die großen Segelschiffe lagen, die sie nach Amerika bringen sollten. Löb strich seiner Mutter zärtlich über die Hand. Er sah all diese Menschen, die die beschwerliche und zudem nicht ungefährliche Reise zu Fuß auf sich nahmen, und eine warme Welle der Dankbarkeit stieg in ihm auf. Schließlich war es das Geld, das Rebekka durch den Verkauf des Häuschens erlöst hatte, mit dem sie die Kutschfahrt und die Schiffspassagen bezahlten.

Am späten Vormittag wurden in Bremen ein letztes Mal die Pferde gewechselt. Die Freie Hansestadt zu beiden Seiten der Weser war dicht besiedelt. Im Zentrum herrschte reges Treiben. Löb bestaunte die beeindruckenden Gebäude, den imposanten Dom Sankt Petri, das schöne alte Rathaus. Direkt davor war Getreidemarkt, überall standen Säcke und Kisten mit Korn. Die Händler priesen ihre Waren laut schreiend an. Was für ein Unterschied zum kleinen Markt in Buttenheim und was für ein Lärm! Löb merkte, wie Vögela seine Hand fester als gewöhnlich hielt. Vor der Polizeistation standen lange Menschenschlangen. In Viererreihen warteten Männer und Frauen geduldig, bis sie an der Reihe waren, sich anzumelden. Wer für ein paar Tage oder noch länger in Bremen bleiben wollte, mußte zur Polizei und nachweisen, daß er genügend Geld für den Aufenthalt und die Schiffspassage hatte. Trotz der strengen Regeln waren die Gasthäuser voll mit illegalen Ankömmlingen, die Arbeit suchten, um sich ihre Überfahrt nach Amerika zu verdienen. Das war gar nicht so einfach, denn die Kosten für die Auswanderungspapiere und eine Schiffspassage entsprachen beinahe dem Jahresgehalt eines Dienstknechtes.

Gerne wäre Löb noch in die kleinen Seitenstraßen gegangen und hätte sich umgesehen, aber der Kutscher mahnte zur Eile. Wollte er den vorgeschriebenen Zeitplan einhalten, mußte er Bremerhaven noch am selben Abend erreichen. Entlang des Flusses ging es etwa sechzig Kilometer Richtung Meer. Endlich gelangten sie nach Bremerhaven. Knapp zwanzig Jahre war es her, daß der Bremer Senat beschlossen hatte, den kleinen Fischereihafen an der Außenweser zum Hochseehafen auszubauen. 1827 hatte man den ersten Spatenstich getan. Inzwischen war eine kleine bunte Stadt entstanden. Am Kai entlang ragten hoch in den Himmel die hölzernen Masten der schnittigen Segler. Auf der gegenüberliegenden Seite standen in Form gestutzte Bäume und dahinter schmutzige Fischerkaten und kleine Häuser in Reih und Glied, eines wie das andere. Direkt im Anschluß an die Kaimauer begann ein ausgedehntes Stück Wiese. Hier grasten Pferde, standen kleine Schober mit Heu und Lagerschuppen in verschiedenen Größen.

Der Bremer Kaufmann und Reeder Diedrich Heinrich Wätjen hatte dunkelblonde, seitlich gescheitelte Haare, eine hohe Stirn, weit auseinanderstehende Augen, einen sorgfältig gepflegten Bart und war stets elegant und nach der neuesten Mode gekleidet. Ihm und seiner energischen Frau sah jedermann den geschäftlichen Erfolg schon von weitem an. Der Familientradition folgend, hatte er als junger Mann seine Ausbildung in einer Londoner Bank absolviert, um dann in den Norden Deutschlands zurückzukehren. Beschleunigt durch hervorragende Reverenzen machte er eine steile Karriere, wurde Partner eines renommierten Im- und Exporteurs und machte sich schließlich 1821 selbständig. Wenig später konnte er sich mit den ersten eigenen Schiffen am Handel mit Amerika beteiligen. 1829 etablierte er offiziell das Handelshaus und die Reederei »D.H. Wätjen&Co«, und nach weiteren sechs Jahren war Wätjen nicht nur einer der bedeutendsten Kaufleute, sondern mit sechzehn Hochseeschiffen auch der größte bremische Reeder. Doch der tüchtige Geschäftsmann wälzte ein Problem, das ihn bisweilen um die wohlverdiente Nachtruhe brachte: Die Ausfracht nach Übersee war eine Katastrophe. Mangels heimischer Exportgüter segelten seine Schiffe ständig statt mit Waren nur mit Ballast befrachtet nach Amerika, um dort den Ballast ins Meer zu kippen und die Laderäume mit Tabak und Baumwolle zu füllen. Wätjen grämte sich über die Hinfahrten ohne Gewinn und sann nach einer Lösung. Da kam ihm die beginnende transatlantische Massenauswanderung gerade recht. Wätjen ließ in die Laderäume seiner Segelschiffe Zwischendecks einziehen, stallähnliche Verschläge und Pritschen installieren, und verkaufte die ärmlichen Plätze an Menschen, die sich normale Schiffspassagen nicht leisten konnten. Jetzt war der Reeder zufrieden! »Die Emigranten sind eine hochprofitable Ausfracht«, teilte er stolz seinen Kompagnons mit und machte sein Unternehmen bis zur Jahrhundertmitte zur bedeutendsten Auswanderer-Reederei. Stets lagen mehrere seiner Segler gleichzeitig vor Anker, bereit, Reisende nach Amerika und Waren von dort zurückzubringen.

So auch im Juni 1847, als Familie Strauss in Bremerhaven ankam. Der Kutscher lenkte den Wagen zum Kai und brachte die Pferde an der Seite zum Stehen. Mit steifen Gliedern stiegen die Reisenden aus, froh, endlich am Ziel der ersten Etappe zu sein. Der Landesteg war überfüllt mit Menschen. Mütter, Väter, Kinder, Enkel und Großeltern transportierten ihre Habseligkeiten in Säcken, Bettbezügen, Koffern, Kinderwagen und auf Karren. Löb war stolz auf die große Schiffskiste, die er gezimmert hatte. Die Auswanderer waren fast immer in Gruppen unterwegs. Nur mit Wanderstab und Ranzen, aber schwer bepackt, kamen sie zu Fuß über schlechte Straßen und Chausseen oder hatten Schubkarren und Fuhrwerke auf dem langen Weg genutzt. Ihre Kleider waren zerschlissen und oft schmutzig, und besonders die

Frauen und Kinder wirkten müde und erschöpft. Wieder war Löb froh und dankbar, daß er, Mutter und Schwestern mit der Kutsche hatten anreisen können. Es wimmelte von Menschen unterschiedlichster sozialer und regionaler Herkunft: Kaufleute, Handlungsgehilfen, Handwerker, Gesellen, Geistliche, Fach- und Hilfsarbeiter, sie alle trafen in Bremerhaven ein, um von dort in die »Neue Welt« zu fahren.

Der Abend war angebrochen, es dämmerte. Noch bevor Löb das Gewühl um ihn herum wahrnehmen konnte, erregte etwas anderes seine ganze Aufmerksamkeit. Direkt neben ihm hielt eine zweite Kutsche. Die Fenster waren mit dunklem Stoff verhängt. Als der Schlag geöffnet wurde, stiegen statt der üblichen Fahrgäste zwei bewaffnete Polizisten und acht an Händen und Füßen gefesselte Männer aus. Ihre schweren Fußketten rasselten, als sie über das Kopfsteinpflaster schleiften. Löb hatte noch nie Sträflinge gesehen und bekam vor Staunen den Mund kaum zu. Im Schutz der beginnenden Dunkelheit nahmen die beiden Polizisten den Männern die Ketten ab und reichten einem nach dem anderen frische Kleidungsstücke. Wenige Minuten später traten die Sträflinge in grauen, kurzen, ganz neuen Röcken, sowie Hosen und Mützen in der gleichen Farbe hinter der Kutsche hervor. Löb stand noch immer wie angewurzelt. Unsanft stieß ihn der Postillion an. »Was gibt's da zu starren? Hilf mir lieber, das Zeug aus der Schoßkelle zu hieven.« Löb gehorchte schuldbewußt. »Wieso fahren die mit der Kutsche? Wieso kriegen sie neue Kleidung? Wieso sind sie nicht mehr gefesselt?«, fragte er den Postillion, der schallend lachte. »Was ist denn das für eine Frage! Hast du den Kopf nur, damit dein Hut hält? Wie sollen die denn in Eisenketten laufen! Das sind Verbrecher, das hast du doch wohl gesehen, sie haben einen Teil ihrer Strafe abgesessen und werden jetzt nach Amerika geschickt, da können sie selbst für sich sorgen und schauen wie sie zurecht kommen. Der Bürgermeister hat zwar gerade behauptet, nirgends sei man so sicher, wie in

Bremerhaven – und jeder, der auch nur den geringsten Verdacht erregt, wird sofort zurückgeschickt – aber wie will man einer Gruppe mit gültigen Papieren, neuen Kleidern und genügend Geld ansehen, daß es Kriminelle sind. Die meisten kommen aus dem Königreich Hannover. Da zahlen sie sogar die sechzig Taler für die Überfahrt und schenken ihnen zwei Anzüge, drei gute Hemden und zwei Paar Schuhe, bloß, damit sie für immer aus dem Land verschwinden. Sag nur, du hast davon noch nie gehört? Na wenn schon, jetzt weißt du's. Los, steh nicht so rum, hilf mir lieber abladen!« Er schüttelte den Kopf über soviel Naivität und Löb wurde feuerrot. Nein, das hatte er nicht gewußt. Verbrecher auf den Schiffen! Sträflinge als normale Passagiere getarnt! Er beschloß, Rebekka und den Schwestern lieber nichts davon zu erzählen. Eifrig half er das Gepäck vom Wagen zu heben. Als alles unten war, grüßte der Kutscher kurz zum Abschied, stieg auf seinen Bock, ließ die Pferde wenden und fuhr davon.

Am Kai herrschte noch immer ein ungeheueres Getümmel. Löb war wie benommen von dem Auftrieb um ihn herum. Während er die schwere Kiste auf den Rücken lud, nahmen die Frauen die Decken und Taschen. Gemeinsam machten sie sich auf die Suche nach einem Schlafplatz. Ihr Schiff, das wußten sie, würde erst in einigen Tagen ablegen, und für die Wartezeit galt es eine preiswerte Bleibe zu finden. Die umliegenden Gasthäuser waren vollkommen überfüllt. Überall hatten sich Menschen einquartiert, die auf ihre Schiffe warteten, oder, wie in Bremen, Arbeit suchten, um die Passagen finanzieren zu können. Wo noch eine Kammer oder etwas ähnliches zu haben gewesen wäre, war es nicht zu bezahlen. Nach der fünften Absage jammerte Maila: »Ich kann nicht mehr, ich bin müde, und jeder Knochen tut mir weh. Wenn wir nicht bald was finden, lege ich mich hier auf den Kai unter den nächsten Baum.« In diesem Augenblick sah Löb auf der Wiese einen großen Schuppen, eher eine Lagerhalle. Gerade verschwand eine größere Gruppe Menschen darin, alle ebenso bepackt wie sie. Er lud die Kiste ab: »Hier, setzt euch einen Moment, ich laufe flink rüber und schaue, ob man dort schlafen kann.« Löb öffnete die zweiflügelige Tür, und tatsächlich, er stand in einer Art riesigen Schlafsaal. An den Seiten waren hölzerne Koben montiert, je mit mehreren Brettern an den Seiten. In der Mitte lagen Strohsäcke auf dem Boden, und rechts und links vom Eingang führten breite Leitern auf eine Galerie unter dem Dach, deren Boden einfach mit losem Stroh bedeckt war. Direkt neben der Tür, hinter einem kleinen wackligen Tisch, saß eine alte Vettel mit einer dicken Warze auf der rechten Wange und zählte Geld in eine Schatulle. Löb ging auf die Frau zu und fragte nach vier Schlafplätzen. »Nur noch oben auf dem Boden«, antwortete die dicke Frau, ohne ihn anzuschauen, dabei bebten drei lange schwarze Haare, die aus ihrer Warze wuchsen. Der Preis, den sie nannte, schien Löb annehmbar und so machte er auf dem Absatz kehrt und holte die drei Frauen. Rebekka war nicht begeistert. Mühsam kletterte sie die Leiter hoch und sah unwirsch drein. Hier sollte sie schlafen? Zwischen lauter Fremden! Der Gedanke war ihr äußerst unbehaglich. Löb schaute sich um und erspähte neben dem Platz, den die Dicke ihnen zugewiesen hatte, einen Balken. Er öffnete die Seekiste, kramte ein wenig darin herum und förderte schließlich eine ordentlich zusammengerollte Schnur zu Tage. Geschickt befestigte er diese an dem Balken, nahm eine der mitgebrachten Wolldecken und warf sie darüber. Zwischen Wand und Decke war ein kleiner, vor fremden Blicken geschützter Raum entstanden, in dem auch Rebekka beruhigt schlafen konnte. »Das habe ich von Vater gelernt, als wir zusammen unterwegs waren«, sagte Löb stolz und legte sich ans äußerste Ende des dürftigen Lagers. In der Halle war keine Sekunde Ruhe. Ständig kamen und gingen Leute, hustete jemand, schrie ein Kind, mußte einer austreten. Familie Strauss bekam von all dem nichts mit. Sie waren so müde von der Reise und den vielen neuen Eindrücken, daß sie tief und fest bis zum nächsten Morgen schliefen. »Laßt uns hier bleiben, bis das Schiff geht«, schlug Löb vor, als sie wach wurden. »Etwas Billigeres finden wir nicht, und es sind ja nur ein paar Tage.« Die Frauen waren einverstanden, lieber dieses Dach über dem Kopf, als gar keines. Abwechselnd verließen sie zu zweit ihr Lager, während die beiden anderen das Gepäck bewachten.

Löb begleitete Rebekka zur Polizeistation. Die Anmeldung erwies sich als reine Formsache und war schnell erledigt. Der Beamte warf lediglich einen prüfenden Blick auf Papiere und Schiffskarten, ließ sich ausreichendes Bargeld für den kurzen Aufenthalt in der Stadt bestätigen, und schon konnten Rebekka und Löb die Amtsstube wieder verlassen. In den folgenden fünf Tagen stromerte Löb meistens in Begleitung von Vögela durch das Städtchen oder stand am Kai und schaute den an- und ablegenden Schiffen zu. Prächtige Schoner, schnittige Klipper, dickbäuchige Segler, es gab viel zu sehen. Wenn er auf dem Strohlager saß und auf die Sachen aufpaßte, schrieb er an Pauline und erzählte ihr, was er erlebt hatte. Es wurde ein langer, ausführlicher Brief, den er am Tag vor der Abreise nach Buttenheim schickte. Maila und Rebekka waren weniger unternehmungslustig. Gemeinsam stickten sie an einer Tischdecke, die sie Jonathan und Lippmann mitbringen wollten. Während Rebekka die Wartezeit und das einfache Lager stoisch ertrug, maulte Maila jeden Tag ein bißchen mehr. Es war ihr zu laut, zu schmutzig, zu langweilig, der Abort zu weit weg und ekelhaft und viel zu viele Menschen, mit denen sie sich die Halle teilten. Löb versuchte sie zu trösten: »Warte nur, wenn wir auf dem Schiff sind, wird es sicher besser.« Noch hatte er keines der Schiffe von innen gesehen und konnte nicht ahnen, wie sehr er sich irrte.

Am Morgen des fünften Tages war es so weit. Löb nahm

die Wolldecke wieder herunter, wickelte die Schnur auf, packte seine Sachen zusammen, verstaute alles in der Kiste und half den Frauen, ihre Bündel die Treppe hinab zu befördern. Dann gingen sie mit festen Schritten zum Kai. Das Abenteuer konnte beginnen. Während sie warteten, sah Löb, wie das große Gepäck einiger Aussiedler mit riesigen, kreischenden Winden an Bord gehievt wurde. Vergipste Fässer mit Dörrfleisch, gebackenem Brot, Mehl und Dörrgemüse rollten Stück um Stück in den Laderaum, wo sie sorgfältig gestapelt und festgezurrt wurden. Auf einem großen Passagierschiff wurden brüllende Kühe und mehrere Stücke Kleinvieh in Netzen auf den Planken herabgelassen. Die Tiere würden die Reise nicht überleben, dachte Löb, sie waren sicher zum Verzehr bestimmt.

Löb hielt seinen »Schein zur Überfahrt« fest in der Hand. »Egal, was geschieht, auch wenn wir uns aus den Augen verlieren, achte auf deinen Schein. Ohne ihn kannst du nicht auf das Schiff, und Geld für einen neuen haben wir nicht mehr«, hatte Rebekka ihm wohl öfter als hundert Mal eingeschärft. Er hielt das kleine Stück Papier mit der Faust umklammert. »Herr Löb Strauss hat das Passage- und Armengeld für eine Person berichtigt, welche demnach in's Zwischendeck des besagten Schiffes aufzunehmen und frei zu beköstigen ...« Gemeinsam mit den anderen Emigranten standen sie in der langen Schlange derer, die das schmucke Vollschiff der Reederei »Wätjen & Co« betreten wollten. Es dauerte eine Weile, dann waren auch sie an der Reihe. Und während die meisten Menschen um ihn herum mit ihren Schnupftüchern abwechselnd winkten und sich die Augen wischten, wurde Löb ganz leicht ums Herz. Er ließ Maila, Vögela und Rebekka zuerst an Bord und folgte ihnen dann, die schwere Holzkiste auf dem Rücken.

Was immer sie sich vorgestellt hatten, das, was sie sahen, übertraf ihre kühnsten Phantasien. Auf engstem Raum, dicht aneinandergedrängt, standen Männer, Frauen und Kinder auf Deck. Herrenlose Hüte, Nachttöpfe und Geschirr und Kinderspielzeuge flogen verloren in der Gegend herum. Der Boden war so voll mit Säcken, Taschen und anderen Gepäckstücken, daß man die Planken nicht sehen konnte. Nur mit Mühe gelang es den zuständigen Matrosen, ein wenig Ordnung in das heillose Durcheinander zu bringen. Angeleitet vom Zahlmeister verschwanden die Reisenden einer nach dem anderen im Bauch des Schiffes. Die lange Schlange von Leuten bewegte sich Stufe um Stufe treppabwärts. Alle waren schwer beladen, viele hatten kleine Kinder, denen man helfen mußte. Je tiefer sie hinunter stiegen, desto unangenehmer wurde der Geruch, der Löb beißend in die Nase stieg. So hatte es gestunken, wenn in Buttenheim zweimal im Jahr die Abortgrube geleert worden war. Mit diesem Gestank vermischten sich ätzende Dämpfe von verbranntem Holz und Schwefel. Maila versuchte sich trotz des zu tragenden Gepäcks die Nase zuzuhalten. Der Zahlmeister sah sie und sagte: »Stinkt ganz schön, was? Das haben wir dem bremischen Auswanderergesetz zu verdanken. Wir müssen vor jeder Fahrt gründlich ausräuchern.« Löb spürte einen leichten Würgreiz aufsteigen. Hinzu kam, daß es hier unten so heiß war, daß ihm der Schweiß den Rücken herunter lief. Er wünschte, er wäre länger an Deck geblieben. Maila beklagte sich: »Ich kann hier kaum atmen!« »Du wirst es lernen«, herrschte Rebekka sie an, während ihr der Schweiß von der Nase tropfte. Endlich waren sie an ihrem Platz angekommen. Sie hatten einen langen Raum erreicht, in dem sie zusammengepfercht mit vielen anderen armen Leuten den nächsten Monat verbringen würden. Es gab keine Heizung, keine Lüftung und kein künstliches Licht. Rebekka schaute verzagt. Löb versuchte sie aufzumuntern: »Es heißt, daß die Reise hier unten genauso lange dauert wie oben«, sagte er mit einem Augenzwinkern. »Ja, aber es fühlt sich ein bißchen anders an, denke ich«, antwortete seine Mutter mit einem tapferen Lächeln.

Löb schaute sich sorgfältig um. Was er sah, erinnerte ihn an einen Stall. Licht fiel nur durch die Luken im Oberdeck und durch die beiden Treppenaufgänge. An beiden Seiten der Bordwände waren Verschläge aus rohen Brettern. Es gab verschiedene Größen, aber die meisten hatten etwa zwei Meter Breite und drei Meter Tiefe. Über jeder von diesen Kojen lag eine zweite, gleich große, die allerdings nur etwa eineinhalb Meter hoch war. Man konnte sie auf kleinen, steilen Hühnerleitern erreichen. Männer, Frauen und Kinder drängten sich dicht an dicht in den Boxen. Oft waren es Familien, manchmal aber auch Fremde, die sich den knappen Raum teilten. Levi kam die Behausung vor wie eine Hundehütte. Bretter an den Seiten, kaum breit genug, sich auf den Rücken zu legen, dienten als Betten. Die Passagiere des Zwischendecks schliefen auf Strohsäcken. Wenn es kalt war, mußten sie ihre Kleidung anbehalten, denn die Decken waren dünn. Wer den ihm zugewiesenen Platz gefunden hatte, war damit beschäftigt, sich häuslich einzurichten. Das stellte sich als äußerst kompliziert heraus, denn der Raum reichte kaum, die Menschen zu beherbergen, geschweige denn ihre mitgebrachten Habseligkeiten. Löb hatte die Seekiste geöffnet und den Inhalt auf seiner Pritsche ausgebreitet. »Wo sollen wir nur hin mit den ganzen Sachen?« Diesmal war es Vögela, die lamentierte. »Wir können doch nicht auf unseren Bechern und Tellern schlafen!« Ihr Gejammer brachte Löb auf eine Idee. »Genau das werden wir tun, Schwesterleben! Wir werden auf unserem Geschirr schlafen«, grinste er. Die drei Frauen sahen ihn ungläubig an. Er setzte sich im Schneidersitz auf seinen Strohsack und inspizierte die Gegenstände, die vor im lagen. Außer dem von der Reederei vorgeschriebenen Besteck, sowie dem Eß-, Wasch- und Nachtgeschirr aus Blech hatte er noch ein paar Nägel, einen Hammer, Schnur, eine Zange und eine Ahle aus Metall eingepackt. Löb nahm sich die längsten Nägel und bog sie zu Haken, die er dann in das Brett über seiner Pritsche schlug. Die Blechbecher waren an den Henkeln schnell daran aufgehängt. Dann trieb er mit Hammer und Pfriem kleine Löcher in die Seitenränder der Teller, zog ein Stück Kordel hindurch und hängte auch die Teller an die Haken. Rebekka lachte und zog ihn liebevoll am Ohr. »Wenn wir dich nicht hätten!« Löb merkte, wie stolz sie auf ihn war. Noch stolzer war seine Mutter, als keine fünf Minuten später die Kojennachbarn um das Werkzeug baten, um Löbs Idee zu kopieren. »Ihr müßt sie weit genug auseinander hängen, sonst schlagen sie aneinander, wenn das Schiff sich bewegt«, riet er fachmännisch. In Wirklichkeit war ihm der Gedanke jedoch auch eben erst gekommen, denn durch die leichte Wasserbewegung im Hafen schwang das Geschirr ganz sanft hin und her.

Es dauerte mehr als zwei Stunden bis sich vor allem die Mädchen einigermaßen zufrieden zeigten. Die Dinge für den täglichen Gebrauch waren griffbereit verstaut, die sperrige Kiste stand zwischen den beiden unteren Pritschen eingeklemmt und konnte dort als Tisch dienen. Gegen Nachmittag, es hatte gerade acht Glasen geschlagen, gab der Kapitän den Befehl, die Oberbramsegel zu setzen. Ein Ruck ging durch das Schiff, als es sich langsam in Bewegung setzte.

Löb beeilte sich an Deck zu kommen, um zu sehen, wie die Heimat am Horizont zurückblieb. Er stand an der Reling und genoß die frische Luft. Zu seiner Rechten stand Rebekka, die fest seine Hand drückte und links von ihm die Schwestern, Arm in Arm, beide mit einem Taschentuch in der Hand. Alle Segel waren gesetzt und prall, der Wind blies kräftig und sorgte für flotte Fahrt. Löb war glücklich und aufgeregt. Was würde sie in New York erwarten? Wie wohl die Brüder jetzt aussahen, wie sie wohnten? Er ließ sich die frische Brise um die Nase wehen. Erst als die Dämmerung anbrach, kletterten die vier wieder hinunter in ihr Quartier unter Deck.

Was sie oben gar nicht so sehr gemerkt hatten, wurde hier unten ganz deutlich spürbar: Das Schiff schaukelte auf dem offenen Meer. Löb spürte, wie sein Magen sich gegen das Auf und Ab im Wellengang wehrte. Rebekka packte die mitgebrachten Heringe, das dunkle Brot und die gerösteten, getrockneten Zwiebeln aus, doch ihr Sohn, der eben an Deck noch über Hunger geklagt hatte, konnte nicht einmal ans Essen denken. Den meisten anderen Passagieren ging es keinen Deut besser. Kaum einer war bis dahin auf einem Schiff gefahren und gegen den Seegang gefeit. Ringsherum wurde einem nach dem anderen schlecht. Durch die Enge wurden alle in Mitleidenschaft gezogen. Die wenigen Aborte waren jetzt schon überfüllt. Es stank erbärmlich im Zwischendeck. Zum Waschen gab es nur Salzwasser, doch das half gar nichts gegen den entsetzlichen Geruch, von dem einem übel werden mußte, selbst wenn man nicht seekrank war. Es dauerte nicht lange und Löbs Gesicht schimmerte fahl in unterschiedlichen Grün- und Gelbtönen. Rebekka und Vögela lagen ebenfalls matt auf ihren Pritschen. Alle drei hatten sie längst nichts mehr in ihren Mägen und fühlten sich doch zum Sterben elend. »Als unsere Vorfahren das Meer überquerten, teilten sich die Wasser, warum kann das jetzt nicht auch so sein«, stöhnte Vögela und versuchte, den Würgreiz zu unterdrücken. Einzig die sonst so empfindliche Maila hielt sich wacker. Ihr machte das Stampfen, Krängen und Rollen des Seglers überhaupt nichts aus. Aufopfernd leerte sie das Nachtgeschirr ein ums andere Mal, wischte den Boden wieder und wieder und brachte ihrer Familie schwarzen Tee aus der Kombüse.

Die lag hinter dem Fockmast, dem vordersten der drei Masten, direkt neben dem Zugang zum Matrosenlogis. Hier war immer etwas los. Morgens wurde der bittere, schwarze Kaffee ausgeschenkt, für die, die noch etwas bei sich behielten. Das Mittagessen war der Höhepunkt des Tages. Wer essen konnte und wollte, bekam dasselbe Essen, das auch die

Matrosen zugeteilt kriegten. Der Turnus war fest und vorgeschrieben. Montag: Gesalzener Speck, Erbsen und Kartoffeln, Dienstag: Pökelfleisch, Reis und Dörrpflaumen, Mittwoch: Geräucherter Speck, Sauerkraut und Dörrpflaumen, Donnerstag: Pökelfleisch, Kartoffeln und Bohnen, Freitag: Hering, Gerste und Dörrpflaumen, Sonnabend: Gesalzener Speck, Erbsen, Kartoffeln, Sonntag: Pökelfleisch, Mehlpudding und Dörrpflaumen. Abends wurde schwarzer Tee ausgeschenkt, Brot und Butter gab es portioniert für Familien und Einzelpersonen jeden Montag für die ganze Woche.

Maila wurde von Tag zu Tag mutiger und selbständiger. Auch wenn das Essen nicht koscher war und sie es deswegen nicht zu sich nahm, machte es ihr Spaß, dem bunten Treiben zuzuschauen. Nach ein paar Tagen kannte der Smutje die junge Frau, die immer da war und nie etwas aß. Er lehrte sie die Sprache der Seeleute: »Das heißt bei uns nicht Eimer, das ist die Pütz«, sagte er, als sie wieder einmal frisches Meerwasser zum Aufwischen an ihm vorbeitrug. Maila mochte den Schiffskoch besonders, weil er ihr Extrarationen Tee für ihre leidende Familie gab.

Nach der ersten Woche wurde der bis dahin heftige Wind zum Sturm. Der Kapitän befahl, daß die Passagiere nicht mehr auf Deck durften. Denn dort konnte man inzwischen fast keinen Unterschied mehr zwischen Wasser und Luft erkennen. Die Gischt flog um die Masten, strömender Regen peitschte fast waagerecht über die Planken. Die Matrosen verrichteten nur noch die notwendigsten Arbeiten. Jetzt waren die Zustände unter Deck unerträglich. Löb war sicher, daß er den schrecklichen Gestank nie im Leben wieder aus der Nase bekommen würde. Während er seinen rebellierenden Magen unter Kontrolle zu halten versuchte, dachte er darüber nach, was wohl schlimmer sei: Oben über die Reling gespült und von den Fischen gefressen zu werden oder hier unten an Übelkeit langsam zugrunde zu gehen. Er konnte sich nicht entscheiden. Rebekka hatte durch die Seekrankheit so sehr abgenommen, daß ihr enges Korsett an ihr schlotterte, und die ohnehin zarte Vögela war so schwach, daß ihre Mutter sich ernste Sorgen um sie machte. Unter den Passagieren waren zwei Ärzte, doch so sehr sie sich auch bemühten, sie konnten kaum helfen. Am neunten Tag forderten die Strapazen das erste Opfer. Ein alter Mann, der mit seiner Familie nur wenige Kojen weiter untergebracht war, wachte am Morgen nicht mehr auf. Löb hörte das Schluchzen der Witwe und mußte unwillkürlich an seinen Vater denken.

Die Matrosen nähten den Toten unter dem Wehklagen seiner Angehörigen in Segeltuch ein. Der Kapitän schrie die Abschiedsworte gegen den tosenden Wind an, bevor der Leichnam den meterhohen Wellen übergeben wurde.

Endlich, nach elf Tagen, beruhigte sich das Wetter. Löb, der geschworen hätte, daß er nie wieder einen Bissen feste Nahrung zu sich nehmen würde, genoß das trockene Brot und die gerösteten Zwiebeln. »Iß langsam, und kau gut«, sagte Rebekka, der es auch wieder besser ging. »Dein Magen muß sich erst wieder daran gewöhnen.« Auch Vögela kam wieder zu Kräften und ließ sich von Maila auf dem Oberdeck herumführen. Die frische Luft tat ihr gut, ihre Wangen bekamen wieder etwas Farbe. Im Zwischendeck erholten sich jetzt die meisten Passagiere. Frauen und Mädchen bemühten sich mit Salzwasser und Scheuersand die Spuren der schrecklichen Tage zu beseitigen. Oben wuschen sie Kleidung und Decken in Eimern aus.

Löb saß in einer Ecke auf Deck, er hatte ein zusammengerolltes Tau gefunden, das einen äußerst bequemen Platz bot. Das Papier auf den Knien, schrieb er an Pauline. Da hörte er auf einmal Flötentöne und Geigenklänge. Neugierig stand er auf, steckte das halbbeschriebene Blatt und den Stift in die Tasche und folgte der Musik. Glücklich über die ruhige See, hatten zwei Musikanten ihre Instrumente hervorgeholt. Mindestens zwanzig fröhliche Menschen tanzten zu den munteren Weisen, während ein Großteil der Passagiere einen Kreis bildete und im Takt mit den Händen klatschte, mitpfiff oder sang. Löb holte Rebekka und seine Schwestern, und gemeinsam erfreuten sie sich an der Musik. Plötzlich stand die Frau aus der Nachbarkoje hinter Rebekka und zupfte sie heftig am Ärmel. »Komm schnell... meine Tochter«, stammelte sie aufgeregt und zog Rebekka hinter sich her.

Die Tochter, das hatte Löb gesehen, war etwa so alt wie Vögela und hochschwanger. Sollte sie etwa ein Kind bekommen? Jetzt? Hier auf dem Schiff? Direkt neben seiner Koje? Löb kriegte eine Gänsehaut. In Buttenheim waren die Männer immer aus dem Zimmer gegangen, wenn ihre Frauen entbanden. Manchmal, das wußte Löb aus Erzählungen, konnte es eine ganze Weile dauern, bis so ein Kind geboren war. Hier konnte man aber nicht in ein anderes Zimmer gehen, hier konnte man überhaupt nirgends hingehen. Hier war ringsherum nur Wasser, und nach Einbruch der Dunkelheit durften die Passagiere sich nicht mehr an Deck aufhalten. Ratlos suchte er die Blicke seiner Schwestern, doch die standen Arm in Arm und wiegten sich zur Musik. Offenbar teilten sie seine Sorgen keineswegs. Irgendwann hörten die Musiker auf zu spielen, Rebekka war noch nicht wieder aufgetaucht. Es wurde kühler, und Maila und Vögela gingen unter Deck. Jetzt waren alle drei verschwunden. Es wurde langsam dunkel und Löb hatte Hunger, aber er traute sich nicht in seine Koje zu gehen. Schließlich war es stockfinster. Die letzten Passagiere kletterten die Treppen ins Zwischendeck hinab und Löb wußte, daß gleich der Maat kommen und ihn auch nach unten scheuchen würde. Mit schleppenden Schritten fügte er sich ins Unvermeidliche und ging nach unten.

Beruhigt stellte er fest, daß offenbar alles wie immer war. Mütter verteilten Brot und Tee an ihre hungrigen Kinder, Männer aßen und unterhielten sich. In einer Ecke spielten zwei Jungen Schach. Löb ging zu seinem Verschlag. Vögela saß auf dem Bett und biß gerade in ein Stück Brot. »Schade, daß der Hering weg ist, jetzt wo ich endlich wieder essen kann«, sagte sie mit bedauerndem Schulterzucken. Ihr Bruder wollte gerade beipflichten, da gellte ein Schrei aus der Nachbarkoje an seine Ohren. Er zuckte entsetzt zusammen. Also doch! Also bekam die junge Frau von nebenan doch das Kind. Vögela drückte ihre Nase ganz dicht an den Spalt zwischen zwei Brettern, um etwas sehen zu können. Offenbar war es interessant, denn sie verharrte in der unbequemen Position. »Vögela!«, tönte es durch die Bretterwand, »komm her und hilf!« Das war die Stimme der Mutter. Vögela legte sofort das Brot auf den Blechteller und gehorchte. Löb war hin und hergerissen zwischen Anstand, Neugierde und Unsicherheit. Es dauerte nicht lange, dann siegte die Neugierde und er spähte durch die Ritze.

Im Verschlag brannte ein kleines Talglicht, das mit mattem Schein das Geschehen beleuchtete. Mit dem Rücken an der Wand saß eine Frau in Hemd und Socken, deren riesiger Bauch sich beängstigend zwischen ihren angewinkelten Beinen nach vorne wölbte. Neben der Frau stand Vögela, die ihr die schweißnasse Stirn mit Wasser aus einer Schüssel abtupfte. Es duftete wunderbar nach Eukalyptus. Vor der Frau kniete Rebekka, die Hände auf dem Bauch der Kreißenden. Mit beruhigenden Worten sprach sie auf sie ein, während deren Mutter ihr die Hand hielt und Maila ständig frisches, heißes Wasser aus der Kombüse anschleppte. Bis jetzt, befand Löb, war das alles nicht schlimm. Sicher, die Frau sah angestrengt aus, die Haare klebten ihr an der Stirn, aber sonst ... Löb entschied, noch ein wenig zuzuschauen. Wieder ertönte ein Schrei. Diesmal ging er Löb durch Mark und Bein. Vögela gab der Frau ein Stück Holz, damit sie daraufbeißen und das Stöhnen unterdrücken konnte. Löb wurde mulmig, doch noch immer konnte er den Blick nicht abwenden. Plötzlich schoß etwas Blutiges zwischen den

Beinen der Frau hervor. Sie biß auf das Holz, preßte, daß ihre Schläfenadern zu platzen drohten, preßte wieder, stöhnte, atmete flach, preßte noch einmal und noch einmal. Rebekka machte sich zwischen ihren Beinen zu schaffen. Sie hatte das Hemd beiseite geschoben und war ganz ruhig, als sie sagte: »Ein letztes Mal, dann hast du es geschafft.« Die Frau nahm all ihre Kraft zusammen und drückte, bis sie fast blau im Gesicht war. Rebekka griff, zog, drehte leicht, zog wieder – und hielt einen gesunden Jungen in den Händen. Ein kleiner Klaps auf den Po, und das verschmierte Menschlein begann aus voller Kehle zu quäken.

Erst jetzt war Löb in der Lage, den Blick abzuwenden. Seine Gedanken waren durcheinander von dem überwältigenden Ereignis, dessen Zeuge er eben geworden war. Die Frauen machten sich nebenan noch immer zu schaffen. Er hörte es wohl, hatte aber für heute genug gesehen und setzte sich auf seine Pritsche. Konnte er Pauline davon berichten? Er entschied sich dagegen. Es war nicht recht gewesen, daß er als junger Mann einer Geburt zugesehen hatte, also behielt er es lieber für sich. Der letzte Brief, den er vom Schiff schrieb, endete mit den Worten: »*... Der Kapitän hat gesagt, daß es jetzt nicht mehr lange dauert, bis wir ankommen. Vielleicht schon morgen. Ich schicke Dir dann alle Briefe zusammen. Denkst Du manchmal an mich? Ich habe Deine Haarspange immer bei mir. Dein Löb.*«

Wenig Milch und etwas Honig

Alle Mühen, Entbehrungen, Schmutz, Sturm und die quälende Seekrankheit waren vergessen, als am nächsten Morgen noch vor Sonnenaufgang der lang ersehnte Ruf »Land in Sicht!« über das Schiff schallte. Auf Rebekkas Geheiß hatte die Familie schon am Abend zuvor ihre Sachen zusammengepackt, so daß Löb zu den Ersten gehörte, die an Deck stürmten, um so früh wie möglich die neue Heimat zu sehen. Langsam und vorsichtig manövrierten die Matrosen das Schiff in den Hafen von New York. Löb stand mit zusammengekniffenen Augen an der Reling und bemühte sich, seine Brüder in dem unbeschreiblichen Gewirr und Gewusel von Männern, Frauen, Kindern, Tieren, Fracht, Kisten und Koffern am Kai zu entdecken. Er konnte sie aber nicht finden. Hinter der Menschenmenge sah er statt dessen hohe Häuser, viel höher, als alles, was er aus Buttenheim, Hirschaid und sogar Bamberg kannte. Ringsum lagen bunt beflaggte Schiffe aus aller Herren Länder. Mehr als einmal befürchtete er, sie könnten eines der ankernden Boote rammen, doch die Seeleute verstanden ihr Geschäft.

Es schien dennoch Stunden zu dauern, bis das Schiff endlich anlegte und die Leinen festgezurrt wurden. Inzwischen hatten sich fast alle Passagiere auf Deck eingefunden. »Es sieht fast aus wie bei der Abreise, nicht wahr?«, bemerkte Maila, die sich ihr bestes Kleid angezogen hatte. Ihr Gesicht war vor Aufregung gerötet. Gleich würde sie ihre Brüder wiedersehen. Löb stand mit offenem Mund an der Reling und schaute herunter. Arbeiter beluden Karren mit Waren aus der ganzen Welt. Zumindest nahm er an, daß sie aus der ganzen Welt kamen, denn einen Großteil der vielfältigen Pracht hatte er zuvor noch nie gesehen. Früchte, Gemüse, Fisch, Zucker, Baumwolle, Seidenballen aus dem Orient, Arbeiterkleidung aus Frankreich und Italien, gestapelt und gequetscht zwischen Segeltuch und Zeltplanen.

Und überall wurde gebaut, soweit das Auge reichte. Halbfertige Schiffe lagen wie Gerippe auf den Docks. Aus den Straßen der Umgebung drang lautes Hämmern. Unablässig waren Maurer und Zimmerleute damit beschäftigt, Häuser, Geschäfte und Lager zu errichten, um Platz für die ständig und rasant wachsende Bevölkerung zu schaffen. Von den

Docks ein wenig entfernt sah Löb Reihen von kleinen Häusern aus Holz oder Ziegelsteinen. Die Straßen waren zum Teil mit Kopfsteinpflaster belegt. Löb konnte es kaum erwarten, all das aus der Nähe zu sehen. Sorgfältig vertäuten die Hafenarbeiter das Schiff mit den schweren Tauen, die ihnen die Matrosen zugeworfen hatten. Löb fand, daß es eine Ewigkeit dauerte. Endlich wurden die Planken heruntergelassen. Löb kontrollierte das Gepäck und griff nach dem kleinen Lederbeutel unter seinem Hemd.

Gefolgt von Mutter und Schwestern ging er mit wackeligen Beinen von Bord. Nach mehr als vierzig Tagen auf See hatte Familie Strauss endlich wieder festen Boden unter den Füßen. Auf dem Kai summte die Luft. »Ich wußte gar nicht, daß es so viele verschiedene Sprachen gibt«, sagte Rebekka und schaute ungläubig um sich. Löb nickte, auch er hatte das Gefühl, Ohrensausen zu bekommen bei all den unterschiedlichen Wortfetzen, die er hörte. Englisch vermischte sich mit Portugiesisch, Spanisch mit Schwedisch, Deutsch mit Französisch. Hellhäutige Skandinavier standen neben dunkelgelockten Italienern. Zusammen schauten sie bewundernd einer Gruppe junger Frauen nach, die in langen irischen Trachtenkleidern munter in ihrem ganz besonderen Akzent zwitscherten. Unterhalb des Schiffes hatte sich eine lange Schlange gebildet, an deren Beginn ein Mann in Uniform stand. Er hielt eine Liste in der Hand und kontrollierte die Namen der vom Schiff kommenden Reisenden.

Wie alle anderen stellte sich auch die Familie Strauss in die lange Schlange und wartete, bis sie an der Reihe waren. Löb trat einen Schritt vor, straffte die mageren Schultern und sagte mit fester Stimme: »Löb Strauss.« Der Mann hob kaum die Augen und bellte ein Wort, das wie »Levi« klang. Löb war ein wenig verwirrt und wiederholte seinen Namen noch einmal laut und deutlich. Der Mann nickte und wiederholte ebenso laut und deutlich: »Levi!« Er machte einen Haken auf seine Liste und bedeutete Löb weiterzugehen.

Maila war die Nächste und knickste artig, als sie ihren Namen nannte. Diesmal schaute der Mann von seinem Papier auf, lächelte dann freundlich und sagte: »Mary«, bevor er seinen Haken kritzelte. Aus Vögela wurde Fanny, und nur Rebekka blieb Rebekka. Löb erinnerte sich, daß die Brüder ganz am Anfang nach Buttenheim geschrieben hatten, daß sie jetzt anders genannt wurden. Aus Jonathan war Jonas, aus Lippmann war Louis geworden. Leise prüfend flüsterte Löb das Wort »Levi« vor sich hin. Es klang ungewohnt, aber gar nicht so schlecht. Er wollte, daß Amerika sein neues Zuhause würde, und wenn sie ihn hier Levi nennen wollten, hieß er in Zukunft eben Levi. Schließlich hatten Jonathan und Lippmann das auch so gemacht, und wenn man ihren Briefen Glauben schenken konnte, war es ihnen gut bekommen.

Der Trubel am Hafen war zuviel für die erschöpfte Rebekka. »Laßt uns hier schnell weggehen«, bat sie ihren Sohn, der sofort die schwere Kiste schulterte und mit den drei Frauen im Schlepptau losmarschierte. Aber wohin? Schon wenige Meter weiter hielt er inne und blickte sich ratlos um. Die Brüder in diesem Gewühl zu finden schien ihm aussichtslos, aber eine Adresse hatten sie auch nicht. Außerdem beherrschte keiner von ihnen auch nur eine Silbe der merkwürdigen Sprache, die hier von überall an die Ohren drang. Gerade hatte er eine Richtung ausgemacht, die ihm sinnvoll erschien, da stieß Maila – oder besser Mary – einen spitzen Schrei aus, warf ihr Gepäck auf den Boden und fiel einem gut aussehenden und fesch gekleideten Mann um den Hals. »Lippmannleben!«, sie bedeckte das Gesicht ihres Bruders Louis mit Küssen und ließ ihn wenige Sekunden später unvermittelt los, um Jonathan, den sie soeben erspäht hatte, mit der gleichen Heftigkeit zu umarmen. Der schwang seine jüngere Schwester im Kreis herum, bis ihr Rock wehte und die Spitze ihres Unterkleides zu sehen war, stellte sie dann liebevoll auf die Füße und begrüßte den

Rest der Familie. Zu sechst redeten sie unter Freudentränen ohne Punkt und Komma aufeinander ein, »wie bist du groß geworden«, »wie siehst du gut aus«, »wie dünn du bist«, »wie schön, daß ihr da seid!« Es war Jonathan, der schließlich die Stimme leicht erhob und etwas Ordnung in das Durcheinander brachte: »Mutter ist müde, ich denke wir sollten gehen, damit sie sich ein wenig ausruhen kann.« Rebekka nickte ihrem Stiefsohn dankbar zu. Der nahm gemeinsam mit Louis die schwere Kiste, Levi belud sich mit dem Hauptgepäck der Frauen, und gemeinsam kehrten sie im Gänsemarsch den überfüllten Docks den Rücken.

Die Seitenstraße, in die sie einbogen, war jedoch keineswegs weniger belebt. Auch hier liefen Menschen wie Ameisen geschäftig hin und her. Levi bildete das Schlußlicht und sog die neuen Eindrücke begierig auf. Da waren Händler, die ihre Waren auf hölzernen Karren anboten. Andere hatten kleine Kisten vor dem Bauch, wieder andere schleppten schwere Säcke auf dem Rücken und alle zusammen überboten sie sich gegenseitig mit ihrem Geschrei: »Apples! Flowers! Boots!« Noch wußte Levi nicht, was die fremden Worte bedeuteten, aber er sah schnell, daß das Angebot enorm war. »Hier gibt es ja wirklich nichts, was es nicht gibt«, bemerkte Fanny, die vor ihm ging, und Levi nickte zustimmend.

Jonas und Louis erwiesen sich als hervorragende Führer. »Das hier ist der Jüdische Markt. So nennt man das Gebiet zwischen dem Chatham Square, Houston, Division und Grand Street, weil hier die meisten Geschäfte sind«, sagte Jonas, als sie im Viertel ankamen. »Wer es sich leisten kann hat einen kleinen Laden, wer nicht, bietet seine Waren auf Karren oder aus Kisten und Taschen feil. Hier wird den ganzen Tag gekauft, verkauft, gehandelt und gefeilscht.« Levi versuchte aus dem heillosen Stimmengewirr bekannte Worte herauszufiltern – und tatsächlich verstand er den einen oder anderen Satz. Gerne hätte er sich den Markt noch ein wenig länger angeschaut, aber Rebekka war am Ende ihrer Kräfte. Glücklich, die Verantwortung in die Hände ihrer beiden Stiefsöhne legen zu können, wollte sie nur noch eines: »Ich wünsche mir für heute nur noch ein warmes Bad und ein sauberes Bett, das so breit ist, daß ich mich drehen kann, ohne auf den Boden zu fallen. Und wenn es sogar noch eine Matratze hat und ich nicht auf einem Brett schlafen muß, stehe ich wahrscheinlich nie wieder auf«, sagte sie zu Fanny, die vor lauter »Guck mal!« und »Sieh doch nur!« ständig stolperte. »Paß doch mal auf, wo du deine Füße hinsetzt«, herrschte Levi sie an, als sein Gepäck zum dritten Mal ins Rutschen geriet, weil er seiner Schwester um ein Haar in die Ferse getreten wäre.

Sie gingen jetzt durch eine kleine Straße. Rechts und links standen hohe Häuser, jedes mit drei oder vier Stockwerken. Hoch über sich sah Levi in bunter Reihe Hemden, Hosen, Socken und Kinderwindeln im Wind flattern. Das hatte er noch nie gesehen, Wäscheleinen, die in dieser Höhe zwischen Fenstern und kleinen Balkonen befestigt waren. Wie mußte die Leiter beschaffen sein, auf der man in dieser schwindelerregenden Höhe Wäsche aufhängen konnte? Und welche Frau hatte den Mut, das mit einem Korb beladen zu tun? Er dachte eine Weile nach, kam aber auf keine befriedigende Lösung für das Problem und fragte Louis. Der wollte sich schier ausschütten vor Lachen, als er seinem jüngeren Bruder das Prinzip erklärte: »Die Leinen laufen auf kleinen Rollen, so daß die Frauen sich vom Fenster oder den Balkonen aus jedes Stück heranholen oder weiter weg bewegen können, wie sie wollen.« Beinahe hätte er die Kiste abstellen müssen, so sehr amüsierte er sich. Jonas rief ihn zur Räson. »Mach' dich nicht lustig, erinnere dich lieber, was wir alles nicht kannten und konnten, als wir hier ankamen!« Levi war ihm dankbar und ärgerte sich, daß er vor Scham errötete.

»Gleich sind wir da«, sagte Jonas zu Rebekka gewandt.

Und wirklich standen sie kurz darauf vor einem kleinen, gepflegten Häuschen, aus dem der herrliche Duft frischgebackenen Brotes auf die Straße strömte. Den Neuankömmlingen lief das Wasser im Mund zusammen. Nach mehr als einem Monat auf dem Schiff hatten sie fast schon vergessen, wie gut frisches Brot roch. »Endlich wieder richtig koscheres Essen«, sagte Rebekka und schüttelte sich bei dem Gedanken an das Essen an Bord. In dem Häuschen wohnten entfernte Verwandte aus Deutschland, die sich hier im Osten der Stadt niedergelassen hatten. Freundlich und hilfsbereit hatten sie sofort zugesagt, Rebekka und die beiden Mädchen für eine Weile bei sich aufzunehmen, während Levi mit seinen Brüdern gehen und wie sie in einer Herberge für Hausierer und Straßenhändler wohnen sollte. Rebekka war so gerührt, daß sie nach einem kurzen Blickwechsel mit Mary die fertig bestickte Tischdecke aus dem Gepäck zog und sie der Hausfrau »als kleines Dankeschön« schenkte. Nach einem herzhaften Frühstück klaubte Levi seine Siebensachen aus der Kiste, schnürte sein Bündel, drückte die Schwestern an sich, küßte die Mutter auf beide Wangen und zog mit Jonas und Louis von dannen.

Es dauerte nicht lange, da erreichten sie ihr Ziel. Aufmerksam beäugte Levi sein neues Quartier. Das Haus war aus braunen Backsteinen gebaut. Rechts vom Eingang befand sich eine Kammer ohne Fenster. Hier führten Jonas und Louis den Neuankömmling als erstes hinein. Ein kleiner älterer Mann hieß ihn willkommen und musterte ihn von oben bis unten: »Ein Griener?«, grinste er belustigt und Jonas erklärte Levi, daß im Viertel zwischen den »Grünen«, die gerade erst angekommen, und den »Gelben«, die schon länger da waren und den Grünen mit Rat und Tat zur Seite standen, unterschieden wurde. Der Mann sagte Levi, daß er bei ihm wie seine Brüder für drei Dollar monatlich eine warme Mahlzeit täglich, ein Bett, sowie eine Waschgelegenheit mieten könne. »Billiger kriegst du es nicht«, flüsterte

Louis. Doch Levi brauchte nicht überredet werden. Wo sonst hätte er wohnen sollen, wenn nicht dort, wo seine Brüder wohnten. Jonas zahlte den Betrag für den kommenden Monat im voraus, dann kletterten sie zu dritt im Gänsemarsch fünf Stockwerke eine schmale, dunkle Treppe hinauf. Oben angekommen zeigten Louis und Jonas ihrem Bruder das Zimmer, in dem sie gemeinsam schlafen würden. Es war ein kleiner Raum, nicht sehr hell und spärlich möbliert. Wasser zum Waschen und Trinken mußte in Eimern und Krügen heraufgetragen werden. »Wenn du baden willst, mußt du ins öffentliche Badehaus, ein paar Blöcke weiter, aber das kostet Geld«, sagte Louis und öffnete das kleine Fenster. Levi wunderte sich, daß man hier oben nichts von dem Lärm hörte, den er unten auf der Straße wahrgenommen hatte. Er begann seine paar Habseligkeiten im Raum zu verteilen. Für alles – viel war es ohnehin nicht – fand er schnell einen Platz, nur wo er die Briefe an Pauline aufbewahren sollte, wußte er nicht so recht. Er mochte sie nicht einfach so im gemeinschaftlichen Schrank verstauen, und der Tisch hatte keine Schublade. Levi hätte das Bündel gerne unter sein Kissen oder die Matratze gelegt, aber seine beiden Brüder lehnten neben der Tür an der Wand und beobachteten jede seiner Bewegungen. Um ihre Neugierde nicht zu wecken, ließ er die Papiere einfach in dem ansonsten geleerten Sack und warf das Ganze scheinbar achtlos und lässig auf den Schrank. Dann wusch er sich die Hände und verließ gemeinsam mit Jonas und Louis die Herberge.

Die beiden waren sichtlich stolz, dem jüngeren Bruder das Jüdische Viertel jetzt richtig zu zeigen. Als erstes wiesen sie ihn auf die Straßenschilder hin: »Sieh nur, in Englisch und in Jiddisch, das hat uns am Anfang sehr geholfen«, sagte Jonas. Die Straßen selbst waren unterschiedlich breit und manchmal an beiden Seiten mit Bäumen bepflanzt, doch ganz gleich ob eng oder weit, es war an keiner Stelle wirklich bequem, sie zu passieren. Menschen drängten sich neben Fuhrwerken, Lastkarren, und flotten Zweispännern. Alles starrte vor Schmutz. Vor den Häusern standen Kisten und Kübel, in denen seit den frühen Morgenstunden der Kehricht des vergangenen Tages vergammelte. »Die Wagen, die den Dreck wegfahren sollen, müssen eigentlich bis mittags dagewesen sein. Aber du siehst ja, daß das nicht der Fall ist, und dann stinkt es besonders jetzt im Sommer erbärmlich«, sagte Jonas und hielt sich die Nase zu. Levi tat es ihm gleich und bemühte sich, zwischen den kleinen Pfützen und Rinnsalen hin und her zu springen. Die braune Brühe roch nicht gerade appetitlich. Amerika war vielleicht doch nicht das Land, wo – wie man sich in Deutschland erzählte – Milch und Honig flossen, aber besser als in der dörflichen Heimat gefiel es ihm allemal. Sie kamen an einem koscheren Metzger vorbei, vor dessen kleinem Laden eben ein großer, offener Behälter mit noch ungerupften Hühnern abgestellt wurde. Vorbei am Apotheker des Viertels, der gleichzeitig der Arzt war. Vorbei an der kleinen Schul, der Synagoge für die Armen und Arbeiter. Vorbei an vielen kleinen Läden, in denen Waren aller Art angeboten wurden. Was man nicht in den Geschäften bekam, fand man in den Straßen. Beängstigend hohe Stapel von allem, was man irgendwie aufeinanderlegen konnte, wurden auf wackeligen Karren balanciert. Manchmal war es ein müdes, altes Pferd, das den Karren zog, meistens jedoch waren es müde Männer jeden Alters, zu arm für ein eigenes Pferd, geschweige denn für einen Laden. Levi hatte den Eindruck, daß die ganze Stadt ein einziges riesiges Geschäft war. Jeder kaufte oder verkaufte. Er hatte ein solches Gerenne und Geschubse noch nie gesehen und fand die Menschen aufdringlich. Mit der Höflichkeit des Kaufmanns, wie sein Vater sie ihn gelehrt hatte, hatte das hier nichts zu tun. In der Nähe des Jüdischen Viertels lag das Italienische Viertel. »Das mußt du gesehen haben«, sagte Jonas und beschleunigte sein Tempo ein wenig.

Auch hier quollen die Straßen über vor Menschen, die wild gestikulierend mit lauten Stimmen in ihrer wohlklingenden, melodischen Sprache aufeinander einredeten. Zwischen keifenden Frauen und streitenden Paaren spielten schmutzige Kinder, prügelten sich Halbstarke, arbeiteten Handwerker und kauften Frauen ein. Über allem lag ein Geruch, der Levi schüttelte: »Es stinkt nach Kotze, wie auf dem Schiff«, sagte er angeekelt und unterdrückte ein Würgen. Wieder war es Louis, der ihn verspottete: »Das ist aber keine Kotze, das ist der Käse, mit dem die Italiener ihr Essen überbacken.« Er lachte, daß ihm die Tränen herunterliefen. »Sie essen Sachen, die so riechen und schmecken?« Levi wurde schlecht. »Das schmeckt anders als es riecht«, beruhigte ihn Jonas, »und jetzt komm weiter.« Levi überlegte, ob sein geliebter Hering, die Bohnen oder die gerösteten Zwiebeln wohl auch komisch rochen für Menschen, die es nicht gewohnt waren, jüdisches Essen zu sich zu nehmen. Sie gingen zurück ins Jüdische Viertel und Levi wußte, daß er sich hier wohl fühlen würde. Die Gesichter der Menschen waren ihm vertraut. Ihre Art sich zu kleiden war ihm nicht fremd, und er sah, daß sie fast alle – so wie er und seine Brüder – arm gewesen waren, bevor sie ihr Glück in der Neuen Welt suchten. Sie kamen aus allen Teilen der Erde. Aus allen Teilen Europas legten Schiffe an, die Einwanderer nach New York brachten. Menschen, deren Lage in der Heimat oft verzweifelt gewesen war, und die jetzt auf eine bessere Zukunft hofften.

Ein Schneider aus Riga

Die große Auswanderungswelle der Juden aus dem Osten begann im zweiten Drittel des 19. Jahrhunderts mit einer Tragödie. 1827 hatte der russische Zar einen grausamen Ukas erlassen: Jüdische junge Männer im Alter von etwa achtzehn Jahren waren – notfalls mit Gewalt – für die russische Armee zu rekrutieren. Jede jüdische Gemeinde hatte eine bestimmte Zahl ihrer Söhne auszuliefern. Wohlhabende Eltern nutzten die Macht ihres Geldes, um ihre Sprößlinge zu schützen. Sie stellten Häscher ein, sogenannte Chapper, die die Söhne der Armen fangen und an Stelle der reichen Erben abliefern sollten. Solange die Quoten erfüllt wurden, krähte kein Hahn danach, wo die jungen Männer herkamen. Wen die zaristischen Schergen erwischten, stationierten sie oft für viele, viele Jahre möglichst weit von ihren Heimatorten. Die Absicht des Zaren war eindeutig, und er machte keinen Hehl daraus: Ein Drittel der Juden, so rechnete er sich aus, würde auf diese Weise zum Christentum bekehrt werden, ein Drittel würde vermutlich fliehen, und ein Drittel fände den Tod. Dies schien dem russischen Kaiser eine probate Methode, die jüdische Bevölkerung seines großen Imperiums ein für alle Mal drastisch zu reduzieren. Der Arm aus St. Petersburg war lang, und so galt das menschenverachtende Gesetz auch in der lettischen Hauptstadt Riga.

Einst unter polnischer, dann unter schwedischer und schließlich seit 1710 unter russischer Herrschaft, war Riga lange von großer Bedeutung für den Handel gewesen. Hoch überragte der mittelalterliche Dom Sankt Marien die schmucke Altstadt mit ihren kleinen ziegelgedeckten Häusern. Hier wohnte auch Jakob, ein Jude von schmächtiger Gestalt, der sein kleines Einkommen mit dem Schneiderhandwerk verdiente. Das Leben im Schtetl war keineswegs so pittoresk, wie die malerische Umgebung glauben machte. Enge Häuser, die Böden oft nur aus Lehm. Arme Menschen, ihre Kinder meist hungrig. Inmitten dieser Armut und des Schmutzes war Jakob 1831 geboren worden. Glücklich dankten die Eltern Dem Ewigen für das gesunde Kind und sahen zuversichtlich in eine gemeinsame Zukunft. Doch das Schicksal wollte es anders. Im Juni des selben Jahres wütete die Cholera in Riga und raffte neben vielen anderen auch Jakobs zarte Mutter dahin. So war es der Vater, der ihn allein aufzog und den Knaben die jüdischen Gebete und das Schneiderhandwerk lehrte. Als der Sohn früh seine Liebe aus Kindertagen heiratete, fiel dem Alten ein Stein vom Herzen. Anna, die Tochter des Nachbarn, war eine lebhafte Person. Nicht eben hübsch, dafür aber strotzend vor Kraft und von gesunder Bauernschläue wußte sie genau, was sie wollte, und vor allem, was sie nicht wollte. Anna wollte Jakob, und Anna wollte Kinder – aber Anna wollte weder ihren Mann noch einen der zukünftigen Söhne in den Fängen des Zaren sehen. Der ruhige Jakob und seine temperamentvolle Frau gründeten einen bescheidenen eigenen Hausstand. Während er nähte, wusch sie die Wäsche für wohlhabendere Bürger des Städtchens und steuerte damit ein wenig Geld zum Leben bei. Dann kam der Tag, an dem der häusliche Frieden gestört wurde. Jakob hatte das gefährliche Alter erreicht und sann auf eine Möglichkeit, der Zwangsrekrutierung zu entgehen. Schlupfwinkel und Verstecke gab es nicht. Die Zaristen fanden jeden. Geld, sich freizukaufen, warf die Werkstatt nicht ab. Es blieb also nur die Flucht. Gemeinsam mit seiner Frau ging Jakob zu allen Verwandten und bat um Unterstützung, dann verkaufte er das Wenige, das sie besaßen und hatte schließlich tatsächlich den notwendigen Betrag für eine Schiffspassage zusammen. Doch mit dem Geld allein war es nicht getan. Als viel schwieriger erwies sich, die notwendigen Papiere zu beschaffen. Der pfiffige Jacob nutzte all seine Eloquenz, er überredete und bestach, bis er endlich am Ziel war und gefälschte Reiseunterlagen für sich und sein Weib in den Händen hielt. Der Preis dafür war hoch, fünf Wochen mußte einer wie er für die zugegebenermaßen sehr professionellen Fälschungen arbeiten. Jetzt galt es nur noch, nicht erwischt zu werden. Zitternd wartete das junge Paar auf den Tag der Abreise. Als er kam, war die Stimmung traurig und feierlich wie bei einer Beerdigung. Anna verabschiedete sich unter Tränen von ihrer Familie. Jakob hielt ein letztes Mal die Hand seines alternden Vaters, der ihm einen Batzen seines sauer verdienten Geldes zusteckte. Noch als sie schon an Bord waren, hatte Anna Angst, jemand könnte bemerken, daß ihre Papiere nicht echt waren. Erst als die winkenden Menschen am Kai immer kleiner wurden und das Schiff auf der Düna zum offenen Meer segelte, schlug ihr Herz nicht mehr bis zum Hals, und sie beruhigte sich langsam.

Die Überfahrt nach New York war lang und anstrengend, doch die Dankbarkeit, der russischen Armee für immer entkommen zu sein, ließ Jakob täglich beten. Anna teilte seine Dankbarkeit und verfluchte gleichzeitig alles und jeden, der sie auf dieses Schiff gezwungen hatte. Selbst bei ganz ruhiger See fühlte sie sich so elend, daß sie täglich mehrmals jammerte: »Lieber will ich sterben, als das noch einmal zu durchleben.« Einige Wochen später erkannte sie, daß die ständige Übelkeit keineswegs mit dem schwankenden Schiff, sondern vielmehr mit ihrem Zustand zu tun hatte. Anna erwartete ihr erstes Kind. Jakob kümmerte sich rührend um seine schwangere Frau und versuchte, ihr die Strapazen der Reise so gut wie möglich zu erleichtern.

Beide waren froh, als das Schiff endlich anlegte und sie in New York von Bord gehen konnten. Sie reihten sich in die Schlange der Wartenden – aus Anna wurde Anny, aus Jakob wurde Jacob. Hand in Hand standen sie verloren jenseits der Docks und wußten nicht so recht, wohin. Sie kannten niemand in dieser großen, lauten Stadt. Sie verstanden die Sprache des Landes nicht. Anny war verzagt: »Jacob, meinst du wirklich, es war richtig, hierher zu kommen?«, fragte sie unsicher. Ihr Mann war unbeirrbar optimistisch: »Natürlich war es richtig, meine Schöne. Ich habe einen Beruf, den ich überall auf der Welt ausüben kann, ich brauche nur mein Nähzeug und ein Zimmer, und schon kann ich Geld verdienen.« »Dein Nähzeug haben wir mitgebracht, aber wo bekommen wir ein solches Zimmer her?« Annys Stimme klang jetzt nicht nur unsicher, sondern auch ängstlich. »Laß Jacob Davis nur machen! Oder denkst du, ich lasse die Mutter meines Sohnes auf der Straße schlafen?« Jacob schob den mageren Brustkorb nach vorne und fühlte sich als starker Beschützer seiner werdenden Familie.

Tatsächlich dauerte es nicht lange und er fand ein Zimmer bei einer älteren Dame. Sie hatte selbst keine Kinder und überließ den jungen Leuten gegen geringen Mietzins ein breites Bett, eine Waschgelegenheit, einen Schrank und einen Tisch mit zwei Stühlen. Überglücklich faßten sie sich an den Händen und tanzten durch den kleinen Raum. »Du bist der Größte!«, jubelte Anny und drehte mit weit ausgebreiteten Armen eine Pirouette. »Nicht so schnell, sonst wird meinem Sohn schlecht«, mahnte Jacob. »Wieso eigentlich Sohn? Es kann doch auch ein Mädchen werden.« »Nein«, sagte ihr Mann voller Überzeugung, »das wird ein Junge, das spüre ich. Und er wird Schneider – wie ich!« Er sollte recht behalten.

Am nächsten Morgen machte sich Jacob Davis frisch gewaschen und gut ausgeschlafen auf den Weg, um sich eine Arbeit zu suchen. New York zeigte sich in jeder Hinsicht von seiner unfreundlichsten Seite. Der Himmel war düster und grau, es regnete und ein kalter Wind blies durch die Straßen. Es wimmelte von Menschen und Jacob sah an ihren Kleidern, daß keiner von ihnen Geld für einen Schneider hatte. Er fragte in mehreren Werkstätten, doch überall bekam er die gleiche Antwort. Nein, man konnte ihm keine Arbeit geben, brauchte keinen Angestellten, verdiente selbst kaum genug zum Leben. Resigniert kehrte Jacob Davis am Abend zu seiner Frau zurück. Anny tröstete ihn so gut es ging. »Schau, so schnell geht das halt nicht. Du wirst schon etwas finden, und noch haben wir eine kleine Geldreserve, Deinem Vater sei Dank. Jetzt schlafen wir erst einmal drüber und morgen sieht die Welt ganz anders aus.« Doch auch am nächsten Tag war der Himmel düster und grau, es regnete, der Wind war heftig und Jacob fand keine Arbeit. Für ein paar Cent hatte er drei Stunden einem Händler geholfen, den Karren vor dem Geschäft abzuladen, doch das verdiente Geld reichte kaum für ein Abendessen.

Die Jahre kamen und gingen, doch ganz gleich, wie sehr er sich auch anstrengte, Jacob Davis kam auf keinen grünen Zweig. Er war inzwischen bereit, alles zu tun und jede Art von Arbeit anzunehmen, um seine stetig wachsende Familie zu ernähren. Immer wieder versuchte er sein Glück mit dem gelernten Beruf, um dann feststellen zu müssen, daß sie davon nicht leben konnten. Er stattete Mienenarbeiter aus, arbeitete als Angestellter in einer Brauerei, aber egal, was er anfing, immer geschah irgend etwas, das seine Träume zunichte machte. Die fruchtbare Anny schenkte derweil nach der Geburt ihres ersten Sohnes Simon beinahe jedes Jahr einem weiteren gesunden Kind das Leben. Wenn sie gerade nicht stillte, Nasen putzte oder Windeln wechselte, wusch sie fremde Wäsche und erledigte Flickarbeiten. Mit ihren Einnahmen und den Gelegenheitsarbeiten ihres Mannes reichte das Einkommen gerade eben für einfachstes Essen und zwei kleine Zimmerchen, die die inzwischen achtköpfige Familie bewohnte. Die ständigen Geldsorgen hatten aus Anny, dem einst so vergnügten jungen Mädchen, eine unfrohe Frau gemacht. Nicht nur, daß es sie bekümmerte, der Erfolglosigkeit ihres Mannes zuzusehen, es quälte sie auch, ihren Kindern so vieles versagen zu müssen. Um so weniger Verständnis hatte sie für Jacobs große Leidenschaft:

Inspiriert von der berühmten Nähmaschine, die der Mechaniker Elias Howe 1845 entwickelt und gebaut hatte, verbrachte Jacob Davis seine Freizeit damit, die wundersamsten Geräte zu erdenken. Wenn ihm wieder etwas eingefallen war, womit er die Menschheit beglücken wollte, nahm er mehrmals im Jahr die jeweils letzten Dollars aus der Haushaltskasse und reichte einen Patentantrag ein. Zu seinem großen Bedauern wollte die Menschheit zu diesem Zeitpunkt jedoch noch nicht von ihm beglückt werden, und so war das Geld jedesmal verloren. Anny war außer sich vor Wut. »Wie kannst du nur so töricht sein, zu glauben, daß die Welt ausgerechnet auf deine Erfindungen wartet! Jacob Davis, hör endlich auf zu träumen! Du wirst damit kein reicher Mann, du verplemperst nur unsere letzten Münzen. Die Kinder haben nicht genug zu essen, ich kann sie kaum anständig kleiden, und du trägst das Geld ins Patentamt!« Sie vergrub ihr Gesicht in den Händen und weinte. Bei diesen Gelegenheiten hatte Jacob zwar immer ein schlechtes Gewissen, aber beim nächsten Mal war er dann um so sicherer, den Stein der Weisen gefunden, die Basis für unermeßlichen Reichtum gelegt zu haben. Als es wieder einmal nicht geklappt hatte, kriegte Anny einen solchen Wutanfall, daß Jacob befürchtete, sie könnte vor Zorn verrückt werden oder gar tot umfallen. Sie tobte, weinte, jammerte, schrie und keifte, und schloß endlich mit den Worten: »Es hat in dieser Stadt keinen Sinn! Hier haben wir keine Zukunft, wir müssen hier weg, irgendwohin, wo es Menschen gibt, die einen Schneider brauchen!« Jacob wußte, daß sie recht hatte.

Wer darauf gekommen war, ausgerechnet nach Reno zu gehen, war im nachhinein nicht mehr festzustellen. Fakt blieb, daß Familie Davis eines Tages Kisten und Taschen packte, New York verließ und sich auf den Weg nach Westen machte.

Fliegende Händler

Während die große Stadt New York dem kleinen Schneider aus Riga kein Glück gebracht hatte, ging es für Jonas, Louis und Levi stetig bergauf. Alle drei arbeiteten als Hausierer für Haushalts- und Tuchwaren. Kaum hatte Levi sich von den Strapazen der Überfahrt erholt, nahmen die Brüder den Jüngsten in die Mitte und gingen mit ihm zu einem Großhandel in der Division Street. Hier, im Jüdischen Viertel von New York, kauften viele fliegende Händler ihre Waren ein. Jonas und Louis hatten zusammengelegt und den mittellosen Levi mit einem kleinen Geldbetrag für den Anfang ausgestattet. Das Angebot des Kaufhauses verwirrte den Neuling. Was es nicht alles gab! Kordel, Faden, Nähnadeln, Stecknadeln, Kämme, Knöpfe, Scheren, Spitzen, Bänder, Kessel, Töpfe, Bücher, Schuhe und Bettwäsche. Levi war beeindruckt und auch etwas überfordert. Willig orientierte er sich bei der Wahl der zu verkaufenden Güter an dem, was seine Brüder ihm rieten. Wie sie trug er jetzt zwei Schultertaschen, auf jeder Seite eine, und einen Sack quer vor der Brust. Die Last wog schwer, doch trug sie sich viel angenehmer als einst die sperrige Holzkiepe in Buttenheim. So ausgestattet verließ er zu Beginn jeden Tages die Herberge und machte sich auf den Weg, sein Geld zu verdienen. Levi genoß das Klacken seiner Schuhe auf den gepflasterten Straßen und war froh, nicht mehr durch Matsch und Schlamm laufen zu müssen. Schritt für Schritt eroberte er New York. Vorbei an den Bettlern, die ihre Tage Ecke Fifth Avenue/Sixteenth Street verbrachten, die Sixteenth Street herunter. Hier trugen manche Männer Mäntel mit Pelzkragen und polierte Stiefel, hier putzten irische Dienstmädchen die Treppen der identisch aussehenden kleinen Backsteinhäuser. Diener – viele von ihnen mit schwarzer Hautfarbe – leerten Mülleimer, Scherenschleifer zogen klingelnd und rufend von Haustür zu Haustür. Levi sog Eindrücke, Gerüche und einzelne Worte auf. »Hör hin, wenn die Leute sprechen, so lernst du die Sprache am schnellsten«, hatte der pfiffige Jonas ihm eingeschärft. Und Louis fügte hinzu: »Erfolg kannst du nur haben, wenn du mit den Menschen reden kannst.« Levi nahm sich die Worte zu Herzen und versuchte, sich die fremden Klänge einzuprägen. Das erwies sich allerdings als gar nicht so einfach, und so stoppte er alle fünfhundert Meter, öffnete sein Bündel und schrie aus voller Kehle den einzigen Satz, den er von anderen Händlern gehört und behalten hatte: »Goods for sale!« Passanten hielten an, Frauen kamen aus ihren Häusern und stocherten kritisch in seinem Angebot herum. Wenn er Glück hatte, suchten sie sich etwas aus und drückten ihm einen Nickel, einen Penny oder gar einen Dime in die Hand. Dann stotterte Levi den zweiten Satz, den er beherrschte: »Thank you«, und schnürte seine Taschen wieder zu. Nach einigen Wochen gewöhnten sich seine Ohren an die neue Sprache. Wort um Wort blieb in seinem Kopf haften, und eines Tages merkte er, daß er sich tatsächlich mit einem Kauderwelsch aus Deutsch, Jiddisch und Amerikanisch zu verständigen begann. Er lernte den Wert der einzelnen Münzen kennen, konnte Geld wechseln und die Straßenkarten der Händler lesen. Etwa zu diesem Zeitpunkt hatte er sich auch endgültig an seinen neuen Namen gewöhnt – Levi Strauss.

New York war voll von Straßenhändlern. Das Hausieren war die Tätigkeit der Einwanderer, viele von ihnen Skandinavier und deutsche Juden. Mangels Sprachkenntnissen und oft auch wegen ihres ungewohnten Aussehens hatten sie zunächst keine Chance, irgendwo eine feste Arbeit zu finden. Doch das Gewerbe zwang zu Kontakt mit anderen Menschen und ermöglichte das schnelle Lernen der neuen Sprache und Gewohnheiten.

Kaum fühlte Levi sich einigermaßen sicher, rechnete er sich aus, daß die Konkurrenz in den etwas abseitigeren Gebieten geringer sein würde. Jonas und Louis bestätigten ihn, und so erweiterte er ganz allmählich seinen Radius und wagte sich in das Umland der Stadt. Dank seines unermüdlichen Einsatzes hatte er den Brüdern das Startkapital längst zurückgezahlt und wirtschaftete in die eigene Tasche. War er zuvor jeden Abend in die Herberge zurückgekehrt, so blieb er jetzt auch schon mal eine oder zwei Nächte fort. Das Hausieren bei den Farmern in der Umgebung bedeutete allerdings nicht nur, daß Levi weitere Strecken laufen mußte, sondern natürlich auch, daß er schwerer zu tragen hatte. »Du kannst nie wissen, was die Farmer gerade brauchen, je mehr du also dabei hast, desto größer ist die Wahrscheinlichkeit, daß du etwas verkaufst.« Jonas hatte wie immer recht, und Levi packte die Taschen so voll, daß sie zu bersten drohten. Doch ganz gleich, wie viel er auch verkaufte, an den meisten Tagen wurde seine Last eher größer als kleiner, denn viele Farmer zahlten statt in barer Münze in Naturalien wie Honigdosen oder kleinen, mit Korn gefüllten Säcken. Dafür waren nicht nur Rebekka, Mary und Fanny dankbare Abnehmer. Was sie nicht brauchen konnten oder wollten, ließ sich sehr gut wieder in der Stadt verkaufen. Levis Routen dehnten sich immer weiter aus und wenig später blieb er ebenso wie seine Brüder die ganze Woche unterwegs. Eisern hielten er, Jonas und Louis jedoch an der vom Vater geprägten Tradition fest, den Sabbat im Kreise der Familie zu verbringen. Levi genoß die vertrauten Rituale ebenso wie die ungetrübt vertrauten Klänge der heimischen Sprache.

Mutter und Schwestern wohnten noch immer bei den Verwandten und hatten sich inzwischen einigermaßen eingelebt. Sogar Rebekka, die sich so sehr vor der Fremde gefürchtet hatte, begann einige Brocken zu radebrechen, und die beiden jungen Frauen wuschen und flickten wieder fremder Leute Wäsche gegen geringes Entgelt. Hatte sich die Arbeit im kleinen Buttenheim in Grenzen gehalten, so gab es in der großen Stadt mehr zu tun, als sie schaffen konnten. Berge von Weißwäsche und Buntem mußten täglich auf dem verzinkten Waschbrett geschrubbt, geschlagen und ausgespült werden. In großen Netztaschen wurde die Naßwäsche dann zu den langen Leinen getragen und dort zum Trocknen aufgehängt. Die Hände der drei Frauen waren rot und rauh wie nie zuvor, doch eine andere Arbeit gab es für sie nicht. Die Verwandten verlangten zwar kein Geld für das kleine Zimmer, aber die Kost mußte bezahlt werden. Pünktlich zu jedem Sabbat erschienen Levi, Jonas und Louis vor dem kleinen Haus im Osten der Stadt. Die Taschen voller Köstlichkeiten von ihren Märschen, wurden sie stets freudig empfangen. Rebekka war jedesmal überglücklich, ihren Jüngsten gesund und munter in die Arme schließen zu können. »Ich mache mir immer solche Sorgen um dich. Man hört so viel von Überfällen auf Händler. Neulich, so hat die Nachbarin mir erzählt, haben sie einen auf dem freien Feld totgeschlagen und all seine Sachen mitgenommen, daß du mir nur ja vorsichtig bist!«, beschwor sie ihren Sohn. Jonas versuchte die Bedenken der Stiefmutter zu zerstreuen: »Sei ganz ruhig, so etwas passiert nur sehr selten. Gerade außerhalb der Stadt sind wir eigentlich sicherer als auf den Straßen von New York. Da treibt sich das eigentliche Gesindel rum.« Er ließ sie eine Beule an seinem Hinterkopf fühlen. »Da hat mir so ein Halunke unlängst einen Stein an den Schädel geworfen, einfach so.« »Denk nur, was es nicht alles gibt«, sagte Rebekka und schüttelte ungläubig den Kopf, war aber nicht wirklich beruhigt.

Auf dem Land zu verkaufen entpuppte sich als harte Arbeit. Nie wußte Levi im voraus, wo er die nächste Nacht verbringen würde. Manchmal hatte er Glück und freundliche Farmer ließen ihn in Scheune oder Stall schlafen. Doch das war eher die Ausnahme. Meistens mußte er sich bei Anbruch der Dunkelheit einen geschützten Platz im Wald oder am Wegrand suchen. Zwar gab es ausgelagerte

Armeeposten, zu deren Aufgaben es unter anderem gehörte, sich um die Sicherheit der Hausierer zu kümmern, doch so ganz unbegründet waren Rebekkas Sorgen nicht. Immer wieder hörte man von grausamen Verbrechen und Meuchelmorden in einsamen Gegenden. Oft war es ihm gar nicht geheuer, aber bevor er sich wirklich fürchten konnte, ereilte ihn die Müdigkeit, und er schlief ein.

Der Herbst kam und brachte Sturm und Regen. Wie einst in Buttenheim blieb Levi auch jetzt mit dem, was von seinen Schuhen übrig war, oft in knöcheltiefem Matsch stecken. Der Rücken tat weh, die Füße waren naß und wundgescheuert, aber Levi verlor sein Ziel nicht aus den Augen. Geld verdienen: viel Geld verdienen, reich werden und Pauline heiraten. Immer wenn er zu verzagen drohte, dachte er an sein Mädchen in Deutschland und an das, was er ihr versprochen hatte. Die Tatsache, daß er keine Nachricht von ihr erhielt, machte ihn traurig, doch zweifelte er nicht einen Augenblick an ihrer Abmachung.

Als der Winter da war, mußte Levi sich seinen Weg durch so tiefen Schnee und oft dichtes Gestöber bahnen, daß er die seitlichen Wegbegrenzungen kaum sah und mehr als einmal umknickte, das Gleichgewicht verlor und mit Sack und Pack zu Boden ging. Fluchend richtete er sich auf, klopfte den Schnee von den Kleidern und rückte mit klammen Fingern sein Gepäck wieder zurecht. »Wie in Buttenheim – nein, schlimmer«, murmelte er erbost vor sich hin und wollte nur noch in das warme Zimmer in der Herberge.

Seit einiger Zeit hatten die Strauss-Brüder hier einen Mitbewohner. In ihrer Abwesenheit hatte der geldgierige Hauswirt ein weiteres Bett in den Raum gestellt, und nicht einmal für nötig gehalten, die Brüder davon in Kenntnis zu setzen. Entsprechend staunten sie nicht schlecht, als sie eines Freitag abends einer nach dem anderen eintrudelten und da ein junger Mann an ihrem Tisch saß. Unzähligen Wirbeln folgend standen seine dichten dunklen Haare ungebändigt in alle Himmelsrichtungen, und Levi fragte sich bei seinem Anblick unwillkürlich, wie auf diesem wilden Schopf die Kopfbedeckung wohl hielt. Schwarze Augen schauten unsicher aus einem freundlichen Gesicht, während der Fremde aufstand und nervös an der Nagelhaut seines rechten Daumens zupfte. Mit einer höflichen Verbeugung und den Worten »Stern mein Name, David Stern«, stellte er sich vor. Auch David Stern war Einwanderer aus Deutschland und sechs Jahre älter als Levi. Auch er war Sohn armer Eltern und suchte sein Glück in Amerika. Beide von ähnlichem Temperament, freundeten sich Levi und David bald an.

Der »Griene« war mutterseelenallein in New York, hatte weder Familie noch Freunde in der fremden Stadt, und so verstand es sich von selbst, daß Levi, Jonas und Louis sich seiner annahmen und sich um ihn kümmerten. David war ein angenehmer Zeitgenosse und fügte sich schneller als gedacht in die Gemeinschaft ein. Nach kurzer Zeit verstanden sich die vier jungen Männer so gut, daß die Brüder beschlossen, den neuen Freund am kommenden Sabbat mit zu den Verwandten zu nehmen. »Ein Esser mehr macht uns nicht arm«, sagte Levi und winkte Jonas verstohlen zu sich heran. »Und außerdem, vielleicht ist er ein Mann für Mary oder Fanny. Es wird langsam Zeit, daß die beiden heiraten«, flüsterte er dem Bruder verschwörerisch ins Ohr. Daß Mary ihre Wahl jedoch bereits getroffen hatte, wußte zu diesem Zeitpunkt keiner der Brüder.

Es war ein lauer Frühlingstag im Jahr 1848. Überall im Viertel hingen wollene Kleidungsstücke zum Lüften auf den Feuerleitern in der Sonne. Man bereitete sich auf die wärmere Jahreszeit vor. Pullover, Handschuhe, Schals, Schultertücher wurden sorgfältig gefaltet, in den Schubladen aufeinander geschichtet und mit Kampfer bestreut. Wenn der Winter ging, war Kampfer ein wichtiger Stoff, er hielt Motten und anderes Ungeziefer aus der Kleidung fern. Binnen weniger Tage roch es in allen Zimmern nach Kampfer, der den nahenden Frühling ankündigte.

Rebekka, Fanny und Mary hatten einen Haufen Wäsche auf die Leinen gehängt. Jetzt wehten die Hemden, Hosen, Tischwäsche und Laken nebeneinander im milden Wind. Waren die Teile getrocknet, mußten sie abgenommen und gebügelt werden. Mary hielt ein weißes Hemd in den Händen. Es war aufwendig mit Biesen und Rüschen verziert, die sich an einigen Stellen in ihre Bestandteile auflösten. »Das hängt ja in Fetzen«, sie hielt das Hemd prüfend ins Licht. »Wenn ich das nähen soll, kostet es mich Stunden, und wir haben so viel zu tun«, sie sah ihre Mutter ratsuchend an. Rebekka betrachtete das Teil. »Bring es zum Schneider Sahlein, er hat eine Nähmaschine, damit ist die Sache rasch erledigt. Bitte ihn, die Arbeit für uns zu übernehmen«, sagte sie schließlich. William Sahlein hatte seine Werkstatt ein paar Straßen weiter. Er war ein verwitweter Onkel entfernten Grades, und Mary mochte ihn sehr. Wann immer sich die Gelegenheit bot, suchte sie einen Vorwand, auf einen Sprung bei dem kinderlosen Verwandten vorbei zu schauen. So auch heute. William Sahleins Gesicht hellte sich auf, als sie eintrat. Er ließ seine Arbeit sinken. »Mary, was für eine Freude, dich zu sehen. Schön wie der junge Tag.« Er lächelte sie an. Mary knickste artig. »William, Mutter schickt mich. Ich soll fragen, ob du wohl dieses Hemd mit der Maschine für uns flicken kannst. Schau, es ist an so vielen Stellen kaputt. Mit der Hand dauert es so lange.« Ohne einen Blick darauf zu werfen, nahm Sahlein das Hemd und legte es auf seinen Schneidertisch. »Natürlich, mein Kind, du weißt, wann immer ich dir zu Gefallen sein kann, tue ich es gern.« Er machte eine kleine Pause und schaute Mary so tief in die Augen, daß sie errötete. »Ich habe just einen Tee aufgebrüht, trinkst du einen Schluck mit mir?« »Sehr gerne«, Mary nickte und setzte sich auf das kleine abgeschabte Sofa. Sahlein schenkte Tee in zwei Becher, süßte mit Honig und nahm neben ihr Platz. Sie tranken schweigend und schauten sich von Zeit zu Zeit lächelnd an. Die Stimmung war merkwürdig, es lag etwas Eigenartiges in der Luft, fand Mary, die ihr Herz klopfen spürte. Nach ein paar Minuten stellte William Sahlein seinen Becher auf den kleinen Tisch und nahm schüchtern Marys rechte Hand. »Mary, ich möchte dich etwas fragen«, er räusperte sich verlegen. »Du weißt, daß du mir sehr gefällst, nicht wahr?« Er wartete ihre Antwort nicht ab. »Schon am ersten Tag, als ich dich sah, hast du mir sehr gefallen, und deswegen«, er schluckte trocken, »und deswegen wollte ich dich fragen, ob du mich vielleicht auch ein bißchen magst. Nein, ich wollte dich fragen«, er stand auf und lächelte unsicher, »ich wollte dich fragen: Mary Strauss, willst du mich heiraten?« Marys Hände waren eiskalt und feucht. Ihr Herz klopfte vor Aufregung zum Zerspringen, der Hals war wie zugeschnürt. Sahlein mißdeutete ihr Schweigen. »Ich meine, du mußt nicht ... ich bin ja auch nicht reich ... aber für uns beide würde es schon genügen ... ich dachte ...«, er stockte. Mary sprang auf und fiel ihm um den Hals. »Wenn die Brüder einverstanden sind, nichts lieber als das! William, lieber William!« Mit Freudentränen in den Augen schmiegte sie sich an ihn. Sahlein nahm ihr Gesicht in die Hände und küßte sie zärtlich auf die Stirn. Sie faßten sich an den Händen, setzten sich wieder auf das Sofa und verabredeten, das Geheimnis noch einen Monat zu wahren, bevor sie es zu Pessach der Familie mitteilen wollten.

Mary hüpfte wie ein Schulmädchen nach Hause. Ihr Traum war Wirklichkeit geworden. Obwohl schon sechsundzwanzig Jahre alt, hatte sie einen Mann zum Heiraten gefunden. »Das Leben ist schön! Und Amerika ist ein wunderbares Land«, jauchzte sie und sah nicht die befremdeten Blicke der Passanten. Das Leuchten in ihren Augen entging der aufmerksamen Rebekka nicht. Ebenso wenig, wie ihr Marys Eifer nicht entgangen war, wenn es galt, einen Botendienst zu William Sahlein zu verrichten. Lächelnd behielt sie jedoch ihre Beobachtung für sich – Mary würde schon sprechen, wenn es etwas zu sagen gab.

Zwei Wochen später standen Jonas, Louis und Levi wie gewöhnlich vor der Tür, diesmal mit David Stern im Schlepptau. Der junge Mann hatte seine beste Kleidung angezogen und hielt sich scheu im Hintergrund. »Nun zier dich nicht so«, ermunterte Levi ihn. »Hier tut dir niemand etwas zu Leide, im Gegenteil. Und warte nur bis du unsere Schwestern gesehen hast«, sagte Levi mit einem verschmitzten Lächeln. David schaute ihn verwirrt an. Er verstand nicht. Fanny öffnete die Tür, küßte die Brüder zur Begrüßung und reichte dem Gast die Hand. Als David in ihr offenes, freundliches Gesicht sah, war es augenblicklich um ihn geschehen. Alles an Fanny gefiel ihm. Die schlanke Figur, die dichten schwarzen Haare, die das fröhliche Gesicht umrahmten. Die wachen Augen schwarz und glänzend wie funkelnde Kohlen, der fein geschwungene Mund, die blitzenden weißen Zähne. Ihre Art zu lachen – und erst die Hände: zart und langgliedrig und doch zum Arbeiten geschaffen. Fanny hielt seinem Blick stand, auch ihr gefiel, was sie sah.

Levi sorgte dafür, daß sich die zwei bei Tisch gegenüber saßen und beobachtete genau, wie sich beider Augen immer wieder suchten und fanden. Rebekka registrierte ebenfalls mit Wohlwollen, daß sich zwischen dem höflichen, wohlerzogenen Gast und ihrer Tochter etwas anzubahnen schien. Sie dachte an ihren Mann und daß David diesem sicher auch sympathisch gewesen wäre. Von jetzt an verging kein Sabbat, an dem David Levi und die Brüder nicht begleitete, und als Mary wenig später die frohe Botschaft ihrer bevorstehenden Hochzeit verkündete, waren sich Fanny und David längst einig, gemeinsam in die Zukunft zu gehen.

Die ganze Familie beteiligte sich an den Vorbereitungen. Trauzeugen – sie durften nicht mit dem Brautpaar verwandt sein und mußten einen unbescholtenen Lebenswandel nachweisen können – waren schnell gefunden. Jonas und Louis wurden als Brautführer auserkoren und Rebekka nähte mit heißer Nadel die Brautkleider für Fanny und Mary. Endlich war es so weit. In weich fließende Gewänder gekleidet, Kopf und Gesicht von einem zarten Schleier bedeckt, wurden Mary und Fanny mit William und David von den Brautführern mit feierlicher Miene unter die Chuppah geleitet. Der Baldachin symbolisierte das zukünftige Haus der Brautleute. Unter den Augen des Rabbis tauschten sie Geschenke aus. Beide Frauen erhielten je ein Gebetbuch von ihren Verlobten, während die Männer kostbare, handgefertigte Gebetsmäntel aus den Händen ihrer Bräute in Empfang nahmen. Die Trauzeugen überwachten die Unterzeichnung der Verträge, dann begann der Rabbi zu sprechen. Mit wohl gewählten Worten mahnte er die beiden Paare, füreinander zu sorgen und einander beizustehen. Die Trauzeugen zogen die Ringe hervor, und der Rabbi sprach langsam die Trauungsformel vor. Nacheinander wiederholten William und David: »Mit diesem Ring bist du mir anvertraut nach dem Gesetz von Mose und Israel«, und steckten die schmalen Goldreifen an die rechten Zeigefinger der beiden Frauen. Der Rabbiner hob erst Fannys Schleier, dann lüftete er Marys. Die beiden Männer umarmten und küßten ihre frischangetrauten Frauen innig. Rebekka wischte sich eine Träne aus dem Augenwinkel. Sie drückte Levis Hand und seufzte: »Ach, wenn der Vater das hätte sehen können.« Levi erwiderte den Händedruck und gab ihr einen zärtlichen Kuß auf die Wange. Jemand stimmte »Chawa Nagila« an, und unter den Klängen des munteren Liedes wich auch Rebekkas Rührung bald einer fröhlich festlichen Ausgelassenheit.

Mary zog schon am nächsten Tag zu ihrem Mann. Emsig wischte und wienerte sie die kleine Wohnung, räumte hier, rückte da und verstaute ihre spärliche Mitgift. William Sahlein ließ sie gewähren, doch als sie sich voller Eifer anschickte, seine Werkstatt umzukrempeln, wies er sie sanft zurecht. »Mary, du kannst alles verändern jedes Möbelstück von links nach rechts und wieder zurück schieben, aber laß mir meine Nadeln und Fäden in Ruhe, sonst kann ich nicht arbeiten.« Mary verstand und beschränkte ihr energisches Tun auf die beiden winzigen Zimmer und die kleine Küche. Als alles nach ihren Vorstellungen fertig war, packte sie Rebekkas Siebensachen und nahm sie zu sich.

Noch im selben Jahr gab es einen weiteren Grund zu feiern. Der gewiefte Jonas Strauss hatte es geschafft und in der 203 1/2 Division Street einen eigenen Tuch- und Kurzwarenladen eröffnet. Stolz zeigte er seiner Stiefmutter das Rode's New York City Directory, in dem er als Geschäftsinhaber, Louis und Levi jedoch noch als Hausierer aufgeführt waren. Von Stund an bezogen Louis, Levi und David ihre Waren für den fliegenden Handel bis auf ganz wenige Kleinigkeiten, die er nicht im Sortiment hatte, ausnahmslos von Jonas. »Wenn ich Euch die Sachen günstig verkaufe und ihr sie gut verkauft, bleibt das Geld in der Familie und wir haben alle etwas davon.« Mit dem eigenen Geschäft veränderte sich das Verhältnis des Ältesten zu den beiden anderen. Während klar war, daß Louis, sobald er das nötige Geld zur Seite gelegt hatte, als sein Partner einsteigen würde, fühlte Jonas sich verpflichtet, Levi von Grund auf in die Geheimnisse seines Erfolges einzuweisen. »Du wirst ab jetzt, wann immer du von deinen Märschen zurückkommst, bei mir im Laden sein. Ich werde dir alles beibringen, was du zum Führen eines eigenen Geschäftes wissen mußt. Schließlich willst du doch nicht ein Leben lang mit Taschen auf der Schulter durch's Land laufen, oder?« Nein, das wollte Levi wahrlich nicht. Also fügte er sich dem strengen Diktat des älteren Halbbruders. Und der ersparte ihm nichts. Levi arbeitete und arbeitete. Stoffe prüfen, sortieren, Fakturen schreiben, Inventarlisten und Kundenkarteien anlegen, Debitoren und Kreditoren erfassen, das alles ging ja noch –

wenn da nur nicht die stundenlangen Vorträge gewesen wären, die Jonas über Wollqualitäten und Kammgarnarten hielt. Sie langweilten Levi schier zu Tode. Ganz zu schweigen von den praktischen Übungen zum Buchführen. »Du wirst es alles eines Tages gut gebrauchen können«, war Jonas überzeugt und legte einen geradezu missionarischen Eifer bei der Ausbildung an den Tag. Levi überwand alle inneren Widerstände und lernte aufmerksam und schnell. »Hoffentlich kommt er wirklich, der Tag, an dem ich froh bin, daß er mir das alles erklärt hat«, sagte er zu David, mit dem er sich nach wie vor gut verstand.

Unter dem Dach des Backsteingebäudes lag eine kleine Wohnung, die zum Laden gehörte. Die winzigen Zimmer hatten noch winzigere Fenster und waren im Sommer recht dunkel; winters war es dafür um so behaglicher in den kleinen Stuben. Kurz nach der Geschäftseröffnung zogen Jonas, Louis, Levi, David und Fanny ein. Die Rechnung war ganz einfach gewesen: »Wenn wir alle ein bißchen Geld drauflegen zu dem, was wir in der Herberge zahlen, und Fanny uns bekocht und den Haushalt führt, wird es kaum teurer, aber wir haben unsere eigenen vier Wände.« Gewitzt wie immer hatte Jonas bereits alles ausgeklügelt, und die anderen waren schnell überzeugt. Bevor sie sich daran machten, die neue Bleibe zu möblieren, bestand Fanny darauf, alles von Grund auf sauber zu machen. »Bitte, nein! So will ich nicht hier einziehen. Es ist mein erstes Eigenes, und ich will nicht im Schmutz von anderen Leuten wohnen.« Rebekkas Erziehung zeigte Wirkung. Bewaffnet mit Eimern, Scheuersand und Bürsten machte sich die junge Frau Stern an die Arbeit. Unermüdlich stieg sie die Treppen mit immer wieder neu gefüllten Eimern hinauf. Wie sie es von ihrer Mutter gelernt hatte, sparte sie nicht mit Wasser und hatte gerade einen vollen Blecheimer auf dem verschmutzten Boden ausgekippt, als aus dem Stockwerk unter ihr ein Schrei gellte. Wenig später stand eine wütende Frau mit einem dicken Säugling auf dem Arm vor der Tür. »Was machen sie da?« fauchte sie erbost. »Sind sie verrückt, wollen sie uns alle ersäufen?« Sie griff Fannys Handgelenk und zerrte sie die Treppe herunter in ihre Wohnung. »Hier sehen sie sich die Schweinerei an«, sie zeigte auf ein hölzernes Kinderbettchen, auf dessen Kissen sich eine bräunliche Pfütze gebildet hatte. Fanny schaute ängstlich an die Decke. Von dort tropfte langsam aber stetig eine ekelhafte Brühe direkt in das kleine Bett. Offenbar war sie etwas zu großzügig mit ihrem Wasser gewesen. Sie schämte sich furchtbar, entschuldigte sich mit feuerrotem Kopf und versuchte die zornige Nachbarin zu beruhigen: »Ich bringe ihnen gleich einen Eimer, und wenn meine Brüder und mein Mann kommen, bringen wir das wieder in Ordnung. Geben Sie mir das schmutzige Kissen, ich werde es für sie waschen.« Mit diesem Angebot ließ sich die Frau besänftigen, und Fanny verwendete fortan das Wasser etwas sparsamer. Abgesehen von diesem Malheur war sie glücklich wie nie zuvor. Sie richtete das neue Zuhause mit viel Phantasie und Liebe ein. Die Brüder waren sich von Anfang an einig, die kleine Kammer sollte dem jungen Paar zur Verfügung stehen, während Jonas, Louis und Levi in der Stube schliefen. »Wir sind doch ohnehin meist die ganze Woche unterwegs«, argumentierte Levi. Und so war es dann auch. Von Montag bis Freitag teilten sich Fanny und Jonas die Wohnung, und eng wurde es erst, wenn zum Sabbat das Trio von der Tour kam. Fanny verstand es, mit wenig Mitteln aus der kleinen Kammer ein wahres Paradies zu machen. Hier ein Spitzendeckchen, da ein Vorhang und ein Kissen, David war glücklich und stolz auf seine Frau.

Die Geschäfte in der 203 1/2 Division Street gingen gut, und auch Louis, Levi und David konnten sich nicht beklagen. Immer häufiger brachten sie von ihren Märschen Bestellungen von den umliegenden Farmen und kleinen Dörfern mit, die sie dann beim nächsten Mal auslieferten.

Gemeinsam verdienten sie ausreichend Geld, um ein wenn auch bescheidenes, so doch sorgenfreies Leben zu führen und konnten jede Woche Mary und William mit einem kleinen Betrag für Rebekka unterstützen. Jonas hatte vor einiger Zeit eine junge Frau kennengelernt, die ihm sehr gefiel. »Versteht mich recht«, sagte er eines Tages zu seinen Brüdern, »es ist nicht, daß ich nicht gerne mit euch hier lebe, aber ich werde noch in diesem Jahr heiraten. Und wenn meine Frau dann auch noch hier einzieht, wird es zu eng. Wir müssen uns etwas einfallen lassen. Levi nickte und besprach die Angelegenheit sehr bald mit David.

Es war ein Freitagabend, im Herbst des Jahres 1848. Die drei Brüder, David und Fanny saßen um den Tisch und schwatzten von den Erlebnissen der Woche. In der Ecke neben dem Ofen trockneten die durchweichten Schuhe der fliegenden Händler, und Levi genoß die Bequemlichkeit und wollige Wärme der dicken Socken, die Rebekka ihm gestrickt hatte. »Oh, wie geht es uns gut«, sagte Fanny. »Das stimmt«, antwortete Levi, »aber es könnte uns noch besser gehen.« Die anderen schauten ihn überrascht an. »Ich glaube, wir könnten noch bessere Geschäfte machen, wenn wir in Gegenden verkaufen würden, die nicht so dicht besiedelt sind, wie die um New York. Hier sind einfach zu viele Hausierer wie wir unterwegs. Wir graben uns gegenseitig das Wasser ab.« David nickte zustimmend. »Darüber habe ich auch schon nachgedacht. Jonas, dein Geschäft geht so gut, du brauchst uns nicht mehr, und ich glaube auch, daß wir schneller zu Geld kommen, um es dir gleich zu tun, wenn wir woanders hingehen.« Fanny riß erschrocken die Augen auf. »Du willst hier weg? Jetzt, wo wir endlich ein eigenes Zuhause haben? Weg von den Brüdern, von Mary und Mutter?« sie schüttelte energisch den Kopf und stand auf. »Das kommt überhaupt nicht in Frage! Ich will in New York bleiben. Ich habe eine Reise ins Ungewisse getan und bin froh, daß alles gut gegangen ist, noch einmal möchte ich das nicht riskieren.« »Aber Fannyleben«, Levi war auch aufgestanden und legte seiner Schwester liebevoll den Arm um die Schulter. »Denk doch nur, du hättest das alles nicht gewagt, dann gäbe es kein eigenes Zuhause, dann gäbe es auch keinen David! Wer weiß, was für wunderbare Dinge noch auf dich warten, wenn du nur danach suchst ...« Fanny entwand sich seiner Umarmung. »Ich habe alles, was ich brauche, mehr will ich gar nicht, also muß ich auch nicht nach mehr suchen«, sagte sie widerborstig und ging zu Bett. Die Männer saßen bis tief in die Nacht zusammen, und vor dem Morgengrauen stand fest: Louis blieb bei Jonas, um die Waren aus dem Geschäft weiterhin so lange in Stadt und Umgebung zu verkaufen, bis er das Geld für die geplante Partnerschaft zusammen hatte. Levi würde nach Louisville im Bundesstaat Kentucky zu entfernten Verwandten gehen. Dort war ihm – so hoffte er – im Kreis der Familie zumindest für den Anfang eine günstige Bleibe sicher, der Rest würde sich finden. David wollte sein Glück mit Fanny in St. Louis versuchen. Drei Tage brauchte der junge Ehemann um Fanny zu überzeugen, am vierten Tag gab sie entnervt auf und stimmte dem Plan unter Tränen zu.

Die Vorbereitungen waren schnell getroffen. Levi schrieb einen kurzen Brief an Pauline und teilte ihr die Neuigkeit mit. Dann suchte er sich sein Warensortiment im Laden seines Bruders aus. Erfahren durch seine langen Märsche in der Umgebung von New York, entschied sich Levi für ein buntes Sammelsurium. Von der feinen Spitze bis zum grobgewebten Leinen verstaute er alles sorgfältig in Taschen und einer Kiste, stellte die Reiseroute zusammen und machte sich auf den Weg.

DRITTER TEIL

Kentucky

Den ersten Abschnitt der langen Strecke legte er mit der Postkutsche zurück. Vierhundert Kilometer von New York nach Baltimore. Das bedeutete fast zwei Wochen unentwegtes Rütteln und Schütteln, meist eng zusammengepfercht mit nicht immer angenehmen Mitreisenden. Die Übernachtungen an den Stationen waren unruhig. Stets in Sorge um sein Gepäck, hatte er kaum einen Blick für die vorüberziehenden Landschaften von Delaware. Der Aufenthalt in Philadelphia dauerte einen ganzen Tag, doch Levi war zu erschöpft, um das Gasthaus auch nur für einen kurzen Spaziergang zu verlassen. Er fühlte sich ständig unangenehm an die Reise von Buttenheim nach Bremerhaven erinnert und war froh, als er die Kutsche in Baltimore endlich verlassen konnte. Unverzüglich schulterte er sein Gepäck und begab sich zur Midwest-Station, um den nächsten Zug nach Pittsburgh zu erwischen.

Der Bahnhof entsetzte ihn. Überall grölten betrunkene, speiende, rülpsende Menschen. Levi fühlte Ekel aufsteigen. Normale Reisende, die wie er nach Kentucky, Ohio oder zu den großen Seen im Norden wollten, waren eindeutig in der Minderheit.

Ein schwankender Mann stützte einen anderen, der jede Sekunde zu fallen drohte. Mit einem Ruck lud er sich den Trunkenbold auf die Schulter und torkelte geradewegs auf Levi zu. »Weißt du, wo ich hier ein Pferd kriege?«, lallte er. Levi schüttelte bedauernd den Kopf. »Tut mir leid, bin selbst fremd hier«, antwortete er. »Das hört man«, brummte der Fremde und bugsierte den schlafenden Säufer von seiner Schulter ziemlich unsanft auf den nackten Boden. Dann richtete er seine Frage an den Stationsvorsteher.

Levi wandte sich ab und suchte sich ein ruhiges Eckchen, wo er auf den Zug zu warten gedachte. Es dauerte eine ganze Weile, doch endlich fuhr er ein. Bereits der Anblick der riesigen Lokomotive nahm Levi fast den Atem. Er hatte schon häufiger Bilder der fauchenden Ungetüme gesehen, aber so gewaltig wie in Wirklichkeit hatte er sie sich nicht vorgestellt. Die Lokomotive war offensichtlich nagelneu. Der Korpus glänzte in edlem Schwarz-Blau und war an den Seiten mit blitzenden Messingaufsätzen verziert. Ein stabiles, vorn in eine abgerundete Spitze mündendes Eisengestell schien stark genug, jedes, aber auch jedes Hindernis von den Schienen zu schieben. Aus dem kesselförmig verdickten Ende des schwarzen Schornsteins quoll dicker Qualm, wie zarter schwarzer Schnee fiel die Asche herunter. Hinter der Lok, noch vor dem ersten Waggon, war der Kohlenwagen angehängt. Der Heizer arbeitete mit bloßem Oberkörper. Seine Muskeln glänzten vor Schweiß, das Gesicht war rußverschmiert. Er fütterte den Ofen mit gekonnten Bewegungen. Levi beobachtete, wie von Zeit zu Zeit kleine glühende Kohlestückchen kometengleich durch die Luft flogen. Quietschend hielt der Zug.

Levi wartete, bis die Reisenden ausgestiegen waren, nahm sein Gepäck und kletterte in einen Wagen. Was für eine Pracht! Keine kleinen Einzelcoupés mit Türen, sondern ein einziger Raum, der die ganze Wagenlänge einnahm. Rechts und links vom Mittelgang je zwei üppige Sessel, Levi blieb vor Staunen der Mund offen stehen. Ein freundlicher Schaffner fragte ihn nach seinem Billett. Levi zeigte es vor, und der Mann nahm ihm sofort sein Gepäck ab, um es fachgerecht zu verstauen. Levi genoß jede Minute der zweitägigen Fahrt. Was gab es da nicht alles zu sehen. Der

Zug durchquerte die Felsklüfte des Appalachengebirges, fuhr auf schmalen Holzbrücken hoch über den schnellen Läufen großer Flüsse, um dann vorbei an sanften Hügeln durch satte Wiesen zu rattern. Alle paar Stunden gab es einen Aufenthalt. Levi konnte sich gar nicht satt sehen. Pelzjäger mit beeindruckenden Gewehren und den erbeuteten Fellen über den Schultern, malerisch gewandete Indianer auf gezähmten Wildpferden und immer wieder zerlumpte Gestalten, die in letzter Minute auf den Zug aufzuspringen und als blinde Passagiere mitzureisen versuchten. Der Kontrolleur sah sie jedoch sofort, packte sie am Kragen und beförderte sie unsanft auf den Bahnsteig zurück, noch bevor sie wußten, wie ihnen geschah.

»Pittsburgh, Pennsylvania!« Der Schaffner ging durch den Gang und half erst den Damen, dann den Herren, ihr Gepäck an sich zu nehmen. Levi streckte die Glieder. So komfortabel die Sessel waren, fühlte er sich vom langen Sitzen doch ein wenig steif. Er stieg aus und machte sich auf den Weg zum Hafen. Pittsburgh zeigte sich von seiner besten Seite. Die zwischen 1759 und 1761 als Fort Pitt gegründete Stadt war in gleißendes Sonnenlicht getaucht, als Levi durch die Straßen in Richtung Wasser stapfte. Hier flossen der Allegheny und der Monogahela zum Ohio zusammen, hier lagen Dutzende von Schiffen und warteten auf Fracht und Passagiere. Levi mußte eine ganze Weile suchen, bis er den Dampfer entdeckte, der ihn die 700 Kilometer den Ohio flußabwärts nach Louisville bringen sollte. Als er das Schiff gefunden hatte, ging es ihm ähnlich, wie beim Anblick der Lokomotive – so beeindruckend hatte er es sich nicht vorgestellt. Vier enorme Schornsteine, paarweise nebeneinander aufgestellt, ragten meterhoch in den Himmel. Die Schaufelräder rechts und links mußten einen Durchmesser von mindestens vier Metern haben. Levi kam sich vor wie ein Zwerg.

Wieder mußte er warten, bis die Reise weiterging, doch am Hafen war soviel los, daß die Zeit wie im Flug verging.

Als das Signal ertönte, betrat er das Schiff gemeinsam mit einer bunten Mischung von Menschen. Waren es auf dem Weg nach Amerika seinerzeit fast ausschließlich Auswanderer gewesen, mit denen er reiste, so fanden sich hier alle nur denkbaren Gruppierungen zusammen. Geschäftsleute, brave Farmer, verwegene Gesellen auf der Suche nach Abenteuern, Spieler, Hochstapler und ein paar sehr schöne Frauen.

Levis Schlafplatz war in einem Raum, den er sich mit etwa zwanzig anderen billig reisenden Passagieren teilte. Gemessen am Zwischendeck des Seglers der Reederei Wätjen war die Unterkunft zwar luxuriös, doch Levi zog es dennoch vor, soviel Zeit wie möglich draußen zu verbringen. Tagsüber genoß er die frische Luft, den Blick auf die Ufer und bewunderte jedesmal aufs neue vom Vorderdeck aus die hohen Aufbauten des Oberdecks.

Abends nach dem Essen zog er sich seine gute Jacke an und verließ sein Lager, um an Bord herumzustreunen. Das war Freiheit! Er atmete die würzige Abendluft ein. Hier konnte jeder hingehen, wo er wollte. Jeder konnte die Treppen benutzen, die von einem Deck zum anderen führten. Jeder durfte sich auf den Galerien bewegen, die um die Decks herumführten. Jeder konnte die vornehmen Aufenthaltsräume betreten – nicht wie auf dem Segler von Bremerhaven nach New York, wo die Zwischendeckpassagiere spätestens bei Anbruch der Dunkelheit vom Maat in ihre Koben gescheucht worden waren. Levi schaute sich alles genau an. Er ging zwar weder in die Bars, noch frequentierte er Rauchzimmer, Spielsalons oder das vornehme Speisezimmer, aber auch von draußen konnte man ein wenig am amüsanten Treiben der Reichen teilhaben.

Männer mit dicken Goldketten, so wie sie der Gutsherr Schneider in Buttenheim getragen hatte, schäkerten mit jungen Damen und ließen sich Glas um Glas den Champagner vom fesch livrierten Personal einschenken. Und wie diese Damen gekleidet waren! Weiße Schultern entblößt, makellose Rücken bis zu Taille frei und vorn nur ein Hauch von Stoff, Bändern und Spitzen, gerade so viel, daß die Brust bedeckt war. Wenn das der Rabbiner sähe. Levi wurde rot und wollte sich gar nicht ausmalen, was der sagen würde. Levi drückte sich die Nase an den Fensterscheiben platt und schaffte es gerade noch, sich hinter einem Vorsprung zu verstecken, als zwei dieser Elfen herauskamen. Kichernd unterhielten sie sich, und Levi wäre beinahe vor Scham in Ohnmacht gefallen, als die eine ihre Röcke raffte und sich das Strumpfband richtete. Unvermittelt wurde ihm heiß. Paulines letzter Kuß, ihr Duft, ihre zärtlichen Hände spukten in seinem Kopf und er beschloß, die aufkommenden Bilder ein Stockwerk tiefer zu vertreiben.

Mit den vergoldeten Spiegeln und üppigen Lüstern, den zierlichen Tischchen und dicken Teppichen, wirkten die Aufenthaltsräume wie kleine Schlösser. Bis zum Morgengrauen schwangen hier Paare das Tanzbein, zum melodischen Repertoire der Negerkapellen.

Es war der zehnte Tag der Reise und wieder war Levi auf Deck unterwegs, als er Zeuge wurde, wie ein Matrose einen schwarzen Mann brutal gegen den Brustkorb stieß und anbrüllte: »Verschwinde hier, du dreckiger Neger! Du hast hier nichts zu suchen! Bleib gefälligst unter Deck, wo es so dunkel ist, daß man deinesgleichen gar nicht erst sieht!« Mit schreckgeweiteten Augen und einem devoten Bückling trat der Gescholtene augenblicklich den Rückzug an. Levi war sprachlos vor Entsetzen. So frei, wie es ihm vorkam, war hier wohl doch nicht jeder. Wie konnte der Mann sich das widerliche Benehmen des Matrosen unwidersprochen gefallen lassen?

Nach zwei Wochen legte der Dampfer in Louisville an. Levi packte seine Siebensachen zusammen und ging von Bord. Da ihn niemand am Kai erwartete, blieb ihm nichts übrig, als sich immer der Nase nach auf die Suche nach den Verwandten zu machen. Straße um Straße klapperte er die Stadt ab.

Louisville war etwa sieben Jahrzehnte zuvor gegründet und seinerzeit nach König Ludwig XVI. benannt worden. Doch es waren keineswegs die Spuren des Franzosen, die Levi auffielen, sondern vielmehr die Auswüchse der blühenden Bourbon-Destillerien. Er hatte ja schon einiges gesehen in seinem jungen Leben, aber eine solche Ansammlung von Betrunkenen – und das am hellichten Tag –, war ihm noch nirgends vorgekommen. Männer, Frauen und sogar halbwüchsige Kinder torkelten durch die Straßen oder lagen gar in Hauseingängen, wo sie ihre Whiskeyräusche ausschliefen.

In einer kleinen Gasse fand er schließlich das Häuschen des Großvetters vierten Grades. Der Hausherr war nicht da und seine dralle Frau empfing den Neuankömmling nicht gerade überschwenglich. »Das Bett wirst du dir mit dem Kleinen teilen, wir haben nicht viel Platz«, sie musterte Levi von oben bis unten, während sich »der Kleine«, ein etwa vierjähriger Junge, die Nase mit einem Zipfel ihres langen Rockes putzte. Levi beschloß auf der Stelle, hier nicht länger als nötig zu verweilen. »Ich werde nicht lange bleiben«, das Gesicht der Frau wurde bedeutend freundlicher, »nur ein paar Tage, dann ziehe ich wieder los.«

Die erste Nacht bestärkte ihn in seinem Entschluß. Die Schlafstatt war eng und sein kleiner Bettgenosse trampelte und trat so sehr um sich, daß Levi sich am nächsten Morgen wie gerädert fühlte. Zum ersten Mal, seit er New York verlassen hatte, spürte er etwas wie Heimweh. Mutter, Schwestern und Brüder fehlten ihm. Er vermißte die gemeinsamen Mahlzeiten am Sabbat, die heiteren Gespräche, die Vertrautheit der Familie. Levi entbehrte Fannys heimische Küche ebenso wie das wohligwarme Gefühl, nach einer anstrengenden Woche in die kleine Wohnung zurückzukehren und willkommen zu sein. Seine Hoffnungen, dafür einen wenn auch nur kleinen Ersatz beim Großvetter zu finden, hatten sich schon an der Haustür zerschlagen. Levi war einsam. Er begann, den unangenehmen Zustand durch Aktivität zu bekämpfen.

Gleich nach dem Frühstück verließ er das Haus und erkundete die Teile des Städtchens, die er am Tag zuvor nicht gesehen hatte. Bei der Poststation gab er den dicken Brief auf, den er während der Dampferfahrt an Pauline geschrieben hatte. Mit den letzten Zeilen sandte er ihr die Adresse des Großvetters. *»Ich werde nur von Zeit zu Zeit da sein, aber Du kannst mir Deine Briefe hierher schicken. Ich hoffe, es geht Dir gut und denke viel an Dich...«* Levi, der nach wie vor so regelmäßig es seine Zeit zuließ schrieb, hatte seit Wochen keinen Brief mehr von Pauline erhalten. Schon in New York hatte er oft vergeblich am Hafen gestanden und auf die Ankunft des Postschiffes gewartet. Wenn dann wieder nichts für ihn dabei war, ging er traurig nach Hause und tröstete sich mit den fünf Briefen, die seit seiner Abreise aus Buttenheim eingetroffen waren. Mit einem Bändchen verschnürt, trug er das kleine Päckchen stets bei sich, ebenso, wie er den inzwischen speckigen Lederbeutel mit der silbernen Haarspange noch immer täglich unter seinem Hemd verbarg. Noch war er sicher, daß das Versprechen, das sie sich gegeben hatten, für immer galt.

Am dritten Tag brach Levi in die Umgebung von Louisville auf. Auch der Großvetter hatte ihm unmißverständlich bedeutet, daß man keinen gesteigerten Wert auf seine Anwesenheit legte, und so zog er es vor, die Stadt zu verlassen und seinen Geschäften außerhalb nachzugehen. Die Möglichkeiten in Kentucky übertrafen seine Vorstellungen bei weitem. Jede Farm, jede Mühle, jeder noch so kleine Kern einer beginnenden Stadt wollte versorgt werden. Die Menschen waren freundlich und empfingen ihn überall liebenswürdig und zuvorkommend. Doch Levi lernte bald, daß dies nur die eine Seite Kentuckys war. Dieselben Hausfrauen und Männer, die sich neugierig und höflich seine Waren ansahen, gingen plötzlich aus nichtigem Anlaß mit dicken Tauen und ledernen Peitschen auf ihre schwarzen Sklaven und deren oft noch kleine Kinder los. Besonders qualvoll war die Prügel mit dem Ochsenziemer. Der getrocknete Rinderpenis als Stock oder Peitsche benutzt, durchschnitt mit jedem Schlag die Haut der wehrlosen Opfer, daß ihnen das Blut den Rücken herunter lief. Mit ihrer billigen Arbeitskraft sicherten die rechtlosen Schwarzen den wohlhabend-feudalen Lebensstil ihrer weißen Herren, die jedes noch so winzige Vergehen gnadenlos mit schmerzhaften Hieben und wüsten Beschimpfungen bestraften. Mehr als einmal wurde Levi unfreiwillig Zeuge von grausamsten Demütigungen, die ihm den Magen zusammenzogen. Die Schwarzen wurden schlechter als das Vieh behandelt, und Levi haßte die Farmer für ihr Verhalten.

Levi arbeitete rund um die Uhr. Schnell machte er die Erfahrung, daß sich besonders mit Luxusartikeln wie seidenen Bändern, Spitzen, feinen Kämmen und Duftwässerchen noch bessere Geschäfte machen ließen als mit dem üblichen Sortiment an Nägeln, Werkzeug und Haushaltswaren. Diese Entdeckung kam ihm sehr entgegen, denn die teuren Kleinigkeiten wogen bei weitem weniger als Töpfe und Pfannen. Von klein auf geübt, hatte er sich zu einem Meister seines Fachs entwickelt. Kein Weg war ihm zu weit, keine Mühe zu groß. Als er hörte, daß die Bewohner der Flußufer besonders begierig auf die Hausierer warteten, bestieg er am Cumberlandplateau ein kleines Kanu und fuhr die vierhundertundsiebzehn Kilometer des Kentucky Rivers ab, um sein Angebot mit noch höherem Profit zu verkaufen. Der Bedarf auf dem Land war so groß, daß Levi sich bald dazu durchrang, ein Pferd zu kaufen. Jetzt konnte er noch mehr Waren mit sich führen, und es dauerte nicht lange, da hatte er die Kosten für das Tier wieder verdient.

Eloquent, höflich und doch äußerst selbstbewußt bot er seine Waren an und war überall ein gern gesehener Besuch. Meist verstand er es so einzurichten, daß man ihn irgendwo zum Mittagessen bat, und oft wurde ihm sogar ein kostenloser Schlafplatz offeriert. War das nicht der Fall, so konnte er für wenig Geld ein Eckchen in einem Stall oder Schober ergattern, oder, wenn die Geschäfte es zuließen, sogar einmal eine Nacht in einem billigen Inn verbringen.

Zum Großvetter zog es ihn nicht sonderlich. Er fühlte sich nach wie vor dort nicht willkommen, und auch das Leben in der Stadt gefiel ihm nicht. Wenn es irgend ging, mied er vor allem die Gegend um Lexington Square, wo die Sklaven mit schweren Eisenketten eng aneinander gefesselt zu den Auktionen geführt wurden. Herzzerreißende Szenen spielten sich hier ab, wenn Paare oder Familien getrennt, Mütter und Kinder für immer auseinandergerissen wurden. Genauso schrecklich erschienen ihm die hohen, stark bedornten Robinien, an denen die Sklaven festgebunden und ausgepeitscht wurden. Rund um die Bäume war der Boden stets dunkel vom Blut der Elenden. Levi schloß jedesmal die Augen, der Anblick schnürte ihm die Kehle zu. Dennoch verfolgten ihn die furchtbaren Bilder bis in den Schlaf. Wie durfte es sein, daß Menschen ganz gleich welcher Hautfarbe so mißhandelt wurden, und wie konnte es sein, daß sich einige Menschen anmaßten, andere so zu erniedrigen? Alles in Levi sträubte sich gegen die arroganten Weißen und ihre grausame Überheblichkeit. Immer wieder dachte er an den schwarzen Mann, der auf dem Dampfer beinahe die Treppe hinuntergestoßen worden war. An sein entsetztes Gesicht und die Unterwürfigkeit, mit der er das Deck ohne eine Silbe des Protests gedemütigt und ängstlich verlassen hatte. Erst jetzt verstand er die Furcht in seinem Ausdruck.

Trotzdem war Levi gezwungen, fast jeden Monat zwei oder drei Tage in Louisville verbringen. Hierher kamen die Güter aus New York, die er dann im Umland verkaufte.

Immer wenn er die Stadt erreichte, gönnte er sich im Haus des Großvetters zunächst ein warmes Bad, wusch seine Kleidung, legte der Hausfrau das verlangte Geld auf den Küchentisch und ging dann zum Barbier. Über der Ladentür hing an einem langen eisernen Haken eine überdimensionlae kupfrig glänzende Seifenschale. »Was soll es sein?«, fragte der Barbier jedesmal dienstfertig, »wünscht der Herr einen modernen Fräsenbart oder ist ein Backenbart genehm?« Levi wählte den Fräsenbart und gefiel sich mit dem wohlgestutzten dunklen Rahmen, der sein Kinn umgab. Zuletzt deckte er sich mit neuen Waren ein und orderte regelmäßig per Post bei seinen Brüdern meterweise Spitzen, Bänder und ähnliches. Die packten dann große Pakete, die sie per Schiff nach Louisville schickten. Immer aufs Neue erwartete Levi die Sendungen aus New York vor allem in der Hoffnung, es möge ein Brief von Pauline dabei sein. Und jedesmal, wenn er alles durchgesehen hatte, war er aufs Neue enttäuscht. Mit der Fracht kamen nur Briefe von Jonas und Louis, die 1851 einen großen Erfolg errungen hatten. Louis, inzwischen stolzer Mitinhaber des Geschäftes, schrieb Ende des Jahres an den jüngeren Bruder: »Mein lieber Levi, hier in New York geht es uns allen gut. Jonas und ich haben soeben das Geschäft vergrößert und sind in die Houston Street 165 umgezogen. Vor lauter Arbeit wissen wir kaum, wo uns der Kopf steht. Du fehlst uns sehr, und wir bitten dich, zurückzukommen und unser Partner zu werden.« Levi lächelte. Er freute sich für die Brüder, doch zurück nach New York zu gehen, um dort hinter einer Ladentheke zu stehen, kam für ihn nicht mehr in Frage. Er würde Kentucky zwar bald den Rücken kehren, doch verfolgte er ganz andere Pläne.

Das Gold des Johann August Sutter

Johann August Sutter war ein bemerkenswerter Mann mit Charisma und großen Visionen. Am 15. Februar 1803 in Kandern nahe der schweizerischen Grenze geboren, übernahm er nach einer kaufmännischen Lehre die traditionsreiche Druckerei seiner Vorfahren. In einem Textilgeschäft lernte er die junge Annette Dübeld kennen, verliebte sich in die hübsche Frau und heiratete sie am 24. Oktober 1826. Das erste Kind ließ nicht lange auf sich warten, und Annette wähnte sich glücklich an der Seite ihres vermeintlich erfolgreichen Mannes. Der kalkulierte und wirtschaftete jedoch so schlecht, daß er den Betrieb bald in den Bankrott führte. Seine Gläubiger gaben sich die Klinke in die Hand, konnten ihre berechtigten Forderungen nicht eintreiben und zwangen den Einunddreißigjährigen schließlich zu einem wenig ehrenhaften Schritt. Aus Angst, den Rest seiner Tage im Gefängnis verbringen zu müssen, beschloß er zu fliehen. Er gab seiner Frau das Versprechen, sie so bald wie möglich – wann immer das sein werde – nachkommen zu lassen, verließ 1834 bei Nacht und Nebel Heimat und Familie und floh nach New York. Zurück blieben Annette, vier Kinder und ein riesiger Berg Schulden.

Sutters Odyssee durch Amerika endete nach einigen fehlgeschlagenen Geschäftsversuchen endlich auf den hawaiischen Inseln, wo er durch den schwunghaften Handel mit Kokosfett, Perlmutt und Schildpatt zu ansehnlichem Reichtum kam. Statt sich wie ursprünglich geplant in Honolulu anzusiedeln, die Familie nachkommen zu lassen und seinen Wohlstand zu genießen, verfolgte er einen weitaus ehrgeizigeren Plan. Stets in schmucke, phantasievoll gestaltete Uniformen gekleidet, kaufte er Munition und Werkzeug und heuerte einhundertundfünfzig Eingeborene an, die ihn auf seiner Expedition begleiten sollten. 1839 landete »der General«, wie er sich von seinen Getreuen nennen ließ, an der kalifornischen Küste und begab sich schnurstracks nach Monterey. In dem verschlafenen Nest, das hatte er in Erfahrung gebracht, residierte mehr schlecht als recht der mexikanische Gouverneur Juan Bautista Alvarado. Sutter nahm eine nicht unwesentliche Korrektur seiner Identität vor und präsentierte sich als ehemaliger Hauptmann der eidgenössischen Armee. Zur Bestätigung seiner Worte hatte er eine mit üppigen Epauletten verzierten Uniform angelegt.

»Ich bin gekommen, Ihnen ein Geschäft vorzuschlagen. Ich möchte Mexiko für eine nicht unerhebliche Summe, über die wir uns sicher einig werden, fünfzigtausend Morgen Land abkaufen und urbar machen. Ich werde eine befestigte Siedlung bauen, Vieh züchten, Obst, Gemüse und Getreide anbauen«, schloß Sutter seinen Vortrag und rollte eine Karte der bevorzugten Region aus. Kalifornien gehörte zwar zu Mexiko, doch niemand hatte bisher einen ernsthaften Versuch unternommen, das zweifellos fruchtbare Land zu kolonialisieren. Alvarado lauschte den Worten seines Besuchers mit großem Erstaunen und ungläubigem Kopfschütteln. Beeindruckt von der Aufmachung und dem Selbstbewußtsein seines Gastes deutete er schließlich eine leichte Verbeugung an und gab zu bedenken: »Captain, Sie planen ein gefährliches Unterfangen. Nicht nur, daß Sie viel Geld, wenn nicht gar Ihr ganzes Vermögen, riskieren. Sie setzen auch Ihr Leben und das Leben Ihrer Leute aufs Spiel. Das Landesinnere ist gefährlich. Ich kann Ihnen keine Sicherheit garantieren.« Sutter winkte ab. »Das lassen Sie mal meine Sorge sein, Gouverneur. Wenn Sie auf die Indianer anspielen, vor denen habe ich keine Angst. Ich bin überzeugt, daß ich mich auf friedliche Weise mit ihnen verständigen werde.« Alvarado zuckte mit den Schultern und ließ die entsprechende Landverschreibung für das Sacramentotal ausfertigen.

Kaum war das Geschäft getätigt, warb Johann August Sutter noch in Monterey einige Handwerker an und machte sich auf den Weg nach Yerba Buena, einem 1835 gegründeten verkommenen Fischerdorf, das auch vier Jahre später noch lediglich eine Ansammlung von ein paar baufälligen Hütten war. Auf dem Weg dorthin investierte er das ihm verbliebene Geld in die Perfektionierung seiner Ausrüstung. Als er in Yerba Buena ankam, bestand seine eindrucksvolle Karawane aus den etwa einhundertundfünfzig hawaiischen Eingeborenen, zwei Dutzend weißen Männern, dreißig schweren Fuhrwerken, fünfzig Pferden und etlichen Mauleseln, Kühen und Schafen. Sutter stattete der Firma Spear& Hinckley einen Besuch ab und charterte den Schoner »Isabella«, sowie zwei kleinere Schiffe. Beladen mit Proviant, Werkzeug, Saatgut, Waffen und Pulver lichtete die kleine Flotte am 1. August 1839 die Anker und schipperte den Sacramento hoch. Zwei Wochen später legte sie ganz in der Nähe der Stelle an, an der Sacramento und American River zusammenflossen. Dort, so befahl Sutter, sollte das erste Lager errichtet werden. Schnell schlugen seine Leute ein paar Zelte auf, bauten einige Hütten und ließen sich häuslich nieder. »Der General« wählte ein paar Männer, ließ die Pferde satteln und erkundete die Umgebung.

Zurück im Zeltlager beschloß er just dort, wo die Landschaft sanft terrassenförmig anstieg, die erste seiner Siedlungen zu gründen – »Nuevo Helvetia«. Kaum hatte er den Plan gezeichnet, waren die Brunnen gegraben, kam es zu einer Auseinandersetzung mit Indianern, die die Eindringlinge nicht dulden wollten. Sutter konfrontierte die Angreifer mit einer eindrucksvollen Vorstellung: er ließ aus allen Rohren feuern und krönte den Kugelhagel mit einer heftigen Sprengstoffdetonation. Dann bot er den verschreckten Indianern einen dauerhaften Frieden an und beschenkte sie zur Besiegelung des Bündnisses mit Tuchwaren, Ketten aus Glasperlen, kleinen Spiegeln und kunstvoll verzierten Messern. Beeindruckt nahmen die Indianer sowohl das Friedensangebot als auch die Geschenke an. Einige verdingten sich sofort als Arbeiter, und schon bald wurde wieder überall gehämmert, gesägt, gegraben und gepflügt. Innerhalb weniger Monate war das Tal nicht wieder zu erkennen. Sorgfältig gezogene Furchen linierten akkurat angelegte Äcker, Saatgut keimte auf exakt abgegrenzten Feldern. Rinder und Schafherden grasten friedlich nebeneinander, Pferde tummelten sich in weitläufigen Koppeln.

Allen voran arbeitete Sutter von früh bis spät und verlor seine große Idee nicht eine Sekunde aus den Augen. Am Zusammenfluß von Sacramento und American River ließ er mächtige Erdwälle aufwerfen und mit dem reichlich vorhandenen Holz aus den üppigen Wäldern die erste Ranch bauen. Jetzt wurden Wege geschlagen, Brücken gebaut, Sümpfe trocken gelegt und Obstplantagen erschlossen. Aus der hölzernen Ranch wurde binnen kurzem ein mächtiges Fort, umgeben von einer fünf Meter hohen, einen Meter dicken Mauer aus soliden Lehmziegeln. Jede der vier Ecken war bewehrt mit drei imposanten Kanonen, die drohend über die Brüstung ragten. Das große Tor wurde von nicht weniger als sechs schweren Geschützen bewacht. Innerhalb der Anlage befanden sich Wohn- und Verwaltungsgebäude, eine Schmiede, eine Kapelle, eine Wirtschaft und ein kleiner Laden. Jäger, Abenteurer und Fallensteller versorgten sich hier, Siedler und Arbeiter kamen und ließen sich nieder. Sutter verpachtete ihnen Land, und sie trugen zu seinem stetig wachsenden Wohlstand bei. Bald versorgte er mit seinen Produkten alle Siedlungen der Umgebung. Schiffe landeten und deckten sich mit Proviant für die Weiterreise ein.

Innerhalb von zwei Jahren war »der General« das, was er immer hatte sein wollen: ein mächtiger, reicher, geachteter Mann. 1841 etablierte er ein wenig nördlich vom Fort eine vornehme Ranch am Feather River, ganz in der Nähe von

Marysville. Die Gebäude waren aus edlem Redwood, umgeben von satten Weinbergen und einem einzigartigen Garten mit den seltensten Pflanzen aus aller Herren Länder. Pferde- und Viehzucht warfen beträchtliche Gewinne ab, und so erweiterte Sutter seinen Besitz um ein erhebliches Stück fruchtbaren Küstenlandes, das er für vierzigtausend Dollar erwarb.

1846 erklärte Amerika Mexiko den Krieg, und 1847 eroberten amerikanische Truppen Kalifornien. Der Sturm auf die letzte mexikanische Bastion wurde zu einem Drama, dem amerikanische Deserteure unter dem Galgen, die Köpfe schon in den Schlingen, zusehen mußten. Als der Endkampf gewonnen war, knüpften ihre Landsleute sie auf. Sutter war auf der Siegerseite und fühlte sich als Gewinner. Er besaß den größten Landsitz in diesem Teil Amerikas mit allem, was das Herz begehrte. In seinem Fort lebten inzwischen zweihundertundachzig Menschen, die sich um zwanzigtausend Stück Vieh, zweieinhalbtausend Pferde, Obst-, Getreide- und Gemüseanbau bis hin zu den aus Europa importierten Weinreben kümmerten. Sutterville war ein landesweit bekannter Begriff.

Von wenigen Zwischenfällen abgesehen, arbeiteten Sutters Männer – Indianer, Hawaiianer und Weiße – friedlich Seite an Seite. Einzig einer seiner Vorarbeiter, ein Sutter treu ergebener, ausgezeichneter Zimmermann und Mormonenprediger, sorgte immer wieder für Zwist. Unterstützt von einer kleinen Gruppe Glaubensbrüder und besessen von seiner Religion, hielt James Wilson Marshall spiritistische Sitzungen ab und gefiel sich immer wieder in Missionierungsversuchen an anderen Arbeitern. Sein Engagement führte bisweilen zu so heftigen Streitereien, daß Sutter beschloß, etwas zu unternehmen. Doch das war nicht ganz einfach, denn er wollte den Zimmermann auf keinen Fall einfach fortschicken. Marshall war zwar nicht immer leicht zu nehmen, aber ein so guter Arbeiter, daß

»der General« unter keinen Umständen auf ihn verzichten mochte.

Eines Tages hatte er die rettende Idee. Er bestellte Marshall zu sich. Der kam sofort, klopfte respektvoll an die Tür zu Sutters Büro, putzte sich die Stiefel ab und nahm seinen schwarzen Hut vom Kopf: »General, Sie haben mich rufen lassen?« Er schaute Sutter gerade und erwartungsvoll ins Gesicht. »James, schön, daß du so schnell die Zeit gefunden hast, zu mir zu kommen. Ich möchte ein neues Projekt mit dir besprechen.« Marshall verzog keine Miene. Sutter fuhr fort: »Die Sache ist die, James, wir brauchen mehr Holz, um im selben Tempo weiter arbeiten zu können, wie bisher. Mit dem Holz allein ist es allerdings nicht getan, wir benötigen auch eine weitere Sägemühle. Ich bin in den letzten Wochen ein bißchen in der Gegend unterwegs gewesen, habe mich umgeschaut und den idealen Ort dafür gefunden. Du kennst doch das Tal, in dem die Maidu Indianer ihre Siedlung Cullumah haben, nicht wahr?« Er sprach den Ort »Coloma« aus und gab ihm damit seinen zukünftigen Namen. Marshall nickte. »Da ist eine Stelle, eine bessere können wir gar nicht finden. Ich habe nachgedacht und überlegt, wem ich diese Aufgabe anvertraue. Ich glaube, daß du mit deinen Leuten der einzige bist, der so eine Mühle zu meiner Zufriedenheit aufbauen kann.« Sutter machte eine kurze Pause. »Traust du dir das zu?« Auf diese Frage, das wußte er, würde Marshall niemals mit Nein antworten. Und richtig, der Mormone zögerte keinen Augenblick: »Das ist doch wohl Ehrensache, natürlich traue ich mir das zu. Wie schnell soll das Ganze gehen und wieviel Leute kann ich mitnehmen?« »Der General« tat, als dächte er einen Moment nach, doch da er mit dieser Frage gerechnet hatte, stand seine Antwort längst fest. Marshall hatte in der Vergangenheit etwa zwanzig Mormonen um sich geschart, und Sutter wollte, daß er diese mit sich nahm, um so den Frieden im Fort und den Siedlungen ein für allemal zu gewährleisten. »Nun, wie schon gesagt, wir brauchen die Mühle dringend, auf der anderen Seite kann ich hier nicht unbegrenzt Leute entbehren. Also würde ich dir freie Hand und so viel Zeit wie du brauchst lassen. Was würdest du sagen, wenn ich dir um die zwanzig Männer bewilligen würde?«, fragte er pro forma. James Marshall ging ihm auf den Leim. Froh, seine Glaubensbrüder mit sich nehmen zu können, bedankte er sich für Sutters Vertrauen und verließ das Büro. Wenige Tage später hatte sich die Gruppe mit allem ausgestattet, was sie benötigte, und machte sich auf den fünfzig Meilen langen Weg nach Coloma, um dort eine Sägemühle zu errichten.

Mit viel Elan gingen die Männer an die Arbeit und als die Zeit gekommen war, legten sie das Bett für einen Mühlbach an. Es war der 24. Januar 1848. Eben überprüfte Marshall das Kiesbett und den Lauf, da sah er auf dem Grund des klaren Wassers etwas blitzen. Der Mormone bückte sich und fischte das glitzernde Stückchen Stein aus dem Flüßchen. Er traute seinen Augen nicht und biß zur Sicherheit auf das kleine Partikelchen, als ihm schlagartig klar wurde, daß er pures Gold in den Händen hielt. Marshall bückte sich noch einmal, schubste ein paar Kieselsteine zur Seite, und tatsächlich lagen da noch viel mehr kleine Goldstückchen und flitternde Schuppen des wertvollen Metalls. Vor Aufregung zitternd holte er sie mit bloßen Händen heraus und verbarg seinen Fund unter dem Hemd. Dann sattelte er sein Pferd und ritt in rasantem Galopp zum Fort. Kaum hatte er das Tor passiert, schwang er sich aus dem Sattel und warf die Zügel des erschöpften Tieres einem Stallburschen zu. Dann stürmte er wortlos und ohne nach rechts oder links zu sehen in Sutters Büro. Dieser saß über seinen Büchern und rechnete. Er staunte nicht schlecht, als sein völlig zerzauster Zimmermann, den er in Coloma glaubte, plötzlich unangemeldet und schwer atmend vor ihm stand. »Ich muß mit Ihnen reden«, brach es ohne Gruß aus James Marshall hervor. Sutter war beunruhigt. In Coloma lebten inzwischen auch ein Dutzend Amerikaner, die Marshalls Glauben nicht teilten. Sollte es mit ihnen zu religiösen Auseinandersetzungen oder gar Schlimmerem gekommen sein? »Was ist los, James, beruhige dich erst einmal, hier nimm einen Schluck«, er schob Marshall sein mit Brandy gefülltes Glas entgegen, »und dann erzähle, aber immer schön der Reihe nach.« Der Mormone schob das Glas zurück. »Ich trinke keinen Alkohol, das wissen Sie doch«, sagte er unwirsch, und Sutter bereute den Faux Pas auf der Stelle. »Natürlich, entschuldige, wie dumm von mir«, sagte er beschwichtigend. »Dann setz dich wenigstens und sag mir, was dich herführt.«

James Marshall zog es nach dem langen Ritt vor, stehen zu bleiben, nestelte statt einer Antwort am Innenfutter seiner Jacke herum und förderte schließlich ein ziemlich schmutziges, zerknülltes Stück Stoff zutage. Sorgfältig breitete er es vor den Augen seines Arbeitgebers aus, der zunächst nicht so recht wußte, wie ihm geschah. »Da, schauen Sie sich das genau an!« ermunterte ihn Marshall und stemmte erwartungsvoll beide Hände in die Hüften. Gegen seinen Willen sah Sutter sich gezwungen, das unappetitliche Schnupftuch näher zu betrachten. Er beugte sich über den Lappen, kniff die Augen zusammen, zögerte, kniff die Augen noch einmal zusammen und zog sein Lorgnon hervor. »Das ist Gold«, sagte er schließlich. Aus seinem Gesicht war die Farbe gewichen. »Wo hast du das her, James?« Er stand auf. Während Sutter immer aufgeregter im Raum auf und ab ging, erzählte der Zimmermann die Geschichte des Mühlbaches und wie er das Edelmetall darin gefunden hatte ohne Punkt und Komma. »General, auch wenn Sie es nicht für möglich halten, aber Sie müssen mir glauben. Das Zeug liegt da einfach nur so herum. Sie brauchen sich bloß zu bücken und es herauszufischen.« Er ließ sich in einen Sessel fallen. Sutter ging zur Tür, vergewisserte sich, daß draußen niemand war, der sie hören konnte und sagte: »Ich lasse uns jetzt etwas zu essen kommen und dann überlegen wir, wie wir weiter vorgehen.« Marshall, der, seitdem er losgeritten war, kaum etwas zu sich genommen hatte, nickte dankbar.

Der General leerte das Brandyglas und dachte nach. Ein Diener brachte das Abendessen, Sutter schwieg noch immer. Gold hin, Gold her, wer konnte zum jetzigen Zeitpunkt schon sagen, wieviel edles Metall sie dort letztendlich finden würden. Er aber brauchte die fertige Mühle, um sein Imperium in der geplanten Geschwindigkeit ausweiten zu können. Schließlich sagte er: »Wir müssen verhindern, daß die Sache an die große Glocke gehängt wird. Wenn die Arbeiter herausfinden, daß sie sich nur zu bücken brauchen, um zu Reichtum zu kommen, kriegen wir die Mühle niemals fertig. Kein Mensch arbeitet für ein paar Dollar, wenn er nur nach dem Gold zu greifen braucht. James, du mußt verhindern, daß jemand außerhalb eures Lagers davon erfährt. Meinst du, daß das möglich ist?« Marshall nickte. »Sie haben recht, Sir. Ich weiß zwar nicht genau, wie ich es anstellen soll, aber ich werde versuchen, den Fund geheim zu halten.« Nach dem Essen verabschiedete er sich: »Ich werde jetzt schlafen gehen und morgen in aller Frühe wieder losreiten. Vertrauen Sie mir, General, es wird schon alles gut gehen.«

Als er in Coloma ankam, war weiteres Gold gefunden worden, dennoch schien es zunächst, als ginge der Plan auf. Im Lager lebten und arbeiteten etwa vierzig Männer. Ein Viertel waren Indianer, denen das Gold nichts bedeutete, und so verstanden sie zunächst überhaupt nicht, warum ein paar Leute sich ins Wasser stellten und im Kiesbett buddelten, und zeigten entsprechend keinerlei Interesse. Die Mormonen fühlten sich unter Marshalls strenger Hand ihrem Arbeitgeber verpflichtet. In einer Zeit, in der sie wegen ihrer polygamen Lebensweise aus vielen Staaten vetrieben und verfolgt wurden, hatte ihnen Johann August Sutter eine gesicherte Existenz ermöglicht. Ihn zu hintergehen, kam nicht in Frage, und so arbeiteten sie weiter an der Mühle. Die wenigen Weißen, die sich im Camp verdingt hatten, sahen die Angelegenheit anfangs äußerst pragmatisch. Nur eine Handvoll Männer hatte die Arbeit niedergelegt, um sich ganz dem Schürfen nach Gold zu widmen. Die meisten vertrauten der Sicherheit ihrer Beschäftigung und nutzten bestenfalls ihre spärliche Freizeit, um ein paar Goldnuggets zu sammeln.

Während Marshall seine Leute zu Stillschweigen verdonnerte, versuchte Johann August Sutter, sich abzusichern. Nachdem er sich persönlich in Coloma überzeugt hatte, daß sein Zimmermann und Vorarbeiter nicht übertrieben hatte, suchte er den Indianerhäuptling auf, dem das Land gehörte, und schloß einen Pachtvertrag mit ihm. Dadurch und mit der Diskretion seiner Leute meinte er für die Zukunft gewappnet zu sein. Doch die Macht des Goldes war stärker als alle Absprachen. Sam Brannan, ein Kaufmann mormonischen Glaubens, der Waren zum Lager in Coloma gebracht hatte, bekam im Mai 1848 Wind von den Goldfunden und trug die Nachricht ins Land. Ebenso verzweifelt wie vergeblich bemühte sich der General, dafür zu sorgen, daß die Arbeiten an der Mühle abgeschlossen werden konnten.

Wie ein Lauffeuer hatte sich das Wunder von Coloma herumgesprochen. Die Regierung schickte Informanden aus, die den Wahrheitsgehalt der Gerüchte überprüfen sollten. Im November kam ein Bote von Gouverneur Richard Mason nach Washington und überbrachte als Beweis Gold im Wert von mehr als dreitausend Dollar. Am 5. Dezember 1848 eröffnete der Präsident der Vereinigten Staaten, James Knox Polk, die zweite Sitzungsperiode des Kongresses mit einem Bericht über die Goldfunde in Kalifornien. Nachdem er geendet hatte, konnte es keinen Zeifel mehr geben. Das Goldfieber breitete sich wie eine Epidemie aus. Männer zogen mit Karren und Einspännern in die Berge, führten bepackte Mulis oder jagten einfach zu Fuß, ausgerüstet mit Hacke, Schaufel und Waschpfanne, den Nuggets und Körnchen hinterher. Der große Goldrausch hatte begonnen.

Zu neuen Ufern

Der Ruf des Goldes hallte längst durch ganz Amerika. Auf den Schiffen reiste die Sensation südwärts auf dem Pazifischen Ozean um Kap Horn herum und schließlich auf dem Atlantischen Ozean hoch in den Norden in die amerikanischen Häfen Norfolk, Philadelphia, New York und Boston. Von hier aus verbreitete sich die ungeheure Neuigkeit weit ins Inland hinein bis in die Grenzstaaten Missouri, Ohio und Kentucky, wo Levi noch immer seinen Geschäften als Hausierer nachging.

In New York ging es zu wie in einem Hexenkessel. Geschüttelt vom Goldfieber ließen Zehntausende von heute auf morgen Arbeit und Familien im Stich, deckten sich mit Proviant, Werkzeug und Kleidung ein und versuchten, einen Platz auf den Schiffen nach Kalifornien zu ergattern. Zu denen, die von der Kaufwut der zukünftigen Goldsucher profitierten, gehörten auch Jonas und Louis Strauss. Mit wachsender Nachfrage stiegen das Angebot der Waren sowie Preise und Umsätze. Beide Männer hatten inzwischen geheiratet und Rebekka erfreute sich an den Enkelkindern. Liebevoll betreute sie Nathan, Louis kleinen Sohn, und Marys Sprößlinge, Henry, Moses und Rosa. Jonas und Louis leiteten ihr Geschäft mit großem Geschick. Auch William hatte sich gut in New York etabliert, und so führte die ganze Familie ein zwar arbeitsreiches, aber durchaus komfortables Leben. Jonas beschäftigte sogar mehrere Hausangestellte.

Im Frühling 1851 kehrten David und Fanny aus Missouri zurück. David war sehr erfolgreich gewesen und kam mit einem soliden finanziellen Grundstock nach New York. Rebekka, überglücklich, Tochter, Schwiegersohn und deren Kinder in die Arme schließen zu können, war keineswegs erfreut, als David ihr eröffnete: »Wir werden nicht lange bleiben. Fanny und ich sind überein gekommen, nach San Francisco zu gehen und dort ein Geschäft zu eröffnen. Ich kann und will nicht ein Leben lang als Hausierer arbeiten und in Kalifornien besteht noch viel größerer Bedarf, als hier, wo Jonas und Louis den Markt ohnehin beherrschen«, sagte er mit einem Augenzwinkern in Richtung seiner beiden Schwäger.

Nach einem tränenreichen Abschied schloß sich Familie Stern im Mai einem bunt zusammengewürfelten Trupp an. Gemeinsam mit den Händlern, Missionaren, Strauchdieben, Handwerkern und ein paar Prostituierten wagten sie die weite Über-Land-Reise nach Kalifornien. Gut tausend Meilen durch die Ebene und noch einmal so viel über äußerst unwegsames Gelände standen ihnen bevor. Die Planwagen waren bis unter das Dach aus Zeltstoff bepackt, einer nach dem anderen rumpelten sie durch das Landesinnere. Frühling und Sommer waren die beiden einzigen Jahreszeiten, in denen man diesen Weg überhaupt einschlagen konnte, denn die Strecke führte über die Gebirgskette der Rocky Mountains, die ansonsten schneebedeckt und damit unpassierbar waren. Doch auch so barg der Weg viele Risiken. Trockene Wüsten, hohe Berge und tiefe Flüsse mußten überquert werden. Allenthalben drohten Attacken der keineswegs immer friedlichen Eingeborenen, durch deren Land die Kolonne fuhr. Immer wieder verendeten Tiere oder brachen Wagenachsen, was zu langen, gefährlichen Verzögerungen führte. Viele Trecks erreichten ihre Ziele nicht. Ihre Spuren verloren sich irgendwo in Sand oder Fels. David und Fanny hatten jedoch Glück. Unbeschadet und gesund erreichte die Familie Kalifornien und kam endlich in San Francisco an.

Von einer spanischen Expedition gegründet, war aus dem kleinen Dorf Yerba Buena 1848 San Francisco geworden. Kaum erschallte der Ruf des Goldes, kamen Abenteurer aus der ganzen Welt, um zu schnellem Reichtum zu gelangen. Doch noch war San Francisco keine Stadt, sondern glich eher einem gigantischen Feldlager. Viele Menschen hausten in Zelten aus Segeltuch, durch das der Trübe Schein der Öllampen in die Nacht schimmerte und so den matschigen Wegen ein bißchen Licht gab. Wer kein Zelt besaß und sich keine andere Unterkunft leisten konnte, schlief draußen auf dem nackten Boden. Überall markierten offene Feuer und brennende Fackeln die Schlafplätze.

Auf der Suche nach einem brauchbaren Quartier fuhren David und Fanny kreuz und quer durch die unbefestigten Straßen. Die Hotels im Stadtkern sahen zwar recht ansprechend aus, waren jedoch viel zu teuer. Endlich fanden sie am Stadtrand eine Baracke mit der Aufschrift »Hotel«. Der aus alten Schiffsplanken und Metallplatten zusammengenagelte, zweistöckige Bau sah von außen nicht eben vertrauenerweckend aus, aber David ging dennoch hinein. Der Kasten hatte keine Fenster, Luft drang nur durch die Ritzen zwischen den Metallplatten herein. David suchte jemanden, um nach dem Preis zu fragen. Ein schmuddeliger Mann an der Tür gab bereitwillig Auskunft: »Für einen Dollar pro Person könnt ihr hier übernachten. Bettzeug müßt ihr selbst mitbringen, wer zuerst kommt, kann die Betten benutzen, die anderen schlafen auf dem Boden.« Diese Vorstellung und der durchdringende Gestank nach Schweiß, Alkohol und Urin, der ihm entgegenschlug, ließen David umdisponieren. Er bedankte sich höflich für die Information und kletterte wieder auf seinen Wagen. Nach seiner Schilderung war Fanny schnell überzeugt und entschied: »Heute nacht schlafen wir noch ein letztes Mal im Planwagen.« Am nächsten Morgen machte sich David auf den Weg, Räume zum Wohnen und einen kleinen Laden zu mieten.

Zu dieser Zeit rackerte sich Levi noch in Kentucky ab, zog von Haus zu Haus, von Farm zu Farm und sparte jeden Cent, den er erübrigen konnte, für die Zukunft. Auch hierher waren die wundersamen Geschichten gedrungen. Geschichten von Gold, das die Flüsse hinabfloß und mit dem man die Straßen pflastern konnte. Levi hatte keinerlei Interesse, selbst als Goldgräber tätig zu werden. Das Arbeiten mit Hacke und Schaufel war seine Sache nicht, dennoch wollte auch er nach Kalifornien. Das Angebot seiner Halbbrüder, mit ihnen in New York zu arbeiten schmeichelte ihm zwar sehr, aber New York hatte er bereits kennengelernt und nach allem, was man sich so erzählte, schien ihm San Francisco die größeren Möglichkeiten zu bieten.

Knapp fünf Jahre waren vergangen, seit Levi sein Bündel geschnürt und die Reise nach Kentucky angetreten hatte. Fünf Jahre, in denen er weder Rebekka noch die Schwestern noch sonst jemand aus der Familie gesehen hatte. Levi vermißte sie alle sehr, ganz besonders jedoch fehlte ihm seine Mutter. Endlich, gegen Ende des Jahres 1852 war es so weit. Levi hatte eine ordentliche Summe beieinander und beschloß, Louisville den Rücken zu kehren. Er verkaufte Pferd, Karren und seine restlichen Waren an einen anderen Hausierer, verabschiedete sich mit wenigen Worten vom Großvetter und dessen Familie und begab sich zurück nach New York.

Rebekka konnte ihr Glück kaum fassen. »Daß du gesund wieder da bist, daß ich dich noch einmal umarmen darf!«, wiederholte sie ein ums andere Mal. Während ihre Tränen auf Levis Jacke tropften, klammerte sie sich so fest an ihren Sohn, als wollte sie ihn nie mehr loslassen. Levi quartierte sich bei Jonas ein. Volle drei Tage blieb dem heimgekehrten

Sohn keine andere Wahl, als beinahe ununterbrochen von seinen Erlebnissen zu erzählen. Die Mutter hing an seinen Lippen und wollte alles ganz genau wissen. Auch wenn ihm der Mund noch so trocken vom Sprechen war, kaum machte er eine kleine Pause, reichte sie ihm die Teetasse und stellte sofort die nächste Frage. Das viele Reden tat ihm gut und vertrieb traurige Gedanken. Wie sehr hatte er gehofft bei den Brüdern wenigstens eine kurze Nachricht von Pauline vorzufinden. Vergeblich, es war keine Zeile für ihn eingetroffen. Er seinerseits hatte ihr zwar nicht mehr so viel wie früher, aber dennoch regelmäßig aus Louisville geschrieben. Mehr als einmal war er kurz davor gewesen, seine paar Habseligkeiten zu verkaufen, sein Geld zu nehmen und nach Deutschland zu reisen, um die Geliebte zu sehen. Doch auch wenn diese Anwandlungen ihn noch so heftig überkamen, obsiegte letztlich jedesmal seine Vernunft. »Levi«, murmelte er dann streng vor sich hin, »was soll der Unsinn, wenn du das tust, gibst du einen Haufen Geld für nichts aus. Es reicht noch nicht, um Pauline nach Amerika zu holen und zu heiraten, und solange es nicht reicht, brauchst du auch nicht nach Buttenheim zu fahren. Was willst du Paulines Vater denn sagen, wenn du vor seiner Tür stehst? Entschuldigen sie bitte, ich wollte nur mal sehen, wie es ihrer Tochter geht, und dann fahre ich wieder nach Amerika und verdiene noch mehr Geld.« Jedesmal, wenn Levi sich diese Situation ausmalte, mußte er lachen. Dann fiel ihm die Entscheidung, auszuhalten und weiterhin zu sparen, nicht mehr gar so schwer. Doch lange, das wußte Levi, durfte es jetzt nicht mehr dauern. Er stand kurz vor seinem vierundzwanzigsten Geburtstag, Pauline war gut zwei Jahre jünger als er, er mußte sich beeilen.

Jonas und Louis akzeptierten seine Entscheidung, nicht in New York zu bleiben. David Stern, der einen Großteil seines Warenangebotes von ihnen bezog, schickte seit zwei Jahren mit seinen Bestellungen immer euphorischere Briefe, wie leicht es sei, in San Francisco zu Wohlstand zu gelangen. Seine Berichte deckten sich mit dem, was Levi von den Zuständen in Kalifornien gehört hatte und bestärkten ihn in seinem Entschluß. Doch bevor er aufbrechen konnte, galt es noch etwas sehr Wichtiges zu erledigen.

Trotz seiner Arbeit, und obwohl er ständig unterwegs war, trug Levi stets zwei Bücher bei sich. Das eine war das Gebetbuch seines Vaters, das andere eine amerikanische Sprach- und Grammatiklehre. Beide studierte er so oft es seine Zeit zuließ, und jetzt war die Zeit gekommen, sich einen langgehegten Wunsch zu erfüllen. Schon am 25. Januar 1851 hatte er beim Obersten Gericht sein Anliegen vorgebracht, eingebürgert zu werden. Kaum war er zurück in New York, sprach er bei der zuständigen Behörde vor, bezahlte alle geforderten Gebühren und legte am 31. Januar 1853 die notwendigen Prüfungen ab. Er bestand sie ohne Einschränkungen, schwor den Eid auf die amerikanische Verfassung, distanzierte sich mit dem Eid von allen anderen politischen Loyalitäten und war endlich amerikanischer Staatsbürger. Jetzt hatte er die gleichen Rechte und Pflichten wie alle weißen Amerikaner und wußte doch, daß der Weg in die amerikanische Gesellschaft noch weit war. Seiner Abreise nach Kalifornien stand nichts mehr im Weg, doch zunächst galt es zu entscheiden, welchen Weg er wählen sollte.

Die Schiffsreise um Kap Horn galt als langwierig und gefährlich. Was er darüber gehört hatte, war mitnichten dazu angetan, sie zu bevorzugen. Angeblich konnten die Umseglungen statt der erhofften fünf Monate annähernd bis zum Doppelten der Zeit dauern, je nachdem, mit welchen Winden man es zu tun bekam. Seeleute wurden nicht müde von wochenlangen Flauten vor Feuerland zu erzählen, während sich kein Segel blähen wollte und die Schiffe beinahe reglos im stillen Wasser dümpelten. Zwar verkehrten auf dieser Route die meisten Schiffe, weil sie Frachtgut und Post nach Kalifornien transportierten, doch Levi entschied, aus Zeitgründen einen kürzeren, wenn auch gefährlicheren Weg zu nehmen. Das bedeutete, auf Schonern und mit einem kleinen Dampfboot die Ostküste Nordamerikas herunterzufahren bis Panama. Dort verließ man das Schiff und schlug sich entlang am Lauf des Chagras durch, um schließlich mit Mulis und zu Fuß den schmalen Isthmus bis nach Panama-Stadt zu durchqueren. Endlich am Pazifischen Ozean, bestieg man ein weiteres Dampfboot und setzte auf diesem die Reise nach San Francisco fort.

Levi traf die notwendigen Vorbereitungen. Seine Kleidung war verschlissen und auch modisch bei weitem nicht auf dem neuesten Stand. So wollte er den neuen Abschnitt seines Lebens nicht beginnen. Er ging in den Laden seiner Brüder, um Stoff für drei Hemden und einen strapazierfähigen Anzug für die Reise auszusuchen. Louis zeigte ihm eine große Holzkiste. »Die ist vollgepackt mit Segeltuch, Handwerkszeug, Nägeln, Spitzen, Seidenbändern und anderen Luxusartikeln. David hat in seinem letzten Brief dringend darum gebeten. Ich dachte, du könntest sie ihm mitbringen, dann hat er sie viel schneller, als wenn wir sie um Kap Horn schicken.« Levi betrachtete den Kasten kritisch. »Wie stellst du dir das vor? Ich habe auch noch eigenes Gepäck, wie soll ich denn all das alleine über den Isthmus transportieren?« Jonas mischte sich ein: »Ich dachte, ich gebe dir Connor, einen meiner Diener mit, er will ohnehin nach Kalifornien, da kann er dich doch begleiten.« Levi war angenehm überrascht. Die Idee seines Bruders gefiel ihm ausnehmend gut.

Connor war ein zuvorkommender irischer Knabe von vierzehn Jahren. Mit vollem Namen hieß der hübsche, etwas blasse Junge Arthur O'Connor, wurde jedoch im Haus nur Connor gerufen. Connor war der Neffe der Nachbarsköchin und über diese in Jonas' Haushalt gekommen. Nebenan hatte es weder Platz noch Arbeit für ihn gegeben. Und so erbarmte sich Jonas, der immer eine helfende Hand gebrauchen konnte, und nahm ihn vorübergehend bei sich auf. Levi gefiel nicht nur das Äußere des munteren Knaben, die rotblonden Locken, die fröhlichen Sommersprossen auf seiner Nase und die wachen blauen Augen. Er mochte vor allem die hilfsbereite und aufmerksame Art, mit der Connor seine Pflichten gewissenhaft verrichtete. Am Abend riefen Jonas und Levi Connor nach dem Essen zu sich und weihten ihn in den Plan ein. Dieser konnte sein Glück kaum fassen. »Und Sie würden mich wirklich mitnehmen, Sir? Oh, ich bin Ihnen ja so dankbar! Sie werden es nicht bereuen, Sir.« Er verließ den Raum rückwärts, während er sich ständig verbeugte und vor lauter Bücklingen gegen den Türrahmen stieß. Levi und Jonas lachten laut, während Connor puterrot anlief und eilig die Tür schloß.

Der Tag der Abreise war gekommen. Levi und Connor standen am Kai und warteten darauf, ihr Gepäck an Bord bringen zu dürfen. Rebekka hatte sie begleitet, um sich von ihrem Sohn zu verabschieden. Sie ließ ihn nur schweren Herzens gehen. »Wer weiß, mein Junge, ob ich dich jemals wiedersehe«, weinte sie. »Aber Mutterleben, ich gehe doch nur nach Kalifornien, das ist gar nicht so weit, wie du denkst. Du wirst sehen, eines Tages klemme ich Fanny und die Kinder unter den Arm, und wir kommen dich alle zusammen besuchen.« Daß er, wenn es soweit war, von New York aus weiter nach Deutschland fahren wollte, um endlich Pauline zu holen, verschwieg er. Doch weder seine Worte noch seine Umarmungen vermochten Rebekka zu trösten. »Mein Kleiner«, sie stellte sich auf die Zehenspitzen, um ihrem Sohn einen Kuß auf den Hals zu geben, »das wäre schön, aber ich bin eine alte Frau, wer weiß, wie lange der Ewige mir noch gibt, und ob ich das alles noch erlebe. Massel Tov, mein Junge«, sie drückte ihm verstohlen eine kleine Dose in die Hand. Levi schaute auf das Gefäß und grinste. Seine Mutter hatte ihm doch wahrhaftig Mercurialsalbe gegen Syphilis und Läuse gegeben. Er umarmte Rebekka und spürte, wie dünn und zerbrechlich sie geworden war. Zum ersten Mal begriff er, daß er sie vielleicht wirklich niemals mehr wiedersehen würde.

Endlich war es so weit. Die Passagiere wurden auf das Schiff gerufen. Schwer bepackt stiegen Levi und Connor die Gangway hinauf, stellten Koffer und Kisten ab, beugten sich über die Reling und winkten ein letztes Mal. Dann drehte sich Levi um und machte sich auf den Weg zu seiner Kabine. Connor, der sein Lager in einem der Schlafsäle aufschlagen würde, schleppte das Gepäck. Der Dampfer setzte sich gerade in Bewegung, da hatte Levi seine Kabine gefunden. Connor begann sofort die Taschen und Koffer zu verstauen. Die Bewegungen des Jungen waren weich und fließend, fast mädchenhaft. Dann ließ er den Blick durch die Kabine schweifen. Was für ein Komfort. Er erinnerte sich an die Überfahrt von Bremerhaven nach New York und schmunzelte. Die harte Arbeit hatte sich gelohnt! Statt der abgelegten, verschlissenen Kleidungsstücke seiner Brüder, die er damals getragen hatte, trug er heute einen modischen Anzug. Statt der paar Münzen, die seine Mutter im Knippel verwahrt hatte, besaß er ein nettes Sümmchen, das er in Kentucky verdient hatte, und statt Blechnäpfen und einer Daunendecke hatte er eine Kiste mit kostbarer Spitze und Seidenbändern im Gepäck, davon, daß er heute mit einem eigenen Diener reise, ganz zu schweigen! Er steckte beide Daumen in die kleinen Taschen auf seiner Weste und atmete tief ein.

Die Fahrt nach Aspinwall verlief ohne Zwischenfälle. Von Zeit zu Zeit legte der Dampfer an einem der kleinen Häfen an, um Passagiere aufzunehmen oder von Bord gehen zu lassen, frisches Wasser und Lebensmittel zu laden und nach einem kurzen Aufenthalt wieder auf den offenen Atlantik zuzusteuern. In Aspinwall endete der erste Teil der Reise. Der kleine Ort war erst eineinhalb Jahre zuvor gegründet worden und hatte ein ganz und gar nordamerikanisches Aussehen. Alle Häuser, so wie sie da standen, waren wie fertige Bausätze aus Amerika herangeschafft worden. Diese Methode hatte sich als billiger erwiesen als in Aspinwall selbst zu bauen, und so glich der Ort jedem beliebigen amerikanischen Städtchen. Kaum hatte das Schiff angelegt, scharten sich Träger, Wirte und allerlei Gesindel um die Passagiere. Alle hatten nur ein Ziel, den Reisenden in kürzester Zeit so viel Geld wie möglich aus den Taschen zu ziehen. Die billigste Schlafmöglichkeit wurde für zwei Dollar angepriesen, in den sogenannten »ersten Häusern« zahlte man vier bis fünf.

Levi und Connor nahmen ihr Gepäck und gingen an Land. Zeit sich umzusehen blieb ihnen nicht, wenn sie den Anschluß an die anderen Reisenden nicht verlieren wollten. Die Gruppe machte sich auf den Weg, die etwa einhundertneunzig Kilometer lange Strecke nach Panama zu bewältigen. Es war drückend heiß und gleichzeitig so feucht, daß Levi schon nach wenigen Minuten unter dem Gefühl litt, nicht atmen zu können. Längst hatte er sich seiner Weste und der Jacke entledigt, doch auch das vergleichsweise dünne Baumwollhemd war ihm noch zu warm. Gerade wollte er es ausziehen, da trat ein älterer Mann auf ihn zu. »Ihr Hemd sollten sie lieber anbehalten«, sagte er in warnendem Tonfall. »Ich mache diese Tour nicht zum ersten Mal. Wenn sie ihren Oberkörper entblößen, dauert es keine Stunde und sie sind von den Insekten hier so zerstochen, daß sie vor Fieber keinen Schritt weitergehen können.« Levi bedankte sich für den Hinweis und gab ihn sofort an Connor weiter, dem der Schweiß bereits aus den Haaren in den Hemdkragen rann.

Gemeinsam mit den anderen Passagieren, die auch an die Westküste wollten, marschierten sie in das grüne Dickicht des panamesischen Dschungels. Eingeborene schlugen eine Schneise in die gewaltigen Pflanzen, die rechts und links krachend zu Boden gingen. In der Mitte sollten die Schienen einer Bahnverbindung zwischen Aspinwall und Panama verlegt werden. Levi bedauerte zutiefst, daß die Eisenbahn, an der emsig gebaut wurde, noch nicht weiter fortgeschritten war. Nach etwa fünfzig anstrengenden Meilen gab es bei Barbacoas eine willkommene, wenn auch kostspielige Möglichkeit, einen weiteren Teil der Strecke etwas bequemer zurück zu legen. Wer es sich leisten konnte, bestieg samt seiner Koffer, Kisten, Taschen und Säcke kanuähnliche, flache Boote, zahlte pro Pfund Gepäck 15 Cents und ließ sich für ein zusätzliches Entgelt in horrender Höhe von den Eingeborenen flußaufwärts in ein kleines Dschungeldorf namens Gorgona ziehen. Levi zögerte keinen Augenblick und ergatterte für sich und Connor Plätze in einem der kleinen Boote. Der Diener war völlig erschöpft. Anders als sein Herr war er nicht jahrelang mit Waren bepackt landauf, landab gelaufen und das schwere Gepäck lastete auf seinen Schultern, daß er fürchtete, bald zusammen zu brechen. Dankbar schaute er Levi an, seine Augen lagen in tiefen Höhlen, die Zunge klebte ihm vor Durst am Gaumen. Doch kaum waren sie ein paar Meter den Fluß entlang gezogen worden, erholte er sich zusehends und schwärmte von den fremden Pflanzen und Tieren. Levi freute sich an seiner Freude und empfand ein Gefühl der Wärme und Zuneigung für Connor. In Gorgona hatten einige äußerst geschäftstüchtige Männer ein paar Baracken aufgestellt, die sie unverfroren als Hotels bezeichneten. Wie überall auf der Welt regelte auch in diesem verlassenen Nest die Nachfrage den Preis. Jedesmal, wenn ein Schiff in Aspinwall gelandet war, und mehr Passagiere einen Schlafplatz suchten als Feldbetten vorhanden waren, vermieteten die Besitzer der Absteigen auch die Fußböden ihrer schäbigen Häuser. Ein nacktes Rechteck auf der Erde, gerade so groß, daß ein Mann sich ausstrecken konnte, kostete dann bis zu fünf Dollar. Levi war empört und versuchte zu handeln, doch der Hotelbesitzer, ein unrasierter Mann mit speckigem Hut und verschwitztem

Hemd, spuckte einen Schwall brauner Kautabackbrühe aus und blieb bei seinem Preis. »Ich zwinge Sie nicht, hier zu schlafen«, nuschelte er. »Wenn Sie lieber draußen im tropischen Regen oder mit den Moskitos die Nacht verbringen wollen – das ist billiger.« Er spuckte noch einmal aus und Levi zahlte die geforderte Summe. Für den Rest der Reise mietete er am nächsten Tag ein Maultier, das Connor sehr erleichtert und hocherfreut mit Gepäck belud. Er führte das Tier über einen morastigen Pfad sicher bis in die kleine Hafenstadt Panama, wo die Schiffe nach San Francisco vor Anker lagen.

Levi war beeindruckt, das Städtchen lag malerisch in einer ringsum blühenden Landschaft. Von allen Seiten stiegen kleine Inseln und Felsen aus dem Meer. Eine kleine Hügelkette, deren höchster Punkt der etwa einhundertundfünfzig Meter hohe Ancon war, zog sich bis beinahe zum Gestade. In der Ferne konnte man die mexikanischen Berge erahnen. Im Schutz der imposanten Festungswehre, je mit mindestens einem halben Dutzend Kanonen ausgestattet, lebten in der Stadt selbst und in ihrer nächsten Umgebung etwa zehntausend Menschen. Männer und Frauen trugen kleine, kunstvoll geflochtene Strohhüte auf dem Kopf und teilten offenbar die Leidenschaft des Zigarrenrauchens. Levi hatte noch nie so viele Menschen auf einmal rauchen sehen. Sogar zehnjährige Kinder qualmten wie die Alten. Wenn es etwas mit den Händen zu tun gab, steckten sie sich die Zigarren verkehrt herum in den Mund, damit sie länger halten sollten. Neben den Altspaniern, Indianern und Schwarzen beobachtete Levi einige Mestizen, Jungen und Mädchen, von auffallender Schönheit. Mit ihrem glänzenden Haar, den funkelnden Augen und blitzenden Zähnen beeindruckten sie ihn sehr, doch am besten gefielen ihm die zarten, schlanken Hände der Mädchen und ihre zierlichen Füße. Auch Connor konnte den Blick kaum von ihnen wenden. »Sir, haben Sie jemals zuvor solche Kleider gesehen«, fragte er und zeigte auf eine junge Frau, die eben ihren Weg kreuzte. Levi erinnerte sich an die freizügigen Roben, die er einst auf dem Ohio-Dampfer gesehen hatte, aber mit diesem Kleid hier waren die nicht zu vergleichen. »Nein«, sagte er aufrichtig und schaute der Frau nach. Die fegte mit dem Saum ihres Kleides die Straße, doch das schien sie ebensowenig zu stören, wie die Tatsache, daß ihr großzügiger, mit zwei üppigen Rüschen verzierter Ausschnitt so weit über die linke Schulter gerutscht war, daß er nicht nur diese, sondern auch die linke Brust entblößte. Zwei Schritte weiter erkannte Levi den Grund für den eigenartigen Sitz des Kleides. Die Frau griff auf der rechten Seite nach der oberen Rüsche, zog sie zu ihrem Gesicht, wischte sich erst den Schweiß damit von der Stirn, um sich dann mit den nächsten Zentimetern geräuschvoll die Nase zu putzen und den Stoff wieder zum Hals gleiten zu lassen. Levi schüttelte sich angewidert, und Connor bemerkte halblaut: »Ekelhaft.«

Bis das nächste Schiff ablegte, vergingen beinahe zwei Tage, in denen Levi sich und Connor in einer kleinen, preiswerten Herberge einquartierte. Kaum hatten sie das Gepäck auf das Zimmer gebracht, frische Kleidung angelegt und die Tür hinter sich geschlossen, zog es Levi nach draußen, die fremde Stadt ein wenig zu erkunden. Connor hätte viel darum gegeben, sich ein wenig ausruhen zu dürfen, traute sich jedoch nicht, den Wunsch danach zu äußern. Immer der Nase nach führte Levi seinen Diener durch die auffallend sauberen kleinen Straßen, vorbei an mehr als einem Dutzend Kirchen und Kapellen. Panama hatte drei Plätze. Der größte davon zeichnete sich durch eine Kathedrale mit besonders schöner Fassade aus. Staunend betrachteten sie wenig später die sogenannte »Negerkirche«, die über und über mit Silberbeschlägen verziert war. Rund um die Kirche waren aus Holz geschnitzte Heilige aufgestellt, bemalt, in

Samt, Seide und Spitzen gehüllt und mit echtem Menschenhaar verziert. Connor war fassungslos. »Geschmacklos!«, konstatierte Levi und kehrte der Rarität den Rücken. Wo keine Läden die Sicht versperrten, spähte Levi neugierig in die Fenster der Wohnungen. »Sieh nur, Connor«, er trat zur Seite und zeigte auf ein Fenster, »wie groß und hoch die Räume sind, aber Teppiche haben sie keine – und die Einrichtung gefällt mir auch nicht besonders.« Connor wagte nicht zu widersprechen und nickte zustimmend.

Am nächsten Tag, dem 21. Februar 1853 sollten sie in See stechen. Levi und Connor fanden sich pünktlich am Hafen ein. Als Connor den Prachtdampfer sah, blieb er mit offenem Mund stehen. »Connor!«, rief Levi, »beweg dich und hör auf zu träumen! So kommen wir nicht weiter.« Connor beeilte sich nachzukommen. »Auf so einem schönen Schiff bin ich noch nie gefahren«, japste er. Das »schöne Schiff« maß etwa neunzig Meter in der Länge und war etwas über zwanzig Meter breit. Mit seinem fast vierzig Meter langen Hauptsaal glich der ganze Dampfer einem Schloß. Prächtige Lüster hingen von üppig dekorierten Decken herab und tauchten den Saal in schmeichelndes Licht. Von den vier Stockwerken befanden sich zwei über der Wasseroberfläche. Breite Galerien mit großen Fenstern mündeten in reich verzierten Türen. Die Einrichtung der ersten und zweiten Klasse ließ an Luxus nichts zu wünschen übrig und selbst die dritte Klasse war äußerst komfortabel ausgestattet.

Levi und Connor waren mit ihrem Traum, endlich das Gold von den Bergen fließen zu sehen, nicht allein. Einhundertfünfzig Passagiere, fast ausschließlich Männer, hatten sich auf dem Schiff Richtung Westen eingeschifft. Ärzte, Kaufleute, Geologen, Farmer, Kapitäne zur See, fliegende Händler, sogar ein Kirchenmann waren an Bord. Außerdem gab es noch eine ganze Reihe finsterer Erscheinungen, die aussahen und rochen, als hätten sie noch nie ein Waschbecken aus der Nähe gesehen. Wenn überhaupt, sprachen sie eher mit den Fäusten, als mit den Mündern. Aber die meisten Passagiere waren friedlich und schwätzten die Zeit tot oder lasen. Und so war Levi keineswegs unzufrieden mit der Gesellschaft. Immer wieder legte das Schiff an, nahm Post und Passagiere auf, ließ Leute an Land gehen und wurde mit frischem Wasser und Lebensmitteln ausgestattet. Manchmal dauerten die Pausen nur sehr kurz, manchmal blieb genügend Zeit, an Land zu gehen.

In Acapulco hatten sie einen ganzen Tag Aufenthalt. Das kleine Städtchen mit seinen eintausendfünfhundert Einwohnern lag in einem so verborgenen Winkel der Bucht, daß man es vom Schiff aus zunächst kaum sehen konnte. Levi bestaunte die hochgefiederten Kokospalmen, die ausladenden Mangobäume und die prächtigen Bananenstauden. Acapulco selbst machte einen armseligen Eindruck. Die flachen Häuser aus Holz, Lehm oder ungebrannten Ziegeln hatten nur ein Erdgeschoß mit zur Straße hin stark vergitterten Fenstern. Auf der Hofseite befanden sich ausladende Veranden, auf denen die Bewohner ihre Mahlzeiten einnahmen und den überwiegenden Teil des Tages verbrachten. Auf dem Platz, der als Markt diente und mit kleinen Buden und Ständen übersät war, wurden Früchte verkauft, die Levi noch nie im Leben gesehen, geschweige denn gekostet hatte. »Davon bringen wir Fanny und David mit«, sagte er zu Connor und belud den Diener mit seinen Einkäufen, bevor er für seine Schwester noch einen aus Muscheln handgefertigten Blumenstrauß erstand. Zwischen all den Verkaufsständen stand eine hübsche katholische Kirche aus ungebrannten Ziegeln. Insgesamt wirkte der ganze Ort jedoch etwas ramponiert. Levi erfuhr, daß am 4. Dezember des vergangenen Jahres ein Erdbeben beinahe alle Häuser beschädigt und einige Ziegelbauten sogar teilweise hatte einstürzen lassen. »Die armen Leute«, kommentierte Connor, »da glauben sie sich im Schutz ihrer Häuser, dann bebt die Erde und die Steine fallen ihnen auf den Kopf.«

Beladen mit ihren Einkäufen begaben sie sich zurück an Bord und waren unter den ersten, die das Schiff wieder betraten. Levi betrachtete Connor von der Seite, als der die Einkäufe in einer Ecke der Kabine stapelte. Von der Sonne gebleicht sah sein Haar beinahe aus wie gesponnenes Gold, die Sommersprossen hatten sich unzählig vermehrt und die blauen Augen des Jungen leuchteten. Sie gingen an Deck und wurden wenig später von der Reling aus Zeugen eines aufregenden Schauspiels: Ganz in der Nähe lag ein kleines Boot, von dem aus drei junge Männer in knapper Badekleidung und mit nichts als einem Messer und einem kleinen Körbchen ausgerüstet abwechselnd ins Wasser sprangen. Außer diesen beiden Gegenständen hatten sie lediglich noch ein langes abgerundetes Stück Holz bei sich, dessen Bedeutung Levi zunächst nicht erkannte. Offensichtlich tauchten sie recht tief, da sie immer erst eine oder zwei Minuten später zurück an die Oberfläche kehrten. Zu Atem gekommen, holten sie Austern aus ihren Körben, öffneten sie, durchsuchten sie nach Perlen und wurden oft fündig. So spielerisch und risikolos die Perlenfischerei auf den ersten Blick wirkte, so hochgefährlich konnte sie von einer Sekunde auf die andere werden. Levi und Connor standen nebeneinander und schauten den Tauchern versonnen zu, als Connor plötzlich einen spitzen Schrei ausstieß. »Sir! Sehen Sie nur!« Er zeigte nach rechts. Levi traute seinen Augen nicht – da schwamm ein Hai direkt auf das kleine Boot der Perlenfischer zu! Mit bedrohlicher Geschwindigkeit durchpflügte die dreieckige Rückenflosse des Raubfisches das klare, blaue Meer. Jetzt hatte der eine Taucher das Tier erblickt und versuchte seine beiden Kameraden mit einem gellenden Schrei zu warnen. Einer hörte ihn und erreichte gerade noch das Boot, der andere war zu tief unter Wasser gewesen und tauchte just in dem Augenblick an der Oberfläche auf, in dem auch der Hai ankam. Connor schlug die Hände vor sein Gesicht. Er war totenblaß. »Das kann ich nicht sehen«, sagte er mit zitternder Stimme. Auch Levi stockte der Atem. Blitzartig hatte der junge Perlenfischer seine prekäre Lage überblickt und erkannt, daß er dem Untier nicht mehr entkommen konnte. Also schwamm er frontal auf den Fisch zu, der sein großes Maul mit den vielen spitzen Zähnen bereits aufgerissen hatte. Ehe sich der Hai und die entsetzten Zuschauer versahen, rammte der Eingeborene dem Hai seinen abgerundeten Stock hochkant zwischen die Kiemen und machte ihn damit unschädlich. Während das geschockte Tier mit peitschender Schwanzflosse das Weite suchte, hielten die Perlenfischer einige Minuten sorgfältig nach weiteren Haien Ausschau, bevor sie ihre Arbeit wieder aufnahmen, als sei nichts gewesen.

Wieder auf hoher See spürten die Passagiere, wie es allmählich kühler wurde. Einige Abende später, die Sonne war gerade untergegangen, klapperte Connor so mit den Zähnen, daß Levi ihn unter Deck schickte, um sich vor dem Essen etwas Wärmeres anzuziehen. Wenig später tauchte der Junge mit einem so merkwürdigen Gesichtsausdruck wieder auf, daß Levi nicht umhin kam, ihn nach dem Anlaß zu fragen. »Sir, ich bitte um Entschuldigung, aber in der Kabine stinkt es ganz furchtbar. Es ist ein so gräßlicher Geruch, daß man sich übergeben möchte, wenn man den Raum nicht ganz schnell wieder verläßt.« Levi, der schon am Morgen einen eigenartigen Geruch wahrgenommen hatte, beeilte sich unter Deck zu kommen. Und wirklich, es stank erbärmlich, süßlich und faulig zugleich. Levi hielt sich sein Taschentuch vor die Nase. Gemeinsam mit dem würgenden Connor durchsuchte er die Kabine nach der Ursache und fand sie schließlich unter dem Bett. Dort lagen dicht an dicht und inzwischen von innen heraus verfault und völlig zermatscht, die Früchte, die er in Acapulco als Mitbringsel für Fanny erworben hatte. Levi befahl Connor, den Boden zu reinigen, ergriff die Holzkiste mit der klebrigen, breiigen Masse und transportierte sie mit angehaltenem Atem nach oben, um sie an der erstbesten Stelle über die Reling zu werfen. Dann wusch er sich gründlich die Hände, sprach ein stilles Gebet und ging in den Speisesaal.

Die Abendmahlzeiten waren immer ein ganz besonderes Vergnügen. Die meisten Passagiere waren Amerikaner, und dennoch handelte es sich um eine Reisegesellschaft, die gemischter nicht hätte sein können. Levi hatte außerordentlichen Spaß daran, die Menschen beim Essen zu beobachten. Da saß der kleine Handwerker neben dem reich gewordenen Goldsucher und der wiederum neben dem noch reicheren Kaufmann und einem einflußreichen Spekulanten. Rauhe Ellbogen wurden auf die Tische gestützt. Hände, denen man ansah, daß sie nur Hacke und Spaten zu führen gewohnt waren, griffen nach den Schüsseln. Connor stieß Levi an: »Haben Sie gesehen, daß die hier Messer und Gabel abwechselnd in den Mund stecken?« flüsterte er, als handele es sich um ein Verbrechen. Levi nickte und gab ihm ein Zeichen, den Mund zu halten.

Vor San Diego befahl der Kapitän den letzten Aufenthalt, doch diesmal blieb der Dampfer auf dem offenen Meer, während Passagiere in kleinen Booten vom Land herüber und vom Schiff an Land gerudert wurden. Danach ging es vorbei an den Inseln St. Catarina, St. Clemens, St. Barbara und St. Anacapa in Richtung San Francisco. Zwei Tage später, am 14. März 1853, erwachte Connor in den frühen Morgenstunden von einem leichten Frösteln. Er zog die dünne Wolldecke höher, drehte sich um, und versuchte noch ein wenig zu dösen. Da hallte plötzlich laut und deutlich das lang ersehnte »Land in Sicht!« über Deck. »Wir sind da!«, jubelte Connor, schwang sich aus seiner Koje und stieg vor lauter Aufregung ins falsche Hosenbein.

Levi rieb sich die Augen, er zog seine wollenen Hosen an

und entfaltete eines der besten Hemden. Schließlich galt es, einen guten Eindruck auf Schwester und Schwager zu machen. Dann packte er seine Sachen zusammen und ging an Deck. Levi beugte sich über die Brüstung und sog die frische Luft begierig ein. Im frühen Morgenlicht hatten Stadt, Klippen, Grashügel und die vereinzelten Zedern wahrhaftig einen goldenen Glanz. »Na endlich«, murmelte er zufrieden.

Das Schiff hielt Kurs auf einen der langen Anlegestege. In der Bucht dümpelten Hunderte von verlassenen Schiffen, teilweise sahen sie aus wie verwesende Gerippe, geplündert ragten ihre hohen Masten in den blauen Himmel. Jetzt sah Levi, wie eine Vielzahl Männer in kleinen Booten heranruderten. Sie fingen das Schiff ab und kletterten wie Piraten an Bord. Doch war ihre Absicht keineswegs, die Passagiere auszurauben. Wild gestikulierend ließen sie keinen Zweifel daran, daß ihr einziges Interesse den Waren der Neuankömmlinge galt. Levi verstand schnell. Er holte einen seiner Stoffballen hervor und begann, breite Streifen des Segeltuches anzuschneiden. Seine Kunden drückten ihm unaufgefordert Goldnuggets von beeindruckender Größe in die Hand, und Levi beeilte sich, seine anderen Waren an Deck zu holen. Connor ging ihm eifrig zur Hand. »Da hat sich die ganze Schlepperei doch gelohnt, oder?«, sagte er zufrieden und reichte Levi die Dollars, die er soeben eingenommen hatte. Levi reagierte nicht, sondern starrte ungläubig einen Mann an, der ihm soeben zwei Dollar für ein Papierbriefchen mit Stecknadeln gab. In Kentucky hatte er dergleichen nie für mehr als fünfundzwanzig Cent verkauft. Levi war fassungslos. Die Einnahmen beulten inzwischen seine Hosentaschen derart aus, daß er Connor die Dollars anvertraute und seinerseits nur noch Nuggets verstaute. Nie hätte er sich träumen lassen, daß Gold zu finden so einfach sein würde. Ein Lotse kam an Bord und geleitete das Schiff zum Hafen.

Jetzt lag die Stadt vor ihnen. Sie breitete sich auf vielen Sandhügeln und vor allem direkt am Strand aus, wo hölzerne Magazine und die Anlegestege waren. Bis das Schiff angelegt hatte und ordnungsgemäß vertäut worden war, hatte Levi beinahe sein gesamtes Sortiment verkauft. Lediglich die Dinge, die er für David im Gepäck mitführte, waren noch vollständig vorhanden. Die Taschen voll Gold und den euphorischen Connor dicht hinter sich, ging Levi von Bord und wartete am Kai auf David und Fanny.

San Francisco

Die inzwischen weltberühmte Stadt hatte zu diesem Zeitpunkt schon eine bewegte Geschichte hinter sich, die zurückreichte bis in das Jahr 1542, als der Portugiese Rodrigues Cabrillo als erster Europäer die Küste entlang segelte. Ihm folgte Sir Francis Drake, der im Auftrag der britischen Königin am 17. Juni 1579 einige Meilen nordwestlich der San Francisco Bay ankerte, den Küstenstrich vor sich »New Albion« nannte und ihn schlichtweg für die englische Krone beanspruchte. Doch die Spanier waren stärker und verfügten über mehr Ausdauer. Längst suchten sie einen Hafen an der Küste. Einen Standort und Stützpunkt für ihre Handelsgaleonen, die über den Stillen Ozean nach Manila und dem ganzen fernen Osten segelten. 1762 meldete sich die russische Zarin Katharina die Große zu Wort und drohte ihren Machtanspruch auf die südamerikanischen Kolonien der Spanier, auf California, Mexico und Peru, auszuweiten. Im Oktober 1769 erkundete eine spanische Expedition erstmals die schmale Meeresstraße, die später »Golden Gate« heißen sollte. Sechs Jahre später ankerte ein Kapitän mit dem klangvollen Namen Juan Manuel de Ayala mit seinem Schiff »San Carlos« in der Bucht und übertrug ihr den Namen, den Sir Francis Drake eigentlich seinem ersten Landeplatz gegeben hatte – San Francisco Bay. 1776 bauten spanische Mönche eine kleine Mission und weihten sie dem Heiligen Franciscus von Assisi. Während Pater Palou dort seine Ordensbrüder zu Frömmigkeit und Fleiß anhielt, bezog der spanische Leutnant José Joaquin Morega das »Presidio«, seinen zukünftigen Amtssitz. Hinter dem stolzen Namen verbarg sich nichts weiter, als eine primitive Bretterhütte, umgeben von einem Palisadenschutz, von der aus fünfundvierzig unangefochtene spanische Herrschaftsjahre folgten. 1821 verloren die Spanier jedoch an Einfluß. Mexiko annektierte Kalifornien. Unter mexikanischer Regentschaft entstand 1835 eine kleine, ärmliche Siedlung, die »Yerba Buena« hieß, was soviel wie »Gute Kräuter« bedeutet, nach den duftenden Gewürzsträuchern, deren Blätter einst von den Mönchen der spanischen Mission gesammelt wurden. Unter wechselnden mexikanischen Gouverneuren entwickelte sich Yerba Buena zum Umschlag- und Schmuggelplatz vor allem für russische und amerikanische Waren. Amerikanische Kaufleute und Unternehmen, allen voran die mächtige Hudson Bay Company, begannen sich für den kleinen Ort zu interessieren, der an einem der schönsten Naturhäfen der Welt lag. 1836 bot Präsident Andrew Jackson den Mexikanern nicht weniger als fünfhunderttausend Dollar für die Bucht und das Hinterland, doch die Mexikanische Regierung lehnte ab.

Am 9. Juli 1846 erhielt der Amerikanische Kapitän Montgomery Order, Yerba Buena mit seinem Schiff »Portsmouth« anzulaufen. Die überrumpelten Mexikaner leisteten keinen Widerstand und um 8.00 Uhr in der Früh wehte die Amerikanische Flagge vom Presidio. Der Vertrag von Guadalupo Hidalgo beendete am 2. Februar 1848 den Krieg zwischen Mexiko und Amerika. Aus Yerba Buena wurde

San Francisco. Am 9. September 1850 unterzeichnete Präsident Millard Filmore die Urkunde, durch die Kalifornien als neuer Staat in die Union aufgenommen wurde. Die Nachricht erreichte San Francisco am 19. Oktober 1850 mit dem Dampfschiff »Oregon« und breitete sich vom Kai aus wie ein Lauffeuer.

Nun, zweieinhalb Jahre später, standen Levi Strauss und sein Diener Arthur O'Connor an der gleichen Anlegestelle und warteten. Um sie herum wurde überall gekauft und verkauft, gefeilscht und gehandelt. Kubanische Zigarren, Tabak in kleinen Päckchen, Samen in luftdichten Dosen – alles wechselte den Besitzer. Levi beobachtete, wie ein Neuankömmling das Geschäft seines Lebens machte, indem er die Schuhe an seinen Füßen verkaufte. Der Mann stand plötzlich in Socken da, starrte ungläubig auf einen Batzen Gold in seiner Hand und erzählte mit lauter Stimme die wunderbare Geschichte seiner Schuhe. »Diese Kalifornier kaufen offenbar alles und jedes«, sagte Levi zu Connor, »es kann kein großes Problem sein, hier gute Geschäfte zu machen.« Connor schwieg. Durch die Leichtigkeit, mit der die Männer auf dem Schiff und auch hier am Kai mit ihren Goldnuggets bezahlten, hatte ihn das große Fieber ergriffen. Der Junge aus Irland wollte keine Geschäfte in der Stadt machen, sondern in die Berge, wo Abenteuer und Goldklumpen lockten.

Die Ankunft des Schiffes war samt Passagierliste in der Zeitung angekündigt worden. So warteten sie nicht lange, bis Levi sah, wie David Stern sich mit schnellen Schritten den Weg durch das Getümmel bahnte. »David! Hier bin ich«, rief er und eilte seinem Schwager entgegen. Sie umarmten sich überschwenglich und Levi stellte Connor vor: »Wir können im Laden jede Hand gebrauchen.« David klopfte dem Diener wohlwollend auf die Schulter und Connor wagte nicht zu sagen, daß er unter keinen Umständen hinter einer Ladentheke stehen wollte. »Laß uns gehen«, wandte sich David an Levi, »Fanny wartet schon mit einem ordentlichen Frühstück auf euch.«

Davids kleiner Laden befand sich in der California Street. Dort wohnte er auch mit Fanny, die inzwischen zwei weitere Kinder geboren hatte. Sie gingen über unebene, schmutzige Wege, vorbei an Unrat, herumliegenden Ziegeln, Bauholz, Kalk- und Sandhaufen. Tote Hunde und verendete Mulis lagen am Wegrand, es stank bestialisch. Je näher sie der Stadtmitte kamen, um so schöner wurden die Straßen, doch auch hier lagen alte Kleider, Wäsche, Stiefel, leere Flaschen, zerbrochenes Geschirr und alte Kisten herum. Zwischen allem tummelten sich fette Ratten mit langen nackten Schwänzen und genossen ihr Paradies. Levi folgte seinem Schwager auf dem Fuß und kam aus dem Staunen nicht heraus. An jeder Ecke standen kleinere und größere Saloons, aus denen muntere Pianomusik und lautes Gegröle drang. Davor hatten Reiter ihre Pferde an Pflöcken auf den notdürftigen hölzernen Gehsteigen befestigt, so daß Levi mehr als einmal gezwungen war, in den Matsch auszuweichen. »Feiern die hier schon am frühen Morgen?«, fragte er, und David erklärte mit einer zustimmenden Kopfbewegung: »Wir haben hier dreihundertundneunundneunzig Saloons, und ob du es glaubst oder nicht, die sind rund um die Uhr in Betrieb. Außerdem knapp einhundertundzwanzig Geschäfte, fünf Theater und achtundzwanzig Brauereien – und das alles bei einer geschätzten Einwohnerzahl von etwa siebzigtausend Menschen. Dreimal so viele Saloons wie Geschäfte, überschlug Levi im Kopf, wo war er hier hineingeraten! Seit David und Fanny angekommen waren, hatte sich die Stadt sehr verändert. Wo vor zwei Jahren noch Bretterbuden und Zeltlager gewesen waren, befanden sich jetzt Häuser aus Holz oder Ziegeln, manche von ihnen sogar mehrstöckig. Vor kurzem hatte ein verheerendes Feuer mehrere Häuserblöcke vernichtet. David zeigte auf die verkohlten Überreste. »Hier brennt es andauernd. Aber kaum ist die Glut kalt, greifen die Menschen zu Hammer, Säge und Kelle und beginnen mit dem Wiederaufbau.« Sie erreichten einen kleinen Platz. Hier lagen zwischen mehr oder weniger solide gebauten Häusern Schiffe direkt an der Straße. Hoch über den Aufbauten prangten Schilder, die die merkwürdigen Konstruktionen als Hotels auswiesen. »Wieso stellen sie denn hier Schiffe auf die Straße?« Connor hoffte auf eine plausible Antwort. David zögerte keinen Augenblick: »Es ist noch nicht lange her, da lagen im Hafen über siebenhundert verlassene Schiffe. Teilweise waren sie sogar noch mit ihrer Fracht beladen, weil die kompletten Mannschaften sofort nach der Ankunft alles stehen und liegen ließen, um in den Bergen nach Gold zu suchen.« Connor nickte voller Verständnis für die Matrosen. »Ja, und so lagen die Schiffe da, und keiner kümmerte sich darum. Sie verstopften den Platz im Hafen, verrotteten und wurden natürlich auch geplündert. Nicht nur, daß sich die Leute die an Bord befindlichen Waren unter den Nagel rissen, sie zersägten auch die Masten und rissen die Planken vom Boden, wenn sie Holz brauchten. Sie kappten die Taue und nahmen sich einfach alles, was sie irgendwie an Land transportieren konnten. Nach einer Weile lagen statt verlassener aber immerhin funktionstüchtiger Schiffe fast nur noch manövrierunfähige Gerippe in der Bucht, und die werden jetzt eines nach dem anderen versenkt, mit Werften überbaut oder mit Sand von den Hügeln zugeschüttet, damit auf diese Weise mehr Land zum Bauen gewonnen wird.« David schulterte die Tasche, die er trug, etwas höher. »Und irgendwann ist jemand auf die Idee gekommen, die Boote, die noch in Ordnung waren, oder zumindest einen Teil davon, an Land zu ziehen, eine Art Haus darauf zu setzen und sie nutzbringend einzusetzen. Jetzt werden die meisten als Lagerschuppen, ein paar als Gefängnis, eines sogar als Anstalt für Geisteskranke benutzt. Da werden auch die armen Teufel zum Sterben hingebracht, die sich um Kopf und Kragen gesoffen haben. Früher wurden sie einfach draußen an die Bäume gebunden, jetzt sind sie wenigstens vor Wind und Wetter geschützt. Na, und aus den schönsten Schiffen werden Hotels gemacht, denn bei den vielen Fremden, die hier beinahe täglich ankommen, herrscht natürlich ein enormer Bedarf an Übernachtungsmöglichkeiten.« »Ein kluger Gedanke«, befand Levi, dem kreative Geschäftsideen seit jeher gefielen.

Endlich standen sie in der California Street vor Davids Wohnung. »Den Laden zeige ich euch später, jetzt kommt erstmal herein, Fanny freut sich so sehr auf dich, sie wartet sicher schon.« Kaum hatte David den Satz beendet, da flog die Tür auf, und Fanny stürzte sich mit einem Jubelschrei in die Arme ihres Bruders. Außer sich vor Freude, bedeckte sie sein Gesicht mit kleinen Küssen und wollte gar nicht aufhören, so daß Levi sie schließlich liebevoll, aber bestimmt bändigen mußte. Kaum hatte sich Fanny ein wenig beruhigt und ihre Schürze wieder glatt gestrichen, da hingen Henry, Jacob, Caroline und der kleine Sigmund an Levis Hosenbein. Einen nach dem anderen hob er sie hoch und küßte Nichte und Neffen zur Begrüßung. Sigmund, der den Onkel bis dahin noch nie gesehen hatte, ließ sich ohne Widerstand auf den Arm nehmen. »Und wer bist du?«, fragte Levi den Kleinen freundlich. »Sigmund«, antwortete der Junge und lispelte das »s« so bezaubernd, daß Levi augenblicklich dahinschmolz. Sigmund schaute Levi prüfend an, schlang dann die Ärmchen um seinen Hals und verkündete fröhlich: »Und jetzt geb ich dir'n Kuß!« Wieder lispelte er das diesmal doppelte »s« äußerst charmant. Levi lachte laut und drückte seinen Neffen fest an sich. »Du bist ja ein ganz besonderes Exemplar, wir werden sicher gute Freunde.« Sigmund nickte verständig und ließ sich wieder auf dem Boden absetzen.

Fanny hatte ein üppiges Frühstück vorbereitet, und Levi genoß die Gerichte, so wie sie einst Rebekka in Buttenheim zubereitet hatte. Satt und glücklich lehnte er sich in zurück und faltete die Hände über dem vollen Bauch. »Oh, war das gut! Ich wußte schon kaum noch wie selbstgebackenes, dunkles Brot schmeckt.« David war längst hinunter in den Laden gegangen, da saßen Levi und Fanny noch immer am Tisch und erzählten sich gegenseitig, was in den vergangenen Jahren alles geschehen war. Fanny wurde nicht müde nach der Mutter, den Halbbrüdern und deren Kinder zu fragen, Levi hingegen wollte gerne so viel wie möglich über San Francisco erfahren. »Ach weißt du, es lebt sich nicht schlecht hier, wenn man die falschen Plätze meidet«, sagte Fanny und schlug die Augen nieder. Ihr Bruder wurde hellhörig. »Was meinst du mit falschen Plätzen?«, fragte er. »Nun, in der Stadtmitte, dort wo die ganzen Saloons und Casinos sind, geht es schon manchmal hoch her. Alle Goldgräber sind bewaffnet und bei manchen sitzen Messer und Pistolen sehr locker im Halfter. Wenn sie Gold gefunden haben, kommen sie in die Stadt und betrinken sich als erstes. Dann kann es passieren, daß sie aus nichtigem Anlaß auf die Straße oder den Platz vor dem Saloon gehen und aufeinander schießen. Immer wieder treffen ihre Kugeln unschuldige Passanten, aber das kümmert keinen besonders. Ein Menschenleben gilt hier nicht viel. Wenn sie zu sehr randalieren, kommt mit etwas Glück der Sheriff und nimmt sie fest. Dann sperrt er sie zum Ausnüchtern in eine Zelle, und wenn sie am nächsten Morgen aufwachen, sind sie pleite und wissen nicht mal mehr, ob sie ihr Gold verloren haben, oder ob es ihnen gestohlen worden ist.« Levi schüttelte ungläubig den Kopf. »Das kann doch nicht sein, daß man einfach so auf jemanden schießen darf.« Aber Fanny beharrte: »Wenn jemand einen Diebstahl im Wert von mehr als einhundert Dollar begeht, muß er damit rechnen, gehängt zu werden, aber wenn du jemand erschießt, kommst du vermutlich mit dem Leben davon. Es ist eine rauhe Stadt. Wir haben zwar eine Bürgerwehr, aber die kann nicht wirklich etwas ausrichten, und der Sheriff ist schrecklich schlecht organisiert. Überfälle und Morde sind an der Tagesordnung. Menschen kommen an und verschwinden manchmal noch am selben Tag für immer. Niemand fragt danach, niemand kümmert sich darum. Ich habe oft große Angst um David, wenn er allein in der Stadt unterwegs ist.« Sie strich Levi über den Handrücken und seufzte. »Und jetzt bist du auch noch da, da muß ich mir doppelte Sorgen machen, fürchte ich.« Levi schmunzelte: »Das wird aber anstrengend und vor allem auch sehr zeitaufwendig. Ich nehme an, wir werden Dienstboten einstellen müssen, die sich um die Kinder kümmern und den Haushalt führen, damit du genügend Zeit hast, dir ausreichend Sorgen zu machen.« Fanny mußte lachen. »Spotte nicht«, erwiderte sie, »es ist wirklich nicht ungefährlich hier!« Levi sollte leider nur zu bald erfahren, wie recht sie hatte.

Er stand auf und zog seine Jacke an. »Connor«, rief er den Diener, der damit beschäftigt war, die Taschen auszupacken und sich in der kleinen Kammer unter dem Dach häuslich einzurichten. »Connor, komm herunter, wir wollen in den Laden gehen und uns ein wenig mit David unterhalten. Mal sehen, vielleicht können wir uns auch schon nützlich machen.« Gehorsam folgte Connor dem Befehl seines Herren und stieg hinter ihm die Treppe hinunter. David stand im Laden und bediente soeben eine ältere Dame. Vor ihr lagen zwei Ballen Stoff, ein blauer und ein buntgeblümter Kattun. Die Kundin hatte offenbar Schwierigkeiten, sich zu entscheiden. David verdrehte hinter ihrem Rücken die Augen, als Levi und Connor den Laden betraten. Levi verstand. Er ging auf die Dame zu, deutete ein Verbeugung an und sagte höflich: »Gnädige Frau, darf ich mich vorstellen, Strauss, mein Name, Levi Strauss, ich bin der Schwager von Herrn Stern und heute mit dem Schiff in San Francisco angekommen.« Er trat einen kleinen Schritt zurück. Die Kundin gab sich interessiert. »Ich hoffe, Sie hatten eine angenehme

Reise. Wollen Sie auch wie die vielen anderen in die Berge, um nach Gold zu suchen?«, fragte sie mit unverhohlener Neugier. Levi verneinte. »Ich werde meinem Schwager hier im Geschäft ein wenig zur Hand gehen«, antwortete er und nahm seine Tätigkeit sogleich auf, indem er die Aufmerksamkeit der Dame wieder auf die Stoffe lenkte. »Wofür dachten Sie den Kattun denn, wenn ich fragen darf?« Er sah der Kundin in die Augen. »Ich wollte ein Kleid für meine Tochter daraus nähen, aber ich weiß nicht, welchen der beiden Stoffe ich dafür nehmen soll«, sagte die Frau. »Welche Augenfarbe hat das Fräulein Tochter denn? Blau, wie unser junger Freund hier?« Er zog Connor heran und drapierte ein Stück des blauen Stoffes vor dessen Brust, »oder rehbraun, wie die entzückende Frau Mama, Sie gestatten«, und flugs hielt er der Kunden eine geblümte Stoffbahn vor den üppigen Busen. Die errötete leicht und stammelte, »Nein, äh, ich meine ja, sie hat meine Augen.« »Nun, Gnädigste, dann ist die Wahl doch schon getroffen – sehen Sie nur, wie ausgezeichnet diese Farben mit ihren Augen und dem Teint harmonieren.« »Ja, sie harmonieren, nicht wahr?« Die Kundin war begeistert und nahm das neue Wort sofort in ihren Wortschatz auf. »David«, sie wandte sich an Stern, der Levis Vorstellung belustigt verfolgt hatte, »sind Sie so gut und schneiden mir vier Meter von dem Geblümten ab.« David beeilte sich ihrem Wunsch nachzukommen, reichte ihr noch das passende Nähgarn, kassierte das Geld und geleitete die Dame zur Tür. »Ich danke dir«, er legte Levi den Arm um die Schulter, »die kommt einmal in der Woche und bringt mich zur Verzweiflung. Ihr Mann ist in den Bergen, Gold schürfen, und sie ist oft wochenlang allein. Dann geht sie von Laden zu Laden und hält uns alle vom Arbeiten ab. »Was für ein Glück, daß du gekommen bist – ich meine nicht nur jetzt, sondern überhaupt. Und du natürlich auch«, er schaute zu Connor herüber. »Ich sage euch, das Geschäft läuft so gut, daß ich dringend Hilfe brauche, aber man findet in dieser Stadt kaum jemanden, dem man vertrauen kann. Wenn man überhaupt jemanden findet, denn die meisten rennen los, kaum, daß sie angekommen sind, um entweder auf eigene Faust oder in den großen Minen ihr Glück zu machen. »Ist denn immer noch so viel Gold zu holen wie die Leute glauben?« Connors Stimme zitterte ein wenig. »Aber ja, gerade hat die Goldausbeute wieder einen Höchststand erreicht. In der Zeitung steht, daß sie bis Ende des Jahres mit einer Bilanz von etwa sechzig Millionen Dollar rechnen, bei einhunderttausend Minenarbeitern.« Connor pfiff anerkennend durch die Zähne. »Kein schlechtes Sümmchen«, sagte er und tat möglichst unbeteiligt, während er lieber gestern als heute aufgebrochen wäre, ein Claim abzustecken und nach Gold zu suchen. Levi ließ sich das Geschäft und den Lagerraum zeigen und lobte David sehr für seinen Erfolg. »Du kannst wirklich stolz sein, auf das, was du hier hast.« David nickte. »Bin ich auch, aber vor lauter Arbeit komme ich zu gar nichts mehr. Die Buchhaltung müßte längst gemacht werden und sieh nur –«, er zeigte auf die Regale im Lager. Hier gab es von allem etwas: Zahnbürsten lagen neben Kämmen und Hosenträgern, Nadel und Faden neben Arbeits- und Ausgehkleidung. »Sieh nur, was hier für eine Unordnung herrscht. Da muß dringend aufgeräumt werden«, sagte David. Levi sah sich um. »Das kriegen wir schon hin, nicht wahr Connor, mit vereinten Kräften ist das doch ein Klacks.« Connor nickte.

Nach dem Abendessen hielt er es nicht mehr länger aus und ging zu Levi: »Sir, bitte, ich muß mit Ihnen reden ...« Levi schaute ihn erwartungsvoll an: »Nur zu, mein Junge, was hast du auf dem Herzen?« Connor druckste ein wenig herum, bedankte sich umständlich dafür, daß Levi ihn mit nach San Francisco genommen hatte und rückte schließlich mit der Wahrheit heraus: »... aber wissen Sie, Sir, ich bin nicht nach Kalifornien gekommen, um im Geschäft Ihres

Schwagers das Lager zu sortieren oder Stoffe zu verkaufen. Ich will in die Berge, Gold suchen und hoffentlich auch finden.« Er trat unsicher von einem Fuß auf den anderen. Levis Herz schlug doppelte Geschwindigkeit. Während der gemeinsamen Reise hatte er Connor sehr schätzen gelernt und sich in der Rolle des väterlichen Beschützers gut gefallen. Der Junge weckte ein wohliges Gefühl von Verantwortung und Zuneigung in ihm. Er verbarg seine Überraschung. Damit hatte er nicht gerechnet, aber er sah dem Gesicht des Knaben an, daß er sich langfristig nicht von seinem Plan abhalten lassen würde. »Nun, ich denke, die Sache ist doch ganz einfach«, sagte er verständnisvoll. »Du willst in die Berge und schnell reich werden, nicht wahr?« Connor nickte verschämt. »Das kann ich verstehen«, fuhr Levi fort, »aber hast du auch daran gedacht, daß du für die Arbeit in der Sierra eine Ausrüstung brauchst? Ohne das richtige Werkzeug und die richtige Kleidung bist du verloren und schneller wieder in der Stadt, als dir lieb ist. Ich schlage dir deshalb vor, daß du deinen Plan noch ein wenig aufschiebst und dir in Davids Geschäft das nötige Geld verdienst. Ich werde dafür sorgen, daß du ordentlich bezahlt wirst, so daß es nicht zu lange dauert. Was hältst du von dieser Idee?« Connor war so begeistert, daß er Levi am liebsten um den Hals gefallen wäre. »Sehr gerne Sir, ich werde Arbeiten wie ein Pferd! Das verspreche ich! Sie werden es nicht bereuen!« Er drehte sich um und hüpfte übermütig davon. Eher wie ein Fohlen als wie ein Pferd, dachte Levi und schmunzelte.

Am nächsten Morgen machten sie sich an die Arbeit. Connor hielt sein Versprechen und arbeitete für drei. Am Ende des Tages hatte er die Waren im Lager so perfekt sortiert und umgeschichtet, daß zwei Drittel der vorher überfüllten Regalbretter leer und blitzblank gescheuert waren. Levi verbrachte den Tag damit, den Bestand zu katalogisieren, die einzelnen Artikel zu verschiedenen Gruppen zusammenzufassen und eine Bilanz zu erstellen. Die jüngste Rechnung war ein Beleg dafür, daß David an eine Firma mit dem Namen MARCS&CO Wollsocken, karierte Oberhemden und schwarze Hosen mit Kaninchenfell verkauft hatte. Levi rechnete sie nach und legte sie zu den anderen. »Jetzt weiß ich endlich, warum Jonas mir das alles beigebracht hat, erinnerst du dich noch?«, sagte er zu David und zeigte ihm die sauber geschriebenen Listen. David war hoch beeindruckt: »Daß ich noch so viel Platz habe hätte ich nie gedacht. Ach, bin ich froh, daß du gekommen bist.« Er umarmte Levi.

Dieser war in Gedanken schon den nächsten Schritt gegangen und als sie am Abend bei Tee und Gebäck zusammensaßen, hob er an: »David, ich würde dir gerne einen Vorschlag machen. Wir werden Stoffe wie Segeltuch und dergleichen natürlich weiterhin von Jonas und Louis aus New York beziehen. Aber wir sind jetzt zu zweit, mit Connor sogar für eine Weile zu dritt, und ich denke, du solltest das nutzen und dein Angebot noch viel stärker auf die Bedürfnisse der Goldgräber ausrichten. Sie sind diejenigen, die es eilig haben, in die Berge zu kommen, die bestimmte Dinge brauchen und sie sind bereit beinahe jeden Preis dafür zu zahlen«, er zog Connor freundschaftlich am Ohr. David nickte zustimmend: »Du hast vollkommen recht, Levi, mit eurer Hilfe können wir ganz andere Waren ins Sortiment nehmen. Alleine war das nicht möglich. Weißt du, die großen Geschäftsinhaber beschäftigen Jungen, was sage ich, Kinder von elf oder zwölf Jahren, die die ganze Nacht Wache stehen und sofort zu ihren Herren laufen, wenn sie das Segel eines ankommenden Schiffes sehen. Dann wird ein Angestellter zum Kai geschickt, der je nach Fracht einkauft und die Ware sofort ins Geschäft bringen läßt. Ich kann mir weder einen solchen Jungen leisten, noch sind meine Söhne alt genug, deshalb habe ich meist die Dinge, die Jonas und Louis mir geschickt haben, oder das, was ich sonst noch so ergattern konnte, verkauft.« Er zuckte mit den Schultern. Levi verstand. »Nun, das Problem ist jetzt gelöst. Ich werde morgen zum Hafen gehen und mir das Ganze einmal genau anschauen, und der Junge, der ab jetzt die Ladungen meldet, sitzt hier neben mir – nicht wahr Connor?« Diese Aufgabe war ganz nach Connors Geschmack. So würde er eine Menge von der Stadt sehen, vielleicht den ein oder anderen Goldgräber kennenlernen und konnte sich Ratschläge holen, bevor er aufbrach.

Am kommenden Tag ging Levi in Begleitung seines Dieners früh zum Hafen. Noch in der Nacht hatte er einen langen Brief an Pauline beendet und einen ebenso langen Bestellzettel mit einem Gruß an die Mutter für Jonas und Louis geschrieben. Beide wollte er mit dem nächsten Postschiff losschicken. Auf dem Weg kaufte er als erstes ein gutes Fernglas für Connor. »So, mein Junge, nimm das und geh hinauf auf den Hügel, den du da siehst. Sie nennen ihn Telegraph Hill. Von dort aus hast du die beste Aussicht, halt Ausschau nach den Schiffen und geh gegen Mittag zurück zu David. Wir treffen uns dort, dann will ich deinen Bericht.« Connor marschierte mit Stolz geschwellter Brust los. Was für eine Verantwortung, die ihm Herr Strauss da gegeben hatte. Und was für ein wunderbares Fernrohr! Er hielt alle paar Meter an, um seine Umgebung durch die geschliffenen Gläser ganz dicht heranzuholen. Wie nah das Treiben vor den Saloons plötzlich war. Es kam ihm vor, als stünde er direkt inmitten der Männer. Der Sombrero eines Mexikaners schien zum Greifen, er konnte die Knöpfe an den knappen reich bestickten Jacken zweier stolzer Einheimischer zählen und schwenkte das Glas ein wenig nach links. Was war denn das? Connor wurde rot. Ein Haus neben dem Saloon, den er eben noch im Visier gehabt hatte, standen zwei junge Frauen, die fast nichts anhatten. So kam es ihm jedenfalls vor. In tiefen Ausschnitten wogten üppige Brüste, die schwarzen Spitzenröcke unter den roten Corsagen schienen so dünn, daß Connor meinte, Beine und Strumpfbänder ausmachen zu können. Er schluckte trocken. Das wollte er sich bei nächster Gelegenheit genauer ansehen – soviel stand fest. Er beeilte sich, die Kuppe des Telegraph Hill zu erreichen und beobachtete gewissenhaft das Meer. An diesem Vormittag hatte er Glück, zwei Klipper liefen die Bucht von San Francisco an. Connor prägte sich gewissenhaft ihre Größe, die Anzahl der Masten und ihre Flaggen ein, dann ging er zurück in die California Street. Fanny wartete mit einer wohlschmeckenden Mahlzeit, während der er mit Levi und David besprach, wie sie in Zukunft vorgehen wollten.

Im folgenden Monat lief alles wie am Schnürchen. Wann immer ein Schiff angekündigt war, schliefen Levi und David im Geschäft, und Connor hielt auf dem Telegraph Hill Wache. Wenn er ein Frachtschiff entdeckte, sputete er sich, und rannte so schnell wie möglich in die California Street. Von dort lief er im Eilschritt mit Levi zusammen an den Hafen. Sobald Levi wußte, was der Frachter geladen hatte, hetzte Connor zurück zum Laden. Dort hatte David inzwischen alle Vorbereitungen getroffen, umzusortieren und die entsprechenden Preise drastisch zu senken, um so Platz für ein neues Sortiment zu schaffen. Es galt immer so schnell wie möglich auf die Waren zu reagieren, die das Schiff brachte. Rechtzeitige Informationen und die entsprechende Kalkulation entschieden über erhebliche Gewinne oder Verluste. Levi stand derweil am Kai, handelte, feilschte, kaufte und beteiligte sich an den stattfindenden Auktionen. Mit sicherem Instinkt gelang es ihm fast immer, für die günstigsten Preise die begehrtesten Güter zu erstehen. Connors letzte Pflicht des Tages bestand darin, wieder zu Levi zurückzukehren und ihm zu helfen, die Waren in die California Street zu bugsieren. Wenn das geschehen war, durfte er sich endlich in sein Kämmerchen zurückziehen. Dort plumpste er auf sein Bett und schlief sofort ein, bis er in den frühen Morgenstunden wieder zum Telegraph Hill aufbrach.

Dank ihres unermüdlichen Einsatzes und Levis bemerkenswerten Geschäftsgeschicks, stieg der Umsatz des kleinen Ladens schon im April um ein Vielfaches. Connor erhielt seinen ersten Lohn, den er strahlend vor sich auf den Tisch legte und immer wieder nachzählte. Er rechnete nach: Noch ein paar solcher Monate, und er würde sich seine Ausrüstung kaufen und in die Berge gehen können. Levi sah seine Hoffnungen bestätigt. Die Leute hier brauchten wirklich alles. Wer fleißig und geschäftstüchtig war konnte es zu etwas bringen – und er würde es zu etwas bringen. Noch druckfrisch, las er die Zeitung »Daily Alta California«, in der die Ankunft der Schiffe aus aller Herren Länder annonciert wurde und informierte sich über die geladenen Frachten. Jetzt war es noch einfacher, rechtzeitig die notwendigen Preisveränderungen zu kalkulieren. Levi hielt sein Geld sparsam zusammen, doch die notwendige Gebühr für eine Geschäftslizenz wollte er so schnell wie möglich erübrigen. Geschickt handelte er mit dem zuständigen Amt Raten von viermal fünfundzwanzig Dollar aus. Als die erforderlichen einhundert Dollar abgezahlt waren, konnte er als Partner in Davids Laden einsteigen.

Das erste Maiwochenende war da. Levi, David und die Familie feierten den Sabbat und hatten Connor freigegeben, damit er in der Stadt mit den anderen jungen Burschen feiern konnte. Stolz wie ein Pfau drehte er sich in seinem neuen Hemd, das Fanny ihm genäht hatte, während der propere kleine Sigmund an der Hand seines blassen, älteren Bruders Henry vor ihm stand und ein bewunderndes »sehr schick« lispelte. »Paß auf dich auf«, sagte Levi und strich Connor kurz über das feucht nach hinten gekämmte Haar. Der blähte sich noch ein wenig mehr und verließ mit einem selbstsicheren »Ich bin doch kein Kind mehr!« die Wohnung. Dies war der Tag der Tage, hatte er beschlossen. Heute wollte er sich zunächst ein paar Saloons, dann aber vor allem das

Haus mit den freizügigen Frauen ansehen. Pfeifend ging er den Weg ins Zentrum. In der Stadt war genauso viel Betrieb wie an allen anderen Tagen. Kinder schleppten Ziegel, hoben Gruben aus, putzten Schuhe oder trieben beladene Maultiere vor sich her. Das Goldfieber hatte viele Waisen hinterlassen, die sich zum Teil mit redlicher Arbeit durchzuschlagen versuchten, zum Teil aber auch zu Banden zusammengeschlossen hatten und alles stahlen, was nicht niet- und nagelfest war, um es an der nächsten Ecke zu verhökern. Es gab noch immer nicht viele Frauen in der Stadt, und wenn eine zierlichen Schrittes die Straße überqueren wollte, hielten gleich alle Droschken und Fuhrwerke und ließen sie passieren. Das einzige Viertel, in dem es wahrhaft nicht an Frauen mangelte, befand sich am Fuß des Telegraph Hill, und genau dorthin lenkte Connor seine Schritte.

Das Rotlichtviertel wurde vor allem von Zuhältern aus Australien, Tasmanien und Neuseeland beherrscht. Sie kauften und verkauften ihre Mädchen nach Belieben. Doch bevor Connor wagte, eines ihrer Etablissements zu betreten, ging er erst einmal in einen Saloon, um sich an der Bar ein wenig Mut anzutrinken. Im Hause Stern wurde kaum Alkohol getrunken, und Connor, in dessen Heimatdorf in Irland die meisten Männer ständig ein Glas oder einen Becher in der Hand gehalten hatten, freute sich auf ein gutes Bier. Der Saloon war voll mit Männern. In zwei Räumen standen etwa fünfzehn Tische, an denen Händler, Goldsucher, Arbeiter und Durchreisende saßen. Hinter der Theke hing ein Spiegel von beeindruckendem Ausmaß, der die vielen Flaschen optisch verdoppelte. Die Luft war blau von abgestandenem Zigarrenqualm. Es roch nach Bier, Schweiß und den Sägespänen, die überall auf dem Boden lagen.

Connor bestellte ein Bier und der Barkeeper stellte es ihm im nächsten Moment vor die Nase. Durstig hob der junge Ire das Glas und ließ die ersten Schlucke der kühlen Flüssigkeit seine Kehle hinabrinnen, da tippte ihm von hinten jemand auf die Schulter. Connor stellte sein Bier auf den Tresen und drehte sich um. Sein Blick fiel auf eine ungewaschene, unrasierte finstere Gestalt. Der Mann mit verdreckten Kleidern hielt eine Flasche Whisky in der einen und ein Glas in der anderen Hand, schwankend lehnte er sich an den Tresen. »Na, Kleiner, schon alt genug, hier herumzustehen? Was sagt denn die Mami dazu?« Sein Lachen gab eine Reihe brauner Zahnstummel frei. Er wankte einen Schritt nach vorne, nahm Connors halbvolles Glas, schüttete den Inhalt auf den Boden, kippte einen ordentlichen Schuß Schnaps hinein und grölte: »Was ist denn das für ein Labbergesöff, sowas trinkt doch kein Mann! Hier, nimm das und dann runter damit.« Connor deutete eine kleine Verbeugung an: »Vielen Dank, Sir, aber ich trinke nur Bier«, sein Blick suchte den Barkeeper, der an der anderen Seite der Theke stand. Der Trunkenbold protestierte und wollte Connor zwingen, das Glas mit ihm zu leeren, da mischte sich vom Nachbartisch ein anderer Gast ein. »Laß den Jungen zufrieden! Komm her und setz dich wieder, wir trinken mit dir, du brauchst dir deine Gesellschaft doch nicht woanders zu suchen.« Folgsam wie ein Lamm torkelte der Mann an den Tisch und setzte sich. Connor ergriff die Gelegenheit beim Schopf und verließ die Spelunke.

Wenige Meter weiter war das Haus, das er vom Telegraph Hill aus beobachtet hatte. Durch die Tür drangen heiteres Klavierspiel und Stimmengewirr. Connor nahm all seinen Mut zusammen und trat ein. So etwas hatte er wahrhaft noch nie gesehen. In einem großen Raum saßen an blankpolierten Marmortischen Männer und Frauen, die sich scherzend und lachend amüsierten. In einer Ecke stand ein Spieltisch, an dem es hoch herging. Goldgräber, die vor allem an den Wochenenden in die Bordelle kamen, ließen hier oft all das, was sie an Nuggets und Goldstaub gefunden hatten. Die Wände waren über und über mit großen Bildern dekoriert, in deren goldfarbenen Rahmen schwülstige Bilder von spärlichst bekleideten Frauen mit üppigen Proportionen prangten. Connor nahm seinen Hut ab. Eine junge Frau mit knallroten Lippen trat auf ihn zu und bot ihm einen Platz und etwas zu trinken an. Connor folgte ihr schüchtern. Auf den zweiten Blick bemerkte Connor, daß die Frau eher ein Mädchen war. Hinter der grellen Schminke verbarg sich ein Wesen kaum älter als er. Connor schaute sich um und stellte fest, daß es andere Mädchen gab, die noch jünger, vielleicht nur elf oder zwölf Jahre waren. Er meinte es an ihren kindlich eckigen Bewegungen zu erkennen, denn ihre Gesichter wirkten viel älter. Sie servierten alkoholische Getränke und wann immer es einer der Gäste wünschte, stiegen sie mit ihm die hölzerne Treppe in den ersten Stock hinauf und verschwanden in einem der kleinen Zimmer, die dort dicht an dicht entlang eines langen Flures lagen. Connor sog die Eindrücke auf. Er betrachtete das ungewohnte Treiben um ihn herum und bewunderte die freizügig gekleideten Damen. Das Mädchen kam zu ihm zurück und stellte ein Bierglas auf den Tisch. Dann setzte sie sich neben ihn und legte ihren Arm um seine Schulter. Unsicher, was die Geste zu bedeuten hatte, spürte Connor, wie ihm die Röte aus dem Kragen kroch. Das Mädchen begann mit den Locken in seinem Nacken zu spielen und Connor fühlte eine Hitzewelle aufsteigen. Das Mädchen spitzte ihr rotes Mündchen und flüsterte in sein Ohr: »Ich heiße Kitty, gefalle ich dir?« Kitty roch mild nach Lavendel, Connor nickte. Wie sollte ihm ein so wundervoll duftendes und zärtliches Geschöpf nicht gefallen. Das Mädchen hatte inzwischen die Hand aus seinen Haaren genommen und sie auf seinen Oberschenkel gelegt. Fast unmerklich schob sie sie immer weiter zur Innenseite und streichelte ihn sanft. Connor wagte nicht, sich zu bewegen. Der Schaum im Bierglas sackte zusammen, Connor saß stocksteif auf seinem Stuhl. Kittys Mund kam wieder näher. »Möchtest du mit mir nach oben gehen? Du hast doch Geld dabei, oder?« Con-

Das Geburtshaus von Löb Strauss im fränkischen Buttenheim bei Bamberg

Unter den europäischen Auswanderern, die in New York von Bord gingen, ist auch Löb Strauss. Der Blick über den Union Square nach Süden vermittelt einen Eindruck, wie die Stadt 1847 aussah.

Als der junge Levi Strauss 1848 in Aspinwall eintrifft, hat er nur die erste Etappe seiner weiten Reise nach Kalifornien hinter sich. Die Überfahrt von Panama nach San Francisco steht ihm noch bevor.

Viele Goldsucher drängen in das rasch anwachsende Städtchen San Francisco. Oft müssen sie vor dem Postamt warten, bis sie die Briefe aus der Heimat lesen können.

Der zielstrebige Levi Strauss am Anfang seiner Karriere, um 1850

Der reichste Landsitz Amerikas um 1850: das Fort des Generals Sutter. Auf diesem Grund wurden von James Wilson Marshall die ersten Goldnuggets gefunden. Er löste damit den großen Goldrausch in Kalifornien aus. Rechts unten: die enthusiastische Tagebucheintragung eines Goldsuchers.

Kalifornien im Goldrausch – Tausende Emigranten versuchen ihr Glück, dabei finden sie in dem Ratgeber »Emigrant's Guide to the Gold Mines« eine nützliche Anleitung. Johann August Sutter kann allerdings nicht von dem Goldwahn profitieren: er verliert seinen einstigen Grund und Boden an die öffentliche Hand.

Porträt von Levi Strauss, um 1880

Menschen unterschiedlichster Couleur vergnügen sich auf den Straßen von San Francisco. Eine alte Rechnung aus dem Jahr 1858 belegt, daß die vielen Menschen gern und viel bei Levi Strauss und seinem Schwager in der Sacramento Street einkauften.

UNITED STATES PATENT OFFICE.

JACOB W. DAVIS, OF RENO, NEVADA, ASSIGNOR TO HIMSELF AND LEVI STRAUSS & COMPANY, OF SAN FRANCISCO, CALIFORNIA.

IMPROVEMENT IN FASTENING POCKET-OPENINGS.

Specification forming part of Letters Patent No. **139,121**, dated May 20, 1873; application filed August 9, 1872.

To all whom it may concern:

Be it known that I, JACOB W. DAVIS, of Reno, county of Washoe and State of Nevada, have invented an Improvement in Fastening Seams; and I do hereby declare the following description and accompanying drawing are sufficient to enable any person skilled in the art or science to which it most nearly appertains to make and use my said invention or improvement without further invention or experiment.

My invention relates to a fastening for pocket-openings, whereby the sewed seams are prevented from ripping or starting from frequent pressure or strain thereon; and it consists in the employment of a metal rivet or eyelet at each edge of the pocket-opening, to prevent the ripping of the seam at those points. The rivet or eyelet is so fastened in the seam as to bind the two parts of cloth which the seam unites together, so that it shall prevent the strain or pressure from coming upon the thread with which the seam is sewed.

In order to more fully illustrate and explain my invention, reference is had to the accompanying drawing, in which my invention is represented as applied to the pockets of a pair of pants.

Figure 1 is a view of my invention as applied to pants.

A is the side seam in a pair of pants, drawers, or other article of wearing apparel, which terminates at the pockets; and *b b* represent the rivets at each edge of the pocket opening. The seams are usually ripped or started by the placing of the hands in the pockets and the consequent pressure or strain upon them. To strengthen this part I employ a rivet, eyelet, or other equivalent metal stud, *b*, which I pass through a hole at the end of the seam, so as to bind the two parts of cloth together, and then head it down upon both sides so as to firmly unite the two parts. When rivets which already have one head are used, it is only necessary to head the opposite end, and a washer can be interposed, if desired, in the usual way. By this means I avoid a large amount of trouble in mending portions of seams which are subjected to constant strain.

I am aware that rivets have been used for securing seams in shoes, as shown in the patents to Geo. Houghton, No. 64,015, April 23, 1867, and to L. K. Washburn, No. 123,313, January 30, 1872; and hence I do not claim, broadly, fastening of seams by means of rivets.

Having thus described my invention, what I claim as new, and desire to secure by Letters Patent, is—

As a new article of manufacture, a pair of pantaloons having the pocket-openings secured at each edge by means of rivets, substantially in the manner described and shown, whereby the seams at the points named are prevented from ripping, as set forth.

In witness whereof I hereunto set my hand and seal.

JACOB W. DAVIS. [L. S.]

Witnesses:
JAMES C. HAGERMAN,
W. BERGMAN.

Der Erfinder der »Nieten an Männerhosen« Jacob W. Davis und Levi Strauss mit ihrem Patentzertifikat, ausgestellt am 20. Mai 1873

Der Verkauf lief so erfolgreich, daß Levi Strauss
mehrere Fabriken bauen ließ. Hier das
Hauptgeschäftsgebäude der Levi Strauss & Co.
in der Battery Street, 1866

Arbeiter vor dem neu errichteten Gebäude der Levi Strauss & Co., nach dem verheerenden Erdbeben von 1906, bei dem das Fabrikgebäude bis auf seine Grundmauern abbrannte.

Der Patriarch Levi Strauss im Kreise seiner Verwandten

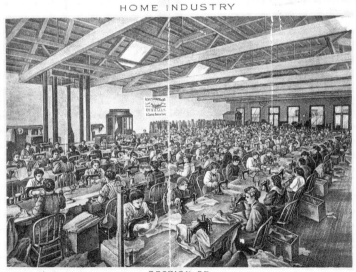

Eine alte Postkarte der Levi Strauss & Co's Overall Factory

Eine Werbeanzeige um 1899 preist die Nützlichkeit einer Levi's Jeans.

Zwei Minenarbeiter, die »Waist Overalls« trugen: Arbeitshosen, die über der normalen Hose getragen wurden.

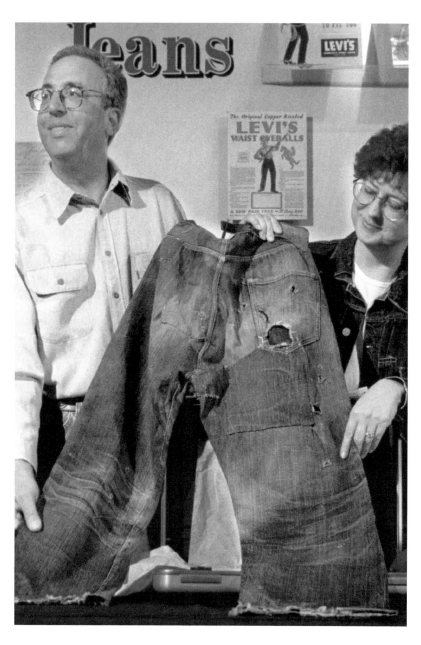

Der sensationelle Fund: Robert Haas und die Historikerin des Hauses Levi Strauss & Co., Lynn Downey, präsentieren eine 100 Jahre alte Levi's-Nieten-Jeans.

nor wußte nicht genau, ob er nach oben gehen wollte. Er dachte an seinen sauer verdienten Monatslohn. Die zweite Frage konnte er gewissenhaft mit ja beantworten. Noch immer unfähig ein Wort hervorzubringen, nickte er wieder nur und kam sich dumm und hölzern vor neben dieser Zauberelfe. »Na, dann komm«, die Zauberelfe wurde auf einmal sehr pragmatisch, stand auf und griff eben nach seiner Hand, um ihn mit sich zu ziehen, da flog die Tür auf.

Mit Getöse betraten vier Männer den Salon. Einer von ihnen, das sah Connor sofort, war der widerliche Kerl, der ihn zum Trinken hatte animieren wollen. Die Männer setzten sich an einen freien Tisch und riefen nach Schnaps. Noch bevor er gebracht wurde, trat der Mann zu ihnen, der vorher am Spieltisch gestanden und darauf geachtet hatte, daß alles mit rechten Dingen zuging. Er trug eine elegante dunkle Hose und eine modisch geschnittene, schrille Jacke, die er mit der rechten Hand leicht nach hinten schob, so daß das Halfter seiner Pistole zum Vorschein kam. »Meine Herren«, sagte er bestimmt, »ich muß Sie bitten, die Hüte abzunehmen. Wie Sie sehen, sind Damen im Raum, und daher gebieten es Höflichkeit und Anstand, daß Sie den nötigen Respekt zeigen.« Statt der Bitte nachzukommen, taten die Cowboys, als hätten sie nichts gehört und riefen um so lauter nach etwas zu trinken. Connor war inzwischen aufgestanden. Durch den Tumult hatte er schlagartig seine sieben Sinne wieder beisammen und war jetzt sicher, daß er Kitty nicht in den ersten Stock folgen wollte. Wie angewurzelt stand er da, den Blick starr auf die randalierenden Trunkenbolde geheftet. Der gut gekleidete Mann tat einen Schritt nach hinten, erhob seine rechte Hand und schnipste mit den Fingern. Auf dieses Kommando hin tauchten plötzlich aus dem Nichts drei massige Burschen neben dem Tisch auf, die den Worten ihres Chefs unverzüglich Nachdruck verliehen. Connor hatte kaum geblinzelt, da lagen die vier Hüte auf dem Fußboden. Es folgte ein Handgemenge, das in eine handfeste Schlägerei mündete. Connor fühlte, wie sich Angst seiner bemächtigte. Er drückte Kitty ein paar Cent für das Bier in die Hand und lief auf dem kürzesten Weg zum Ausgang. Draußen setzte er sich zitternd auf eine Pferdetränke und versuchte, sein klopfendes Herz unter Kontrolle zu bekommen.

Im Bordell war der Teufel los. Connor hörte das Krachen zerbrechender Möbel und das Klirren zerschellender Gläser. Spitze Frauenschreie mischten sich in das infernalische Gebrüll der Kombattanten. Um Connor herum hatte sich eine kleine Traube Neugieriger gebildet, die das Geschehen durch die Fenster beobachteten. In dieser Gruppe fühlte sich der Junge sicher und stellte sich auf den Rand des Troges, um besser sehen zu können. Wenig später zersprang erst eines, dann das zweite Fenster in tausend Scherben, und ein halbes Dutzend Schläger mit Schnittwunden an Armen und Gesichtern prügelten sich im Staub vor dem Bordell weiter. Jetzt wurde die Tür aufgerissen, und Connor konnte sehen, wie zwei dicke Ordnungshüter die vier ursprünglichen Unruhestifter einen nach dem anderen mit vehementen Tritten ins Freie beförderten. Einen Moment lagen diese benommen im Schmutz, dann rappelten sie sich auf, zogen ihre Revolver und schossen voller Wut wild um sich. Die Zuschauer stoben schreiend in alle Himmelsrichtungen. Zwei mutige Mitglieder der Bürgerwehr warfen sich mit ebenfalls gezückten Pistolen auf die Randalierer und rissen sie zu Boden. Mehrere Schüsse lösten sich, Menschen schrien durcheinander, dann war es plötzlich ganz still.

Connor lag auf dem Boden vor der Tränke und spürte einen stechenden Schmerz im Bauch. Um ihn herum war alles schwarz, in seinen Ohren rauschte es, er hörte noch, daß nach einem Arzt gerufen wurde – dann verlor er das Bewußtsein. Die Dirnen waren alle in den ersten Stock des Freudenhauses geflohen. Eine zierliche Mulattin hatte durch das Fenster beobachtet, wie Connor zusammengebrochen war und rannte jetzt mit einer Decke und einem nassen Handtuch zu ihm. Sie schob ihm die zusammengerollte Decke unter den Kopf und versuchte, das stetig aus der Bauchwunde sickernde Blut mit dem Handtuch zu stillen. Connors kalkweiße Wangen nahmen einen leicht grünlichen Schimmer an. Kalter Schweiß bedeckte seine Stirn, die bläulichen Lippen waren leicht geöffnet. Die Mulattin kniete neben ihm und hielt seine eisige Hand. Es dauerte eine halbe Ewigkeit bis endlich ein Arzt kam. Der Doktor reichte der Mulattin seine Tasche, schwang sich aus dem Sattel und beugte sich über den Verletzten. Vorsichtig hob er das Handtuch hoch, öffnete Connors blutgetränktes Hemd und untersuchte die Wunde. Connor bäumte sich stöhnend auf, erlangte unter Schmerzen für einen Augenblick noch einmal das Bewußtsein wieder, riß die Augen auf, wollte etwas sagen – und sackte nach hinten. »Viel zu jung zum Sterben«, murmelte der Arzt traurig, schloß dem Toten die Augen, griff nach seiner Tasche und ritt wortlos davon. Die Mulattin bekreuzigte sich und sprach ein Gebet, dann zog sie behutsam die Decke unter Connors Kopf hervor und breitete das Plaid über den Leichnam.

Der Laden in der California Street war wie jeden Sabbat den ganzen Tag geschlossen geblieben. Levi, David und die Familie hatten die Gebete gesprochen und alle vorgeschriebenen Rituale zelebriert. Jetzt waren sie um den runden Tisch in der Stube versammelt und genossen das Beisammensein. Der kleine Sigmund saß auf Levis Schoß und juchzte vor Vergnügen, weil Levi sich gerade eines Kinderspiels aus Buttenheim erinnert hatte. »So reiten die Herren, so reiten die Herren«, Levis Knie waren zum Pferderücken geworden und sein Neffe bewegte sich wie im Trab auf und ab. »So fahren die Damen, so fahren die Damen«, Sigmund wurde auf des Onkels Knien sanft von rechts nach links gewiegt. »So schüttelt der Bauer, so schüttelt der Bauer«, während Levi ihn ordentlich durchrüttelte und dabei sorgsam darauf achtete, ihm nicht weh zu tun, lachte der Kleine glücklich quiekend und bekam ganz rote Wangen. Fanny warf ihrem Bruder einen liebevollen Blick zu. »Wie schön, daß du bei uns bist«, sagte sie sanft und David stimmte ihr zu. Draußen wurde es langsam dunkel. David sah aus dem Fenster. »Na, unser Connor scheint sich ja prächtig in der Stadt zu amüsieren. Hoffentlich trinkt er nicht zu viel.« »Und wenn schon«, Fanny strich ihrem Mann begütigend über den Arm. »Er hat wirklich viel gearbeitet, und es ist sein erster Ausflug in die Stadt. Hauptsache, er kommt gesund wieder nach Hause. Er ist so ein netter Junge, ich habe ihn richtig lieb gewonnen. Schade, daß er uns bald verlassen wird.« Sie nahm ihre Handarbeit wieder auf. Die Nacht brach herein, längst hatte Fanny die Kinder zu Bett gebracht und sich mit ihrem Mann zurückgezogen.

Bei Kerzenschein schrieb Levi an einem Brief, den er im Laufe der folgenden Woche an Pauline abschicken wollte. Ihr Schweigen machte ihm inzwischen immer größere Sorgen. Obwohl er ihr seine neue Adresse längst mitgeteilt hatte, war noch immer kein Brief aus Buttenheim eingetroffen. Bange schwankte er zwischen dem Gefühl, die Abmachung könnte nicht mehr gelten und dem noch bangeren Gedanken, seiner Liebsten möge etwas zugestoßen sein. Die Kerze neigte sich dem Ende und Levi schrieb die letzten Zeilen. Als er in sein Bett ging, wunderte auch er sich ein wenig darüber, daß Connor noch immer nicht nach Hause gekommen war. Wahrscheinlich ist er in irgendeinem Saloon, tanzt sich die Schuhsohlen durch und hat morgen einen mächtigen Kater, dachte Levi, löschte schmunzelnd das Licht und schlief sofort ein. Als er am nächsten Morgen feststellte, daß Connors Bett unberührt war, begann er sich ernsthaft Sorgen zu machen und ging nach dem Frühstück in die Stadt, um ihn zu suchen.

Die Bedienung in den Saloons hatte gewechselt und niemand konnte oder wollte ihm eine Auskunft geben. Levi beschloß, den Sheriff aufzusuchen. Vielleicht hatte Connor tatsächlich etwas über den Durst getrunken und lag zum Ausnüchtern auf einer der Pritschen. Der Sheriff saß vor seinem Büro und döste, das Gewehr quer auf den Beinen in der Frühlingssonne.

»Nein, Mister«, er schüttelte den Kopf, »bei mir ist niemand, auf den ihre Beschreibung paßt. Aber schauen Sie ruhig selbst in die Zellen.« Levi ging hinein und sah durch die Gitterstäbe auf die einzelnen Lager, entdeckte Connor jedoch nicht. Er dankte dem Sheriff für seine Hilfsbereitschaft und verließ das Büro. Kaum war er wieder auf der Straße hörte er ihn rufen: »He, Mister! Gehen Sie doch mal zum Telegraph Hill, da hat's gestern bei einer Schießerei einen erwischt. Vielleicht...« Levi drehte sich um und schaute ihn entsetzt an. Connor würde doch nichts zugestoßen sein! Schnellen Schrittes ging er in das Viertel, das er sonst tunlichst mied, und fragte zwei Kirchgängerinnen nach dem Haus, vor dem es am Vortag Ärger gegeben hatte. Sie zeigten auf das Bordell die Straße hinunter und Levis Herz begann zu rasen. Er klopfte zaghaft an die Tür. Ausgerechnet Kitty öffnete. Sie zeigte sich erfreut über den sonntäglichen Gast. Levi beschrieb Connor und fragte, ob sie ihn wohl zufällig gesehen habe. Kittys Gesicht versteinerte. »Dein Sohn etwa?«, fragte sie mit starrer Miene. »Nein, mein Diener«, sagte Levi wahrheitsgemäß, und Kittys Züge entspannten sich wieder.

Dann berichtete sie von der Prügelei und deren traurigem Ende und sagte Levi, der Chef des Hauses habe Connor gestern noch auf einem Wagen zum Leichenbestatter bringen lassen. »Der konnte ja da nicht so tot liegen bleiben – direkt vor dem Haus, das verscheucht ja die Kunden«, schloß sie. Levis Augen füllten sich mit Tränen. Er ließ sich den Weg zum Leichenbestatter beschreiben und suchte ihn schweren Herzens auf. »Ja, den habe ich gestern noch unter die Erde gebracht«, sagte der Mann ohne das geringste Anzeichen von Teilnahme. »Freut mich, daß Sie vorbeikommen, wollte heute schon zum Freudenhaus gehen und fragen, wer ihn erschossen hat. Irgend jemand muß mir ja mein Geld geben.« Levi fragte nach den Kosten für die Bestattung und zahlte. Nach dem Grab fragte er nicht, wohl wissend, daß der Totengräber den armen Connor irgendwo draußen vor der Stadt verscharrt hatte. So war es bei namenlosen Toten üblich. Traurig ging Levi zurück in die California Street. Fanny und David waren entsetzt über seinen Bericht. Gemeinsam beschlossen sie, den Kindern nichts davon zu erzählen. »Henry ist so zart besaitet und er hat Connor so gerne gehabt. Sagen wir ihm lieber, daß sein großer Freund auf eine lange Reise gegangen ist«, schlug David vor.

Es wurde ein trauriger Sonntag, und auch am Montag wollte sich die gewohnte Heiterkeit im Hause Stern nicht einstellen. Fanny räumte Connors Kammer aus, wusch das, was von seinen Kleidungsstücken noch gut war und legte es für die Kinder weg. Levi zählte Connors gespartes Geld, zog den Betrag für die Bestattung ab, und legte den Rest in die Geschäftskasse. Es würde schwer sein, einen Ersatz für Connor zu finden, denn fast alle jungen Männer arbeiteten lieber in den Minen, mit dem großen Traum dort ein Vermögen zu machen.

Am 21. Mai 1853 lief ein mächtiger Seitenraddampfer, die »Northener«, in San Francisco ein. Das Postschiff war mit der unglaublichen Menge von zweihundertundfünfundsiebzig Postsäcken beladen und wurde von einer riesigen Menschenmenge erwartet. Das war nichts Ungewöhnliches. Die Postschiffe wurden immer mit großer Aufregung erwartet, brachten sie doch Nachricht von den Daheimgebliebenen. Schlangen von mehr als zweihundert Menschen formierten sich meist schon weit vor Tagesanbruch und oft mußten Barrikaden errichtet werden, damit die Menschen das Postamt nicht stürmten, bevor es öffnete.

Wer es sich leisten konnte, versuchte die Postbediensteten zu bestechen oder zahlte bis zu zwanzig Dollar, damit sich ein anderer an ihrer Stelle in den frühen Morgenstunden in die Warteschlange stellte. Ganz Schlaue standen sehr zeitig auf, reihten sich ein und verkauften dann die besten Plätze für hohe Summen. In diesem Getümmel stand auch Levi seit den frühen Morgenstunden am Kai, in der Hoffnung, diesmal einen Brief von Pauline zu erhalten. Der Dampfer verringerte die Geschwindigkeit, machte fest und Levi wurde Zeuge eines Spektakels, das ihn beinahe umwarf:

Mit majestätischen Schritten, ganz à la mode gekleidet und in Begleitung ihres zukünftigen Gatten Patrick Purdy Hull, betrat keine Geringere als Lola Montez den Boden von San Francisco. Levi konnte nicht umhin zuzugeben, daß die einstige Geliebte des bayerischen Königs noch immer sehr schön war. Dennoch fühlte er im selben Augenblick den gleichen Zorn in sich aufsteigen, den er als Junge gegen sie und ihre Protz-, Prunk- und Verschwendungssucht empfunden hatte. Aus Deutschland mit Schimpf und Schande davon gejagt, wurde die Montez in San Francisco gefeiert wie eine Königin. Die Stadt stand Kopf. Musik und Hurra-Geschrei begleiteten den Einzug der Tänzerin, die sich inzwischen auch als Schauspielerin versuchte. Levi beobachtete ihren Triumphzug aus der Entfernung und verließ den Hafen schließlich unglücklich, weil wieder kein Schreiben aus Deutschland angekommen war.

Wenige Tage später traf eine große Lieferung aus New York ein. Louis und Jonas hatten die Waren sorgfältig verpackt. Auf einem Frachter waren die schweren Stoffballen und Kisten vollkommen unbeschädigt angekommen. Levi mietete ein Maultier mit Wagen und brachte die Ladung in die California Street. Gemeinsam mit David packten sie aus und entfalteten als erstes einen Brief von Rebekka, den diese in eine der Kisten mit Seidenbändern gelegt hatte. Sie schrieb von Mary und William, erzählte von den Enkelkindern und vom Alltag in New York, und wiederholte immer wieder, daß sie ihre Lieben in Kalifornien so gerne bald wiedersehen würde. »Rührend, nicht wahr?«, bemerkte David, der Levi beim Lesen über die Schulter schaute. Während die beiden Männer auspackten und einsortierten, spielte Henry mit seinen Geschwistern zwischen Kisten und Verpackungsmaterial. Gerade hatten sie sich aus den dicken Seilen, mit denen die Stoffballen verschnürt gewesen waren, Zaumzeug und Zügel geknüpft und tobten als Roß und Reiter durch den Laden, da ließ Henry das Seil sinken und lehnte sich kreidebleich an die Wand. David ging besorgt zu seinem Ältesten. »Henry, mein Junge, was ist mit dir?« Das Kind schüttelte tapfer den Kopf und antwortete in einwandfreiem Amerikanisch: »Nichts, Vater. Jacob ist nur so ein wildes Pferd, er war zu schnell für mich, ich bekomme keine Luft.« David schickte ihn nach oben zur Mutter. »Keine Widerrede, geh hinauf, laß dir etwas zu trinken geben und ruh dich ein wenig aus«, befahl er. Henry gehorchte widerwillig. »Er macht mir Sorgen. Immer diese Atemnot und ständig ist er so blaß. Schau dir Sigmund dagegen an. Rote Pausbäckchen und Kraft für drei.« Levi wollte dem Schwager gerade zustimmen, da unterbrach die kleine Caroline. »Schau, Vater, hier ist ein Brief, der lag in der großen Kiste dort«, sie reckte sich wichtig auf die Zehenspitzen und reichte ihrem Vater den hellblauen Umschlag. Levi, der im Begriff war, sich umzudrehen, erkannte aus dem Augenwinkel Papier und Schrift. Adrenalin jagte in Höchstgeschwindigkeit durch seine Adern, als er mit mühsam beherrschter Stimme sagte: »Oh, laß mal sehen, der könnte für mich sein.« »Ist er auch«, antwortete David und gab ihm das Couvert. »Wer hat dir denn geschrieben, Onkel?«, wollte Caroline wissen, aber Levi ließ den Brief vermeintlich gleichgültig in der Hosentasche verschwinden. »Das weiß ich noch nicht, ich lese ihn später in Ruhe und dann erzähle ich es dir, Prinzessin Neugiernase«, versprach er dem kleinen Mädchen lächelnd.

Er beendete seine Arbeit als wäre nichts geschehen, griff nur ab und zu in die Tasche, um das Papier zu spüren. Wie hatte er diesen Moment herbeigesehnt. Wie sehr hatte er auf eine Nachricht von Pauline gewartet, und jetzt hielt er sie endlich in den Händen. Sie hatte ihn nicht vergessen, dachte an ihn, liebte ihn noch und hatte ihm geschrieben. Er würde den Brief den ganzen Tag bei sich tragen und erst am Abend, wenn alle schliefen, würde er ihn vorsichtig öffnen. Ganz vorsichtig, auf daß er keinen Tintenstrich beschädigte. Und dann würde er ihn lesen, ganz langsam, Wort für Wort.

Der Abend kam, und Levi hatte das Gefühl, daß David und Fanny heute besonders lange saßen und sich unterhielten. Endlich war es soweit und Fanny gab das Signal, schlafen zu gehen. Levi war allein. Er setzte sich an den Tisch, holte die Kerze etwas näher und öffnete den Umschlag. So sehr er sich auch beherrschte, er konnte das Zittern seiner Hände nicht unterdrücken. Es waren zwei Blätter, mit Paulines zierlicher Handschrift beschrieben. Auf dem ersten stand oben links das Datum. Es lag mehr als ein Jahr zurück. Levi begann zu lesen. Schon nach den ersten Zeilen begann sein Kopf zu dröhnen, die Ohren sausten, das Herz raste, die Knie waren weich, der Mund war trocken, die Zunge klebte am Gaumen, ihm wurde schlecht, seine Augen füllten sich mit Tränen. Pauline schrieb, daß sie geheiratet hatte und Mutter einer kleinen Tochter war. Der Druck der Eltern war zu stark gewesen, sie habe dem Vater keinen Widerstand mehr leisten können. Nie, außer in der ersten Zeit, sei ein Brief von ihm, Levi, angekommen. Dies Schreiben schicke sie auf Verdacht nach New York. »... *Gebe Gott, daß es Dir gut geht, ich werde Dich immer lieben, Deine Pauline.*«

Levi blies die Kerze aus und warf sich bitter weinend auf sein Bett. Er schluchzte die halbe Nacht wie ein kleines Kind, bis alle Tränen geweint waren. Dann begann er zu grübeln. Als der Morgen anbrach, stand sein Entschluß fest. Er mußte sich ablenken. Er mußte fort von hier.

Beim Frühstück teilte er die Entscheidung David und Fanny mit: »Ich habe beschlossen, noch einmal als fliegender Händler zu arbeiten. Wir können unseren Umsatz erheblich steigern, wenn ich mich auf den Weg mache, die Goldsucher in den Camps mit unseren Waren zu versorgen, statt darauf zu warten, daß sie von Zeit zu Zeit hier auftauchen.« David war sofort begeistert von der Idee. »Das ist großartig. Willst du das wirklich tun? Fabelhaft! Wir werden das Doppelte von dem verkaufen, was wir bisher verkauft haben. Levi, du bist der Größte!« Fanny meldete Bedenken an. »Es geht uns doch gut, wozu denn noch mehr. Ich bin so glücklich, daß wir hier alle zusammen sind. Draußen ist es gefährlich. Denk' an Connor. Die gleichen groben Gesellen, die ihn auf dem Gewissen haben, treiben sich in den Minen und Dörfern herum. Ich würde sterben, wenn dir etwas zustieße.« Sie weinte und griff nach der Hand ihres Bruders. Der wischte ihre besorgten Proteste weg: »Fannyleben, reg dich nicht auf. Händlern tun auch die wildesten Burschen nichts. Wir bringen doch die Waren, die sie brauchen.« Wissend, daß er Unsinn redete, versuchte er seine Schwester zu beruhigen. Levi, der seit Connors Tod in der kleinen Kammer unter dem Dach schlief, ging die Stiege hinauf und ordnete seine Sachen. Traurig nahm er den Lederbeutel vom Hals und legte ihn in eine kleine Kiste, in der er auch Paulines Briefe verwahrte. Er verschnürte sie gewissenhaft und legte sie in die hinterste Ecke seines Schrankes.

Ein paar Tage später kaufte Levi Strauss für fünfundzwanzig Dollar ein Maultier und spannte es vor den Planwagen, den er für fünfzig Dollar erstanden hatte. Dann belud er die Ladefläche mit Hemden, Hüten, Stoffen, Schaufeln und allem, was das Lager sonst noch hergab, umarmte den Schwager, küßte seine Schwester und die Kinder und fuhr davon.

VIERTER TEIL

Lotta Crabtree

Zu den vielen Menschen, die ihr Glück in der neuen Welt suchten, gehörte Ende der vierziger Jahre des 19. Jahrhunderts auch ein Ehepaar aus England. John Ashworth Crabtree und seine Frau, die Polsterin Mary Ann Livesey Crabtree hatten sich in New York niedergelassen. Mr. Crabtree führte in der Nähe des Broadway einen Buchladen, der gerade genug abwarf, um die beiden zu ernähren. Am 7. November 1847 schenkte Mrs. Crabtree einem gesunden Mädchen das Leben, und das Kind wurde auf den Namen Lotta Mignon Crabtree getauft.

Angelockt vom Ruf des Goldes verließ der Vater die Familie und ging 1851 nach Kalifornien. Ein Jahr später verkaufte Mary Ann den Laden, besorgte eine Schiffspassage für sich und ihre Tochter und begab sich an Bord eines Dampfers, der auch sie nach San Francisco bringen sollte. Die Aktion war von langer Hand geplant und John Ashworth hatte seiner Frau fest versprochen, sie am Hafen zu erwarten. Mary Anns Enttäuschung war grenzenlos, als sie an Land ging und ihr Mann nicht unter denen war, die am Kai standen, um ihre Lieben in Empfang zu nehmen. Sie machte ihn bald ausfindig und stauchte ihn derart zusammen, daß er Besserung gelobte und sich in den nächsten Monaten wie ein braver Gatte und Familienvater benahm. Doch die Idylle war trügerisch und bekam einen gewaltigen Knacks, als John Ashworth sich mit einem ordentlichen Batzen Gold aus dem Staub machte. Seine wütende Frau verfolgte ihn, um die Hälfte des Ertrages für sich und Lotta zu sichern. Schließlich fand sie den Treulosen, sah sich jedoch alsbald zu ihrem Entsetzen mit der gesetzlichen Realität konfrontiert: Frauen hatten keinerlei Anspruch auf Teile des Einkommens, wenn sie nicht mit ihren Männern zusammenlebten. Im eigenen Interesse biß sie in den sauren Apfel, verzichtete auf ein endgültiges Zerwürfnis und zog, ihr Kind im Schlepptau, zurück nach San Francisco.

In der Folgezeit ließ sich ihr Mann nur sehr selten blicken. Während Lotta sich zu einem lebhaften, freundlichen Mädchen entwickelte, versuchte Mary Ann, sich und ihr Kind mit ihrem gelernten Beruf mehr schlecht als recht durchzuschlagen. Das Mädchen war kaum sechs Jahre alt, als Mary Ann entdeckte, daß ihre rothaarig gelockte Tochter ganz offensichtlich über eine außergewöhnliche musikalische Begabung verfügte. Sie entschied daraus Kapital zu schlagen, lehrte Lotta ein paar flotte Lieder, nähte ihr ein kurzes, grünes Mäntelchen, dazu passend Hose und Hut und stellte sie in dieser Aufmachung ohne große Vorankündigung in die Mitte eines verrauchten Saloons. »So, Darling, jetzt zeig den Leuten mal, wie schön du singen kannst«, ermunterte sie die Kleine. Lotta, die sich in ihrem Zwergenkostüm schick fand, ließ sich nicht zweimal bitten. Völlig furchtlos klatschte das Mädchen dreimal in die Hände und begann mit seinem Vortrag. Die Männer im Saloon stellten ihre Gespräche ein, der Klavierspieler stimmte Lottas Liedchen mit an, und binnen zwei Minuten hatte der kleine grüngewandete Kobold das derbe Publikum fest im Griff.

So etwas hatten die Goldsucher noch nie gesehen. Lotta drehte sich um sich selbst, warf die Ärmchen nach oben, stampfte rhythmisch mit den Füßchen, animierte zum Klatschen und schüttelte ihre feurige Mähne wie ein Profi. Mit blitzweißen Zähnen lachte sie die Zuschauer an, während ihre kohlschwarzen Augen vor Vergnügen funkelten wie blankpolierter Onyx. Noch bevor sie ihr kurzes Repertoire beendet hatte, regnete es Goldstaub, viertel und halbe Dollars und sogar Nuggets auf die kleine Künstlerin. Mary Ann ließ keine Sekunde verstreichen und sammelte die Gage ihrer Tochter in deren Kinderrucksack. Die Goldgräber tobten vor Vergnügen, und als der Rucksack noch einmal herum gereicht wurde, zögerten sie nicht, noch etwas nachzulegen. Lotta knickste artig, trank ein Glas spendierte Limonade und hüpfte an der Hand ihrer Mutter ein paar Häuser weiter, um dort das gleiche Programm zu absolvieren.

Es dauerte nicht lange, da hatte Mary Ann Crabtree so viel Gold in dem kleinen Rucksack gesammelt, daß sie ihre ganze Habe und das begabte Töchterlein auf einen Wagen lud und sich auf den Weg nach Grass Valley machte. Mit einem Teil der Einnahmen hatte sie im Dorf das Haus in der Mill Street Nr. 238 erstanden und wollte dort eine Herberge für Bergleute eröffnen. Kaum hatte John Ashworth von dem Erfolg seiner Frau Wind bekommen, als er auch schon in Grass Valley auftauchte und sich als Familienoberhaupt zurückmeldete. Mary Ann überließ ihrem Mann das Führen der Herberge und widmete sich ganz dem Talent ihres hoffnungsvollen Sprößlings.

Ebenfalls in Grass Valley, im Haus Mill Street Nr. 248, hatte sich eine berühmte Künstlerin niedergelassen: Hier residierte Lola Montez, wenn sie nicht auf den Bühnen der Umgebung auftrat. Von einem Teil ihrer Gage hatte sie sich ein kleines Häuschen mit großem Grundstück gekauft und kultivierte hingebungsvoll das wilde Land. Regelmäßig trafen Lieferungen der seltensten Stecklinge und Samen aus Marysville ein. General Sutter, der sie mehrmals in ihren Vorstellungen bewundert hatte, war zu einem ihrer ergebensten Verehrer geworden und stets gern zu Diensten, wenn »la Montez« um Raritäten aus dem Pflanzenreich bat. Die kurze Ehe der Künstlerin mit dem fleischig-rotgesichtigen Patrick Purdy Hull war bereits nach einem Monat gescheitert. Am 2. Juli 1853 hatte sie den Herausgeber des »San Francisco Whig« in Anwesenheit von vierzig Freunden, darunter auch der Gouverneur von Kalifornien und der Bürgermeister von San Francisco, in der Mission Dolores geheiratet. Wenige Wochen später konnten erstaunte Passanten erleben, wie die frischgebackene Ehefrau die gesamte Garderobe ihres Gatten aus einem Hotelfenster auf die Straße warf. Nach vollbrachter Tat drehte sie sich um und ging auf ihren entsetzten Mann los. Mit langen Fingernägeln zerkratzte sie sein Gesicht. Purdy Hull floh Hals über Kopf vor der ihm angetrauten Furie, achtete nicht auf seine Schritte und stürzte die ganze Treppe aus dem ersten Stock hinunter ins Foyer. Kurz darauf starb er.

Seither lebte die exzentrische Montez allein und schenkte ihre Zuneigung Tieren und Kindern. Erstere hielt sie in Gestalt von vier Hunden, drei Kanarienvögeln, einer Ziege, eines Pferdes, eines Mutterschafes mit Lamm, einer Wildkatze und eines angeketteten, jungen Grizzlybären, der die Sensation des Ortes war. Was Kinder betraf, so bedauerte die Künstlerin Zeit ihres Lebens, keine eigenen bekommen zu haben und kompensierte dieses Defizit, indem sie die wenigen kleinen Mädchen von Grass Valley regelmäßig in ihr Häuschen mit dem spitzen holzschindelgedeckten Giebel einlud.

So auch Weihnachten 1853. Pünktlich und wie die Prinzessinnen herausgeputzt, standen die aufgeregten Küken vor der Tür der berühmten Tänzerin. Ebenfalls dem Anlaß entsprechend festlich gekleidet, öffnete diese die Tür und bat herein. Nach der Begrüßung führte sie die Mädchen in ihr Wohnzimmer, wo ein glitzernd geschmückter Christbaum stand, der gebührend bewundert wurde. Dann spielten Kinder und Gastgeberin gemeinsam im Wohnzimmer und auf der geräumigen Veranda, bis zu Tisch gebeten wurde. Das Weihnachtsmahl war vorzüglich, doch noch beeindruckender fanden die kleinen Gäste die Tatsache, daß jede von ihnen ein großzügiges Geschenk erhielt. Lola Montez freute sich an der Freude der Kinder. Sie öffnete den Deckel ihres modernen Pianolas, ließ das Gerät verschiedene Weisen abspielen und begann zu tanzen.

Während die anderen Mädchen andächtig zuschauten, hielt es Lotta Crabtree schon nach den ersten Takten nicht mehr auf ihrem Platz. Flink sprang sie in die Mitte des Zimmers und wiegte sich sanft zur Melodie. Die Montez hielt inne und betrachtete das ungezwungene Kind. Neidlos erkannte sie auf der Stelle, daß die junge Dame mehr rhythmisches Gefühl besaß, als sie selbst zeitlebens hatte, geschweige denn jemals haben würde. Sie machte ein Angebot, von dem Mary Ann Crabtree und ihre Tochter niemals zu träumen gewagt hätten: Sie wollte Lotta unterrichten.

Die berühmte Lola Montez war ganz vernarrt in das fröhliche Kind mit dem unwiderstehlichen Lachen. Wenn sie fertig war mit dem Unterricht hob sie ihre Schülerin vor sich auf ihr Reitpferd und machte Ausflüge in die Umgebung mit ihr. Später durfte Lotta sie auf einem kleinen Pony begleiten. Doch vorher wurde gearbeitet. Das Mädchen verehrte die Lehrerin und liebte ihre Stunden. Wenn Lotta ihre Lektionen mit besonderer Bravour bewältigt hatte, gestattete Lola Montez ihr, sich mit ihren Bühnenkleidern zu kostümieren. Dann fühlte die Schülerin sich wie eine Königin. Mit Hingabe lernte sie anmutig-komplizierte Tanzschritte, irische Lieder und Balladen, Banjo spielen. Sie verinnerlichte all dies so mühelos und mit atemberaubender Geschwindigkeit, daß Lola Montez ihr eine große Bühnenkarriere voraussagte. Sie sollte recht behalten.

Mary Ann war entzückt von den Fortschritten ihrer Tochter, die wesentlich mehr einbrachten, als die Herberge ihres Mannes. Sie zog mit Lotta durch die Camps der Goldgräber und füllte Rucksack um Rucksack mit den Nuggets der begeisterten Männer. Die Darbietungen des Fräulein

Crabtree sprachen sich herum. Ob in Sacramento, San Joaquin, Brown-Valley, El Dorado oder Placerville, ihre Auftritte wurden überall bejubelt. Lotta wurde ein kleiner Star.

Unterwegs im Wilden Westen

Levi hatte es geschafft, seine Fuhre heil an den Sacramento zu bringen. Seine Augen lagen stumpf in dunklen Höhlen. Sein zerzauster Bart rahmte die eingefallenen Wangen. Das Herz schmerzte zum Zerspringen, der Kopf war dumpf, wie mit Watte gefüllt. Pauline war für immer verloren. Traum und Sinn seines Lebens zerstört. Gleichgültig hatte er am Fluß alles auf einen Dampfer geladen und war stromaufwärts zu dem Städtchen geschippert. Kaum hatte das Schiff festgemacht, da stürzte ein Teil der Passagiere wie besessen ans Ufer, um gute Plätze in Kutschen oder kleineren Dampfbooten zu ergattern. Levi jedoch hatte es nicht eilig.

Sacramento war wie ein Pilz aus dem Boden geschossen. Der Hafen lag voller Schiffe, deren Flaggen von ihrer Herkunft aus allen Ländern der Erde kündeten. Levi führte sein Maultier und den Wagen an Land und machte sich über eine gut befestigte Straße auf den Weg in die Stadtmitte. Der Ort lag in einer staubigen Sandebene, in deren Hintergrund die dunklen Umrisse von Bergen zu erkennen waren. Etwa zwanzigtausend Menschen lebten in dem Ort, der auf Levi wie eine Miniaturausgabe von San Francisco wirkte. Wohnhäuser und die meisten anderen Gebäude aus Holz, Geschäfte, eine unübersehbare Kirche, unzählige Spielhallen, Bars und Bordelle und hier wie dort die Spuren verheerender Brände. Vor allem aber waren die Wege innerhalb der Stadt über und über mit Unrat bedeckt. Leere Säcke, unbrauchbare Werkzeuge, löchrige Stiefel und Lumpen, die den Goldsuchern auf ihrem Weg ins Glück keine Dienste mehr zu leisten vermocht hatten. Es stank erbärmlich. Auf Abfällen und verrottenden Lebensmitteln saßen dicht an dicht schillernde Fliegen, und über der ganzen Kloake kreisten gierige Vögel auf der Suche nach Aas.

Angewidert ließ Levi das unsaubere Bild auf sich wirken. Anblick und Geruch hoben seine Stimmung nicht. Er lehnte sich gegen seinen Wagen. Das Maultier drehte den Kopf in seine Richtung und versuchte, mit Ohrenwackeln die lästigen Fliegen zu verscheuchen. »Wir könnten nach Marysville – was meinst du, vielleicht ist es da schöner«, Levi strich dem Tier über die kleine Blesse. Bevor er umkehrte, tränkte er das durstige Muli, dann nahm er die Zügel und trottete lustlos zurück zum Hafen. Dort hatte ein Dampfer nach Marysville soeben abgelegt, der nächste sollte in vier Stunden gehen. Levi suchte für die Wartezeit einen Schattenplatz und versank erneut in Selbstmitleid.

Auf dem kleinen Dampfer herrschte muntere Geselligkeit. Die Menschen an Bord vertrieben sich die Zeit mit Spielen und Gesprächen. Es schien niemand zu stören, daß die Fahrt viel länger als geplant dauerte, weil der Feather River wenig Wasser führte und sie immer wieder auf Sandbänke aufliefen. Levi saß in einer Ecke und beobachtete die anderen Passagiere. Er sah einen kleinen Jungen, kaum zwölf Jahre alt, der Tabak kaute. Die Frauen, das fiel ihm auf, waren sehr elegant gekleidet, während einige Männer nachgerade Lumpen trugen. Zerrissene Jacken, Hosen mit Löchern steckten in derben, schmutzigen Stiefeln. Statt Sacktücher zu benutzen, schneuzten sie zwischen zwei Fingern über die Reling. Levi drehte sich weg. Ein knappes Dutzend sehr gut gelaunter Goldgräber sang und tanzte zu Banjoklängen. Die Hälfte der Männer hatte sich ihre Halstücher wie Kopftücher umgebunden und tat als wären sie Frauen, während die andere Hälfte ihnen mit Gesten und

Verbeugungen den Hof machten und sie zum Tanz aufforderten. Levi schaute ihnen zu und konnte nicht umhin, laut aufzulachen, als eine der »Damen« bei dem Versuch einen artigen Knicks zu machen, plump hintenüber fiel. Eh er sich versah, hatten zwei der ungehobelten Tänzer ihn bei den Händen gepackt und in ihre Mitte geholt. »Das ist doch mal ein hübsches Fräulein«, grölten sie, und banden Levi ein Kopftuch um. Eine Minute später fand er sich in den groben Armen eines Bergarbeiters, der ihn durch eine schwungvolle Polka führte. Levi tanzte und tobte sich die traurige Stimmung aus dem Kopf, und als das Schiff anlegte, beschloß er, nicht mehr so viel an Pauline zu denken.

Marysville hatte 1853 etwa zehntausend Einwohner. Das Städtchen lag ganz nah am Fluß und bestand wie alle anderen überwiegend aus Holz- und ein paar Ziegelhäusern. Ein paar Kirchen, Schulen, ein Theater und Sägemühlen – mehr gab es nicht zu sehen, außer den Warenlagern, die so überfüllt waren, daß sie einer zehnmal größeren Bevölkerung gereicht hätten. Dort schaute sich Levi genau um. Sollten die Lieferungen von David nicht ausreichen, würde er sich hier eindecken können, mit allem, was in den Lagern gebraucht wurde. Levi machte sich auf den Weg ins Umland. An der Stelle, wo Yuba- und Feather River zusammenflossen, hatte ein Privatmann eine hölzerne Brücke von knapp vierzig Metern Länge bauen lassen. Sie zu überqueren kostete einen halben Dollar, den Levi nur widerwillig berappte.

Als es dunkel wurde, erreichte er die Farm von Johann August Sutter. Hier residierte der Hausherr mit seiner Familie. Nach vielen Jahren der Trennung hatte er endlich seine Frau und die Kinder zu sich geholt. Kaum stand Levi am Gartentor, da stürmte auch schon ein ganzes Rudel bellender Hunde auf ihn zu. Levi hielt still und hoffte, die Tiere würden ihn nach einer Weile uninteressant finden und wieder zurücklaufen. Doch das Bellen ließ nicht nach. Endlich ertönte ein lauter Pfiff, auf den hin alle sieben Hunde zum

Haus rannten. Jetzt wagte Levi den Garten zu betreten und ging zum Haus. An der Tür erwartete ihn ein Diener, den er höflich um ein Nachtquartier im Stall oder in der Scheune bat. Der Mann bedeutete ihm zu warten und ging hinein, um die Erlaubnis des Hausherren einzuholen. Zwei Minuten später stand dieser vor der Tür und musterte Levi von oben bis unten. »Wo kommen Sie her?« fragte er ihn auf Englisch und Levi antwortete ebenfalls auf englisch und wahrheitsgemäß: »Ich bin von San Francisco den Sacramento heraufgefahren, und will hier im Umland meine Waren verkaufen.« Sutter horchte auf. Der Fremde sprach mit dem gleichen teutonisch harten Akzent, den auch er hatte. Sofort schaltete er um: »Du bist aus Deutschland, das höre ich, wo kommst du her?«, fragte er noch mal. Levi wechselte mit Vergnügen die Sprache: »Aus Buttenheim, das ist in der Nähe von Bamberg.« »Ein Bayer!«, rief Sutter hocherfreut, pfiff einen Knecht heran, der das Maultier versorgen sollte, und bat Levi sein Gast zu sein. »Komm rein. Wir essen gleich zu Abend. Meine Frau und die Kinder werden sich freuen, dich zu sehen.« »Kann ich mich vorher unter der Pumpe ein wenig waschen?« fragte Levi. »Die Straße war so staubig und auf dem Schiff war es heiß.« »Unsinn, Pumpe, du kriegst ein Zimmer, das Mädchen soll dir Wasser heraufbringen.« Levi wurde in den ersten Stock geführt und betrat ein sauberes, geschmackvoll eingerichtetes kleines Zimmer. So komfortabel hatte er schon lange nicht mehr gewohnt – und dann noch im Haus des berühmten Johann August Sutter! Er war zutiefst beeindruckt.

Der Tisch war reichlich gedeckt, John Sutter, wie er inzwischen genannt wurde, saß am Kopfende, ihm gegenüber seine Frau, an den Seiten seine fast erwachsenen Kinder Eliza, Emil Viktor und William Alphonse. »Setz dich zu uns«, lud Sutter den Gast ein, nachdem er seine Familie vorgestellt hatte. Die Unterhaltung war munter, Levi schilderte, wie er nach Amerika gekommen war, Annette berichtete von der Zeit, die sie allein mit ihren Kindern in Europa verbracht hatte, und Sutter, wie immer in eine fesche Uniform gekleidet, erzählte von dem, was nach den ersten Goldfunden auf seinem Land geschehen war. »In Coloma selbst ging es noch eine Weile ruhig zu, bis dieser unsägliche Sam Brannan auftauchte, der sein Maul nicht halten konnte.« »Johann, bitte!«, seine Frau warf ihm einen strengen Blick zu. »...der seinen Mund nicht halten konnte«, korrigierte Sutter folgsam. »Er hat eine kleine Flasche genommen, mit Goldstaub gefüllt und hat sie in San Francisco überall herumgezeigt. Die Folge war, daß natürlich sofort ein paar Männer ihre Hacken schulterten und sich auf den Weg machten. Nachdem sich die Sache mit dem Gold herumgesprochen hatte, legten die Leute ganz schnell ihre Arbeitswerkzeuge zur Seite, behielten nur die Hacken und Schaufeln, besorgten sich Waschpfannen oder Schüttler und gingen in die Berge. Mein ganzes Unternehmen brach innerhalb kürzester Zeit zusammen wie ein Kartenhaus. Ein Arbeiter nach dem anderen lief weg, um in den Bergen und an den Flußläufen reich zu werden. Sie warfen ihre Arbeit einfach hin. Die Kühe wurden nicht mehr gemolken, das Getreide nicht geerntet, das Vieh nicht mehr versorgt. Aber das war nur der eine Teil«, er legte die Hand über seine Augen. »Das Schlimmste waren die vermaledeiten Goldgräber, die den Sacramento und den Feather River hochkamen und sich ohne zu fragen oder gar zu zahlen einfach nahmen, was sie brauchten. Es wurden täglich mehr, die im Fort vorbeikamen. Wer ein Pferd wollte, klaute es von meiner Weide, wer Hunger hatte, schlachtete eins meiner Rinder oder Schafe. Ein Heer von Dieben und Gaunern, Gesindel, das sich auf meinem Grund und Boden wie im Paradies fühlte und alles zerstörte. Ich habe versucht, meine Ansprüche mit einer Miliz zu verteidigen, ich habe den Staat um Hilfe gebeten, aber der Staat hat mir nicht geholfen. Statt dessen haben mir diese ehrenwerten Herren erklärt, daß mein Pachtvertrag mit den Indianern das Papier nicht wert sei, auf dem er stehe, weil die Indianer nichts zu verpachten hätten, und daß die knapp fünfzigtausend Hektar Land, die ich seinerzeit Alvarado aus dem verdammten Kreuz geleiert habe...« »Johann, ich bitte dich, mäßige deine Ausdrucksweise!« Die Stimme seiner Frau war etwas schärfer als beim ersten Einwurf. »... die ich Alvarado damals abgekauft habe, daß die mir gar nicht gehören, denn ich sei kein amerikanischer Staatsbürger und außerdem habe Mexiko mir die Garantien gegeben und mexikanische Garantien würden von Amerika nicht anerkannt.« Er tippte sich mit dem Finger an die Stirn. »Und dann kamen noch die Bankiers und die haben mir dann den Todesstoß versetzt. Sie wußten genau, daß ich keinen Cent Bargeld hatte, daß meine Ernte und mein Vieh verloren war, aber meinst du, die hätten mir auch nur einen Tag Aufschub gegeben. Nein!« Sutter strich sich über die Halbglatze und lachte bitter. »Gestern war ich der reichste Mann der ganzen Region gewesen, aber heute konnten sie mir nicht mal den kleinsten Kredit gewähren, damit ich mich von dieser Goldgräberpest erhole. Sie zwangen mich, die offenen Rechnungen zu bezahlen, und machten mir damit den Garaus. Wenn mich meine Arbeiter nicht im Stich gelassen hätten und der Betrieb normal weitergelaufen wäre, hätte mir das alles nichts anhaben könne, ich hatte immer genug Geld. Aber so ging es ganz schnell, und ich war pleite. Fünfzehn Jahre Arbeit für nichts und wieder nichts!« Seine Stimme zitterte, er räusperte sich und gewann die Fassung wieder: »1849 hatte ich dann die Nase voll. Ich habe die letzten Kornvorräte verkauft, mein Land verlassen und bin hierhergezogen. Dann kamen die Siedler, die sich überall auf meinem Grund und Boden niederließen. Die Regierung hat einfach ein neues Grundbuch angelegt – und darin kam ich nicht mehr vor. Ich war am Ende und am Boden.« Sutter machte eine Pause und nahm einen kräftigen Schluck Wein.

Seine Tochter streichelte ihm über den Arm. »Ja, und dann reiste Annette mit den Kindern an. Der Älteste ist schon verheiratet, er ist in Europa geblieben, aber die drei anderen kamen mit, und seitdem geht es mir wieder besser. Als Kalifornien als einunddreißigster Staat in die Union aufgenommen wurde, habe ich mich entschlossen, die Regierung auf Schadensersatz zu verklagen. Der Prozeß zieht und zieht sich, aber ich gebe nicht auf!« Er schlug mit der Faust auf den Tisch. »Es ist mein Land, und die werden mich noch kennenlernen! General John Sutter kämpft für sein Recht!«

Annette Sutter klingelte nach dem Mädchen, das frischen Ziegenkäse und Früchte zum Dessert brachte. Levi genoß jeden Bissen. Er war müde und nutzte die nächste Gelegenheit, um sich zurückzuziehen. »Sie waren sehr freundlich zu mir«, sagte er in die Runde, »und ich möchte mich herzlich für ihre Gastfreundschaft bedanken, denn morgen werden wir uns vermutlich nicht mehr sehen, da ich sehr früh aufbrechen muß.« Er verabschiedete sich von der Familie und ging zu Bett. Die Decke erinnerte ihn an die herrlichen Plumeaus, die es einst auf dem Weg nach Bremerhaven in einem der deutschen Gasthöfe gegeben hatte. Levi schlief tief und traumlos. Als er am nächsten Morgen erwachte, dachte er, daß Sutters Geschichte ihn so gefangen genommen hatte, daß er den ganzen Abend nicht einen einzigen Moment an Pauline gedacht hatte – zum ersten Mal, seit er ihren Brief erhalten hatte.

Levis Wagen war reichlich bestückt mit allem, was er glaubte den Goldsuchern verkaufen zu können. Er verließ Sutters Farm und traf gegen Mittag auf eine Gruppe von etwa dreißig Indianern. Sie waren klein gewachsen, hatten schmale Augen, breite Nasen und große Münder. Wenn sie lachten, gaben ihre Lippen den Blick auf perlweiße Zähne frei, die kreuz und quer im Kiefer standen. Ihre dicken Haare schimmerten in verschiedenen Brauntönen und umrahmten die Köpfe wie Pelzmützen. Die Haut der Indianer war von gelblichbrauner Farbe. In ihre Ohren hatten sie riesige Löchern gestochen, darin trugen sie lange, fingerdicke Rollen, die mit Zeichen oder Glasperlen verziert waren. Die Frauen waren am Kinn tätowiert und trugen Schmuck aus Perlen, Knöpfen und Federn. Bekleidet war die ganze Gruppe mit allem, was die Weißen auf ihrem Weg zu den Minen liegenlassen hatten. Das führte bisweilen zu merkwürdigen Kombinationen, wie bei einem Mann, der eine völlig zerrissene Jacke über seinem Lendenschurz trug und dessen nackte Beine in dicken Stiefeln steckten. Drehte er sich um, prangte sein nackter Hintern wie der eines Pavians unter der Jacke hervor. Levi gefiel nicht, was er da sah. Aber die Indianer waren sehr freundlich. Sie hießen ihn herzlich willkommen und boten ihm an, mit ihnen zu essen. Levi schaute die Speisen zweifelnd an. Wenn ihn nicht alles täuschte, handelte es sich hier um eine Mischung, die ihm eher fremd war, und die er bei näherem Hinsehen auch nicht unbedingt kennenlernen wollte. Der an Stöcken gebratene Fisch schien ja noch genießbar zu sein. Weniger appetitlich fand er allerdings die Eidechsen, Heuschrecken, Frösche und Käfer, die die Eingeborenen über dem Feuer rösteten und genußvoll zwischen den Zähnen knacken ließen. Zu allem wurde ein schokoladefarbenes Brot aus zu Pulver gestampften Eicheln und Wasser gereicht, das feucht, schwer und bitter schmeckte. Levi lehnte dankend ab. »Eieresser?«, fragte der Mann mit der zerrissenen Jacke. Levi nickte und nahm die Bezeichnung nicht als Schimpfwort. Eieresser war der Spitzname, den die jüdischen Hausierer schon vor Jahren von den Cherokee Indianern erhalten hatten. Seither nannten die Einheimischen sie landauf, landab so, weil sie, um gesichert koscher zu essen, fast immer um Eier baten, wenn sie fremde Speisen angeboten bekamen.

Levi öffnete seine Kisten und Koffer und zeigte den Eingeborenen, was er zu verkaufen hatte. Neugierig scharten sie sich um seinen Wagen. Der Anführer verliebte sich in ein scharfes Messer, das er um jeden Preis haben wollte. Das Geld, das er in der Tasche trug reichte nicht aus, und er bedeutete Levi, daß er ein Tauschobjekt holen wollte. Levi sah, wie er in seinem Tipi verschwand, und mußte ein Schmunzeln unterdrücken. Die Behausung der Indianer bestand aus einer Konstruktion, die er so noch nie gesehen hatte. Sie wohnten in Erdlöchern von etwa drei auf sechs Metern und sechzig Zentimetern Tiefe. Über diesen erhob sich ein zeltförmiges Dach, das sie mit Holz und Erdreich bedeckten. Oben war eine kleine Öffnung, damit der Rauch der Feuerstelle abziehen konnte. Als Eingang diente ein Loch, durch das man auf allen Vieren in das Innere kriechen konnte. Der Mann tauchte aus einem dieser Löcher wieder auf, in der Rechten hielt er eine kunstvoll verzierte Pfeife, die er Levi entgegenstreckte. Levi ließ sich auf den Handel ein und gab ihm das Messer. Dann verschnürte er seine Sachen und brach auf.

Sein nächstes größeres Ziel war Placerville. Der Weg dorthin führte ihn durch viele kleine Nester. Er kam nach El Dorado und Camino, nach Pollock Pines und Diamond Springs, nach Smith Flat und Shingle Springs. Überall bot er seine Waren feil und notierte sich die Bestellungen der Goldgräber, um ihnen das Gewünschte beim nächsten Besuch mitzubringen. Placerville selbst bestand aus einer Ansammlung von ärmlichen Holzhütten, deren jeweiliger Standort sich nach den Gegebenheiten der hügeligen Umgebung richtete. Das Städtchen hatte einen Ruf wie Donnerhall. Von den Goldgräbern 1848 gegründet, hatte es zunächst den Namen »Old Dry Diggings«. Ein Jahr später war diese Bezeichnung niemand mehr geläufig. Jedermann sprach nur noch von »Hang Town«, denn die Bürger des Ortes hatten Recht und Ordnung selbst in die Hand genommen und knüpften Banditen ohne großes Federlesen am nächsten Baum auf. Im Mai 1854 wurde das mörderische

Pflaster in den Stand einer Kreisstadt erhoben und erhielt gleichzeitig den unverfänglichen Namen »Placerville«.

Levis Wagen rumpelte heran. Kurz bevor er zu den ersten Häusern gelangte, merkte er, daß mit einem Rad seines Wagens etwas nicht in Ordnung war. Kein Wunder, wenn hier etwas kaputt ging. Der ausgetrampelte Pfad bestand aus nichts als zwei Furchen im harten Boden, zwischen deren Steinen Beifuß und anderes Unkraut wucherte. Er verlangsamte sein Tempo und achtete genauestens auf die Unebenheiten des Weges. In Placerville suchte er sofort einen Stellmacher auf, um das Rad richten zu lassen. Levi schaffte es bis vor seine Werkstatt. Der Stellmacher kam heraus. Hausierer waren immer eine willkommene Abwechslung. Während Levi ihm die Reste seines Sortiments zeigte, bat er ihn um Hilfe. »Ich muß zurück nach San Francisco, neue Waren aufladen, aber so, fürchte ich, komme ich nicht bis dorthin.« Er sah sich den Schaden an. »Das kann ich richten, aber heute schaffe ich es nicht mehr. Suchen Sie einen Schlafplatz für sich und Ihr Maultier, morgen oder übermorgen können Sie dann weiter.«

Levi fand eine Scheune, deren Eigentümer ihm gegen geringes Geld zwei Tage Quartier gab. Er band sein Muli fest, versorgte es und verspürte plötzlich großen Hunger. »Vergib mir«, schickte er in Richtung Himmel, während sein Magen so laut knurrte, daß er nicht sicher war, ob Der Ewige seine Bitte gehört hatte. Dann nahm er die schwere Tasche mit den kostbaren Seidenbändern und Spitzen und suchte den nächstbesten Saloon auf. Bereits im Hereingehen bestellte er sich etwas zu essen, ohne sich darum zu kümmern, ob es koscher war oder nicht. Schon lange hatte er sich, anfangs mit schlechtem Gewissen, dazu durchgerungen, seinen körperlichen Bedürfnissen bei Bedarf den Vorrang gegenüber der Religion zu geben. Er bevorzugte freilich die erlaubten und gewohnten Speisen, aber auf seinen Wegen durch das Land ließen sich die entsprechenden Regeln nicht immer einhalten und ohne Essen ging es nun einmal nicht. Wenn Der Ewige gewollt hätte, daß sein Volk immer koscher ißt, hätte er weder lange Schiffsreisen noch lange Wege, wie ich sie zu gehen habe, zugelassen, dachte Levi. Er setzte sich an einen Holztisch und sah sich um. Am Nebentisch saßen vier Männer, die würfelten. »So, das mach erstmal nach!«, rief einer von ihnen und triumphierte: »Zweimal fünf Augen, macht zwölf!« Sein Nachbar verzog das Gesicht zu einem Grinsen: »Zweimal fünf Augen macht zehn, du Idiot!« »Mach's trotzdem nach«, trotzte der Erste, »und nenn' mich nicht Idiot!« Er stand auf, holte aus und landete eine rechte Gerade auf dem Auge des Spötters. Der hatte mit einer solchen Attacke nicht gerechnet, fiel hintenüber vom Stuhl, rappelte sich auf, tat einen markerschütternden Schrei und stürzte sich auf den Schläger. Levi nahm seinen Teller mit dampfenden Bohnen und krossem Speck und verzog sich in die hinterste Ecke des Raumes. Von hier aus konnte er beobachten, wie sich binnen Minuten eine wüste Prügelei entwickelte, an der beinahe alle Männer beteiligt waren, die eben noch friedlich nebeneinander gesessen hatten.

Plötzlich drangen von draußen lauter Jubel und Hurrageschrei in den Tumult. Die Raufbolde ließen unvermittelt von einander ab. »Das ist sie!«, schrien sie durcheinander und stürzten auf die Straße. »Das ist wer?«, fragte Levi den Wirt und setzte sich wieder auf seinen ursprünglichen Stuhl. »Wenn sie so schreien, kann das nur die kleine Crabtree sein«, sagte der Wirt und räumte die Tische aus der Mitte an die Seiten, um Platz für den bevorstehenden Auftritt zu machen. Der Lärm kam näher und Levi trat vor die Tür, um zu sehen, was der Anlaß war. Der Name Crabtree sagte ihm nichts, aber wenn alle so begeistert waren, mußte ja etwas ganz besonderes dahinter stecken.

Auf den Schultern zweier großer Kerle balancierte umringt von einer Horde grölender Männer ein vor Freude strahlendes junges Mädchen. Levi rieb sich die Augen. So etwas war ihm in seiner ganzen Zeit als fliegender Händler nicht untergekommen. Wie hatte der Wirt noch gesagt, hieß die kleine feuergelockte Person? »Lotta! Lotta! Lotta!«, skandierten die Männer und trugen das Kind in den Saloon. Levi beeilte sich ihnen zu folgen. In diesem Moment riß Mary Ann Crabtree das Ruder an sich. Gewohnt, mit den groben Burschen umzugehen, fand sie sofort den richtigen Ton: »So, Gentlemen, runter mit der Künstlerin! Da oben kann sie nicht tanzen!« Die beiden Männer nahmen das Kind als sei es aus Porzellan und setzten es vorsichtig ab. Lotta strich sich die Locken aus dem Gesicht, drehte sich einmal um sich selbst, verbeugte sich in alle vier Himmelsrichtungen und machte schließlich einen artigen Knicks. Die Männer klatschten. Oft wochenlang alleine in den Bergen, waren viele von ihnen ausgehungert nach dem Anblick einer Frau oder gar eines Kindes. Einigen stand angesichts der kleinen Lotta Crabtree die Tränen in den Augen, wenn sie an ihre Familien überall in der Welt dachten.

Mary Ann reichte ihrer Tochter das Banjo – die Vorstellung begann. Lotta war inzwischen ein echter Profi, hatte sich aber ihren umwerfenden Charme und ihre natürliche Ausstrahlung bewahrt. Sie sang und tanzte beinahe eine halbe Stunde, klatschte und fegte wie ein Wirbelwind über den Boden. Am Ende der Darbietung glühten ihre Wangen und sie atmete heftig. Sie lächelte strahlend in die Runde, breitete ihre Arme mit einer großen Geste aus und verbeugte sich, indem sie wie ein Taschenmesser zusammenklappte. Die Zuschauer waren begeistert und wie immer, wenn das Mädchen auftauchte, regnete es Dollars, Goldstaub und Nuggets, die Mary Ann gewissenhaft zusammensuchte und aufsammelte. Levi nahm seine Tasche vom Boden und stellte sie auf den Tisch. Kaum hatte er die ledernen Laschen gelöst und zwei bunte Bänder und ein Stück Spitze herausgeholt, da war Lotta Crabtrees Neugierde auch schon geweckt. Sie kämpfte sich den Weg frei und kniete sich auf einen Stuhl, um besser sehen zu können. Levi hielt ihr ein leuchtendblaues Seidenband entgegen. »Das sieht sicher sehr schön zu deinem Haar aus«, sagte er freundlich. Lotta rief ihre Mutter: »Komm doch mal bitte her, sieh doch nur, was er alles in seiner Tasche hat!« Mary Ann war keineswegs begeistert. »Laß dir nichts andrehen. Alles Plunder! Für sowas haben wir keinen Cent«, schimpfte sie und stopfte das eingesammelte Geld in Lottas Rucksack. »Ich schenke es dir«, sagte Levi und deutete auf das Band. »Du hast so schön getanzt, dafür schenke ich es dir gern.« Lotta war entzückt, bedankte sich hastig und rutschte – das Band fest in der Hand – sicherheitshalber ganz schnell von dem Stuhl herunter, falls der freundliche Fremde auf die Idee kam, sich die Sache anders zu überlegen. Als sie an der Hand ihrer Mutter den Saloon verließ, drehte sie sich in der Tür noch einmal um und warf Levi einen glücklichen Blick und eine Kußhand zu.

Am nächsten Tag ging Levi beim Stellmacher vorbei, der den Wagen schon repariert hatte. Der Preis, den er verlangte, war anständig. Levi zahlte und verabschiedete sich. Gut gelaunt spannte er das Maultier vor den Karren und trat den Heimweg nach San Francisco an. Noch länger herumzuziehen hatte keinen Sinn, denn sein Bestand war beinahe vollständig verkauft.

Da er kaum noch etwas anzubieten hatte und seinen Marsch entsprechend nur zum Schlafen unterbrach, kam Levi schnell voran und freute sich, als er schon von weitem den Mast von Telegraph Hill sehen konnte. Wagen und Muli stellte er für ein paar Dollar in einem Stall unter, denn in der California Street gab es keinen Platz. Dann schulterte er seine Ledertasche und stapfte nach Hause. Um die Mittagszeit stand er vor Davids Geschäft. Levi ging hinein. Beim Anblick seines Schwagers wich er unwillkürlich einen Schritt zurück. David war kreidebleich und schaute ihn tieftraurig an. »Was ist mit dir«, fragte Levi, der dachte, sein Freund leide an einer schweren Krankheit. David kam hinter der Ladentheke hervor und umarmte Levi. Unter Tränen erzählte er ihm, daß der kleine Henry vor etwas mehr als zwei Wochen gestorben war. Levi stand wie versteinert. Ich muß zu Fanny, durchzuckte es ihn. Er löste sich aus der Umarmung, klopfte David sanft auf die Schulter und eilte die Treppe hinauf zu seiner Schwester.

Fanny stand, den gramgebeugten Rücken zur Tür, in der Küche und machte sich am Herd zu schaffen. Das Kleid schlotterte um ihre Taille. In Gedanken an ihr totes Kind vertieft, hatte sie ihren Bruder nicht kommen hören und erschrak entsetzlich, als Levi von hinten an sie herantrat. Kaum hatte sie ihn jedoch erkannt, flog sie in seine Arme und begann bitterlich zu schluchzen. »Er war noch ein Kind, ein kleines liebes Kind. Er hat niemand etwas getan. Warum er? Warum?« Sie suchte in der Schürze nach ihrem Taschentuch und schneuzte sich. Levi führte sie zum Tisch und drückte sie sanft auf einen Stuhl. Fanny gewann die Fassung wieder und war jetzt in der Lage, wenn auch stockend, zu erzählen. Im vergangenen Monat waren alle Kinder erkältet gewesen, doch während die anderen sich schnell erholten, wurde Henry immer blasser und schwächer. Dann kam ein hohes Fieber hinzu, dessen Ursache der Arzt nicht finden konnte. Sie machten Wadenwickel und gaben dem kleinen Patienten kalte Kompressen, aber das Fieber wollte nicht sinken. In ihrem Kummer vermischte sie jiddische und amerikanische Worte derart, daß Levi Mühe hatte, ihrer Erzählung zu folgen. »Und dann, vor dreizehn Tagen kam diese schreckliche Nacht«, Fanny fing wieder an zu weinen. »Henry hat gar nichts mehr gegessen und bat immer nur um Wasser. Er hatte so einen Durst. Ich habe ihn mit mir ins Schlafzimmer genommen, damit ich ihn jederzeit höre und er die Kleinen nicht weckt, wenn er nach mir ruft. Er hat so schwer geatmet. Ich lag die ganze Zeit wach neben ihm. Aber in den frühen Morgenstunden ging es ihm besser, er wurde ruhiger, und da bin auch ich eingeschlafen.« Ihre Stimme versagte, sie verbarg das Gesicht hinter den Händen. »Und als ich aufgewacht bin, da lag er neben mir. Ganz friedlich. Ich streichelte ihm über die Stirn. Sie war kalt. Er atmete nicht mehr. Sein kleines Herz hatte aufgehört zu schlagen. Einfach so, während er schlief. Wir haben sofort den Arzt gerufen, aber er konnte nichts mehr für Henry tun. Wahrscheinlich eine Lungenentzündung, hat er gesagt.« Levi mußte unwillkürlich an seinen Vater denken. Er hielt seine unglückliche Schwester fest in den Armen und wiegte sie wie ein kleines Kind. Nach einer Weile löste sie sich von ihm, strich sich die Haare aus dem Gesicht und straffte die Schultern. »Aber David hat recht. Wir haben noch andere Kinder, um die wir uns kümmern müssen. Besonders für Jacob ist Henrys Tod so schwer. Er hat so an seinem Bruder gehangen und leidet sehr.«

Wie auf das Stichwort kamen Jacob, Caroline und der kleine Sigmund in die Küche. Mit großem Hallo begrüßten sie ihren Onkel. Levi ging zu seiner Tasche und winkte die Kinder zu sich. Kommt mal her! Ich habe euch etwas mitgebracht.« Er machte sich umständlich an den Laschen zu schaffen. Nichte und Neffen standen Hand in Hand vor ihm und schauten gespannt auf die Tasche. Levi zog vorsichtig die Pfeife, die ihm der Indianer bei Marysville geschenkt hatte heraus und gab sie Jacob. »Sie ist für euch drei, aber du bist der Älteste, und deshalb gebe ich sie dir, paß gut darauf auf. Es ist eine echte Friedenspfeife.« »Kinder dürfen nicht rauchen!«, krähte Sigmund und steckte die Pfeife in den Mund. »Schmeckt nicht gut«, konstatierte er und gab sie seiner Schwester, die die kunstvollen Verzierungen bewunderte.

Am nächsten Morgen ging Levi zum Hafen. Mit jedem Schritt in Richtung Kai wurde sein Herz schwerer. Wie oft war er diesen Weg in der Hoffnung auf ein Lebenszeichen von Pauline gegangen. Er atmete tief durch und verbannte die trüben Gedanken. Schließlich war er zum Arbeiten hier. David hatte noch immer keinen Ersatz für Connor gefunden und war dankbar, den Schwager wenigstens vorübergehend wieder an seiner Seite zu haben. Jonas und Louis hatten eine größere Fracht mit Stoffen angekündigt, und Levi wollte ausfindig machen, wann das Schiff aus New York erwartet wurde. Etwa zehn Tage, hieß es, müsse er noch warten. Levi und David nutzten die Zeit, um das Geschäft wieder zu sortieren und eine Bilanz von Levis Ausflug zu den Goldgräbern zu ziehen. Sie übertraf all ihre Erwartungen. Levi hatte alles, vom Topf bis zum Kamm für ein Vielfaches dessen verkauft, was David für die gleichen Artikel in der Stadt erzielen konnte und eingenommen hatte. »Und das, obwohl, San Francisco ohnehin schon teuer genug ist.« David pfiff anerkennend durch die Zähne. Levi nahm fünf Dollar von dem Geld, um es für ein Waisenhaus zu spenden. » Die Kinder tun mir leid«, sagte er zu David. Sie haben ihre Eltern verloren und niemanden, der sich um sie kümmert.« David dachte an Henry und nickte.

»Ich mache dir einen Vorschlag«, sagte Levi am nächsten Abend. »Ich habe eine ganze Reihe von Sachen, die die Leute in den Camps bei mir bestellt haben. Ich werde sie in den nächsten Tagen besorgen und bleibe noch so lange hier, bis die Lieferung von Jonas und Louis kommt. Dann helfe ich dir noch, die Sachen zu verstauen, nehme mit, was ich in den Bergen verkaufen kann und mache mich wieder auf den Weg.« David war sofort einverstanden. Die Einnahmen seines Schwagers ließen keinen Zweifel daran, daß er unbedingt wieder zu den Goldgräbern ziehen sollte.

Mit dreitägiger Verspätung traf am 6. Juni 1855 endlich das Schiff aus New York ein. Levi stand am Kai und erwartete seine Lieferung. Für den Transport der schweren Stoffballen hatte er sein Muli und den Karren geholt. Er kraulte das geduldige Tier zwischen den Ohren. Etwas weiter vorne hatte sich am Kai eine große Menschenmenge versammelte, die auf einmal in laute Vivat-Schreie ausbrach. Levi schaute herüber. Gefolgt von einer Truppe Schauspieler schritt Lola Montez in spanischer Aufmachung zu einem Schiff. Nachdem sie in San Francisco und Umgebung große Erfolge gefeiert, ein paar handfeste Skandale provoziert und sehr gut verdient hatte, stand der Tänzerin der Sinn nach neuen Abenteuern. Mit Musik und Eskorte wurde sie zur »Fanny Major« begleitet, die sie nach Melbourne bringen sollte. Ganz vorne am Kai standen die kleine Lotta Crabtree und ihre Mutter, um sich zu verabschieden. Lotta weinte, denn Mary Ann hatte Lolas Angebot, ihre Tochter mit auf Tournee nach Australien zu nehmen, dankend abgelehnt. Warum sollte sie ihr Goldkind einer Fremden mitgeben, wenn sie hier soviel Geld mit ihr machen konnte?

Als Levi erkannte, wer da mit so viel Brimborium verabschiedet wurde, rümpfte er die Nase. »Diese Person verfolgt mich«, murmelte er, sein Muli machte eine zustimmende Kopfbewegung und schaute ihn verständnisvoll an. »Ich hoffe, das ist das letzte Mal, daß sie meinen Weg kreuzt«, das Muli schlug den Kopf wie zur Bestätigung nach oben. »Na, du mußt es ja wissen«, lachte Levi. Tatsächlich kehrte die Montez im folgenden Jahr nur noch einmal für wenige Monate nach Kalifornien zurück, bevor sie dem Westen Amerikas auf einem Dampfer namens »Orizaba« den Rücken kehrte und nach New York abreiste, wo sie am 17. Dezember 1861 starb.

Endlich wurden die Stoffballen abgeladen, auf die Levi so sehnsüchtig gewartet hatte. Kattun, uni und bedruckt, Segeltuch, Packleinwand und Zeltbahnen. Er lud Ballen um Ballen auf seinen Karren und brachte die schwere Fuhre in die California Street. Dort erwartete ihn David, der bereits Platz in den Regalen geschaffen hatte. Sie hatten noch nicht alles verstaut, da betrat dieselbe dicke Frau, die Levi am Tag seiner Ankunft das erste Mal gesehen hatte, den Laden. Hinter ihr stand ein Mann, dessen braungebranntes Gesicht und Hände keinen Zweifel daran ließen, daß es sich um einen Goldgräber handelte. »Das ist mein Mann«, sagte die Dicke triumphierend und zeigte auf ihn. »Der Mann zog den Hut ein wenig nach vorne und machte einen angedeuteten Diener. »Jack«, stellte er sich mit schnarrender Stimme vor. »Hier kriegst du alles, was du in den Bergen brauchst«, seine energische Gattin schob ihn nach vorne. Während die Kundin nach Stoffen für Kleider suchte, deckte sich Jack mit allem ein, was er für seine nächste Tour brauchte. Als er alles zusammengetragen hatten, fragte er Levi nach Stoff, um daraus Zelte oder Wagenplanen machen zu lassen. »Soeben aus New York eingetroffen«, sagte Levi wahrheitsgemäß und präsentierte die verschiedenen Materialien. Der Mann befingerte die Stoffe und entschied sich schließlich für ein festes Segeltuch, von dem er gleich einen ganzen Ballen kaufte.

Zwei Tage später brach Levi erneut in die Camps der Goldsucher auf. Sein Wagen war noch schwerer beladen, als beim ersten Mal. Er wählte eine Route, die ihn über Sacramento direkt bis in die Sierra Nevada führte. Wieder rissen sich die Männer um seine Waren. Zuverlässig hatte er alles aufgeladen, was bestellt worden war und ließ sich gerne mit Goldnuggets, die Unze zu sechzehn Dollar bezahlen. Auf seinem Weg durch die Berge traf er auf Snowshoe Thompson. Der Mann mit der gegerbten Haut hatte seinen Spitznamen von den selbstgebastelten, hölzernen Schneeschuhen, mit denen er im Winter die Post auch zu den entlegensten und verschneitesten Claims brachte. Thompson war einer von denen, die durch den Goldrausch reich wurden, ohne jemals eine Hacke oder Schaufel in die Hand genommen zu haben. Er brachte den Prospektoren Nachrichten aus der Heimat und transportierte auf dem Rückweg ihre Goldfunde in die Stadt, um sie bei den Banken zur Aufbewahrung zu deponieren. Je nach Gewicht und Aufwand verlangte er zwischen zweieinhalb Dollar und einer Unze Gold, und obwohl die Preise hoch waren protestierte niemand. Levi zahlte und gab Thompson einen Brief an Fanny und David mit, in dem er seine baldige Rückkehr ankündigte.

Die heftigen Gewitter hatten sich ausgetobt. Durch die Kraft der Sonne waren die vom Regen verschlammten Wege getrocknet, und Levi kam gut voran. Eines Nachmittags saß er auf einer Wiese und nahm eine kleine Mahlzeit zu sich, da näherten sich vier Reiter. Levi sah ihnen furchtfrei entgegen. Bis heute hatte er mit niemand Streit gehabt, sondern war immer nur freundlich behandelt worden, er kam gar nicht auf die Idee, daß sich daran etwas ändern könnte. Als die Männer näher kamen, erkannte er, daß der erste von ihnen, Jack, der Mann von Davids dicker Kundin, war. Levi stand auf, wischte sich die Hände an der Hose ab und ging ein paar Schritte auf die Männer zu. Er streckte Jack die Hand entgegen. »Jack, so ein Zufall, daß wir uns ausgerechnet hier in der Wildnis wiedersehen. Erinnern Sie sich noch an mich?« »Ob ich mich noch erinnere?«, schnarrte Jack böse und schlug die zum Gruß gebotene Hand aus. »Du bist der Mistkerl, der mir den miserabelsten Zeltstoff verkauft hat, den die Welt jemals gesehen hat. Das Zeug läßt jeden Tropfen Wasser durch.« Er griff hinter sich an den Sattel und zerrte einen Ballen Stoff nach vorne. »Hier, das haben wir noch übrig von dem verdammten Zeug. Das kannst du wieder haben«, er warf Levi den Ballen vor die Füße. »Und den Rest will ich bezahlt kriegen!« Jack sah Levi mit vor Wut funkelnden Augen an. »Dafür hast du mir einen ganz schönen Batzen Geld abgenommen und das wirst du mir jetzt schön brav zurückgeben!« Die drei Männer hatten sich drohend hinter Jack aufgebaut und verliehen seinen Forderungen mit einem Griff an ihre Pistolen Nachdruck. Levi erkannte den Ernst der Lage. Dieser Mann war zornig und fühlte sich mit seinen drei Kumpanen zu recht in der stärkeren Position. Aber ihm das ganze Geld zurückzugeben, kam gar nicht in Frage. Er versuchte Zeit zu gewinnen. »Das tut mir leid. Kommt, setzt euch doch einen Moment, wir werden sicher eine Lösung finden. »Was heißt hier werden? Die Lösung ist schon gefunden, ich will mein Geld zurück und zwar jeden Cent, sonst blasen wir dir ein Loch in den Schädel.« Die anderen knurrten zustimmend. »Hör zu«, log Levi, »ich habe nicht so viel Geld bei mir. Aber ich mache dir ein Angebot. Ich verarbeite den restlichen Stoff zu Hosen. Arbeitshosen, so stabil wie ihr sie noch nie getragen habt. Arbeitshosen, so strapazierfähig, wie es sie nirgends zu kaufen gibt. Mag ja sein, daß der Stoff Wasser durchläßt, aber dafür ist er so reißfest wie kein anderer, dafür lege ich meine Hand ins Feuer.« Die Männer schauten sich gegenseitig auf ihre zerschlissenen Hosen. »Na ja, brauchen könnten wir so etwas schon«, lenkte Jack ein. »Aber ich warne dich, Freundchen, leg' mich nicht rein, sonst blase ich dir doch noch dein kleines bißchen Gehirn aus dem Schädel.« Er hielt Levi drohend den Gewehrlauf unter das Kinn. Levi rührte sich nicht. Mit leicht zurückgeneigtem Kopf antwortete er: »Nein, Jack, natürlich lege ich euch nicht herein. Jetzt steigt von euren Pferden und laßt mich eure Maße nehmen, damit die Hosen dann auch wirklich passen.« Die Männer schwangen sich aus ihren Sätteln. Mit einer Kordel nahm Levi ihre Maße und notierte sie. »Morgen abend treffen wir uns hier bei Anbruch der Dunkelheit wieder, dann bekommt ihr eure Hosen.« Jack nickte. »Aber wehe ich kann mich nicht auf dich verlassen. Dann...« Er griff noch einmal drohend nach seinem Gewehr. Die vier Goldgräber saßen auf und ritten davon.

Levi wischte mit dem Handrücken über seine Stirn. Vor Angst völlig verschwitzt nahm er das Muli und führte es zum nächsten Dorf. Was habe ich da nur versprochen, dachte er. Wo soll ich denn bis morgen abend vier Hosen herkriegen, fragte er sich. Ich muß einen Schneider finden.

Koste es was es wolle, der muß mir die Hosen nähen. Der nächste Ort war nicht weit. Doch einen Schneider zu finden, stellte sich als äußerst schwierig heraus. Wie überall waren auch hier fast alle Männer dem Ruf des Goldes an die Flußläufe gefolgt. Levi lief von Haus zu Haus. Endlich stand er vor einer kleinen Werkstatt, aus deren Innerem das fahle Licht einer kleinen Öllampe leuchtete. Die Tür stand einen winzigen Spalt offen. Levi klopfte und trat gleichzeitig ein. An einem kleinen Holztisch saß ein alter, verhutzelter Mann, der ihn mißtrauisch beäugte. »Verzeihen Sie bitte, daß ich Sie störe. Aber ich brauche dringend Ihre Hilfe.« Levi erzählte dem alten Schneider von den vier wütenden Männern und bat inständig, er möge ihm helfen. Der Alte durchschaute die Situation sofort und nickte bedächtig. »Nun, ich kann das schon machen. Vier Hosen bis morgen abend, das soll nicht das Problem sein.« Er zwirbelte sein kleines graues Bärtchen. »Aber das kostet natürlich einiges. Ich meine, das ist ein Eilauftrag, und dadurch ist es natürlich teurer.« »Natürlich«, Levi nickte verständnisvoll. Der Schneider guckte ihn listig aus seinen wäßrigen Augen an, während er scharf nachdachte, wieviel er diesem Fremden wohl für eine Hose abknöpfen konnte. »Zwei Dollar das Stück, und du hilfst mir beim Zuschneiden«, sagte er schließlich. In seiner Stimme schwang ein Quentchen Unsicherheit mit. Levi hörte es wohl. Doch dies war nicht der Zeitpunkt, zu handeln. Wichtig war nur, daß die Hosen rechtzeitig fertig wurden. »Zwei Dollar das Stück und ich helfe beim Zuschneiden«, stimmte er zu und besiegelte die Absprache mit einem Handschlag. Dann holte er den Stoff vom Wagen und machte sich gemeinsam mit dem Schneider sofort an die Arbeit. Nach Levis Maßen schnitten sie die Hosen zu und legten die einzelnen Teile fein säuberlich aufeinander, so wie sie genäht werden sollten. Am nächsten Morgen trafen sie sich ganz früh am Morgen wieder und der Schneider begann sein Werk. Mit glühender Nadel fertigte er alle vier Beinkleider und war fertig, als der Nachmittag zum Abend wurde. Es war schon zu spät, um mit Muli und Wagen rechtzeitig zum verabredeten Platz zu kommen.

Also lieh sich Levi ein Pferd und galoppierte los. Jack und seine Freunde erwarteten ihn schon. Levi gab ihnen die Hosen. Die Männer begutachteten sie skeptisch von allen Seiten, schließlich zogen sie sie an. Die Hosen waren so geschnitten, daß die Goldgräber sie über die Lumpen, die sie trugen, stülpen konnten. Sie schlossen die Knöpfe und schauten sich an. Jack machte zwei prüfende Bewegungen. »Naja, die helle Farbe ist natürlich schrecklich, schwarz wäre besser«, versuchte er seine Begeisterung zu verbergen. Aber Levi sah an allen vier Gesichtern, daß er gewonnen hatte. »Jack, was schert dich die Farbe?«, er hatte Oberwasser. »Dreckig werden die Hosen sowieso, egal welche Farbe sie haben, aber diese hier gehen nie kaputt. Und guck mal, was ich für große Taschen aufgesetzt habe. Da kriegst du dein ganzes Werkzeug rein.« »Was heißt hier Werkzeug, die stopfen wir voll mit Gold!«, schnarrte Jack, und seine Freunde grölten vor Lachen. »Na gut, Jude, hast noch mal Glück gehabt. Steig auf deinen Gaul und mach, daß du weiter kommst!« Er schlug Levi fest auf den Rücken. Der stolperte ein wenig nach vorne und beeilte sich zu gehorchen. Zurück im Dorf suchte er als erstes den Schneider auf und gab ihm das gesamte restliche Segeltuch, das er noch auf dem Wagen hatte. »So, daraus nähst du mir jetzt auch noch Hosen, genau nach den vier Maßen, die wir hier haben«, orderte er. Der Schneider witterte das Geschäft seines Lebens: »Kann ich schon machen, aber die ersten vier hast du für einen Sonderpreis bekommen, ab jetzt will ich zwei Dollar und fünfzig Cent.« Er legte den Kopf schief und versuchte zu ergründen, ob er sich mit dieser Forderung zu weit aus dem Fenster gelehnt hatte. »Zwei Dollar und dreißig, aber keinen Cent mehr«, sagte Levi, der überzeugt war, die Hosen für mindestens das Doppelte verkaufen zu können.

Chinatown

Nach der Niederlage gegen die Briten im Opiumkrieg, war China Mitte der vierziger Jahre von mehreren Naturkatastrophen hintereinander heimgesucht worden. Geplagt von Hunger und Krankheit, erhoben sich Teile der Bevölkerung gegen die Regierung, die sie für das Elend verantwortlich machten. Doch auch durch Rebellionen und Aufstände ließ sich die Not nicht lindern. Die Menschen, bereit nach jedem rettenden Strohhalm zu greifen, suchten verzweifelt nach Auswegen.

Ein Jahr war es her, daß James Wilson Marshall die ersten Nuggets aus dem Feather River gefischt hatte. Und inzwischen war die Kunde vom kalifornischen Wunder auch nach Asien gedrungen. Schiffe brachten die Nachricht von den Goldfunden bis in die Provinz Kanton. Hier lebte der knapp zwanzigjährige Hong Teng Wu in einem kleinen Dorf und bemühte sich Tag für Tag, dem wenig ergiebigen Boden wenigstens ein Minimum an Nahrungsmitteln abzutrotzen. Kaum hatte er von den Ereignissen in Amerika gehört, faßte Hong Teng Wu den Entschluß, sein Glück in den Bergen um San Francisco zu suchen. Er ging zu den Ältesten des Dorfes und unterbreitete ihnen eine Idee, die wenig später in ganz China Praxis werden sollte. »Laßt mich als Abgesandten des Dorfes nach Gow Kum Shain gehen und dort für uns alle nach Gold suchen. Keiner von uns hat ausreichende Mittel, die Reise nach Kalifornien zu bezahlen, aber wenn wir alle zusammenlegen, kann einer gehen«, er machte eine tiefe Verbeugung und deutete dabei auf sich selbst. »Bei meinem Leben schwöre ich, daß ich jedes Körnchen meiner Funde mit denen teilen werde, die mir jetzt die Reise und eine Ausrüstung ermöglichen. Ich werde Tag und Nacht arbeiten und nicht eher ruhen, bis ich meine Schulden mit Zins und Zinseszins zurückzahlen und als reicher Mann meinen

Wohlstand mit euch teilen kann.« Hong Teng Wu kreuzte die Hände vor der Brust, verbeugte sich noch einmal und entfernte sich. Die Beratung der Ältesten dauerte nicht lange. Sie kannten den jungen Mann als fleißig und zuverlässig. Auf sein Wort war Verlaß, niemals hatte er sich etwas zuschulden kommen lassen. Wenn einer aus ihrer Gemeinschaft das Zeug hatte, in Amerika ein reicher Mann zu werden, dann er. Sie verkündeten ihren Beschluß den Bewohnern des Dorfes. Die meisten waren sofort bereit, Hong Teng Wu zu unterstützen und kratzen ihre letzten Yuan zusammen, um gemeinsam seine Schiffspassage zu finanzieren und ihm genügend Geld für die notwendige Ausrüstung mitzugeben. Hong Teng Wu ging an Bord eines Postdampfers und trat die Reise nach San Francisco an.

1848 waren nur drei Chinesen hier eingetroffen, doch seither hatte sich ihre Zahl auf zwanzigtausend vervielfacht. In San Francisco angekommen, mußte Hong Teng Wu sehr bald erkennen, daß er und seine Landsleute in Kalifornien keineswegs willkommen waren. Kaum von Bord, wurden sie von den anderen Passagieren getrennt und mußten sich in einer langen Reihe hintereinander aufstellen. Ein Zollbeamter durchwühlte das ganze Gepäck, inspizierte alle Körbe und untersuchte die Asiaten, als seien sie Schwerverbrecher. Dann zückte der Mann ein Stück Kreide und versah sowohl Hong Teng Wus Gepäck als auch seinen Rücken mit einem weißen Kreidekreuz. Damit waren die Neuankömmlinge berechtigt, sich zu einem der bereitstehenden Wagen zu begeben, die sie in ihr Viertel bringen sollten. Hong Teng Wu kletterte auf die Ladefläche des Karren und tat, was die anderen Chinesen auch taten: Er stapelte sein Gepäck so aufeinander, daß es möglichst wenig Platz brauchte, und ließ sich auf dem wackeligen Turm aus Körben und Kisten nieder. Als auch der letzte Quadratzentimeter des Wagens ausgenutzt war, setzte dieser sich in Bewegung.

Auf der Brannan Street ging es zur Third Street, diese entlang bis zur Market Street, von hier aus auf der Kearney Street bis zur Sacramento Street, wo die Chinesen absteigen durften und von ihren Landsleuten empfangen wurden.

Dies war das Chinesische Viertel, hier würde ihre neue Heimat sein. Obwohl sie fast alle aus der Provinz Kanton stammten, sprachen die Menschen in Chinatown so unterschiedliche Dialekte, daß sie einander oft nicht verstehen konnten. Entsprechend hatten sich Gruppen gebildet, die sich vor allem durch die gemeinsame Sprache zusammenfanden. Hong Teng Wu fand Unterkunft in einem der hohen Holzhäuser Ecke Kearny/Sacramento Street. Für wenig Geld konnte er ein Eckchen in einem Zimmer oberhalb eines Bordells mieten. Hier wollte er eine oder zwei Nächte schlafen und dann die Sachen dort lassen, die er für sein Abenteuer nicht brauchte. Es drängte ihn, so schnell wie möglich in die Berge aufzubrechen, doch zunächst mußte er sich umsehen und herausfinden, wo er am günstigsten einkaufen konnte. Er zog einen frischen, indigoblauen Kittel und eine saubere, schmalgeschnittene Leinenhose gleicher Farbe an, tauschte die schweren Reiseschuhe gegen leichtere, ballerinaähnliche Schlappen, überprüfte das Seidenband, das seinen langen, schwarzen Zopf über dem Steiß zusammenhielt, setzte den kleinen, topfförmigen Hut auf und verließ das Haus.

In Chinatown lebte die alte Heimat im neuen Land weiter. Hier waren Vergangenheit, Gegenwart und Zukunft eng miteinander verwoben. Hong Teng Wu blähte die Nasenflügel und sog die bekannten Gerüche ein. Die Straßen waren eng, laut und schmutzig. Dicht an dicht gab es Hotels, Bordelle, Spielhallen und kleine Märkte. In speziellen Geschäften wurde die traditionelle chinesische Kleidung verkauft, andere boten besondere Lebensmittel und Gewürze feil. Daneben lagen Opiumhöllen, Wäschereien und Restaurants, die mit gelben Bändern gekennzeichnet waren. Hong

Teng Wu spürte und hörte seinen Magen knurren. Er betrat eines der Häuser, in denen man für wenig Geld essen konnte. Drinnen standen mehrere lange, schmale Tische, an denen nur Männer saßen. Hong Teng Wu quetschte sich an eine Ecke und genoß eine heiße Suppe. Seine Hoffnung, hier jemand zu finden mit dem er sprechen könnte, um ein wenig von bereits gemachten Erfahrungen zu profitieren, erfüllte sich nicht. Die meisten Männer schlangen ihr Essen wortlos und in großer Eile hinunter, standen auf und gingen wieder. Er trank seine Suppe bis zur Neige, verließ so gestärkt das Lokal und stürzte sich in das Getümmel der Straße. Hinter kleinen, vergitterten Fenstern reckten dünne, junge Mädchen ihre Hände hervor. Unglückliche Augen schauten aus ausgemergelten Gesichtern. Kinderstimmen klagten und bettelten. Hong Teng Wu hatte gehört, daß es Männer gab, die in China den armen Bauern ihre kleinen Töchter für wenig Geld abkauften, sie nach Amerika verschleppten und hier wie Sklavinnen hielten. Sie zu sehen fand er jedoch noch viel schlimmer, als davon zu hören, und machte, daß er weiterkam. Außer diesen sah er kaum Kinder auf seinem Streifzug durch die Straßen. Die Regeln in Chinatown waren streng. Die Schule begann am Morgen um 8.00 Uhr und endete erst um 22.30 Uhr am Abend. Die Kinder wurden zweimal mit warmen Mahlzeiten versorgt und wenn nötig mit Schlägen zur Arbeit angehalten. Den Eltern war es recht, so konnten sie bis zu vierzehn Stunden arbeiten, auch wenn sie Familie hatten.

Die Arbeitsbedingungen waren hart. Egal, welche Tätigkeit sie verrichteten, die Chinesen bekamen überall nur die niedrigsten Löhne. Die kleinen Männer aus dem fernen Orient waren bienenfleißig, zuverlässig, bescheiden und betranken sich nicht. Amerikanische Geschäftsleute beschäftigten sie mit Vorliebe. Für einen Dollar am Tag konnte man ihnen jede Arbeit aufbürden und sicher sein, daß sie sie ohne Murren erledigten. Den Chinesen blieb nichts anderes übrig, als sich den ungeschriebenen Gesetzen des gnadenlosen Wettkampfes um Arbeitsplätze zu beugen. Die Konsequenz war, daß viele von ihnen unter menschenunwürdigen Bedingungen lebten. Die ohnehin knappen Wohnungen waren klein, überfüllt und entsprachen keineswegs den hygienischen Bedingungen, unter denen Menschen gesund leben konnten. Dennoch schätzte sich glücklich, wer wenigstens in einer Wohnung, und sei sie noch so eng, unterkam. Unter den Häusern in der Bartlett Avenue und Washington Street befanden sich riesige Keller, die miteinander verbunden waren und meist zu den Geschäften in der Sacramento Street gehörten. Über hölzerne Leitern stiegen die Ärmsten der Armen durch kleine Öffnungen im Mauerwerk in die elenden Quartiere hinab, um sich, zu Hunderten zusammengepfercht, kalte, feuchte Schlafplätze mit Tausenden von Ratten zu teilen. Geldgierige Ganoven vermieteten die Kellerplätze in Schichten, doch dort zu nächtigen war immer noch besser, als auf der Straße schlafen zu müssen. Die allgegenwärtige Armut führte zu hoher Kriminalität. Kleine Seitenstraßen galt es nach Einbruch der Dunkelheit tunlichst zu meiden.

Hong Teng Wu verbrachte den ganzen Tag mit seiner Erkundungstour. Am Abend hatte er mehr gesehen, als ihm lieb war und beschloß, Chinatown so schnell wie möglich den Rücken zu kehren. Am nächsten Morgen kaufte er sich eine Hacke, eine Schaufel, eine Wanne zum Waschen des Goldes, und einen neuen Strohhut, der ihn vor der Sonne schützen sollte. Dann schnürte er sein Bündel mit einer Wolldecke, Eßgeschirr aus Blech und dem, was er meinte darüber hinaus zu brauchen, und machte sich hoffnungsvoll und zuversichtlich auf den Weg ins Glück. Noch ahnte er nicht, daß er es eines fernen Tages in einer kleinen Fabrik in San Francisco finden sollte.

Levi Strauss & Co

Während Levi seine Arbeitshosen für sechs Dollar das Stück mit großem Erfolg verkaufte, war auch David Stern nicht untätig. Durch die steigenden Umsätze konnte er es sich leisten, mit seinem Geschäft in eine bessere Gegend zu ziehen, und als ein kleiner Laden in der Sacramento Street 90 zu vermieten war, griff er sofort zu. Das Gebäude stand auf hölzernen Pfeilern, ganz in der Nähe des Meeres. Durch den Unterbau bestand keine Gefahr, daß die Räume bei Flut und hohen Wellen überschwemmt würden. Durch den Wechsel ersparte er sich von nun an die weite Strecke von der California Street zum Hafen und wieder zurück, wenn die Frachtschiffe einliefen. Kaum war er einigermaßen etabliert, ergab sich die Möglichkeit, noch näher an den Hafen zu kommen. David packte seine Waren zusammen und brachte sie in die Nummer 62. Der Laden florierte, und bald darauf benötigte der Inhaber schon wieder größere Räume. In der Sacramento Street 65 gab es ein leerstehendes Geschäft, das seine Ansprüche erfüllte, aber erbärmlich aussah.

Fanny und David brauchten beinahe eine Woche, um Boden und Wände in einen einigermaßen akzeptablen Zustand zu versetzen. Schlimmer noch als Schmutz und Schimmel waren die Kakerlaken, die sich in allen Winkeln und Ritzen eingenistet hatten. Kaum hielt Fanny die Petroleumlampe in eine Ecke, stoben sie aufgeregt davon. »Das ist ja widerlich!« schimpfte sie und rückte Schaben, Asseln und Käfern beherzt zu Leibe. Endlich war auch das letzte Ungeziefer vernichtet. David räumte stolz die Waren ein. Der Umzug rentierte sich schon am ersten Tag. Das Geschäft blühte. David investierte jeden verdienten Cent und erweiterte sein Angebot.

Als Levi aus den Bergen zurückkehrte, erzählte er seinem Schwager brühwarm, wie die Goldgräber ihm die Hosen aus den Händen gerissen hatten. »Ich habe bereits einen Brief an Jonas und Louis geschrieben und um eine große Lieferung Segeltuch gebeten. Ich bin sicher, daß wir diese Hosen auch hier sehr gut verkaufen können«, schloß er seinen Bericht. Und tatsächlich, Jonas und Louis konnten kaum soviel Stoff liefern, wie Levi und David zu Hosen verarbeiten ließen und verkauften. Das Material aus New York war unbedruckt und nicht gefärbt. Normalerweise wurde es als Bezugsstoff für die Rückseite von Polstermöbeln verwendet. Wie ein Lauffeuer hatte sich verbreitet, daß die Arbeitshosen aus Segeltuch haltbarer waren, als alles, was man bis dahin erwerben konnte. Wer immer in die Berge ging, oder aus anderen Gründen strapazierfähige, bequeme Beinkleider brauchte, kaufte sie in der Sacramento Street 65.

Die Zahl der Aufträge stieg und stieg, und Levi faßte einen Entschluß: »Ich werde Mary und William schreiben, sie sollen nach San Francisco kommen. William ist ein ausgezeichneter Schneider und kann bei uns gutes Geld verdienen.« David war sofort einverstanden. Wie sein Schwager war auch er dafür, soviel wie möglich innerhalb der Familie zu organisieren. Jonas und Louis sagten zu, sich um Rebekka zu kümmern, und so gab es für das Ehepaar Sahlein keinen Grund, zu zögern. Sie lösten ihren Haushalt auf, nahmen ihre drei Kinder Henry, Moses und Rosa an die Hand und machten sich auf die Reise nach San Francisco.

Levi stand am Kai und beobachtete, wie die Ladung eines Frachtschiffes aus New York gelöscht wurde. Noch immer dachte er häufig an Pauline, und ganz besonders, wenn er im Hafen vor den großen Dampfern stand. Wie oft hatte er hier vergeblich auf eine Nachricht von ihr gewartet. Levi schüttelte traurig den Kopf und konzentrierte sich auf den Zettel, den er in der Hand hielt. Wenn seine Berechnungen stimmten, sollte eine Bestellung für ihn dabei sein. Wenig später nahm er die Stoffballen in Empfang. Jonas und Louis hatten diesmal kein Segeltuch geschickt, sondern eine dickgewebte Baumwolle.

Sie schrieben, das Gewebe sei ursprünglich aus der französischen Stadt Nîmes, werde inzwischen auch in der Amoskeag Weberei in Manchester/New Hampshire hergestellt. Die Amerikaner nannten den äußerst strapazierfähigen Stoff Denim (von de Nîmes). Seeleute aus Genua trügen seit Jahren Hosen aus einem ähnlichen Material, das aus einem blaugefärbtem und einem weißen Faden gewebt würde, aber nicht so gut verarbeitet sei. In Anlehnung an den Namen ihrer Stadt würden die Hosen »Jeans« genannt. Levi brachte die Ballen ins Geschäft und prüfte ihre Qualität. Gemeinsam mit David kam er zu dem Schluß, daß der neue Stoff sich hervorragend für die Hosen eignete, zumal Denim durch die dunklere Farbe nicht so empfindlich wie das deutlich hellere Segeltuch war. »Das sieht nicht schlecht aus, ich denke es wird sich gut verarbeiten lassen. Aber ich meine, wir sollten dabei bleiben, unsere Hosen einfach Arbeitshosen zu nennen wie bisher, damit sie nicht mit den billigeren Jeans aus Genua verwechselt werden«, entschied das Firmenoberhaupt. Auch die neuen blauen Hosen fanden reißenden Absatz. Doch Levi bestand darauf, sich vorerst nicht zu spezialisieren. »Wer weiß, wie lange sich die Dinger verkaufen. Wir müssen flexibel bleiben und unser Warensortiment so gestalten, daß am Ende die ganze Familie bei uns einkaufen kann.« David, der längst erkannt hatte, daß sein Schwager über einen untrüglichen Geschäftssinn verfügte, ordnete sich willig unter. Auch Levis nächste Idee erwies sich als äußerst lukrativ. »Warum sollen nur wir die Hosen nähen? Warum verkaufen wir nicht auch den Stoff, so lange er unverarbeitet ist?«, fragte er sich eines Tages und verdoppelte den Umfang seiner Bestellungen in New York.

Dort hatten auch Jonas und Louis inzwischen ihr Geschäft um einiges vergrößert. Durch die regelmäßigen und ständig wachsenden Lieferungen nach Kalifornien war auch ihr Umsatz erheblich gestiegen, und wie David und Levi hatten sie erfolgreich in eine Erweiterung des Sortiments investiert. Louis kleiner Sohn Nathan zeigte erstes Interesse am Geschäft und liebte es, seinem Vater im Laden zu helfen.

Seit Mary und William abgereist waren, vermißte er seine beiden Cousins und die kleine Cousine sehr und lag Louis ständig in den Ohren, sie in San Francisco besuchen zu dürfen. »Später, wenn du groß bist«, vertröstete ihn dieser.

Familie Sahlein war inzwischen in Kalifornien eingetroffen und hatte sehr bald eine Wohnung ganz in der Nähe von David, Fanny und Levi gefunden. Während die Frauen sich um die gemeinsame Kinderschar kümmerten, sorgten die Männer für steigende Gewinnzahlen. 1856 platzte das Geschäft aus allen Nähten und mußte noch einmal verlegt werden. Levi mietete einen großen Laden in der Sacramento Street 117. »Jetzt wird's langsam fast ein Kaufhaus«, sagte David stolz, »und alles nur, weil du auf die Idee mit den Hosen gekommen bist.« Das Geschäft hatte eigentlich den Namen »Strauss Brothers« bekommen sollen, doch ein paar Straßen weiter gab es eine zweite Familie Strauss, die mit Levi und seinen Geschwistern nicht verwandt war, aber einen Laden mit eben diesem Namen führte. David, William und Levi berieten und wurden schnell einig. »Du bist derjenige, der aus meinem kleinen Laden mit deinen Ideen ein richtiges Unternehmen gemacht hat, also soll es auch deinen Namen tragen«, sagte David zu Levi, und William pflichtete ihm bei. Bald prangte in großen Lettern ein Schild mit der Aufschrift »Levi Strauss & Co« über der Tür.

San Francisco hatte sich in jüngster Vergangenheit sehr verändert. Immer mehr Häuser waren aus Ziegel statt aus Holz. Wo früher Bretter schlammige Wege mehr schlecht als recht passierbar gemacht hatten, gab es jetzt häufiger befestigte Bürgersteige, und 1855 ließ die Stadtverwaltung erstmals kilometerlange Gasleitungen verlegen und installierte vierundachtzig Gaslaternen. Im großen und ganzen wurde das Leben zwar zusehends komfortabler, doch die Gewalt in den Straßen stellte noch immer ein immenses Problem dar. Gerüchte kolportierten fast zweieinhalbtausend Morde im Jahr, und die Einwohner von San Francisco waren empört. Bewaffnet mit Steinen und anderen Wurfgeschoßen versammelten sie sich vor dem Gefängnis und bewarfen die ihrer Meinung nach unfähigen Ordnungswächter. Sie verlangten, daß Totschlag, Plünderung und Brandschatzen ein Ende bereitet werden sollte und bestanden auf einer Änderungen der Gesetze. Aber neue Gesetze dauerten ihre Zeit – zu viel Zeit. »Die Kriminalität wächst und eine Bestrafung der Täter ist nicht gewährleistet. Männer werden ausgeraubt und ermordet, Häuser und Läden geplündert und die Stadt immer wieder in Flammen gesetzt«, empörten sich die Zeitungen. So griffen die Bürger zur Selbsthilfe und gründeten 1851 die erste Bürgerwehr. Die Männer hatten geraume Zeit sehr effizient gearbeitet, doch im Laufe der Jahre war das Engagement der freiwilligen Ordnungshüter erst erlahmt und schließlich erloschen. Die etablierten Städte übertrugen die Verantwortung für Recht und Ordnung den Sheriffs als Vertretern der Regierung, doch da beide meist korrupt waren, war es mit Recht und Ordnung nicht weit her. Finsteres Gesindel trieb sein Unwesen, plünderte, brandschatzte und scheute auch vor Mord nicht zurück. Wütende Bürger protestierten beim Kongreß, doch dessen Mitglieder waren mit Problemen wie der Sklaverei in den Südstaaten so beschäftigt, daß sie keine Zeit für die Sorgen San Franciscos hatten. Den Geschäftsleuten blieb nichts anderes übrig, als allabendlich ihre Läden zu sichern und in der Hoffnung zu verbarrikadieren, sie am nächsten Morgen unbeschadet vorzufinden. Doch das war immer seltener der Fall, und so formierte sich 1856 eine neue Bürgerwehr, gewillt, dem kriminellen Treiben mit allen Mitteln Einhalt zu gebieten.

Binnen weniger als einer Woche hatte die Bürgerwehr sich zu einer straffen militärischen Organisation formiert und bezog ihr Hauptquartier in der Sacramento Street 41, nicht einmal einen Block vom Geschäft der Familie Strauss entfernt. Sie stapelten so viele Sandsäcke davor, daß das Gebäude den Spitznamen »Fort Kanonensack« erhielt. Hinter dem hohen Sichtschutz waltete die Bürgerwehr skrupellos ihres blutigen Amtes. Mit drakonischen Strafen ahndete sie jedes Vergehen, und als die Männer zwei Mörder und Diebe erwischten, wurde den Übeltätern ein sehr kurzer Prozeß gemacht. Zum Tode verurteilt, baumelten sie alsbald weithin sichtbar vom Balkon im zweiten Stock. Vor dem Gebäude hatte sich eine große Gruppe Schaulustiger eingefunden. »Killt sie! Tötet sie! Hängt sie auf!«, schallte es aus Erwachsenen- und Kinderkehlen blutrünstig von der Straße.

David und William verboten ihren Frauen und Kindern, sie in Zukunft im Geschäft zu besuchen. »Ich wünsche unter keinen Umständen, daß die Kinder so etwas sehen«, verlieh David seinen Worten mit lauter Stimme Nachdruck. Levi Strauss und ein paar andere jüdische Händler, die das Durchgreifen der Bürgerwehr zunächst sehr begrüßt hatten, bekamen es jetzt doch mit der Angst zu tun. Menschen ohne Gerichtsverfahren so mir nichts, dir nichts einfach aufzuknüpfen, konnte nicht Sinn der Sache sein. Die ersten Proteststimmen wurden laut und lauter, bewirkten jedoch zunächst nichts. Drei Monate wüteten die selbsternannten Wächter über Zucht und Disziplin, dann wurde ihr Treiben dem Gouverneur zu bunt, und San Francisco bekam die längst überfälligen, gesetzlichen Regelungen. Die Gesetze griffen schnell, es wurde endlich ruhiger in der Stadt.

Levi und alle anderen Geschäftsleute konnten jetzt in Frieden ihrer Arbeit nachgehen, ohne ständig vor Übergriffen Angst haben zu müssen. San Francisco prosperierte. Banken, Juweliere und Buchläden zogen einer nach dem anderen in die Straßen des Zentrums. Leder, Holz, Werkzeug,

Maschinen und Kleidung wurden zunehmend mehr lokal produziert und immer seltener aus dem Osten importiert.

Das Familienunternehmen »Levi Strauss & Co« pflegte eine erfolgreiche Mischkalkulation. Einige Artikel wurden in San Francisco produziert, andere von der Firma »Jonas Strauss Brothers & Co« aus New York geliefert. Damit gelang es Levi bis auf seltene Ausnahmen, die Regale seines Ladens immer gut gefüllt zu halten und die Aufträge, die er seinerseits von Händlern aus der Umgebung erhielt, pünktlich erfüllen zu können. Das Sortiment hatte inzwischen beeindruckende Ausmaße angenommen. Wie Levi es für richtig hielt, bot sein Geschäft für die ganze Familie etwas. Vom Kochgeschirr zum Kamm, über die Spitze zur Tisch- und Bettwäsche, in der Sacramento Street 117 bekam man fast alles zu beinahe jeder Zeit. Die Nachfrage nach den blauen Arbeitshosen stieg noch immer, und William Sahlein war längst nicht mehr in der Lage, die Hosen in vollem Umfang selbst zu nähen. Levi löste das Problem, indem er den Stoff zu verschiedenen Schneidern in San Francisco bringen ließ, die ihn dann nach seinen Vorgaben zuschnitten und die Hosen für den Verkauf nähten.

Die Tage waren lang, die Arbeit nahm kein Ende. Längst feierten weder Levi noch David den Sabbat in der vorgeschriebenen Form, sondern standen statt dessen entweder am Hafen, um Lieferungen entgegen zu nehmen, oder hinter der Ladentheke, um zu verkaufen. Der frommen Fanny widerstrebte diese Entwicklung sehr, und mehr als einmal führte sie darüber heftige Auseinandersetzungen mit Mann und Bruder.

Glaube und Geschäft

Isaac Mayer Wise war Schulmeister im Böhmischen Städtchen Radnitz. Der kleine Gemeindeangestellte hatte ein paar Seminare an der Prager Universität absolviert, allerdings niemals einen Abschluß oder Titel erworben. Doch weder dieses Manko, noch seine begrenzten Talmudkenntnisse konnten seinen unstillbaren Ehrgeiz bremsen. 1846 entschloß er sich, mit seiner Frau und der gemeinsamen zweijährigen Tochter nach Amerika auszuwandern, um dort ein neues Leben zu beginnen. Die Reise auf dem überfüllten Segelschiff war qualvoll. Wise dankte seinem Schöpfer, als er nach dreiundsechzig Tagen endlich in New York an Land gehen konnte. Mit nicht mehr als zwei Dollar in der Tasche gab er sich ab sofort als Rabbi aus, blieb jedoch den Beweis, jemals ordiniert worden zu sein, bis an sein Lebensende schuldig. Dennoch gab es in der Stadt zunächst niemand, der seinen Anspruch, geistiger Führer der Juden zu sein, streitig machte.

Wise haßte die Gemeindeführer der alten Schule, die die jüdischen Gemeinden Europas mit traditioneller Autorität beherrschten und hielt flammende Reden mit provokanten Thesen. Am Ende versäumte er nie, Dem Ewigen dafür zu danken, »daß es in Amerika keine Tyrannen wie die Oberrabbiner Englands und Deutschlands gibt«, und erntete große Zustimmung. In Amerika, das hatte er sich fest vorgenommen, sollten die Juden gleichberechtigt leben können. Für dieses Ziel kämpfte er unablässig und scheute keine noch so heftige Auseinandersetzung. Wer sich ihm in den Weg stellte, erntete mehr als böse Blicke aus seinen großen, weit auseinanderstehenden, braunen Augen, die kampflustig unter buschigen, über der Nasenwurzel zusammengewachsenen Brauen hervorblitzten. Mit Verve protestierte er gegen den Protestantismus, der das öffentliche Leben bestimmte. Um seine Ziele zu erreichen, setzte er sich sogar für die katholische Minderheit ein, die besonders unter den Protestanten litt, und erfuhr auch von dieser Seite Unterstützung. Wise bestand laut und öffentlich darauf, daß die Mehrheit dazu gebracht werden müsse, auf die Empfindlichkeiten und Bedürfnisse sowohl der Juden, als auch der Katholiken Rücksicht zu nehmen. Um seine persönliche Glaubwürdigkeit zu erhöhen, fügte er wenige Jahre nach seiner Ankunft dem Rabbinertitel noch einen Doktortitel hinzu, für den er ebenfalls keinen Beweis vorlegen konnte. Seine Gemeinde störte das nicht im geringsten. Wise bekämpfte jegliche Verleumdung der Juden, ganz besonders dann, wenn es um ihre angebliche Verantwortung für Christi Kreuzigung ging. Fanatisch verfolgte er christliche Missionare, die versuchten, die Juden von der Notwendigkeit zu konvertieren zu überzeugen.

Die Menschen jubelten ihm zu und hatten endlich das Gefühl, daß ihre Belange mit Nachdruck vertreten wurden. Kaum hatte Wise einigermaßen Fuß gefaßt und konnte sich einer ständig wachsenden Zahl von Anhängern sicher sein, begann er ein »Minhag America« zu verfassen, eine Liturgie, die ausschließlich für die Neue Welt gedacht war. Neue Regeln und neue Rituale, das ging einigen konservativen Juden dann doch zu weit. Unangefochten von deren Kritik, predigte Wise am Yom Kippur, dem Versöhnungstag, 1853 in seiner New Yorker Gemeinde, als ein paar seiner Gegner das Rednerpodest stürmten, um ihn zum Schweigen zu bringen. Diesmal ließ Wise es nicht bei bösen Blicken bewenden, sondern verteidigte seinen Standpunkt mit den Fäusten. Die folgende handfeste Keilerei im heiligen Haus machte ihn weit über die New Yorker Stadtgrenze berühmt. Die Kunde vom Rabbiner mit den »schlagenden Argumenten« drang bis nach Cincinnati. Dort bestand eine jüdische Gemeinde, vor zwölf Jahren von Einwanderern aus Mitteleuropa gegründet. Sie schickten eine Abordnung zu Wise und baten ihn, ihr geistiger Führer zu werden. Stolz und glücklich nahm er die Einladung an und zog mit Frau und Kind nach Cincinnati.

Die kleine Synagoge lag in einem Stadtteil, der zusehends verkam. An diesem unwürdigen Ort, so verkündete Wise, wollte er keinen Augenblick länger als nötig bleiben. Die Gemeinde verstand und baute ihm eine neue Synagoge in besserer Gegend. Jetzt war der selbsternannte Rabbiner zufrieden und donnerte sein Bekenntnis in die Welt: »Wir sind amerikanische Bürger israelitischer Religion!«

Inzwischen waren Isaac Mayer Wise und seine mutigen Parolen in ganz Amerika berühmt. Besonders bei den älteren Juden regte sich jedoch immer stärkerer Widerstand gegen die liberalen Ansichten des Rabbiners, der sich nicht scheute, auch die heiligsten Traditionen in Frage zu stellen. Wise reiste durch das Land und hielt Vorträge. Wer in Amerika Erfolg haben wolle, so seine Worte, müsse sich von Ritualen lossagen, die diesen Erfolg verhinderten – sogar wenn das bedeute, am Sabbat zu arbeiten. Auch in Kalifornien verbreitete sich die Botschaft der Reform und führte in San Francisco schließlich zu einer endgültigen Spaltung der jüdischen Gemeinde.

Begonnen hatte alles in einem improvisierten Laden. Ein gewisser Lewis Abraham Franklin besaß ein großes Zelt, unter dessen Planen er ein Geschäft für die ersten Goldgräber betrieb. In diesem Zelt kamen am 7. September 1849 siebzehn Juden – sechzehn Männer und eine Frau – zusammen, um Rosh Hashanah, das jüdische Neujahr, zu feiern. Weil es in der Stadt keine Thorarolle gab, nahmen sie das erste der fünf Bücher des Alten Testaments für den Gottesdienst zur Hand. Jemand las auf Hebräisch aus dem Pentateuch, dann beendeten sie die kurze Andacht mit einem gemeinsamen Gebet. In den folgenden beiden Jahren kamen weitere Juden nach San Francisco, die ihre Zeremonien ähnlich feierten. Auch David und Fanny Stern nahmen regelmäßig an den Gottesdiensten teil. David war unzufrieden mit der Situation. »In der Stadt wimmelt es von Spielsalons, Saloons und zwielichtigen Etablissements. Aber einen Platz, wo wir Juden uns treffen können, einfach um ein bißchen zu reden und Tee miteinander zu trinken, gibt es nicht«, beklagte er sich bei seiner Frau. »Das einzige, was uns bleibt, sind unsere Geschäfte und die kleinen Wohnungen«, murrte er weiter. Fanny sah ihn an: »Mir kann es gleich sein. Ich bin sowieso immer zu Hause. Erstens wegen der Kinder und zweitens, weil ich so viel Arbeit habe, daß ich gar nicht wüßte, wann ich ausgehen sollte, selbst wenn ich ausgehen könnte.« David verkniff sich den Kommentar, der ihm auf der Zunge lag, schließlich hatte Fanny mindestens drei Frauen in der Nachbarschaft, mit denen sie sich regelmäßig auf ein Schwätzchen traf.

1850 taten sich einige jüdische Geschäftsleute, die sich in San Francisco bereits ein wenig etabliert hatten, zusammen und gründeten die Eureka Benevolent Society. Jetzt gab es, was so lange gefehlt hatte: Räumlichkeiten für gemeinsame Treffen und vor allem Unterstützung für mittellose Neuankömmlinge. Die Organisation lebte von Spenden, und David wurde – wie später auch Levi – eines ihrer engagiertesten Mitglieder. Im folgenden Jahr hatten sich so viele Menschen jüdischen Glaubens in der Stadt niedergelassen, daß sie eine kleine Gemeinde bilden und eine Synagoge bauen wollten. Kaum nahm der Plan konkrete Formen an, brach der uralte Konflikt zwischen deutschgeborenen und osteuropäischen Juden wieder auf. Die Einwanderer aus Deutschland nahmen für sich in Anspruch, ihren Glaubensbrüdern überlegen zu sein und deswegen das Recht auf verschiedene Entscheidungen zu haben. Langwierige Diskussionen führten schließlich in fast allen Punkten zu einer Einigung; nur die Frage, wer die Funktion des Shochet, des rituellen Schlachters, einnehmen sollte, konnte nicht einvernehmlich geklärt werden. Beide Parteien machten einen Vorschlag, den die Gegenseite jedoch hartnäckig ablehnte. Als klar wurde, daß auch ein extra gebildetes Komitee keinen Kompromiß finden würde, halbierte sich die junge Gemeinde. Die deutschen Juden formierten Emanu-El – alle die östlich von Berlin geboren waren, schlossen sich Sherit Israel an. Immerhin konnten sie sich auf einen Rabbi verständigen, der sowohl in der Stockton Street in der kleinen Synagoge Sherit Israel, als auch im wesentlich eleganteren und größeren Haus Emanu-El die Gebete sprach. Damit waren aber noch längst nicht alle Unstimmigkeiten beseitigt, denn jetzt zeichneten sich unterschiedliche Positionen innerhalb Emanu-El ab. Während ein Teil der Gläubigen die alten Rituale und Gebote befolgen wollte, wie es Tradition war, war die andere Gruppe bereit zu weitreichenden Reformen, wie sie auch Isaac Mayer Wise forderte. Bereits 1855 waren die reformierten Juden in der Mehrheit, und 1863 separierten sich schließlich diejenigen, die den streng orthodoxen Regeln folgen wollten, und gründeten eine eigene Gemeinde. David Stern und Levi Strauss waren Mitglieder des reformierten Teils von Emanu-El. Längst hatten sie die orthodoxe Erziehung ihrer Kindheit den Gegebenheiten ihrer neuen Heimat angepaßt.

Seit Jahren wurde in San Francisco ein neues Ladenschlußgesetz diskutiert. Fromme Christen drangen darauf, daß am Sonntag, dem Tag des Herren, Saloons, Spielhallen und Bordelle geschlossen bleiben sollten. Doch das ließ sich nur dann durchsetzen, wenn auch die normalen Geschäfte nicht öffnen durften. Dagegen protestierten die frommen Juden mit aller Kraft, denn ihre Religion veranlaßte sie zum Einhalten des Sabbat, und das neue Gesetz wollte sie zwingen, auch am Sonntag nicht zu verkaufen. Damit waren es zwei Tage in der Woche, an denen sie kein Geld verdienen konnten. Sie witterten hinter dem Gesetzentwurf nicht nur finanzielle Verluste, sondern auch den möglichen Beginn antisemitischer Gesetze, vor denen so viele von ihnen geflohen waren.

Levi Strauss, der ganz am Anfang ebenfalls gegen die neue Regel gewesen war, hatte seine Meinung längst geändert. »Mayer Wise hat doch vollkommen recht. Wer in diesem Land Erfolg haben will, muß sich anpassen. Wie sagt er immer: Wir sind amerikanische Staatsbürger israelitischer Religion. Ständig im Talmud zu lesen nutzt nichts, und ein guter Jude kann man auch sein, wenn man keine langen Locken trägt. Wenn Der Ewige will, daß es seinem leidgeprüften Volk gut geht, wird er schon ein Auge zudrücken«, sagte er eines Abends bei Tisch und erntete einen strafenden Blick von Fanny, die solche Reden vor den Ohren ihrer Kinder ganz und gar nicht schätzte. Als das sonntägliche Ladenschlußgesetz 1858 schließlich verabschiedet wurde, unterstützten fast alle Kaufleute die Maßnahme in der Hoffnung, daß so zumindest ein Teil der trinkfesten und krawallustigen Raufbolde am Sonntag aus der Stadt bleiben würden.

Levi und David öffneten ihren Laden an sechs Tagen in der Woche von morgens um 6.00 Uhr bis abends 18.00 Uhr. Levis Ruf als erfolgreicher Geschäftsmann war inzwischen schon lange über Kaliforniens Grenzen hinaus gedrungen. Aus dem ehemals kleinen Geschäft war ein florierender Großhandel geworden. Seine Waren wurden von Privatleuten und Händlern der näheren Umgebung bestellt und gekauft. Importe aus Frankreich und Deutschland füllten die Regale in der Sacramento Street 117 ebenso wie irisches Leinen, belgische Spitze und italienische Schals. Noch immer bezog er den überwiegenden Teil seines Angebotes von Jonas und Louis, die sich redlich bemühten, die aus San Francisco per Postschiff eintreffenden Bestellungen so schnell wie möglich zusammenzustellen und auf Frachtern Richtung Westen zu verschiffen. Doch der lange Weg, auf dem die Post von Ost nach West transportiert werden mußte, führte immer wieder zu unerfreulichen Verzögerungen. Zwar waren inzwischen einige Strecken ausgebaut, aber die über dreitausend Kilometer zwischen Missouri und Kalifornien zu bewältigen, dauerte mit der Postkutsche noch immer mindestens zwanzig Tage; bei schlechtem Wetter oder wenn die Pässe geschlossen waren, konnte es noch wesentlich länger sein. Ungeduldig riefen Kaufleute und Bankiers nach einer schnelleren Verbindung.

Der Schriftsteller und Politiker Benjamin Franklin war Mitglied des Abgeordnetenhauses von Pennsylvania. Die Verbesserung des Postwesens war ihm ein großes Anliegen, das er mit Engagement und innovativen Ideen vorantrieb. Eine dieser Ideen drang noch vor ihrer Realisierung durch die Regierung an die Ohren von drei geschäftstüchtigen Männern. Die Herren Phelps, Gwin und Majors, allesamt Besitzer verschiedener Postkutschenlinien, witterten klingende Münze, als sie zu Beginn des Jahres 1860 den Pony Express ins Leben riefen. Sie kauften sechshundert auf Ausdauer und Schnelligkeit geprüfte Pferde und heuerten von Hunderten von Bewerbern achtzig Reiter an. Keiner von ihnen war älter als zwanzig Jahre, und keiner durfte mehr als fünfzig Kilo wiegen. Für einen Lohn zwischen einhundert und einhundertundfünfzig Dollar wurden die abenteuerlustigen, mutigen Männer fest angestellt, die Post zwischen St. Joseph und Kalifornien in rasanter Geschwindigkeit zu befördern. Die Strecke führte zunächst durch ein wildes Gebiet, das später die Staaten Kansas, Nebraska und Wyoming bilden sollte. Weiter ging es durch das Great Basin und die Utah-Nevada-Wüste, über die Sierra, um den Lake Tahoe und schließlich den steilen Berg hinunter nach Kalifornien. Statt in zwanzig absolvierten die Reiter des Pony Express die Distanz in beide Richtungen in zehn Tagen. Jeder von ihnen trug eine lederne Posttasche mit sich. Die »Mochila«, eine lange Umhängetasche mit vier verschließbaren Brieffächern wurde über den Sattel geworfen und durch das Gewicht des Reiters gehalten.

Beim Wechseln des Reittieres wurde sie mit dem Sattel zusammen auf den Rücken eines frischen Pferdes geworfen. Auf diese Weise konnte der Reiter binnen zweieinhalb Minuten weiter galoppieren. Innerhalb eines festgelegten Staffelsystems wurden nicht nur die Pferde ausgetauscht, sondern auch die Taschen von Reiter zu Reiter gereicht. Jeden Tag außer Sonntag verließ ein Bote St. Joseph und einer Sacramento.

Im Durchschnitt sollte jeder von ihnen gut achtzig Kilometer in etwa sechs Stunden zurücklegen. Doch auch die präziseste Planung konnte nicht alle Hindernisse aus dem Weg räumen. Verletzungen und Überfälle von feindlichen Indianern führten immer wieder zu unliebsamen Störungen. So erreichte der fünfzehnjährige William Frederick Cody eines Tages nach einem mörderischen Galopp durch Wind und Wetter pünktlich seine Station. Bereit, die Posttasche an den nächsten Reiter weiterzugeben, mußte er zu seinem Schrecken feststellen, daß dieser von Indianern ermordet worden war. Cody zögerte nicht, warf Sattel, Tasche und sich selbst auf ein ausgeruhtes Pferd und jagte etwa fünfhundertundzwanzig Kilometer durch die Wildnis. Nach einundzwanzig Stunden und vierzig Minuten beendete er den Ritt, den er Non-Stop auf verschiedenen Pferden absolviert hatte. Er ging als schnellster Reiter in die Geschichte des Pony Express ein und brachte es später unter dem Namen Buffalo Bill zu Weltruhm.

Levi kam der Pony Express sehr entgegen. Die Zeitersparnis bei der Beförderung seiner Bestellungen machte sich bald bemerkbar und lohnte sich, obwohl die Auslieferung eines Briefes beinahe fünf Dollar kostete. Die Besitzer des Postdienstes rieben sich voller Vorfreude auf die zu erwartenden Gewinne die Hände, doch ihre hochfliegenden Träume sollten sich schon bald in dünnen Kupferdrähten verheddern.

Entlang der Strecke, die der Pony Express benutzte, spannten Männer Meter um Meter eine Telegrafenlinie. Als diese zum Jahreswechsel 1861/62 fertig war, wurden die Kuriere von einem Tag auf den anderen nicht mehr benötigt. Phelps, Gwin und Majors mußten eine äußerst unbefriedigende Bilanz ziehen: Ihre Investitionen in den Brieftransport beliefen sich auf etwa dreihunderttausend Dollar, die Einnahmen schlugen jedoch nur mit etwas über neunzigtausend zu Buche.

Levi Strauss nutzte die telegrafische Verbindung in den Osten, so wie er zuvor den Pony Express genutzt hatte, und expandierte weiterhin. Die Tage, in denen einzelne Goldsucher einzelne Hosen aus Segeltuch für einzelne Dollar gekauft hatten, waren endgültig vorbei. Bei »Levi Strauss & Co« konnten die Kunden inzwischen eine Vielzahl der unterschiedlichsten Erzeugnisse erwerben. Betttücher, Decken, Pullover, Unterwäsche, Damenbekleidung und Arbeitsanzüge wurden von verschiedenen Herstellern produziert und in der Sacramento Street 117 verkauft. Levi und David arbeiteten von morgens bis abends. Fanny bekam weder ihren Gatten noch den Bruder häufig zu sehen. Wenn sie murrte, standen die beiden wie ein Mann vor ihr und erklärten: »Fannyleben, es geht nicht anders. Sieh doch, wir tun es doch nur für dich und die Kinder. Aber wir müssen uns selbst um die Dinge kümmern, sonst funktioniert es nicht, wie wir uns das vorstellen.« Zwei gegen eine, Fanny war der doppeltgeballten Arbeitswut nicht gewachsen und hielt den Mund.

Das Geschäft hatte sich mittlerweile zu einem regelrechten Großhandel entwickelt, von dem viele Händler und Geschäftsleute ihre Artikel bezogen. Umsatz und Gewinn übertrafen inzwischen alles, wovon David und er jemals zu träumen gewagt hätten. Am 1. Februar 1861 stand Levi in aller Herrgottsfrühe am Hafen. Die »SS California« legte soeben ab. Das schmucke Schiff fuhr Richtung Osten, um eine wertvolle Ladung nach New York zu bringen. An Bord befand sich nichts als pures Gold. Gold, mit dem Händler und Lieferanten in New York bezahlt werden sollten. Levi sah es mit Wehmut am Horizont verschwinden – denn genau 59 732,24 Dollar der glänzenden Fracht gehörten der Firma »Levi Strauss & Co«.

Unruhige Zeiten

Die »SS California« hatte kaum den Hafen von New York erreicht, da erschütterte eine besorgniserregende Nachricht das Land. Es war der 12. April 1861. Levi saß beim Frühstück. Vor sich eine Tasse schwarzen Kaffees und ein mit Butter bestrichenes Weißbrot, schlug er die Zeitung auf. Was alle mit Sorge hatten kommen sehen, war geschehen – der Sezessionskrieg hatte begonnen. »Es ist so weit: Die Soldaten der Südstaaten haben das Bundesfort Sumter in Charleston in South Carolina angegriffen«, las Levi David und Fanny die Schlagzeile vor. Die bedrohliche Neuigkeit war das Thema des Tages und vieler folgender Monate. Vier Jahre sollten die blutigen Auseinandersetzungen zwischen Nord und Süd währen. Vier Jahre, in denen um Rechte, Zölle und vor allem um die Frage der Sklaverei gekämpft wurde. Kalifornien blieb weitgehend unberührt von den heftigen Kämpfen, und Levi Strauss teilte die gängige Meinung der Menschen im Westen Amerikas: »Wer kann, soll sich aus diesem furchtbaren, blutigen Krieg heraushalten«, sagte er zu seiner Schwester. »Ich bin zu alt, und die Kinder – der Name Des Ewigen sei gepriesen – zu jung«, David nickte: »Und obendrein ist es ohnehin viel zu teuer, von hier aus Truppen an die Front zu schicken.« Letzteres war der entscheidende Punkt, und so meldeten sich zwar immer wieder ein paar Freiwillige, um für das Vaterland zu kämpfen, doch im großen und ganzen hatte der Sezessionskrieg lediglich wirtschaftliche Auswirkungen auf Kalifornien.

Der Süden stützte sich hauptsächlich auf den strategischen Vorteil seiner inneren Linie und seine international bedeutenden Baumwollexporte. Der Norden antwortete mit immer undurchlässigeren Seeblockaden, zermürbte den ökonomisch ohnehin schwächeren Gegner und zwang ihn schließlich in die Knie.

Die Mehrzahl der kalifornischen Bevölkerung und fast alle jüdischen Geschäftsleute erklärten sich zunächst bedingungslos solidarisch mit der Union der Nordstaaten. Doch je länger der Krieg dauerte, um so schwieriger wurde es, diese Solidarität auch in der Praxis durchzuhalten. Während auf dem Land heftig gefochten wurde, schossen zu Wasser unförmig dick gepanzerte Dampfer aus riesigen Kanonen. Durch die Seeblockaden dauerte es oft Monate, bis dringend benötigte Fracht aus dem Osten die westlichen Häfen erreichte. Unter diesen Bedingungen wurde es für »Levi Strauss & Co« immer komplizierter, die Aufträge der lokalen Kunden zu erfüllen und den Bestellungen der Händler aus der Umgebung San Franciscos bis nach Nevada nachzukommen. Viele Artikel, die früher jederzeit verfügbar gewesen waren, lagen jetzt in den Schiffen auf hoher See, und niemand wußte zu sagen, wann sie ihre Zielhäfen anlaufen würden. Eine ganze Reihe Händler kündigten dem Norden die Unterstützung auf und importierten Baumwolle aus den Südstaaten. Dieses Verhalten führte zu heftigen Diskussionen zwischen Levi und seinem Schwager.

David Stern sah zweierlei: Da waren zum einen die Umsatzeinbußen, die immer höher wurden, und zum anderen gab es die Möglichkeit, die wachsenden Verluste mittels südstaatlicher Güter auszugleichen. Doch Levi blieb eisern. Unnachgiebig beharrte er auf seinem Standpunkt. »Und wenn ich noch einmal ganz von vorne anfangen muß! Es kommt überhaupt nicht in Frage, daß ich auch nur einen Faden aus dem Süden kaufe! Du hast sie nicht gesehen, die Sklaven, wie sie verprügelt und geschunden werden. Du hast nicht die Schreie verzweifelter Mütter gehört, denen man ihre Kinder mit unvorstellbarer Gewalt entrissen hat«, eine Gänsehaut überzog ihn noch immer bei jedem Gedanken an die Bilder, die sich ihm in Kentucky geboten hatten. »Weißt du wie das ist, wenn eine Frau so gepeitscht wird, daß ihr die Haut auf dem Rücken platzt und das Blut hervorspritzt? Kannst du dir vorstellen, wie es ist, wenn sie Freiwild ist und von jedem Weißen geschändet werden darf ohne sich wehren zu können.« Fanny hatte Tränen in den Augen und schüttelte sich bei seinen Schilderungen vor Entsetzen. »Nicht ein Cent darf in die Kriegskassen dieser Menschenverächter fließen. Das habe ich mir geschworen! Amerika soll das Land sein, in dem alle Menschen in Frieden miteinander leben können. Das ist einer der Gründe, warum wir alle hier sind.«

»Ich bin ja auch dafür, daß die Sklaven in Zukunft als freie Bürger leben können, aber...« David konnte seinen Einwand nicht beenden. »Nein, David, kein Aber!«, schnitt Levi ihm das Wort ab. »Wie hat man uns in Deutschland behandelt, frage ich dich. Wir sind nicht geschlagen und leibeigen gehalten worden, aber sie haben uns mißachtet und Gesetze erlassen, die uns das Leben schwer machten. Hast du das schon vergessen?« Nein, David hatte es nicht vergessen, und da auch Fanny, Mary und William der Ansicht seines Schwagers waren, gab er schließlich klein bei. Dennoch schmerzte es ihn jeden Tag, zusehen zu müssen, wie das Geschäft, das er einst gegründet hatte, täglich weniger abwarf.

Levi hielt durch. Immer wieder vertröstete er seine Kunden und wurde nicht müde, die Situation zu erklären. Bei den meisten stieß seine Haltung nicht nur auf Verständnis, sondern auf viel Sympathie. Während sich Levi auf diese

Weise bemühte, zu retten, was zu retten war, suchte David Stern Trost im Gebet.

Spenden in Höhe von zwanzigtausend Dollar waren zusammengekommen, und so wurde 1864 der Grundstein für eine neue Synagoge Emanu-El gelegt. Das prächtige Gebäude sollte in der Sutter Street entstehen und David engagierte sich sehr für das Projekt.

Johann August Sutter, stolz, daß man sogar eine Straße nach ihm benannt hatte, war inzwischen zu einer amerikaweiten Berühmtheit geworden. Der von ihm angestrengte Prozeß gegen die Regierung hatte gigantische Ausmaße angenommen und hielt ein Heer von Anwälten in Lohn und Brot. Die Klage des »Generals« betraf nicht weniger als achtzig kleine und große Gemeinden. Sutter beanspruchte das Land, auf dem diese Gemeinden entstanden waren. San Francisco, Sacramento, Venicia, Fairfield, Stockton und viele andere Ortschaften befanden sich nach seiner Ansicht auf seinem persönlichen Besitz, und dafür wollte er Geld vom Staat. Damit nicht genug, hatte er über siebzehntausend Einzelpersonen verklagt, die sich widerrechtlich auf seinen Farmen und Plantagen niedergelassen und seine Felder und Äcker an sich gerissen hatten. Außerdem verlangte er vom Gouverneur Kaliforniens eine gewaltige Summe. Schließlich hatte das Land die von ihm und seinen Männern gebauten Straßen, Brücken und Dämme bis hin zu verschiedenen Hafenanlagen einfach annektiert und zum öffentlichen Gebrauch freigegeben. All das reichte ihm noch immer nicht, und so forderte er zusätzlich von der Regierung in Washington einen Betrag in Millionenhöhe. Hier saßen seiner Meinung nach die Verantwortlichen, die für Ruhe und Ordnung auf seinem Besitz hätten sorgen müssen, als das Goldfieber die Nation ergriff. Unter dem Strich hatte eine Kommission von Gutachtern eine Summe von über zweihundert Millionen Dollar zu seinen Gunsten errechnet. Sutter war auch das nicht genug. Als letztes bestand er darauf, an dem seit Prozeßbeginn auf seinem Land gewonnen Gold beteiligt zu werden. Regierung und Gemeinden waren entsetzt. Wenn der Oberste Gerichtshof dem Kläger Recht gab, bedeutete das den Ruin Kaliforniens. Vier Jahre dauerte der Streit, ohne daß Johann August Sutter auch nur ein Jota von seinen Ansprüchen abgewichen wäre. Im Gegenteil, »der General« sann Tag und Nacht nach Mitteln und Wegen, sich zu seinem Recht zu verhelfen und kandidierte schließlich sogar persönlich als Gouverneur von Kalifornien. Mit etwas mehr als lächerlichen zweitausend Stimmen fuhr er jedoch ein niederschmetterndes Ergebnis ein und mußte die Hoffnung, selbst eingreifen zu können, begraben.

Seine Gegner kämpften derweil mit harten Bandagen. Immer wieder sah sich Sutter mit Morddrohungen konfrontiert, bis gegen Ende des vierten Prozeßjahres sogar die Kanzlei seiner Anwälte in Flammen aufging. Mit allen Protokollen und wichtigen Gerichtsakten verbrannten auch die Originale der mexikanischen Urkunden, mittels derer »der General« seine Ansprüche begründete. Sutter gab dennoch nicht auf. Die Bevölkerung war auf der Seite des unbeugsamen Mannes. Er wurde offiziell nach San Francisco eingeladen und im Rahmen einer großen Veranstaltung, glühend vor Stolz, zum Ehrengeneral ernannt. Doch nach endlosem Hin und Her verschlossen sich die kalifornischen Gerichte seinen Argumenten und wollten ihm lediglich eine monatliche Apanage von etwa zweihundertundfünfzig Dollar zusprechen. 1865 zog der immer noch kampflustige Sutter an die Ostküste, um von dort aus seine Ansprüche durchzusetzen.

Am 9. April 1865 kapitulierten die Konföderierten; der Krieg, der sechshunderttausend Menschenleben gekostet hatte, war zu Ende. Überall wurde gefeiert, die Straßen waren voll von singenden Menschen, die glücklich dem Frieden entgegentanzten. Tagelang wurden in allen Kirchen

Dank-Gottesdienste abgehalten. David und Fanny gingen in die Synagoge, um daran teilzunehmen. Rabbi Dr. Elkan Cohn, der die Union vehement unterstützt hatte, war mitten im Gebet, als ein Raunen durch den Raum ging. Das Raunen schwoll an und wurde so laut, daß der Rabbi seinen Vortrag unterbrechen mußte. Mißmutig schaute er seine Gemeinde an und erwartete eine Erklärung. Als man ihm sagte, daß Abraham Lincoln am 15. April den Schüssen eines Attentäters erlegen war, sank der Rabbi wie ohnmächtig in sich zusammen und mußte von zwei jungen Männern gestützt aus der Synagoge gebracht werden. Die eben noch freudige Stimmung verflog. Die Synagoge Emanu-El trug Trauer.

Mit dem Ende des Krieges kam ein wirtschaftlicher Aufschwung nicht gekannten Ausmaßes. Im ganzen Land florierte der Handel. Von Ost nach West und von Nord nach Süd wurde importiert und exportiert, die Lager der Geschäfte drohten zu bersten, so groß war die Bestände. Wieder erwies sich Levi als außerordentlich weitsichtig und geschickt in der Planung der Ein- und Verkäufe. Bald waren die vier mageren Jahre vergessen. Die Umsätze von »Levi Strauss & Co« stiegen wie Raketen. Der Gewinn erreichte so schwindelnde Höhen, daß es nicht mehr geboten schien, alles in neue Waren zu investieren.

Levi fand es an der Zeit, sich mit Immobilien zu beschäftigen. Als er erfuhr, daß im Zentrum der Stadt das gediegene Oriental Hotel zu verkaufen war, zögerte er nicht lange und verleibte den soliden Bau seiner Firma ein. Das wertvolle Gebäude lag mitten in der Stadt, direkt an der Kreuzung von der Market, Bush und Sansome Street. Der Kauf amortisierte sich binnen kurzem, und Levi fand Gefallen an der Idee, sein Unternehmen zu einem Imperium auszuweiten.

Dazu bedurfte es als erstes eines repräsentativen Firmensitzes. Levi hörte sich ein paar Monate um und hatte Ende des Jahres 1865 Glück. In der Battery Street 14–16 stand ein großes Lagerhaus zum Verkauf. Es lag geradezu ideal, ganz in der Nähe der Docks inmitten eines Gebietes, das sich soeben zum Geschäftszentrum der Stadt entwickelte. David war sofort einverstanden. »Das ist eine fabelhafte Gegend, um unser Geschäft richtig groß zu machen, aber wir sollten uns die Substanz des Gebäudes genauestens anschauen, nicht daß da irgendwelche Risse sind, die man auf den ersten Blick nicht sieht«, gab er zu bedenken.

Am 8. Oktober 1865 hatte ein leichtes Erdbeben die Stadt heimgesucht. Levi war gerade auf dem Weg vom Geschäft nach Hause gewesen, da kam es ihm vor, als befalle ihn ein unerklärlicher Schwindel. Der Boden unter seinen Füßen schien ein wenig zu schwanken. Ganz kurz nur, dann war alles vorüber. Wenige Minuten später noch einmal das Gleiche. Levi wußte nicht recht, wie ihm geschah, setzte seinen Gang jedoch fort. Erst am nächsten Tag erfuhr er, daß es ein kleines Beben und keineswegs sein Kreislauf gewesen war, das er da gespürt hatte. Die Erdstöße hatten kaum Schäden angerichtet, aber ein paar Häuser wiesen Risse im Mauerwerk auf, und eben das wollte David überprüfen.

Das Lager in der Battery Street erwies sich als grundsolide gebaut. Das Beben hatte keinerlei Spuren hinterlassen und Anfang des Jahres 1866 wurde der Kauf besiegelt. Während die Geschäfte in der Sacramento Street unvermindert erfolgreich weiterliefen, ließ Levi aus dem ehemaligen Lagerhaus einen Palast machen. Er kümmerte sich persönlich um die Bauarbeiten und gab Order, nur erstklassige Materialien zu verwenden. »In einer Stadt, die so oft von Feuern heimgesucht wird wie diese, ist es unumgänglich, daß wir nur Ziegel und andere möglichst feuerfeste Stoffe verbauen«, wurde er nicht müde zu wiederholen. Wände wurden eingerissen und neu gezogen, prachtvolle Gaskronleuchter installiert, die ganze Front mit einer kunstvollen Verzierung aus Gußeisen bestückt. Die Krönung des Ganzen bestand aus einem soeben patentierten Lastenaufzug, der einzigartig in der Stadt war. Für Levi war eben dieser Lift der Beweis, daß sein Partner und er keine Mühe und Kosten gescheut hatten, um das neue Hauptquartier auszustatten. Die hochmoderne Kabine wurde sogar im »San Francisco Chronicle« erwähnt. Levi war so stolz, daß er wochenlang ein Exemplar mit sich trug und es jedem zeigte. »Bitte sehr«, pflegte er dann zu sagen und die Seite zu entfalten, »hier steht es schwarz auf weiß: Er funktioniert auf hydraulischer Basis... und kann ein Gewicht von tausend Kilo tragen. Unfälle sind unmöglich... Das ganze Gerät ist kunstvoll verziert.« Dann faltete er den Artikel wieder zusammen und steckte ihn in die Tasche seines schwarzen Gehrocks.

Als der große Umbau endlich fertig war, überwachte Levi zufrieden die Handwerker, die das Schild »Levi Strauss & Co« über den roten Backsteinsäulen anbrachten, die links und rechts vom schweren Eingangsportal standen.

Mit dem Umzug in das neue, vierstöckige Haus kam noch mehr Arbeit auf David und Levi zu. Auch William Sahlein war beinahe rund um die Uhr beschäftigt. Er hatte oft ein schlechtes Gewissen, denn Mary klagte immer wieder über seine Abwesenheit. Sie hatte sich nie ganz von der Geburt der kleinen Rosa erholt, war schwach und kränkelte häufig. William hätte seiner Frau gerne mehr Unterstützung zukommen lassen, doch die »hüfthohen Overalls«, wie Levi die Arbeitshosen nannte, nahmen seine ganze Zeit in Anspruch. William war inzwischen ebenso wie Jonas und Louis Partner in der Firma »Levi Strauss & Co«. Er nahm seine Aufgabe sehr ernst und überwachte das Nähen der Hosen gewissenhaft. 1867 wurde Mary so krank, daß sie schließlich dauerhaft das Bett hüten mußte. Levi schickte die besten Ärzte der Stadt zu seiner Halbschwester, doch niemand wußte Rat. Irgend etwas saß im Körper der Patientin und schien sie von innen auszuzehren. Fanny, die inzwischen sieben Kinder geboren hatte, versorgte Mary und deren drei Sprößlinge aufopferungsvoll. Doch ganz gleich, wie sehr sie sich bemühte, der Kranken mit kräftigender Hühnerbrühe und nahrhaften Speisen aufzuhelfen, Mary wurde immer blasser und schwächer. Tagsüber lag sie mit starr geöffneten Augen in ihren Kissen, nachts konnte sie wegen der Schmerzen im Unterleib nicht schlafen. Der Arzt verordnete Laudanum zur Beruhigung, doch die Schmerzen waren stärker und raubten Mary die Kraft. Fanny bereitete ihr duftende Bäder, rieb sie mit heilenden Essenzen ein – Mary kam nicht mehr zu Kräften. Eines Nachmittags tat sie, umgeben von ihren Kindern, in Fannys Armen den letzten Atemzug. Die Familie trauerte gemeinsam und wuchs noch enger zusammen. »Wo sieben satt werden, werden auch zehn satt«, Fanny mobilisierte alle Kräfte und kümmerte sich um Henry, Moses und Rosa, wenn William nicht zu Hause war. Der stürzte sich dankbar in die Arbeit, die ihn ablenkte und ihn zumindest zeitweise über den Verlust seiner Frau hinwegtröstete.

An Fest- und Feiertagen war William mit seinen Kindern ohnehin immer bei der Familie, doch auch wenn die Sahleins einmal nicht mit am Tisch saßen, waren es zehn Personen, die sich im Hause Stern/Strauss regelmäßig zu den Mahlzeiten versammelten. David und Levi entschieden, das nächste verfügbare Geld nicht wieder in eine fremde Immobilie zu stecken, sondern statt dessen ein geräumiges Wohnhaus zu erwerben. Sie mußten eine ganze Weile warten, doch Anfang 1868 fanden sie, was sie suchten. Das Haus in der Powell Street 317 war in Laufnähe, nur acht Blöcke vom Firmensitz in der Battery Street entfernt. Es bot alles, was die große Familie brauchte und Fanny und die Kinder konnten kaum erwarten, dort einzuziehen. »Ein Zimmer nur für mich allein, Onkel Levi?« Sigmund schlug einen schmeichelnden Ton an, doch Levi mußte ihn enttäuschen: »Nein, mein Kleiner, aber ihr werdet nur noch zwei in einem Zimmer sein – du wirst mit Jacob zusammenwohnen und Louis mit Abraham.« »Und die Mädchen? Die sind doch drei!« Sigmund sah seine Chancen auf ein eigenes Zimmer steigen. Wenn man seine drei Schwestern auf zwei Zimmer verteilte, blieb eine übrig, und wenn die im neuen Haus ein Zimmer für sich bekam, wollte er das auch. Levi lächelte ihn an. »Caroline und Hattie werden mit der Kleinen zusammen in einem Zimmer schlafen, die sind dann zu dritt.« Sigmund sah ein, daß da wohl nichts zu machen war. Immerhin ein Zimmer nur mit Jacob, das war besser als jetzt, wo sie zu viert in einem Raum schliefen.

Das neue Haus war bald bezugsfertig. Fanny, überglücklich, der Enge der kleinen gemieteten Wohnung zu entkommen, durfte schalten und walten, wie sie wollte. Sie richtete die Zimmer mit dicken Teppichen und goldenen Spiegeln an den Wänden ein. Zur Einweihung des Hauses wurde eine feierliche Andacht gehalten und das ganze Geschirr vor dem ersten Gebrauch geweiht. Die stolze Hausherrin engagierte zum ersten Mal in ihrem Leben Personal.

Binnen kürzester Zeit entwickelte Levi ein festes Ritual. Jeden Morgen pünktlich um 9.00 Uhr zog er seinen schwarzen Gehrock an und setzte einen ebenfalls schwarzen Zylinder aus Seide auf den Kopf, verließ die Powell Street 317 und ging die acht Blöcke in die Battery Street zu Fuß. Unterwegs macht er immer wieder Halt, um sich mit dem ein oder anderen Ladenbesitzer zu unterhalten. Dank seiner Verbindlichkeit unterhielt er trotz möglicher Konkurrenz mit den meisten Geschäftsleuten gute Beziehungen. Wenn er sein Geschäft betrat, begrüßte er jeden Angestellten, der ihm über den Weg lief, mit Namen. Die Verkäufer ihrerseits waren gehalten, ihn nicht mit Mr. Strauss anzureden, sondern beim Vornamen zu nennen. Levi hatte diese Sitte schon vor langer Zeit eingeführt, in der festen Überzeugung, daß sich die Leute so eher als ein Teil des Unternehmens fühlen und entsprechend engagierter arbeiten würden. Aus dem selben Grund behielt er sich vor, jeden seiner Beschäftigten bis hin zum kleinsten Laufburschen persönlich kennenzulernen und einzustellen. »Es ist ein Familienunternehmen und ich will, daß die Leute sich als ein Teil dieser Familie fühlen. Das sichert uns ihre Treue und Redlichkeit«, sagte er zu David Stern, der sich lieber mit Mr. Stern ansprechen ließ.

Levis Büro lag hinter den Verkaufsräumen. Wenn er dort ankam, beschäftigte er sich zunächst mit den notwendigen Verwaltungsarbeiten. Angebote mußten durchgesehen, Rechnungen bezahlt werden. Er hatte seinen Schreibtisch so aufstellen lassen, daß er durch das Glas in der Tür die gesamte Kleiderabteilung überblicken konnte. Wenn ein ihm bekannter Kunde das Stockwerk betrat, ging Levi sofort auf ihn zu, um ein Schwätzchen zu halten. »Die Geschäfte laufen immer besser mit Freunden als mit Fremden oder gar Feinden«, war seine Devise und einer der ersten Grundsätze, die er seinen Neffen predigte. Der Tag verging mit Besprechungen und Kontrollgängen durch die verschiedenen Abteilungen. Levi war überzeugt davon, daß es unumgänglich war, möglichst alles täglich selbst zu überprüfen, und hier stimmte David Stern ihm vollkommen zu. Es gab keinen Winkel in dem vierstöckigen Gebäude, den sie nicht regelmäßig inspizierten. Am späten Nachmittag eines jeden Arbeitstages ging Levi dann zurück in sein Büro und erwartete den Buchhalter der Firma. Philip Fisher genoß sein ganzes Vertrauen. Gemeinsam gingen sie die Verkaufszahlen durch, erstellten Kalkulationen, prüften Bilanzen. Im Laufe der Jahre entwickelte sich zwischen den beiden Männern ein freundschaftliches Verhältnis, doch Philip Fisher, der Levi bewunderte und respektierte, wahrte immer die Form und blieb sich seiner Position als Angestellter stets bewußt. Wenn die Besprechung beendet war, nahm Levi wieder Gehrock und Zylinder und ging zurück in die Powell Street.

Hier wurde um diese Zeit meist das Abendessen vorbereitet. Fanny beschäftigte zwar alle möglichen dienstbaren Geister, die unter ihrer festen Hand mit dafür sorgten, daß der große Haushalt funktionierte, aber die Küche war und blieb ihre Domäne. Sie war eine ausgezeichnete Köchin und liebte es, die traditionellen Speisen, so wie Rebekka sie gelehrt hatte, von eigener Hand zuzubereiten. Levi schätzte die heimische Küche seiner Schwester über alle Maßen. »Fanny, Fanny, du mästest mich, guck mal, die Knöpfe von meiner Weste, wie sie spannen«, sagte er eines Abends und streckte den Bauch absichtlich ganz weit heraus. Fanny lachte aus vollem Herzen. »Paß nur auf, sonst siehst du bald aus wie der dicke Schneider aus Buttenheim, erinnerst du dich noch!«, kicherte sie und merkte nicht, wie mit einem Mal alle Farbe aus dem Gesicht ihres Bruders wich. Die Erinnerung tat weh. Levi verzichtete darauf, sich wie üblich mit David und Fanny noch im Wohnzimmer zusammenzusetzen und zog sich gleich nach dem Essen in sein Zimmer zurück. Sigmund spürte, daß sein geliebter Onkel sich anders als sonst verhielt: »Spielst du noch Schach mit mir?«, fragte er ihn. Levi verneinte ohne Erklärung. »Liest du mir etwas vor?« Sigmund gab so schnell nicht auf, doch Levi lehnte auch das ab. Der kleine Junge wandte sich um zu seinem kleineren Bruder: »Onkel Levi hat schlechte Laune«, sagte er halblaut, doch Levi hörte es und wies ihn zurecht: »Ich glaube, du solltest ganz schnell auf dein Zimmer gehen. Deine Zunge muß sich dringend ein wenig ausruhen.« Sigmund verließ sofort den Raum und schlich die Treppe hinauf. Es kam ganz selten vor, daß Levi so mit ihm sprach, und wenn es geschah, war es ratsam, sich ganz still zu verhalten und unauffällig zu entfernen.

Es war der 8. Oktober 1868, Levi hatte soeben seinen schwarzen Zylinder aufgesetzt und schickte sich gerade an, in die Battery Street aufzubrechen, da wurde der kalifornische Boden erneut erschüttert. Diesmal konnte kein Zweifel herrschen, daß es sich um ein Erdbeben handelte. Die ersten Stöße dauerten nur wenige Sekunden, doch nur wenig später folgten heftigere. Überall in der Stadt liefen schreiende Menschen auf die Straßen und versuchten, sich vor herabstürzenden Balken und Steinen in Sicherheit zu bringen. Eine Stunde hielt das Beben an, dann verebbte es. Das neue Haus in der Powell Street hatte keine nennenswerten Schäden davon getragen. Ein paar Vasen und Pretiosen aus Glas und Porzellan waren heruntergefallen und zersprungen. Fanny gewann schnell die Fassung wieder und ließ die Dienstboten Scherben zusammenfegen und Ordnung schaffen. Kaum war die Erde zur Ruhe gekommen, liefen Levi und David so schnell sie ihre Füße trugen in die Battery Street. Vor dem Gebäude hatten sich die Angestellten in voller Zahl versammelt. William Sahlein war bereits eingetroffen und versuchte die Mannschaft zu beruhigen. Glücklich stellte Levi fest, daß keinem seiner Mitarbeiter ein Leid geschehen war.

Doch was für einen Anblick bot das Haus! Levi, David und William waren schockiert. Zwar stand das Gebäude noch, aber durch die gesamte Vorderfront zog sich vom Boden bis zum Dachfirst ein tiefer Riß, der Anlaß zu den schlimmsten Befürchtungen gab. »Es ist von oben bis unten zerborsten«, sagt David und verbarg sein Gesicht hinter den Händen. Zaghaft betraten sie die Eingangshalle. Alles war voll Staub. Putz und Mörtel hatten sich von Wänden und Decken gelöst und bedeckten Möbel, Bilder und Spiegel mit einer dicken, mehligen Schicht. Die neuen Büros waren nicht wiederzuerkennen. Überall lagen umgestürzte Stühle und Regale. In den Verkaufsräumen herrschte ein unbeschreibliches Chaos. Kleidungsstücke, Decken, Wäsche – kein Artikel befand sich mehr an seinem Platz. Das ganze Sortiment war verschmutzt und bildete ein staubiges Durcheinander. Nachdem er alles gründlich inspiziert hatte, ging

Levi wieder nach draußen und sprach zu seinen Mitarbeitern. »Wir haben Glück gehabt. Die Schäden sind reparabel«, er versuchte zuversichtlich zu klingen. »Jetzt müssen wir die Ärmel hochkrempeln und den Schmutz beseitigen. Ich möchte, daß ihr alle mit anfaßt, damit der Verkauf so schnell wie möglich wieder aufgenommen werden kann.« Sein Wort war den Angestellten Befehl. Einer nach dem anderen betraten sie das Haus und machten sich an die Arbeit. Levi und David brachten ihre Büros persönlich wieder in Ordnung und organisierten Maurer, die sich noch am selben Tag mit dem Riß in der Fassade beschäftigten. Er war bei weitem nicht so gravierend, wie es zunächst den Anschein gehabt hatte.

Am nächsten Tag schlug Levi die »Daily Alta California« auf und las, daß zwölf Menschen ihr Leben verloren hatten. Die Sachschäden in der Stadt wurden in einer ersten Schätzung auf eine Summe von über vierhunderttausend Dollar beziffert. Gemeinsam mit der Familie ging er in die Synagoge in der Sutter Street und betete. Die Angst der Menschen vor weiteren Beben erwies sich als unbegründet, und bald konnte die Firma »Levi Strauss & Co« ihren Alltagsgeschäften wieder in der gewohnten Form nachgehen. Die Gemüter beruhigten sich, das Erdbeben war Vergangenheit, im Hause Strauss/Stern kehrte die übliche Routine ein. Da kam eine Nachricht aus New York, die die Familie zutiefst traf.

Rebekka war kurz vor ihrem siebzigsten Geburtstag sanft entschlafen. Levi und seine Schwester waren untröstlich. »Wir hätten sie besuchen sollen«, weinte Fanny. »Sie hatte sich so sehr gewünscht, uns alle noch einmal zu sehen.« Levi versank in brütendes Schweigen. Sein schlechtes Gewissen plagte ihn entsetzlich. Er erinnerte sich an die Abschiedsworte seiner Mutter, als er nach San Francisco aufgebrochen war und schämte sich, daß er sich in all den Jahren nicht die Zeit genommen hatte, noch einmal nach New York zu reisen.

Hong Teng Wu

Mit seiner bescheidenen Ausrüstung auf dem Rücken und einer ordentlichen Portion Hoffnung und Zuversicht im Herzen war Hong Teng Wu in die Berge gezogen. Fest entschlossen, Erde und Wasser abzutrotzen, was er seinem Dorf schuldete. Nicht widriges Wetter, noch mangelnde Erfahrung konnten ihn von der Arbeit abhalten, doch seine ersten Versuche endeten kläglich. Wochenlang grub, wusch und schürfte er, aber die Ausbeute war so mager, daß der Mann aus Kanton oft nicht einmal genug zu essen hatte. Die Sonne hatte seine Augen gerötet und ihm die Gesichtshaut verbrannt. Seine Füße, nicht an die schweren Stiefel gewöhnt, waren geschwollen, die Hände rissig und trocken. Dennoch zog er weiter und weiter, stets auf der Suche nach dem Platz, der ihn für alle Mühe entschädigen sollte. Sein Weg führte schließlich zu einer kleinen hinter Büschen verborgenen Stelle am Yuba Fluß. Hier steckte Hong Teng Wu ein Claim ab und schlug sein Lager auf. Es dunkelte schon, und so beschloß er, sich nicht mehr weiter umzusehen, sondern statt dessen die ersten Sonnenstrahlen des kommenden Tages zu nutzen. Am Morgen zog er die Stiefel über seine schmerzenden Füße, brühte sich einen grünen Tee auf und nahm Schaufel und Blechwanne zur Hand. An einer Stelle, wo er das Wasser bequem erreichen konnte, stieß er seine Schaufel in den weichen Boden und hob aufs Geratewohl eine Ladung Sand und Morast empor. Dann schüttete er den matschigen Brei in die Waschwanne, tauchte sie halb in den Fluß und setzte sie kreisend in Bewegung. Er hatte die Schwünge so oft ausgeführt, daß sie ihm in Fleisch und Blut übergegangen waren. Konzentriert kniff er die Augen zusammen, stets in Sorge mit Schmutz und Blättern aus Versehen etwa kostbares Gold über den Rand des Gefäßes zu spülen. Die Wanne war zu einem Drittel geleert, da blitzte es aus dem sumpfigen Inhalt. Hong Teng Wu verlangsamte seine Bewegungen sofort und wühlte mit der rechten Hand in der nassen Masse. Was er an die Oberfläche förderte, nahm ihm den Atem. Er hatte es gefunden, das erste wirkliche Gold. Nicht nur ein Krümelchen, nicht nur ein kleiner Flitter, nein, Hong Teng Wu hielt ein Nugget von der respektablen Größe einer Haselnuss in der Hand. Er unterdrückte einen Jubelschrei und ließ sich rücklings in Gras fallen. Gleich darauf setzte er sich mit einem Ruck kerzengerade. Ängstlich blickte er um sich. Hatte ihn jemand gesehen? War er beobachtet worden? In seiner kurzen Zeit als Goldsucher hatte er mehr als einmal mitansehen müssen, wie Männer für viel geringeren Wert, als sein Nugget ihn darstellte, ihr Leben verloren. Überall lauerten Banditen hinter den Claims und warteten auf die Freudenrufe der Prospektoren. Diese waren ihnen Signal für skrupellose und brutale Überfälle. Hong Teng Wu hielt seinen Fund auf der linken Handfläche und streichelte sanft mit dem rechten Zeigefinger darüber. Er wähnte sich am Ziel seiner Träume und dachte dankbar an die Menschen aus seinem Dorf, die ihm dies ermöglicht hatten. Liebevoll ließ er das Goldstück in einen kleinen Beutel gleiten und machte sich an die Arbeit.

Schon vom Ergebnis des ersten Tages wurden sogar seine kühnsten Hoffnungen noch übertroffen. Er hatte eine Stelle gefunden, an der man das Gold nur aus dem Wasser zu fischen brauchte. Mit jedem Spatenstich kamen neue Nuggets verschiedener Größen zum Vorschein. Hong Teng Wu grub, wusch und tastete wie in Trance. Sein Lebensmittelvorrat war für etwa eine Woche bemessen gewesen, doch der Chinese beschränkte seine Nahrung auf das Allernotwendigste, um den Platz nicht verlassen zu müssen. Wenn der Hunger ihn zu sehr quälte, rauchte er getrocknete Blätter. Ihr Qualm ätzte im Rachen, aber er betäubte das leere Gefühl im Magen. Siebzehn Tage hielt er aus, dann mußte er sein Claim verlassen, um in der Stadt neue Eßwaren zu kaufen. Er räumte sein Werkzeug zusammen, legte es sorgfältig unter den Busch und brach auf. Tagsüber marschierte er so stramm es seine geschundenen Beine zuließen und versuchte am Abend am Wegrand zu schlafen. Doch die Sorge, jemand anders könnte sein Geheimnis entdecken, ließ ihn kaum Ruhe finden. So kostete ihn der Weg nach San Francisco beinahe die letzten Kraftreserven. Völlig entkräftet erreichte er endlich die Stadt. Erschöpft kroch er mehr als er ging nach Chinatown. Mit letzter Kraft schaffte er es in seine Bleibe und brach neben den Sachen, die er dort zurückgelassen hatte, schier bewußtlos zusammen.

Wie lange er auf dem nackten Boden gelegen und geschlafen hatte, konnte er nicht sagen. Doch als er erwachte, kniete eine zahnlose Alte neben ihm und bemühte sich, ihm Tee einzuflößen. Hong Teng Wu richtete sich mühsam auf. Sein schwacher Körper wollte den Dienst verweigern, aber mit großer Anstrengung gelang es ihm, mit dem Rücken gegen die Wand gelehnt, eine menschenwürdige Position einzunehmen. Die greise Chinesin verließ wortlos den Raum und kehrte wenige Minuten später mit einem korbgeflochtenen Tablett zurück. Köstlicher Duft stieg Hong Teng Wu in die Nase. Er machte eine Verbeugung der Dankbarkeit, und schlang mit den beiden Stäbchen, die neben den verschiedenen Schalen lagen, das gereichte Essen schweigend in sich hinein. Die alte Chinesin hatte noch immer kein Wort gesagt. Sie kniete auf dem Boden, die Hände nebeneinander auf den Oberschenkeln und beobachtete ihn.

Gesättigt und gestärkt hatte Hong Teng Wu nur eines im Sinn. Erst wollte er sich und seine Sachen gründlich waschen, dann so viele Lebensmittel kaufen wie er tragen konnte und dann sofort wieder zu seinem Claim zurückkehren, um weiteres Gold zu suchen. Vorsichtig versuchte er, seine Stiefel von den Füßen zu ziehen, doch diese waren so geschwollen, daß die festen Schuhe sich nicht einen Millimeter bewegen ließen. Das Leder saß wie eine Klammer um Ferse und Spann. Hong Teng Wu merkte, wie ihm vor Schmerz Schweißperlen auf die Stirn traten. »Laß dir helfen«, war das erste, was die Greisin neben ihm von sich gab. Sie rutschte näher und machte sich an seinem Schuhwerk zu schaffen. Hong Teng Wu schrie auf, doch die Frau ließ sich nicht beirren. »Die müssen runter«, war alles, was sie sagte. Mit einem Ruck hatte sie den rechten Stiefel in der Hand. Hong Teng Wu schossen Tränen in die Augen, doch noch bevor er protestieren konnte, fuhr ihm ein zweiter Stich durch Mark und Bein. Die Alte hatte den zweiten Stiefel in der Hand. Jetzt zog sie eine kleine Schere aus der Tasche ihres Kimonos und begann, sich an seinen Socken zu schaffen zu machen. Das Zimmer füllte sich mit einem atemberaubenden, ekelhaft süßlich-fauligen Gestank. Das kommt von meinen Füßen, dachte Hong Teng Wu und schämte sich in Grund und Boden. Doch der Alten schien der Geruch nichts auszumachen. Mit stoischem Gesichtsausdruck kniete sie vor ihm und schnitt seine Strümpfe Stück für Stück von den Füßen. Mit ihrem üppigen Hinterteil versperrte sie Hong Teng Wu den Blick, so daß er nicht sehen konnte, warum ihm die Prozedur so entsetzlich weh tat. »Was machst du da?«, fragte er und jammerte: »Au! Muß das sein? Sei doch vorsichtig!« »Halt still und jaule nicht wie ein getretener Hund«, herrschte sie ihn an und ließ keine Sekunde die Schere sinken. Als sie schließlich auch den letzten Fetzen verstrickter Wolle vom Fleisch gelöst hatte, gab sie durch eine schnelle Seitwärtsbewegung die Sicht frei. Jetzt war der Mann aus Kanton kurz davor, in Ohnmacht zu fallen. Wo er seine Füße vermutet hatte, sah er nur noch zwei unförmig geschwollene, vollkommen vereiterte Fleischklumpen, die er kaum zu bewegen vermochte. Er versuchte aufzustehen, doch daran war überhaupt nicht zu denken. Auf seinen Füßen war fast überhaupt keine Haut mehr, an mehreren Stellen konnte man die weißen Knochen durch das rohe Fleisch schimmern sehen. »Bleib liegen!« Die Chinesin stand auf, nahm das Korbtablett und entfernte sich. Hong Teng Wu guckte verzweifelt seine Wunden an. So konnte er auf keinen Fall zu seinem Claim zurück, hoffentlich kam die Alte bald zurück, er mußte sie unbedingt um Hilfe bitten. Etwa eine Stunde mochte vergangen sein, da tauchte sie tatsächlich wieder auf. Hinter ihr erschien ein kleiner, schmächtiger Mann mit einem fast bodenlangen, dünnen schwarzen Zopf. »Das ist der Zhong Yi«, stellte die Frau den Heiler vor. Der verbeugte sich höflich. »Darf ich mir deine Füße einmal anschauen«, fragte er freundlich. Hong Teng Wu nickte dankbar. »Gerne, aber bitte sei vorsichtig, ich habe höllische Schmerzen.« »Das kann ich mir wohl vorstellen«, sagte der Heiler und runzelte die Stirn. Er öffnete eine große lederne Tasche und zog ein kleines Etui heraus. Als er es aufgeklappt und auf den Boden gelegt hatte, sah Hong Teng Wu eine ganze Reihe spitzer, blinkender Nadeln aus Gold. Der Zhong Yi ließ einige davon geschickt durch seine Finger gleiten. »Ich werde dir jetzt die Schmerzen nehmen und dann deine Wunden versorgen«, sagte er ruhig. Hong Teng Wu mußte sich flach auf den Boden legen, und der Heiler stach ihm ein paar der Nadeln in die Haut. Es piekte nur ein wenig, und Hong Teng Wu war völlig überrascht, als er nach einigen Minuten tatsächlich nichts mehr spürte. Jetzt holte der Heiler eine ganze Batterie kleiner Gläser, Töpfchen, Tiegelchen und Fläschchen aus seiner Tasche und bestrich die offenen Füße mit einer geheimnisvollen Mixtur aus allen Gefäßen. »Min Lei, ich brauche sauberes Leinen«, sagte er höflich und mit fragendem Unterton zu der Alten, die die ganze Zeit daneben gestanden hatte. Sie nickte, ging hinaus und kam mit einem großen, tatsächlich blitzsauberen Stoffstück zurück. Der Heiler riß es in zehn Zentimeter breite Streifen und verband Hong Teng Wu die Füße. »Drei bis vier

Wochen, und du kannst wieder gehen – wenn du vorsichtig bist«, sagte er und zog die Nadeln aus der Haut. Augenblicklich kehrte der Schmerz zurück, aber Hong Teng Wu hatte das Gefühl, er war nicht mehr ganz so heftig wie zuvor. »Drei bis vier Wochen! Aber das geht nicht. Ich muß so schnell wie möglich wieder los«, sagte er flehentlich. »Nichts ist so eilig, daß es sich lohnt, deswegen den Tod zu riskieren«, sagte der kleine Mann. »Wenn du nicht wartest, bis sich wieder eine neue Haut auf deinen Füßen gebildet hat, wirst du dich von innen vergiften und daran sterben. Ich komme in drei Tagen, schaue nach dir und wechsele den Verband.« Er machte eine höfliche Verbeugung und verschwand. Die alte Chinesin folgte ihm, kehrte aber wenig später zurück. Diesmal hatte sie eine geflochtene Bastmatte, ein Kissen und eine Decke unter dem Arm. Sie bereitete ein Lager daraus. »Du hast Geld, ich weiß es. Du wirst mir all das hier bezahlen, dafür koche ich für dich und versorge dich, bis du wieder laufen kannst.« »Was willst du wissen? Ich meine woher, ich meine wieso – ich meine, ich habe kein Geld.« Die Alte hob verächtlich eine Augenbraue und machte eine Kopfbewegung in Richtung seiner Tasche. »Du hast fast drei Tage hier gelegen«, sagte sie vieldeutig, und Hong Teng Wu wußte, daß sie seine Sachen durchsucht und das Gold gefunden hatte. »Und der Zhong Yi kostet extra, aber dafür ist er der beste im Viertel«, sagte die Chinesin und schob ein flaches Gefäß mit dem rechten Fuß zum Lager. »Da, bis du aufstehen kannst.« Hong Teng Wu nickte beschämt. Seine Blase hatte sich schon vor Stunden gemeldet. Kaum hatte die Alte den Raum verlassen, erleichterte er sich, deckte den flachen Topf zu und kontrollierte den kleinen Beutel mit den Nuggets. Beruhigt stellte er fest, daß die Frau nichts genommen hatte und schlief wieder ein.

Irgendwann, es mußte mitten in der Nacht sein, draußen war es still und dunkel, wachte er auf. Er war nicht allein im Zimmer. Hong Teng Wu roch den süßlichen Duft eines

Frauenparfums und hörte leise unterdrücktes Schluchzen. Er drehte sich in die Richtung, aus der die Laute kamen. Kaum hatte er sich ein wenig bewegt, verstummte das Weinen. »Wer ist da?«, flüsterte er leise, erhielt aber keine Antwort. Er fragte noch einmal, doch aus dem Dunkeln kam keine Antwort. Hong Teng Wu drehte sich um und schlief weiter. Morgen, wenn der Tag anbrach würde er schon sehen, wer sich mit ihm im Zimmer befand.

Als die ersten Lichtstrahlen durch das Fenster auf den hölzernen Boden fielen, öffnete er die Augen. Etwa drei Meter von ihm entfernt lag ebenfalls auf einer Grasmatte unter einer rotseidenen Decke ein junges Mädchen und schlief. Ihr schmales Gesicht war blaß, die Lider ihrer verweinten Augen gerötet. Hong Teng Wu beobachtete sie und fragte sich, warum sie wohl neben ihm lag.

Er konnte nicht einschätzen, wie lange er sie beobachtet hatte. Irgendwann öffnete das zarte Geschöpf die Augen, zog die Decke bis unter das Kinn und blinzelte ihn an. »Wer bist du?«, fragte sie zaghaft. Hong Teng Wu nannte seinen Namen und erzählte einen kleinen Teil seiner Geschichte. »Und du, wer bist du, und was machst du hier?« »Ich heiße Ting Ling«, antwortete das Mädchen. Ihr Name hörte sich an wie das helle Klingen eines Silberglöckchens. »Und ich bin krank«, fügte sie hinzu. »Was fehlt dir?« Hong Teng Wu fand das zierliche Geschöpf bezaubernd. Doch statt einer Antwort zog seine Nachbarin die Decke noch ein wenig höher und hüllte sich in Schweigen.

Es dauerte nicht lange, da öffnete sich die Tür und Min Lei betrat den Raum. Sie trug wieder das geflochtene Korbtablett und reichte den beiden Patienten je eine Schale mit Brühe und eine kleine Kanne Tee. »Ting Ling, iß und trink das und dann mach, daß du herunter kommst und mir zur Hand gehst. Wenn du schon nicht arbeiten kannst, mußt du mir wenigstens im Haus helfen.« Ting Ling nickte folgsam. Als die Alte das Zimmer verlassen hatte, versuchte es Hong

Teng Wu noch einmal: »Warum kannst du nicht arbeiten?« Aber das Mädchen lächelte nur traurig und gab ihm keine Auskunft. Nachdem sie die Suppe und den Tee zu sich genommen hatte, stand sie langsam auf und ging in leicht gebückter Haltung zur Tür. Hong Teng Wu verfolgte jeden ihrer Schritte und kam zu dem Schluß: Sie hat Bauchschmerzen. Doch bevor er sie nach dem Grund fragen konnte, hatte Ting Ling schon die Tür hinter sich zugezogen. Hong Teng Wu angelte schnell nach der Bettpfanne. Er beeilte sich. Auf keinen Fall wollte er seine Geschäfte in Gegenwart dieser Elfe verrichten müssen. Seine Hast erwies sich als überflüssig, denn in den nächsten Stunden kam niemand zu ihm. Seine Füße schmerzten noch immer, dennoch schlief er immer wieder ein und verdöste den Rest der Zeit. In seinen Träumen war er längst wieder bei seinem Claim und holte dicke Goldklumpen aus dem Wasser.

Erst am späten Nachmittag öffnete sich die Tür wieder. Gestützt auf Min Lei betrat die zusammengekrümmte Ting Ling das Zimmer und sank weiß wie die Wand auf ihrer Matte zusammen. Min Lei betrachtete sie mit verärgerter Besorgnis, deckte sie zu und ging wieder. Nach etwa einer Stunde tauchte sie erneut auf, diesmal brachte sie den Zhong Yi mit. »Dreh dich zur Wand«, befahl sie Hong Teng Wu in barschem Tonfall. Der gehorchte und spitzte die Ohren. Ting Ling, Min Lei und der Heiler wisperten so leise wie möglich, doch Hong Teng Wu verstand genug, um sich einen Reim auf das Geschehen machen zu können. Offenbar hatte Min Lei eine Abtreibung bei dem Mädchen vorgenommen. Der Eingriff war nicht nach Wunsch verlaufen, und jetzt galt es die heftigen Blutungen zu stillen. »Bring das in Ordnung«, zischte die Alte dem Heiler zu, »sie ist eines meiner besten Mädchen!«

Im Laufe der folgenden Woche erholte sich Hong Teng Wu täglich ein wenig mehr. Nachdem er Min Lei einige Unzen Gold gegeben hatte, versorgte sie ihn noch besser und wechselte regelmäßig seine Verbände. Die Füße heilten gut und bald konnte er bereits auf Knien durch den Raum kriechen. Auf der Grasmatte neben ihm lag noch immer Ting Ling. Sie war seit dem ersten Tag nicht mehr aufgestanden, fieberte hoch und wurde von Stunde zu Stunde schwächer. Auf seine Bitte hatte die alte Chinesin ihm einen Eimer mit frischem Wasser gebracht und Hong Teng Wu kühlte dem Mädchen die Stirn mit feuchten Tüchern. Von Zeit zu Zeit öffnete sie die Augen und lächelte ihn dankbar an. Wenn Min Lei Brühe brachte, versuchte Hong Teng Wu, sie der Patientin einzuflößen. Am zehnten Tag schien die Krise überstanden. Das Mädchen kam zur Besinnung und verlangte von sich aus nach etwas zu essen. Hong Teng Wu zog ihre Grasmatte zur Wand, holte sein Kissen und richtete Ting Ling auf. Ihr Kimono verrutschte ein wenig und gab eine magere Schulter frei. So zart, so fragil, Hong Teng Wu meinte, noch nie etwas so Schönes gesehen zu haben. Ting Ling wurde immer munterer und bald plapperte und lachte sie vergnügt vor sich hin. Nur wenn Min Lei kam, verstummte ihr Gezwitscher augenblicklich.

Die dritte Woche war angebrochen und Hong Teng Wu wußte, daß er sich verliebt hatte. Er zeigte Ting Ling den Beutel mit seinen Nuggets. »Nächste Woche werde ich so weit sein. Ich gehe zurück zu meinem Claim und hole so viel Gold, daß wir heiraten können.« Ting Ling schüttelte den Kopf. »Ich kann dich nicht heiraten. Ich bin nicht frei. Ich gehöre Min Lei.« Stockend erzählte sie, daß Min Lei sie vor zwei Jahren von einem Händler gekauft hatte und sie seitdem im Bordell der Alten als Prostituierte arbeitete. Das Kind, das der Heiler abgetrieben hatte, war von einem Freier gewesen. »Wenn ich wieder gesund bin, muß ich noch mehr arbeiten als vorher. Denn jetzt habe ich Schulden bei Min Lei. Sie hat den Heiler für mich bezahlt, und außerdem fehlt jeden Tag, den ich hier liege, das Geld, das ich sonst einbringe.« Hong Teng Wu war unbeirrbar. »In meinem Claim gibt es so viel Gold, daß ich deine Schulden bezahlen und dich freikaufen kann«, sagte er zuversichtlich. Sie hielten sich an den Händen und beschlossen, Min Lei zunächst nichts von ihren Plänen zu sagen.

Als der Tag des Aufbruchs kam, nahm Hong Teng Wu seine kleine Braut in die Arme, küßte sie zärtlich auf die Stirn und gelobte hoch und heilig, so schnell wie möglich wieder zu kommen. Min Lei und der Heiler hatten ihn einen gewaltigen Teil seines Goldes gekostet, aber noch hatte er genug, um sich Lebensmittel und vor allem dicke Strümpfe und neue Stiefel zu kaufen. »Das mußt du unbedingt tun«, hatte der Zhong Yi ihm geraten. »Wenn du dich wieder in die alten Schuhe quälst, wirst du nicht lange laufen können.«

Gut ausgerüstet machte sich Hong Teng Wu auf den Weg zu seinem Claim. In Gedanken war er den Weg dorthin so oft gegangen, daß er es mühelos wieder fand. Gerade wollte er unter den Busch kriechen, unter dem er sein Werkzeug verborgen hatte, da tippte ihm von hinten jemand auf die Schulter: »He, was denkst du, was du da tust?« hörte er eine tiefe drohende Männerstimme. Hong Teng Wu drehte sich um und sah in das bärtige Gesicht eines grimmigen Prospektors. Als erstes fiel ihm die professionelle Aufmachung des Mannes auf. Er trug feste Stiefel, eine Hose aus Denim, ein grobgewebtes Hemd, unter dem sich die baumwollene Leibbinde abzeichnete, in die er seine Goldfunde eingenäht hatte. Seine Hände steckten in Lederhandschuhen, und den Kopf bedeckte eine breitkrempiger Sombrero. Neben der kleinen Feuerstelle lagen ein Teller, ein Tasse und ein Messer aus Blech, sowie ein scharfes Messer aus Stahl und eine Feldflasche.

»Das ist mein Claim«, sagte der Chinese schüchtern. »Ich bin vor ein paar Wochen in die Stadt gegangen, um frische Lebensmittel zu kaufen, und jetzt wollte ich nach meinem Werkzeug sehen. Ich habe es hier unter den Busch gelegt.« Er richtete sich auf. »So, so, vor ein paar Wochen. Was bist du für ein Tropf! So eine Stelle läßt man nicht einmal ein paar Stunden allein! Kennst du das Gesetz nicht?«, fragte der Goldgräber. »Was für ein Gesetz?« Hong Teng Wu hatte keine Ahnung, wovon der Mann sprach. »Zehn Tage kannst du ein Claim mit deinem Werkzeug blockieren, und keine Minute länger. Wer nach zehn Tagen nicht wieder zurück ist, hat sein Recht verwirkt. Ich habe elf Tage hier gewartet, und als dann immer noch niemand kam, habe ich das Stück Land für mich registrieren lassen. Dein Werkzeug habe ich nicht angerührt, das muß noch da liegen, wo du es hingetan hast.« Tatsächlich, Schaufel, Spitzhacke und Waschwanne befanden sich noch genau da, wo Hong Teng Wu sie hinterlassen hatte. Er konnte seine Enttäuschung kaum in Worte fassen, stand einfach nur da und starrte verloren auf den Fluß. »Können wir nicht beide...?«, machte er einen vorsichtigen Versuch. Der Prospektor lachte laut auf. »Bist du noch gescheit? Ich bin doch nicht wahnsinnig, solche Pfründe mit irgend jemand zu teilen.« Hong Teng Wu sackte in sich zusammen. »Aber ich mache dir einen Vorschlag«, der Goldgräber warf einen neugierigen Blick auf die Tasche. »Zeig mal, was du da drin hast. Meine Vorräte neigen sich dem Ende zu, wenn genießbar ist, was du mitgebracht hast, können wir vielleicht ins Geschäft kommen.« Der Mann aus Kanton witterte eine Chance und öffnete bereitwillig den prall gefüllten Beutel. Was für ein Glück, daß er nicht nur chinesische Nahrungsmittel mitgebracht hatte. Der Goldgräber stürzte sich auf die getrockneten Bohnen, den geräucherten Speck und den kleinen Sack mit Reis. »Na, das ist doch schon was! Hier...«, er griff in seine Hosentasche und zog ein paar ansehnliche Nuggets heraus. »Das gebe ich dir für die paar Sachen, und dann ab mit dir.« Hong Teng Wu schüttelte energisch den Kopf. »Du läßt mich eine Woche hier schürfen, genau eine Woche von heute an, dann kannst du alle Lebensmittel haben, die du willst. Wenn nicht, schnüre ich jetzt mein Bündel und gehe, aber dann mußt du das Claim auch demnächst verlassen, weil du nichts mehr zu essen hast.« Er hatte die Situation genau durchschaut. »Du chinesischer Hund!«, fluchte der Bärtige. »Willst mich erpressen«, er hob drohend die Faust, aber sein Gegenüber ließ sich nicht einschüchtern. »Von Erpressung kann die Rede nicht sein – das ist ein Geschäft, von dem wir beide etwas haben.« Er verbeugte sich höflich und begann, die Lebensmittel wieder in seine Tasche zu packen. »Halt, warte!«, der Prospektor gab klein bei. »Eine Woche, und keinen Tag länger, und von dem Zeug hier ißt du ab heute nichts. Deinen chinesischen Fraß kannst du behalten, aber der Rest gehört ab sofort mir!« Hong Teng Wu verbeugte sich erneut und reichte ihm die Hand. »Eine Woche und keinen Tag länger.« Er drehte sich um, griff nach Hacke und Wanne und machte sich sofort an die Arbeit. Viel Zeit hatte er nicht, aber das bißchen wollte er um jeden Preis nutzen.

Die Sterne standen günstig, Hong Teng Wu hatte Glück. Er arbeitete rund um die Uhr, gönnte sich keine Nacht mehr als zwei Stunden Schlaf und förderte ein kleines Vermögen zu Tage. Als die Woche um war, packte er ohne ein Wort seine Sachen und verließ das Claim. Mit leichtem Herz und in Gedanken bei Ting Ling trat er den Rückweg an. Er hatte einmal Glück gehabt und einen ergiebigen Platz gefunden, er würde auch ein zweites Mal Glück haben, davon war Hong Teng Wu überzeugt. Ganz kurz dachte er an die Nachbarn und Freunde, denen er versprochen hatte, als reicher Mann in die Heimat zurückzukehren, doch die Befreiung seiner Braut hatte Vorrang.

Kaum in Chinatown angekommen, ging er sofort zu Min Lei, um mit ihr über Ting Ling zu verhandeln. Die alte Chinesin tat überrascht, hatte jedoch insgeheim längst beobachtet, wie zugetan die beiden Rekonvaleszenten einander waren. Beharrlich hatte sie Ting Ling so lange bearbeitet, bis diese ihr die Wahrheit sagte und gestand, daß Hong Teng Wu sie freikaufen wollte. Die Zeit bis zu seiner Rückkehr nutzte Min Lei, um einen gesalzenen Preis für das Mädchen festzusetzen. Dollar für Dollar rechnete sie dem Bräutigam vor, was der Heiler gekostet und sie durch Ting Lings Bettlägerigkeit verloren hatte. Hinzu kam die Summe, die sie für die junge Frau seinerzeit bezahlt hatte »und natürlich das, was ich verliere, wenn sie nicht mehr für mich arbeitet«, schloß sie den Vortrag und addierte noch einmal einen nicht unerheblichen Betrag. Hong Teng Wu verging Hören und Sehen. Was die Alte von ihm verlangte überstieg bei weitem den Betrag, den er bieten konnte. Handeln konnte man mit Frauen wie Min Lei nicht, das wußte er, also trat er die Flucht nach vorne an und holte sein Gold aus der Tasche. »Das ist alles, was ich habe. Ich bin bereit, es dir zu geben, wenn du Ting Ling für immer frei gibst – wenn nicht«, er machte eine dramatische Pause, »werde ich sie an der Hand nehmen und mit ihr fliehen. Wir werden die Stadt verlassen und du wirst uns nie mehr wieder sehen, geschweige denn einen Dollar bekommen.« Min Lei spürte, daß es ihm ernst war und prüfte das Gold. Bevor sie das Mädchen ohne eine Entschädigung verlor, gab sie sie lieber für diesen kleinen Haufen Edelmetall her, der da auf dem Tisch vor ihr lag. Sie kniff die Augen zusammen. »Nimm sie und verschwinde aus meinem Haus«, waren die letzten Worte, die sie an Hong Teng Wu richtete.

Der ließ sich das nicht zweimal sagen. Schnurstracks lief er zu Ting Ling, die ihm mit einem Jubelschrei um den Hals fiel. So schnell hatte sie ihren Geliebten nicht wieder zurück erwartet. Neidisch hörten die anderen Mädchen, daß Hong Teng Wu sie freigekauft hatte und wünschten den beiden viel Glück. Hong Teng Wu klaubte seine restlichen Sachen zusammen, Ting Ling warf ein paar Kleidungsstücke in einen Korb, dann verließen sie Hand in Hand das Bordell. Ting Ling kannte sich gut in der Stadt aus. »Ich weiß, wo wir hingehen können. Zwei Blocks weiter arbeitet ein Freund von mir in der Küche. Sie haben nicht viel Platz in der Wohnung, aber wenn wir ihnen etwas Geld anbieten, werden sie uns schon aufnehmen.« »Ich habe aber kein Geld mehr. Alles, was ich hatte, habe ich Min Lei gegeben«, bedauerte Hong Teng Wu. »Du hast vielleicht kein Geld mehr, aber ich«, strahlte Ting Ling. »Min Lei dachte, daß sie mir jeden Penny abgenommen hätte, hat sie aber nicht. Ich habe immer ein bißchen zurückbehalten, weil ich für meine Freiheit gespart habe.« Sie zeigte ihm ein kleines gelbes Seidentäschchen, bis zum Rand mit Dollars gefüllt.

Ting Ling hatte recht gehabt, gegen entsprechendes Geld nahm der Freund sie beide bei sich auf. Die Unterkunft war eng, laut und schmutzig, aber dem Paar kam es vor, als befänden sie sich im Paradies. Sie lebten von Ting Lings Ersparnissen und genossen verliebt jede Minute, die sie zusammen sein konnten. Doch Hong Teng Wu hatte sein Versprechen nicht vergessen. »Ich habe zu Hause mein Wort gegeben, daß ich mit Gold in den Taschen zurückkomme, und das muß ich halten.« Ting Ling sah die Verpflichtung ein, und ließ ihren Geliebten, wenn auch ungern, in die Berge ziehen. Hong Teng Wu war voller Zuversicht. Überzeugt davon, ein reicher Mann zu werden, stapfte er los.

Das Blatt hatte sich jedoch gewendet. Ganz gleich, wo er hinkam, an den Stellen, die er sich aussuchte, war nichts zu finden. Claim um Claim grub er um, stand tagelang bis zu den Knien im Wasser, doch die Ausbeute war verzweifelt gering. Die Sehnsucht nach Ting Ling und das schlechte Gewissen veranlaßten ihn schließlich, sich von einer der Firmen anheuern zu lassen, die die Schienen der Central Pacific Railroad verlegten. Die Arbeit war anstrengend und schlecht bezahlt. Tag für Tag mußte er mit vielen anderen Arbeitern die Strecke ebnen, auf der in absehbarer Zeit die Züge von West nach Ost fahren sollten. Hong Teng Wu arbeitete weit über seine Kräfte hinaus und sparte jeden der spärlichen Dollars, den er verdiente. Doch am 10. Mai 1869 war alles vorbei. Das letzte Stück der Gleise lag auf dem Boden. Die Eisenbahn konnte in Betrieb genommen werden, und damit waren Tausende von Chinesen arbeitslos. Hong Teng Wu schloß sich einem langen Treck an und ging zermürbt und unglücklich zurück nach San Francisco.

FÜNFTER TEIL

Eine geniale Idee

In den vergangenen Jahren hatte sich die Firma »Levi Strauss & Co« weiter vergrößert. Levis »hüfthohe Overalls« wurden inzwischen amerikaweit getragen. Die Hosen aus dem festen Segeltuch verkauften sich in Oregon, Washington Land, Vancouver, Britisch Kolumbien, Alaska, Arizona, Nevada, Utah, Idaho und sogar auf den Inseln von Hawaii. Das Unternehmen war einzig in seiner Art. Nirgends sonst gab es ein Geschäft, in dem man auf Klein- und Großhandelsebene gleichermaßen Kleidung und Haushaltswaren kaufen konnte. Es gab Ladenbesitzer, die beinahe ihr gesamtes Sortiment in der Battery Street bestellten. Das Haus in der Nr. 14–16 galt als unerreicht in seiner Auswahl von amerikanischen und importierten Stoffen, Kleidung und zahllosen Gebrauchsartikeln.

In der Kleiderabteilung gab es in erster Linie Männerhosen, -jacken und -hemden aus Denim. Wer dort orderte, das war ein wichtiger Grundsatz der Firma, bekam seine Waren schnell und zuverlässig zugestellt. Selbstverständlich zog keiner der Partner mehr selbst durch die Lande, um den Vertrieb anzukurbeln. Zehn Verkäufer waren angestellt, die von Ort zu Ort reisten. Allerdings war der Außendienst, den die Männer absolvierten, in keiner Weise zu vergleichen mit dem, was Levi seinerzeit geleistet hatte. Die Vertreter reisten per Zug oder Schiff und in komfortablen Kutschen. Anstelle der fünfzig Kilo schweren Taschen und Kisten von einst trugen sie einen handlichen Katalog und ein paar Muster bei sich. Wenn sie ihre jeweiligen Zielorte erreicht hatten, schliefen die Vertreter auch nicht mehr in Scheunen, Ställen, oder gar am Straßenrand, sondern durften sich Hotelzimmer nehmen. Der Luxus, den »Levi Strauss & Co« ihnen ermöglichte, zahlte sich in barer Münze aus. Wissend, daß diese Arbeitsbedingungen die Ausnahme von der Regel waren, arbeiteten die Männer hart und gewissenhaft. Durch ihren Einsatz konnte die Firma jährlich steigende Umsätze verbuchen. Levis Ruf als seriöser, erfolgreicher Geschäftsmann nahm allmählich legendäre Formen an. Als 1869 das Ehrenkomitee der Kalifornischen Einwanderungs-Union gegründet wurde, bat man ihn inständig, Mitglied zu werden. Er nahm die Ehre gerne an.

Unter seinen Kunden in der weiteren Umgebung war auch Jacob Davis, der für seine kleine Schneiderwerkstatt in Reno regelmäßig Segeltuch und Planen bestellte. Die Stadt befand sich an einem befestigten Flußübergang, der 1860 als Haltestation der Pacific Railroad gegründet worden war und entwickelte sich schnell zu einem zentralen Warenumschlagplatz der Region. Auf dem Weg dorthin hatten Jacob Davis, seine Frau Anny und die sechsköpfige Kinderschar auch in San Francisco Halt gemacht. Hier hörte Davis zum ersten Mal von den begehrten Arbeitshosen, die »Levi Strauss & Co« anbot. Da er in San Francisco nicht in Konkurrenz zum großen Kaufhaus der Familie Strauss treten konnte und wollte, kaufte er dort lediglich einige Ballen Segeltuch, sah sich die Hosen genau an und zog weiter in Richtung Sierra Nevada. Als er am Fuß der Berge ankam, schien ihm Reno der richtige Ort, sich erneut niederzulassen. Der Schneider ergatterte für sich und seine Familie ein winzig kleines Häuschen, das gleichzeitig als Laden, Werkstatt und Wohnung diente.

Zu ebener Erde gab es einen Raum, in dem Davis seiner Arbeit nachging. In der Mitte stand ein großer Tisch, an den

Wänden hingen Messbänder, Scheren, Garnspulen und allerlei Utensilien, die sein Handwerk sonst noch verlangte. Im hinteren Teil des Zimmers befand sich ein Herd, der zum Kochen und als Wärmequelle diente. Diesen Bereich hatte Davis mit einer Holzkonstruktion überbaut. Sie war mit einem Vorhang als Sichtschutz vor den Blicken der Kunden geschützt. Auf den mit dicken Pfosten abgestützten Brettern schliefen Jacob und Anny. Die sechs Kinder teilten sich eine kleine Kammer im Giebel des Häuschens.

Jacobs Geschäft ging gut. Doch ganz gleich, wieviel er mit seinen Hosen, Pferdedecken und Wagenplanen verdiente, die hungrigen Mäuler seiner Sprößlinge verschlangen jeden Dime. Anny hatte sich in ihr Schicksal ergeben. Der Traum von Geld und Wohlstand im Land der unbegrenzten Möglichkeiten schien ausgeträumt, aber zumindest mußten sie nicht Hunger leiden und hatten ein sicheres Dach über dem Kopf.

Jedesmal, wenn ein Vertreter von »Levi Strauss & Co« aus San Francisco nach Reno kam, führte ihn sein Weg auch zu Jacob Davis, der regelmäßig Segeltuch und Denim bestellte. Die Hosen aus dem festen Stoff hatten sich längst auch in Nevada als Verkaufsschlager erwiesen. So lange sein Stoffvorrat reichte, nähte Davis Stück um Stück und mußte nie Sorge haben, sie nicht an den Mann zu bringen. Der Stamm seiner Kunden wurde immer größer.

Im Dezember des Jahres 1870 kam eine Frau in den kleinen Laden, die schon oft Hosen für ihren Gatten bei ihm bestellt hatte. Leider war sie fast ebenso oft mit Reklamationen bei Davis aufgetaucht. So auch an diesem Tag. Der Schneider zuckte unwillkürlich zusammen, als er durch das Fenster sah, wie sie mit strammen Schritten und einer Hose über dem Arm auf ihn zustapfte. Mit energischem Schwung öffnete sie die Tür und stand direkt vor ihm. Jacob Davis saß im Schneidersitz auf seinem Tisch, vor sich eine dicke Pferdedecke, die er soeben fertigstellte. Gerade hatte er die Nadel noch mit flinken Fingern durch den Stoff sausen lassen, jetzt sah er sich gezwungen die Arbeit niederzulegen und aufzuschauen. »Hier!« Die Kundin warf die Hose vor ihn auf den Tisch. »Die habe ich erst vor zwei Wochen bei Ihnen abgeholt!« Ihr Gesicht war zornig gerötet. »Und jetzt stehe ich schon wieder hier. Es ist immer dasselbe mit Ihnen, Mr. Davis. Kaum hat mein Mann die Hosen ein paarmal angehabt, sind die Taschen ausgerissen, und ich kann mich wieder auf den Weg machen, damit Sie es reparieren. Ich muß Sie doch wirklich bitten, etwas mehr Sorgfalt auf die Nähte der Taschen zu verwenden. So sind sie nicht brauchbar.« Sie strich sich eine Haarsträhne aus dem Gesicht. »Ich glaube nicht, daß es an meiner Arbeit liegt, gnädige Frau«, wandte Davis höflich ein. »Ihr Mann ist wahrhaftig nicht der einzige Kunde, der diese Hosen von mir bezieht, aber er ist wirklich der einzige, der die Taschen ständig zerstört.« »Was wollen Sie damit sagen«, schnaubte die Frau. »Soll das etwa heißen, daß mein Mann das mit Absicht macht?« Sie verschränkte die Arme vor ihrem mächtigen Busen. »Nein, Madam, das wäre ja töricht, warum sollte jemand absichtlich Taschen ausreißen. Aber vielleicht belastet er sie zu stark«, Davis blieb ruhig und freundlich. »Es geht Sie überhaupt nichts an, ob und womit mein Mann die Taschen seiner Hosen belastet. Ihre Aufgabe besteht darin, Taschen zu nähen, die nicht ständig kaputtgehen. Dafür bezahle ich Sie. Ich komme morgen nachmittag wieder und hole die Hose ab!« Mit diesen Worten rauschte sie grußlos aus der Werkstatt.

Davis schob die Hose zur Seite und machte sich wieder an der Decke zu schaffen. »Eines nach dem anderen«, murmelte er leise und folgte mit den Augen der beruhigenden Regelmäßigkeit der Nähnadel.

Als er fertig war, stand er auf, stellte sich vor den Tisch und breitete die Hose darauf aus. Hinten war bis auf ein kleines Triangel in der linken Tasche alles in Ordnung. Er drehte das Kleidungsstück um. Beide vorderen Taschen hingen herab. Der Stoff war unbeschädigt, doch an Bund und Seiten waren die Nähte komplett aufgerissen. »Was macht der nur immer mit diesen Hosen? Was um Himmels willen steckt der sich in seine Taschen?« Jacob Davis ging um den Tisch herum und begutachtete das Werk der Zerstörung. Aus Erfahrung wußte er, daß es keinen Sinn hatte, dickeren Zwirn zu nehmen. Auch der würde reißen. Er dachte nach und ließ dabei die Augen durch die Werkstatt schweifen. »Womit, womit, womit nur«, brummelte er und kratzte sich am Hinterkopf. »Womit kann man die Taschen befestigen, so daß dieser Kraftmeier sie nicht gleich wieder zerfetzt?« Plötzlich blieb sein Blick an den Kupfernieten haften, mit denen er eben noch die Ecken der Pferdedecke verstärkt hatte. Ein paar der kleinen Metallteile lagen noch auf dem Schneidertisch. Er nahm zwei Stück in die Hand, brachte die abgerissene Tasche in ihre ursprüngliche Position auf der Hose und legte rechts und links an der oberen Kante je eine Niete hin. »So könnte es gehen – und sieht nicht mal schlecht aus«, Davis lächelte. Er nahm die Nieten wieder weg und drehte die Hose noch einmal um. »Hier noch eine, und hier noch eine, und da.« Die kleinen Kupferpunkte glänzten jetzt auf den Gesäßtaschen und an den Seitennähten des Beinkleides. Davis war begeistert von seiner Idee. »Das ist es!«, jubelte er, »so können die Leute hereintun, was sie wollen, die Taschen werden nicht mehr ausreißen.« Er fädelte einen Faden ein und flickte die kaputten Stellen. Dann durchbohrte er an einer Stelle den Stoff mit einem Pfriem, steckte den Nietschaft erst hindurch, dann in den unteren Teil der Niete, und schlug ihn mit dem Schellhammer fest. Das wiederholte er an allen Stellen, die er vorher mit Nieten belegt hatte. Als er fertig war, waren vordere und hintere Taschen und die oberen Seitennähte mit kleinen Metallstücken verstärkt.

Davis rief nach seinem ältesten Sohn. »Simon, komm her

und hilf mir einmal.« Simon leerte gerade das Aschefach des Herdes und hatte rußverschmierte Hände. »Geh und wasch dich vorher«, befahl der Vater. Simon kehrte mit sauberen Händen zurück. Er überragte Davis bereits um eine halbe Kopfeslänge und hatte dessen feingliedrigen Körperbau geerbt. »Was soll ich tun?«, fragte er hilfsbereit. »Hier, nimm mal das Hosenbein und zieh daran, so fest du nur kannst«, sagte Davis, der seinerseits die frischgenietete Tasche mit beiden Händen hielt. Simon zog und zerrte mit aller Kraft an der Hose. »Vater, was soll das? Ich werde sie zerreißen.« »Wirst du nicht«, triumphierte Davis, »zieh noch fester.« Doch so sehr sich sein Sohn auch abmühte, die Taschen saßen fest. Davis war zufrieden. Sollte die Frau morgen ruhig wiederkommen und die Hose abholen, diesmal, da war er sicher, würde sie so schnell keinen Anlaß finden, mit einer Beschwerde wieder zurückzukehren.

Er behielt recht – und nicht nur das: Der Mann, dessen Taschen ständig ausgerissen waren, erwies sich als erstklassiger Werbeträger. Begeistert von den Nieten an seinen Hosen, prahlte er überall damit und sorgte so dafür, daß Davis sich binnen kürzester Zeit vor Aufträgen kaum retten konnte. Innerhalb der nächsten achtzehn Monate verkaufte er über zweihundert Stück – und das, obwohl er das Dreifache von dem verlangte, was die Hosen ohne die Nieten gekostet hatten. Davis witterte die Chance seines Lebens. Das war sie, die Idee, auf die er jahrelang gehofft hatte. Wenn er die Verstärkung durch Nieten patentiert bekäme, wäre er ein gemachter Mann, davon war er überzeugt. Vorsichtig fühlte er bei Anny, die das Geld verwaltete, vor: »Diesmal wird es ein Erfolg, ich weiß es genau, Annyleben.« Er nahm ihre Hand und streichelte sie zärtlich. Anny war in den letzten Wochen und Monaten sehr guter Stimmung gewesen. Durch den Verkauf der Arbeitshosen hatte ihr Mann mehr als sonst verdient, und Anny fand zusehends ihre alte Fröhlichkeit wieder. Doch jetzt kniff sie die Lippen zusammen, zog die Hand abrupt zurück und funkelte ihn an. »Jacob Davis, du unverbesserlicher Träumer! Hast du nicht genug Geld in diese unsinnigen Ideen gesteckt. Erträgst du es nicht, einfach mal ein paar Dollar zu verdienen, ohne sie gleich wieder für einen deiner versponnenen Anträge zu verschwenden. Setz dich auf deinen Allerwertesten und nähe diese Hosen, solange sie jemand kaufen will. Nähe bis dir die Finger bluten und du schielst, aber nähe! Stich um Stich – damit wir vielleicht irgendwann einmal aus diesem Loch herauskommen. Damit die Kinder neue Schuhe kriegen und etwas Ordentliches lernen können! Und sprich in meiner Gegenwart nie aber auch niemals wieder das Wort ›Patent‹ aus, hörst du!« Sie stampfte mit dem Fuß auf und ließ ihren verdatterten Mann stehen, bevor der ihr eine Antwort geben konnte.

Eine Gänsehaut jagte über seinen Rücken, Jacob Davis schüttelte sich wie ein nasser Hund. Er kannte Anny. Wenn sie so heftig reagierte, bestand nicht die geringste Möglichkeit, sie umzustimmen. Statt dessen würde jedes weitere Wort über die Angelegenheit ihren Unmut nur schüren und sie zu noch vehementeren Ausbrüchen reizen. Er setzte sich auf seinen Tisch, begann zu nähen und dachte nach. Je länger er brütete, um so sicherer wurde er, daß er einen Weg finden mußte, seine Idee patentieren zu lassen. Nach drei Stunden kam ihm der zündende Gedanke. Vor Aufregung stach er sich in den Finger. Was hatte Anny gesagt, »näh, bis dir die Finger bluten...«, er mußte grinsen. Den blutenden Finger noch im Mund und das Maßband um den Hals stürmte der Schneider aus dem Haus.

Ein paar Meter weiter die kleine Gasse hinunter wohnte sein Freund der Drogist, ein Immigrant aus dem Osten wie er. Im Gegensatz zu Davis hatte er die Sprache seiner neuen Heimat nicht nur ein wenig radebrechen, sondern auch schreiben gelernt. Jacob hatte es so eilig, daß er über die Schwelle des kleinen Drugstores stolperte und um ein Haar der Länge nach in den Laden gefallen wäre. »Was für ein Auftritt, lieber Davis«, sein Freund kam hinter dem Tresen hervor. »Du hast es ja mächtig eilig. Wer ist denn so hinter dir her, daß du keine Zeit hast, deine Füße ordentlich voreinander zu setzen?« Davis rang nach Luft. Vom kurzen Lauf war ihm die Puste ausgegangen, doch nach zwei tiefen Atemzügen konnte er sprechen. Er erzählte dem Drogisten von seiner Erfindung und der Idee, sie patentieren zu lassen. »Und deswegen bin ich hier. Ich bitte dich, mir zu helfen. Du weißt, daß ich nicht schreiben kann, aber ich muß der Firma »Levi Strauss & Co« unbedingt einen Brief schicken. Wer das Kaufhaus in San Francisco gesehen hat, weiß, der Herr Levi ist ein Mann mit Sinn für's Geschäft. Er wird verstehen, was meine Idee wert ist.«

Noch am selben Abend saßen die beiden Männer an einem kleinen, wackeligen Tischchen im Drugstore und formulierten ein Schreiben »An die Herren von »Levi Strauss & Co«. Seiner Frau hatte Jacob Davis gesagt, er wolle nach dem Essen noch ein Schwätzchen mit dem Drogisten halten, und Anny wünschte ihm sogar viel Vergnügen, als er das Häuschen verließ. Das Schreiben des Briefes erwies sich als mühsame Angelegenheit. Auch der Drogist war nicht wirklich firm in der fremden Sprache und so diskutierten die beiden die Schreibweise fast jeden Wortes mit unterschiedlichem Erfolg. Nach fast vier Stunden stand geschrieben, was Jacob Davis mitzuteilen hatte, und als er schließlich seine ungelenke Unterschrift auf das Papier krakelte, war er voller Bewunderung für den Drogisten und dem Freund auf ewig dankbar für seine Hilfe. Am 2. Juli 1872 schickte er das Schriftstück nebst zweier Musterhosen nach San Francisco und wartete gespannt auf die Antwort.

Levi Strauss erhielt das Paket mit dem Absender aus Reno und öffnete es persönlich. Er nahm die Hosen aus dem Papier und legte sie zur Seite, um den beiliegenden Brief zu lesen. Ein gewisser Jacob Davis, Schneider von Beruf, schrieb ihm, daß er nunmehr seit Jahren Segeltuch und Denim vom Großhandel beziehe und immer sehr zufrieden mit den Lieferungen gewesen sei. Auch heute schreibe er nicht etwa, um sich zu beschweren, sondern um den Herren von »Levi Strauss & Co« von einer Erfindung zu berichten, die er gemacht habe. In kurzen, rührend holperigen Sätzen schilderte er sodann Vorgeschichte, Idee und vor allem den Erfolg der Nieten: »*Das Gehaimnis von den Hosen sint die Niten, wo ich in die Taschen mache und die Nachfrage is so gros das ich ga nich schnel genug nachkome.*« Seit dieser Entdeckung, so schrieb er weiter, sei er mit Bestellungen nachgerade überschwemmt worden, hätte schon zweihundert Hosen verkauft – viel teurer als ohne Nieten –, und schicke zwei Exemplare als Beweis mit, damit die Herren sehen könnten, was er erfunden hatte.

Jetzt legte Levi den Brief zur Seite und nahm die Hosen in genaueren Augenschein. Die Idee des Mannes aus Reno, das sah er auf den ersten Blick, war genial. Levi zögerte keine Sekunde, er rief David und William zu sich und weihte sie in seinen soeben gefaßten Plan ein.

Noch am selben Tag schrieb er einen Brief zurück nach Nevada, bedankte sich höflich für die Sendung und schlug Jacob Davis vor, gemeinsam einen Antrag auf Patentierung zu stellen. Als der Brief ankam, erkannte Davis den Absender am Stempel der Firma. Sein Herz schlug bis zum Hals, als er den Umschlag fest in der rechten Hand mit wehendem Hemd wieder zum Drogisten rannte, um sich den Inhalt vorlesen zu lassen. Der Freund rätselte und stotterte eine geraume Weile herum, bis es ihm gelang die Zeilen zu entziffern und vorzutragen. Der kleine Schneider aus Reno war außer sich vor Glück. Er küßte den Drogisten auf die beginnende Glatze, riß ihm den Brief wieder aus der Hand und rannte zurück in seine Werkstatt. Dort sprang er wie ein Derwisch von einem Bein auf das andere und schrie in einem fort: »Wir werden reich! Wir werden reich! Wir werden endlich reich!« Mit Freudentränen in den Augen umfaßte er die Taille seiner verdutzten Frau und schwang diese gegen ihren Willen durch die Stube. »Was ist dir, hast du was Falsches gegessen? Laß mich gefälligst los! Bist du vollends übergeschnappt?« Anny sträubte sich mit allen Kräften, doch dieses eine Mal war ihr Mann stärker als sie.

Endlich löste er den festen Griff und gab sie frei. Dann erst zeigte er ihr den Brief. Anny konnte genauso wenig lesen, wie ihr Mann: »Was hältst du mir dies Geschmier so dicht unter die Nase?«, fauchte sie. »Du weißt, daß ich es nicht verstehe.« Jacob faßte sich ein Herz und erzählte Anny die ganze Geschichte. Dann schaute er sie ein wenig ängstlich an. Anny war sprachlos, und weil Davis dies in den vielen Jahren ihrer Ehe noch nie erlebt hatte, wertete er es als gutes Zeichen. »Sag das nochmal, aber bitte ganz langsam und deutlich«, bat seine Frau leise, und Jacob wiederholte die Geschichte so langsam und deutlich, wie sie es verlangte. »Heißt das, daß die Firma ›Levi Strauss & Co‹ die Gebühr für ein Patent bezahlt, das auf deinem Mist gewachsen ist?«, fragte Anny. Der Schneider nickte. »Und heißt das weiter, daß du trotzdem Geld dafür bekommst, wenn es ein Erfolg wird?« Annys Stimme war unsicher. Ihr Mann nickte wieder. »Und heißt das am Ende gar, daß unsere Kinder anständig gekleidet in eine anständige Schule gehen und etwas Anständiges lernen werden, und daß wir vielleicht sogar anständig wohnen werden?« Jetzt überschlug sich Annys Stimme fast. Jacob Davis erhob sich von seinem Stuhl, atmete tief ein und nickte noch einmal. Da war es um seine Frau geschehen. Sie fing an laut zu weinen. Aufgeschreckt vom Schluchzen der Mutter kamen die drei jüngsten Kinder aus ihrer Kammer die Stiege herunter. Anny umarmte sie fest und flüsterte, während sie geräuschvoll die Nase hochzog: »Euer Vater ist ein ganz besonderer Mann, merkt euch das.« Die Kinder guckten ratlos auf Jacob

Davis, der genauso ratlos zurückschaute, denn er konnte sich nicht erinnern, jemals zuvor solche Töne von seiner Frau gehört zu haben.

Wieder nahm er die Schreibkünste des Drogisten in Anspruch und schickte eine positive Antwort in die Battery Street 14-16. Natürlich würde er sich freuen, das Patent gemeinsam mit der Firma einzureichen, man möge ihn bitte informieren, wie die Sache weitergehen solle.

Levi hatte sich bereits Gedanken darüber gemacht und teilte diese in einem zweiten Brief mit. Der Schneider aus Reno, solle, so sein Vorschlag, doch nach San Francisco kommen und dort – fest bei der Firma angestellt – als erster Vorarbeiter die Produktion der Hosen überwachen. Als der Drogist das vorlas, geriet er erneut ins Stottern, diesmal allerdings weil er die Worte, die er da las, kaum zu glauben vermochte. »Davis, Davis, was bist du für ein Glückspilz«, staunte er ein ums andere Mal. Der Glückspilz nickte stolz und nahm auf der Stelle seine Zukunft in Angriff. Stück um Stück wurden die Handwerksgegenstände und Möbel aus dem Häuschen verkauft und verschenkt. Während Jacob Davis geschickt um jeden Cent feilschte, räumte und sortierte Anny Tisch und Bettwäsche, Kinderkleidung und was sie sonst noch an Habseligkeiten in den Ecken und Winkeln fand. Schließlich war alles gepackt. Familie Davis verabschiedete sich von Freunden und Nachbarn und brach auf nach San Francisco.

Levi erwartete Jacob Davis in seinem Büro. Der Schneider staunte nicht schlecht, als er durch alle vier Stockwerke des Gebäudes geleitet wurde. Was für ein perfekt geführtes Haus, dachte er und bewunderte die luxuriöse Ausstattung. Levi erhob sich hinter seinem Schreibtisch, als der Gast das Büro betrat und hieß ihn herzlich willkommen. »Mein lieber Jacob, wie schön, daß Sie schon da sind. Haben Sie sich schon ein wenig bei uns umgesehen?« »Es ist beeindruckend, Mr. Strauss«, nickte Jacob. »Nennen Sie mich

Levi, das tun hier alle. Mr. Strauss ist mir zu förmlich, lieber Jacob.« Levi bot Davis einen Stuhl an. »Bevor wir über ihre bevorstehenden Aufgaben sprechen, würde ich gerne die Sache mit dem Patentantrag regeln, ist Ihnen das recht?« »Ganz wie Sie wünschen, Mr. Strauss, ich meine Levi, ich richte mich da völlig nach Ihnen.« Jacob war sehr beeindruckt von der weltmännischen Art, mit der sein zukünftiger Arbeitgeber und Partner ihn behandelte. »Ich bin die Papiere schon mit meinem Buchhalter Philip Fisher durchgegangen. Es ist so weit alles erledigt. Nur das Wichtigste fehlt, Ihre und meine Unterschrift.« Er reichte Davis den Antrag auf das Patent. Der Mann aus Reno wollte sich um keinen Preis in der Welt eine Blöße geben und tat, als lese er, was er in der Hand hielt. Levi beobachtete ihn und sah seinen Augen an, daß sie nicht dem Verlauf der Zeilen folgten, sondern starr auf einen Punkt fixiert waren. »Es ist eigentlich nicht weiter schwierig, das Amt möchte nur wissen, was genau wir patentieren lassen wollen, und das habe ich mit Hilfe ihrer Briefe beschrieben und gezeichnet, sehen Sie.« Er faßte den Inhalt des Antrages zusammen und suchte in den Blättern nach der Zeichnung, auf der zu sehen war, an welchen Stellen genau die Nieten befestigt wurden. Dankbar ließ Davis ihn gewähren und schrieb seinen Namen auf die letzte Seite, dann nahm Levi den Bogen und signierte seinerseits mit schwungvollen Buchstaben. Die Geste ließ ihn in des Schneiders Bewunderung noch höher steigen. Was für ein Mann, dieser Levi Strauss, ein wirklicher Herr! Und er, Jacob Davis, hatte ein Patent ersonnen, das dieser Herr für brauchbar hielt. Davis fand sich großartig.

Damit waren die schriftlichen Formalitäten erledigt. »Ich habe mir die Sache so gedacht«, ergriff Levi wieder das Wort. »Sie bekommen eine feste Anstellung im Haus, mit einem festen Gehalt, mit dem Sie zufrieden sein werden. Philip und ich haben uns auch dazu schon unsere Gedanken gemacht, er wird das alles nachher mit Ihnen besprechen. Ihr Aufgabe wird in erster Linie sein, das Zuschneiden der Hosen zu beaufsichtigen, dann dafür zu sorgen, daß der zugeschnittene Stoff schnell und zuverlässig bei den Schneiderinnen, die für uns arbeiten, abgeliefert wird, und schließlich werden Sie die fertigen Hosen jeden Abend persönlich abholen und überprüfen, ob sie ordentlich gearbeitet sind. Wie gefällt Ihnen das?« Davis war begeistert. »Sie werden zufrieden sein, Levi, ich habe soviele dieser Hosen selbst genäht, daß mir ganz sicher kein Fehler entgeht.« »Genau das habe ich auch gedacht. Ich muß Ihnen sicher nicht extra sagen, daß ich hundertprozentigen Einsatz von meinen Mitarbeitern verlange. So wie ich den gleichen Einsatz übrigens auch selbst leiste. Hier in Amerika läßt sich gutes Geld verdienen. Es ist anders als in Europa, wo man reich geboren sein muß, um reich zu leben. In diesem Land ist fast alles möglich. Auch der Ärmste kann ein wohlhabender Mann werden, aber nur, wenn er entsprechend arbeitet. Und das verlange ich von jedem, der für die Firma ›Levi Strauss & Co‹ arbeitet.« Jacob Davis versicherte noch einmal, daß diesbezüglich kein Anlaß zur Sorge bestand, dann rief Levi seinen Buchhalter und überließ Philip Fisher die weiteren Verhandlungen.

Jacob Davis nahm seine Arbeit zwei Tage später auf. Das Zuschneiden der dicken Stofflagen war eine schwierige Arbeit und Davis sah schon in der ersten Stunde, daß der Mann, der damit betraut war, nicht seinen Ansprüchen genügte. Drei- oder viermal zeigte er ihm, wie er das scharfe Messer zu führen hatte, doch der Stoff franste immer wieder aus. Mal glitt das Messer ab, mal mußte eine Linie nachgezogen werden, mal dauerte es einfach zu lange. Davis sah sich die Sache eine Woche lang an. Dann bat er um ein Gespräch mit Levi Strauss. »Bitte denken Sie nicht, daß ich mich wichtig machen möchte, aber wenn ich so viel zu korrigieren habe, wie bei diesem Zuschneider, ist es besser, ich mache die Arbeit selbst. So kostet es viel mehr Zeit.« Levi strich mit den Fingern über seinen Kinnbart. »Wir haben schon viele Zuschneider gehabt, und wirklich zufrieden waren wir noch mit keinem. Mein Schwager William Sahlein hat die Arbeit bisher überwacht und hat genau dasselbe gesagt wie Sie. Ich will Ihnen etwas sagen: ich gebe Ihnen freie Hand. Entlassen Sie den Mann und suchen Sie einen anderen oder suchen Sie einen anderen und entlassen Sie diesen hinterher, oder machen Sie alles selbst. Wie Sie wollen. Ich habe nur eine Bedingung – ich möchte nicht, daß wir Chinesen beschäftigen. Unsere Verkäufer werben im ganzen Land damit, daß all unsere Produkte durch die Arbeit weißer Hände entstehen. Wir rechtfertigen einen Teil unserer Preise damit, und ich wünsche nicht, daß daran etwas geändert wird. Die Chinesen lungern zu Tausenden in den Straßen herum und verrichten jede Arbeit für niedrigste Löhne. Sie nehmen damit den Weißen die Arbeit weg, und ich will und werde mich daran nicht beteiligen.« Jacob Davis fühlte sich unwillkürlich an seine Vergangenheit erinnert, als es den Juden in Riga nicht erlaubt war, jede Arbeit auszuführen, doch wagte er nicht, dem mächtigen Levi Strauss zu widersprechen.

Levi hatte inzwischen den Patentantrag eingereicht und war sehr verärgert, als er einen abschlägigen Bescheid erhielt. Die Behörde ließ ihn wissen, daß stabilisierende Nieten schon im Bürgerkrieg an den Stiefeln der Nordtruppen verwendet worden seien und deshalb in der vorgeschlagenen Form nicht patentiert und geschützt werden könnten. Als Jacob Davis erfuhr, daß auch dieses Patent abgelehnt worden war, dankte er Dem Ewigen, daß er selbst keinen Dime investiert hatte. Mit Schaudern dachte er an die Szene, die Anny ihm gemacht hätte, wenn es anders gewesen wäre. Levi Strauss war enttäuscht, aber keineswegs entmutigt. Er änderte den Antrag, formulierte um, schickte ihn wieder ein – und erhielt ein zweites Nein. Doch auch das konnte ihn nicht aufhalten. Zehn Monate feilte und veränderte er die Aussagen auf den Formularen, zahlte Gebühr um Gebühr, bis er schließlich am 20. Mai 1873 das Patent mit der Nummer # 139.121 in den Händen hielt. »So, Philip«, sagte er zu seinem Freund und Buchhalter, mit dem er die Anträge gemeinsam bearbeitet hatte, »jetzt kann uns keiner mehr die Idee stehlen – wir werden alle steinreich!« Jacob Davis, der Anny bis zu diesem Tage die Fehlversuche verschwiegen hatte, ging stolz wie ein Pfau nach Hause. »Annyleben, stell dir vor, heute sind meine Nieten patentiert worden, ist das nicht großartig? Einmal patentiert, kann man sie auch auf andere Kleidungsstücke setzen, Jacken, Hemden, Hosen – und alles mit meinem Patent!« Anny fiel ihm um den Hals und küßte ihn auf die Wange. »Du bist großartig. Was schert mich das Patent. Du hast eine so gut bezahlte Arbeit, daß ich mich zwar für dich freue, daß es wenigstens einmal geklappt hat, aber viel wichtiger ist doch, daß es uns endlich gut geht. Schau, wie glücklich die Kinder sind, und wie wohl sie schon nach der kurzen Zeit aussehen. Endlich gutes Essen und ordentliche Kleidung.« Jacob erwiderte ihren Kuß und gab ihr recht.

Fröhlich pfeifend ging er am nächsten Morgen zur Arbeit. Was für ein Glück er doch hatte, und wie dankbar er Levi Strauss war. Nie würde er wieder gut machen können, was dieser Mann für ihn und seine Familie getan hatte. Davis liebte seine neue Tätigkeit und erledigte sie mit großer Gewissenhaftigkeit. Täglich schnitt er Segeltuch und Denim selbst zu, brachte die Teile ordentlich aufeinandergelegt zu den Näherinnen und holte die fertigen Produkte am Abend wieder ab. Die erste patentiert genietete Hose wurde am 2. Juni 1873 verkauft. Gute Näherinnen schafften pro Tag im Schnitt fünf Hosen, die Davis alle eigenhändig kontrollierte, bevor sie in den Verkauf gingen. Alle Hosen waren etwas zu weit und etwas zu lang geschnitten, weil das

Denim bei der ersten Wäsche ein wenig einging. »Shrink to fit«, »Gehen ein, damit sie passen«, lautete ein Slogan, der immer wieder dazu führte, daß übermütige Käufer in voller Montur in die nächste Pferdetränke sprangen, um die Hosen am Körper trocknen zu lassen.

Abend für Abend saß Levi Strauss mit seinem Buchhalter im Büro und ging die Tagesumsätze durch. »Diese genieteten Hosen sind unser gefragtester Artikel«, sagte Fisher nach wenigen Wochen. »Wenn das so weiter geht, werden wir bald mit den Lieferungen aus New York Probleme bekommen. Ich fürchte, daß Ihre Brüder die Stoffe gar nicht so schnell herschicken können, wie die Hosen uns hier aus den Händen gerissen werden.« Levi nickte und bestellte David und William am nächsten Tag zu sich. Er zeigte ihnen die Bilanzen der letzten Wochen: »Wir können uns vor Aufträgen kaum retten und die Tendenz ist stetig steigend. Ich möchte um eure Zustimmung für zweierlei bitten. Erstens will ich Jacob Davis seine Anteile am Patent abkaufen – und zwar so bald wie möglich, bevor es zu teuer wird. Die Summe, die wir ihm anbieten werden, darf schon jetzt nicht zu gering sein, doch ganz gleich, was wir ihm zahlen, wir werden ein Tausend-, wenn nicht Millionenfaches davon mit dem Patent verdienen. Und wenn es uns ganz gehört, bleibt das Geld in der Familie – wo es hingehört.« William und David stimmten zu. Levi hatte in der Vergangenheit immer einen guten Instinkt gehabt, warum sollte das diesmal anders sein. »Und zum zweiten«, fuhr das Firmenoberhaupt fort, »möchte ich, daß wir in San Francisco eine Fabrik bauen. Wenn die Nachfrage nach den Hosen weiter so steigt, werden wir unsere Bestellungen nicht mehr lange erfüllen können, indem wir ein paar Dutzend fleißige, geschickte Hausfrauen beschäftigen. Außerdem denke ich darüber nach, ob wie nicht auch andere Kleidungstücke mit Nieten verstärken und verzieren sollten. Was bei den Hosen so überragend funktioniert, geht, wie wir von Davis wissen, auch bei Jacken und Hemden. William, was hältst du davon, dich mal ein bißchen mit dieser Idee zu beschäftigen?« William gefiel der Gedanke gut, er ging gleich in sein Büro, begann zu zeichnen und entwickelte wenig später mit Davis' Hilfe eine kleine, sehr erfolgreiche Kollektion von Arbeitshemden.

Kaum eine Woche später bat Levi Jacob Davis in sein Büro. »Mein lieber Jacob, wie schön, daß Sie gleich Zeit gefunden haben, zu mir zu kommen. Setzen Sie sich doch, möchten Sie etwas trinken?« Davis setzte sich und verneinte. »Sehr liebenswürdig, Levi, aber bei allem Respekt, ich habe nicht viel Zeit. Unten liegt die letzte Denim-Lieferung noch in Ballen, die alle zugeschnitten werden müssen, und ich habe für diese Arbeit noch immer niemanden gefunden, mit dem ich wirklich zufrieden wäre, also mache ich es selbst.« Er lächelte.

»Und genau darum geht es unter anderem. Aber bevor ich dazu komme, etwas ganz anderes: Sagen Sie, Davis, wie gefällt es Ihrer Familie eigentlich in San Francisco? Haben sich Ihre Frau und die Kinder gut eingelebt?« »Oh, danke der Nachfrage, sehr gut. Anny ist wie ausgewechselt. Sie genießt die Nähe zum Meer und das Klima, und die Kinder fühlen sich so wohl wie noch nirgends zuvor.« »Das habe ich gehofft, mein Lieber, und deswegen wollte ich Ihnen etwas vorschlagen. Sie brauchen mir nicht gleich zu antworten, überlegen Sie es sich und sagen Sie mir übermorgen Bescheid. Ich werde eine Fabrik bauen und das Fertigen der Hosen damit auf einen Ort konzentrieren. Das spart Ihnen viel Zeit, denn Sie müssen nicht mehr zweimal täglich mit dem Wagen von Haus zu Haus fahren, sondern können die zugeschnittenen Stoffe nach Bedarf und sofort verteilen.« »Eine sehr gute Idee«, fand Davis. »Wir sind alle überaus zufrieden mit Ihrer Arbeit und würden Sie daher gerne noch etwas fester an unsere Firma und die Stadt binden. Was halten Sie davon, hier in San Francisco für sich und Ihre Familie ein schönes, geräumiges Haus zu kaufen? Ein Haus, in dem Sie ausreichend Platz und vielleicht sogar einen Garten zur Erholung haben.« Davis traute seinen Ohren nicht und dachte an Anny; was würde die sagen, wenn sie das hören könnte. Einst war es ihr Lebenstraum gewesen, ein großes Haus in einer sonnigen Stadt zu besitzen. »Nun, was soll ich dazu sagen«, entgegnete er, »das klingt verlockend, aber obwohl Sie mich großzügig bezahlen, reicht das Geld wohl noch lange nicht für ein solches Haus.« Er zuckte bedauernd mit den Schultern. Levi lächelte ihn an. »Oh doch, mein lieber Davis. Denn ich habe da eine Idee«, er machte eine kleine Pause. »Ich gebe Ihnen das Geld, das Sie brauchen. Gehen Sie los und suchen Sie das Haus Ihrer Träume, ich werde es bezahlen. Dafür überlassen Sie mir Ihre Anteile am Patent, und wir sind quitt. Und damit Sie sich nie mehr Sorgen um Ihre Familie machen, sichern wir Ihnen darüber hinaus ihre Stellung auf Lebzeit zu, und wenn ihr Ältester – wie heißt er noch gleich?« »Simon«, Jacob Davis hatte vor Aufregung eine so trockene Kehle, daß er den Namen seines Sohnes kaum heraus brachte. »Simon, richtig«, wiederholte Levi. »Also, wenn Ihr Simon eines Tages in Ihre Fußstapfen treten möchte, werden wir auch das mit Philip fixieren.« Levi sah dem Gesicht des Schneiders an, daß er sein Ziel erreicht hatte. Jacob Davis war überwältigt von der Aussicht auf ein eigenes Haus, eine gesicherte Zukunft, und das nicht nur für sich, sondern auch noch bis in die nächste Generation. Er hatte Tränen in den Augen. »So, mein lieber Davis, und jetzt überlegen Sie sich das alles, und dann teilen Sie mir Ihre Antwort mit«, sagte Levi, wohl wissend, daß die Entscheidung schon gefallen war. »Bitte, Sir, ich meine, bitte, Levi, was soll ich da lange überlegen. Ich weiß gar nicht was ich dazu sagen soll. Noch nie in meinem Leben habe ich einen Menschen getroffen, der so großzügig ist wie Sie.« Davis war aufgestanden und streckte Levi die Rechte entgegen. »Meine Antwort ist ein klares

Ja«, sagte er ein wenig pathetisch. »Rufen Sie mich, wenn Mr. Fisher den Vertrag aufgesetzt hat, ich komme jederzeit und unterschreibe.« Levi drückte seine Hand einen Augenblick länger als nötig. »So machen wir es. Ich bin sicher, daß Sie Ihre Entscheidung nicht bereuen werden«, sagte er freundlich und verschwieg, daß der fertige Vertrag zum Verkauf der Anteile bereits in seinem Schreibtisch lag.

Die Unterschriften waren kaum getrocknet, da machte sich Levi auf die Suche nach einem geeigneten Objekt für seine Fabrik. In der Fremont Street stand das Donahue Gebäude zum Verkauf. Levi besichtigte es mit David und William, und gemeinsam kamen sie zu dem Schluß, daß das Lagerhaus genau ihren Bedürfnissen entsprach. Die Halle im Erdgeschoß schien wie geschaffen für ihre Pläne. Umbauten waren kaum notwendig und so saßen bald darauf Seite an Seite sechzig Frauen, die unter der Aufsicht von Jacob Davis den ganzen Tag nichts anderes taten, als Naht um Naht die Produkte der Firma »Levi Strauss & Co« anzufertigen. Die Frauen arbeiteten jede an einem Kleidungsstück, das sie vom Zusammensteppen der Nähte über die Knopflöcher bis zur Applikation der Nieten fertigstellten, und wurden für die Arbeit mit drei Dollar entlohnt. Wer schneller arbeitete, erhielt einen Zuschlag. William Sahlein brauchte nicht viel Zeit, um auch bei Jacken und Hemden passende Stellen für die Applikation der Nieten zu finden. Die Nähmaschinen in der Fremont Straße standen nicht still. Jacken, Hemden und Hosen wurden Stück für Stück zusammengeschneidert und mit Nieten versehen. Um den Käufern das Erkennen der Marke noch leichter zu machen, wurde auf die Gesäßtaschen der Hosen ein geschwungenes doppeltes V aus leuchtend orangefarbenem Garn und eine Qualitätsgarantie aus Wachstuch gesteppt. Die Kunden wußten es offenbar zu schätzen, denn schon nach dem ersten Jahr konnte Philip Fisher mit einer stolzen Bilanz aufwarten: Die Firma hatte mehr als fünftausendachthundert genietete Kleidungsstücke verkauft. Ein Jahr später waren es über zwanzigtausend für fast einhundertundfünfzigtausend Dollar.

Levi, der bereits kurz vor der Gründung einer zweiten Fabrik in der Market Street stand, stattete der Halle in der Fremont Street beinahe jeden Tag einen kurzen Besuch ab. Dann stand er in der Tür, den schwarzen Zylinder in der Hand, schaute zufrieden in die Halle und wechselte ein paar Worte mit Davis. Der war noch immer auf der Suche nach einem geeigneten Zuschneider, doch unter all den Weißen, die sich bei ihm vorstellten, war keiner, dessen Fähigkeiten den Ansprüchen des Schneiders genügten. Die Arbeit war kaum zu bewältigen und Jacob Davis mußte seinen Sohn Simon immer öfter um Hilfe bitten. Simon war ein gescheiter junger Mann mit kritischem Auge. Kein Fehler entging ihm, doch das scharfe Messer durch die Lagen der festen Stoffe zu führen, war seine Sache nicht.

Eines Tages öffnete sich die Tür zur Halle und ein kleiner Chinese betrat den Raum. Hong Teng Wu, der sich und seine Frau mit Aushilfsarbeiten über Wasser hielt, hatte gehört, daß die Firma einen Zuschneider suchte und wollte sich bewerben. In seiner Not ignorierte Davis Levis Gebot, keine Chinesen zu beschäftigen und gab dem Mann das Stoffmesser, um ihn ein paar Probeschnitte machen zu lassen. Hong Teng Wu schaute sich die Schnittpläne genau an, nahm das Messer fest in die rechte Hand und lieferte eine Arbeit von solcher Präzision ab, daß es Davis die Sprache verschlug. Der Asiate war beinahe noch schneller als er selbst und schnitt so perfekt zu, daß für den Vorarbeiter außer Frage stand, ihn einzustellen. Noch am selben Tag ging Davis in die Battery Street und sprach mit Levi. Der war zunächst nicht sonderlich begeistert von der Idee, sah jedoch bald ein, daß er keine Alternative hatte. »Was soll ich sagen, Jacob. Sie kennen meine grundsätzliche Einstellung, aber wenn Sie meinen, daß Sie niemanden finden, der die

Arbeit so gut erledigt wie dieser Chinese – bitte, dann stellen Sie ihn ein.«

Hong Teng Wu hatte in der Fabrik gewartet und dankte den Göttern, als Davis mit der positiven Nachricht zurückkehrte. Endlich eine feste Anstellung, endlich regelmäßiges Geld. Wie würde Ting Ling sich freuen, wenn sie es erfuhr. Seine Frau war hochschwanger und stand kurz vor der Niederkunft des ersten Kindes. Von Stund an betrat Hong Teng Wu sechs Tage in der Woche pünktlich die Fabrik und stellte sich an den großen Tisch, auf dem die Stoffballen lagen. Davis war hochzufrieden, und so blieb es dabei, daß neben sechzig weißen Frauen Hong Teng Wu seiner neuen Beschäftigung nachging. »Levi Strauss &Co« blieb dennoch beim Slogan: »Unsere genieteten Produkte werden alle in unserer Fabrik hergestellt, von uns direkt kontrolliert, und nur durch weiße Arbeit!«

In der Presse waren hymnische Artikel über die strapazierfähigen Hosen zu lesen, kostenlose Werbung für die Firma, die sich sofort in vermehrten Bestellungen niederschlugen. Die Aufträge nahmen kein Ende. Längst konnten Jonas und Louis nicht mehr alle benötigten Stoffe nach Kalifornien liefern, so daß Levi gezwungen war, sich nach weiteren Quellen umzusehen. Er fand eine große Garn- und Wollweberei, die Mission & Pacific Woolen Mills. Die Fabrik gehörte dem reichen und berühmten William Ralston. Levi war überaus zufrieden mit der Qualität der dort produzierten Stoffe und wurde bald einer der wichtigsten Kunden.

Ein schwerer Verlust

Das Geschäftsjahr 1873 war mit einer überwältigenden Bilanz abgeschlossen worden. Sowohl in New York, als auch in San Francisco rieben sich alle beteiligten Brüder und verschwägerten Geschäftspartner von »Levi Strauss & Co« zufrieden die Hände. Es war der 2. Januar 1874. »Wir haben es geschafft, Philip«, sagte Levi, der sich soeben die kompletten Zahlen noch einmal hatte vorlegen lassen. »Sie haben es geschafft«, antwortete der Freund und Buchhalter mit einem Blick, der seine Bewunderung deutlich zeigte. Gemeinsam rechneten sie noch einmal alles durch und wollten gerade die Papiere zur Seite legen, um eine Kleinigkeit zu Mittag zu essen, da stürmte eines von Fannys Dienstmädchen ohne zu klopfen in das Büro. Levi, der sie nicht hatte kommen sehen, erschrak entsetzlich, als er das völlig aufgelöste Geschöpf mit dem verweinten Gesicht wahrnahm. »Sir, bitte, Sie... Ihr...« Die atemlose junge Frau wurde von heftigem Schluchzen geschüttelt. »So beruhige dich doch erst einmal.« Levi war aufgestanden und drückte das Mädchen mit sanfter Gewalt auf einen Stuhl. »So, jetzt putz dir die Nase, hol einmal tief Luft und sag mir, was dich so aus der Fassung gebracht hat.« »Es ist, Sir David...« Schon wieder verhinderte ein Schwall Tränen das Weitersprechen. Levi fühlte den Adrenalinstoß, der durch seinen Körper jagte. »David, was ist mit David? Jetzt reiß dich zusammen und rede!«, herrschte er das Mädchen an, die zuckte und immer noch weinend erzählte. »Die gnädige Frau war schon fertig mit dem Frühstück, und Sir David war noch immer nicht im Speisezimmer, da hat sie dem Diener gesagt, er soll nach ihm schauen. Und der hat ihn dann gefunden.« Sie schneuzte sich geräuschvoll. Schon während der letzten Worte hatte Levi nach Hut und Mantel gegriffen und war aus der Tür gestürzt. Philip Fisher stand wie angewurzelt neben dem Mädchen. »Was ist mit Mr. Stern?«, fragte er in banger Vorahnung. »Er ist tot, Sir.« Die junge Frau stand auf und knickste artig, um dann laut schluchzend das Büro zu verlassen.

Levi lief so schnell ihn die Füße trugen. Schon lange war er nicht mehr so gerannt, und er verfluchte seine Kurzatmigkeit. Von heftigem Seitenstechen geplagt, mußte er zweimal anhalten und verschnaufen, bis er das Haus in der Powell Street endlich erreichte. Seine beiden Nichten Hattie und Caroline warfen sich ihm entgegen. »Onkel Levi, der Papa, er ist gestorben«, die Mädchen weinten hemmungslos. Levi strich ihnen über die Köpfe und löste ihre klammernde Umarmung. »Wo ist die Mama?«, fragte er leise. Caroline zeigte auf die Treppe, die in den ersten Stock zu den Schlafräumen führte. Levi legte seinen Hut auf einen Stuhl und lief im Mantel die Treppe hinauf. Immer zwei Stufen auf einmal. Aus dem ehelichen Schlafgemach drangen die Klageschreie seiner verzweifelten Schwester. Genauso hatte es geklungen, als der Vater damals gestorben war. Vor seinem geistigen Auge sah Levi seine Mutter in tiefem Gram über den Toten gebeugt. Die Erinnerung schnürte ihm das Herz ab. Er öffnete die Tür. Fanny saß am Bett ihres Mannes und hielt dessen kalte Hand. Um sie herum standen Jacob, Sigmund, Louis und Abraham. Die Söhne, selbst vom Schock wie erstarrt, versuchten die Mutter zu trösten. Als sie ihren Bruder sah, stöhnte sie auf und hob ihr schmerzverzerrtes Gesicht. Levi ging auf sie zu, nahm sie in die Arme und küßte sie zärtlich auf die Stirn. Fanny versuchte sich zu beherrschen. »Ich verstehe es nicht, gestern ging es ihm noch gut, wie kann das sein – er ist doch noch viel zu jung zum Sterben.« Tatsächlich war David Stern nur einundfünfzig Jahre alt geworden, als sein Herz versagte.

Levi überließ die Witwe der Fürsorge ihrer Kinder und kümmerte sich um die Bestattung. Doch die führenden Mitglieder der Eureca Benevolent Society baten inständig, ihnen die Organisation des Begräbnisses zu überlassen. Levi, der sah, was für ein Anliegen es den Gefährten seines verstorbenen Schwagers war, diesen ehrenvoll beizusetzen, ließ sie gewähren. Rabbi Cohn hielt eine ergreifende Andacht, dann folgte die große Trauergemeinde dem Sarg in schwarzen, florverhangenen Kutschen zum Friedhof. Schwarze Vorhänge schützten die Insassen vor neugierigen Blicken, und sogar die Männer auf den Kutschböcken hatten ihre Uniformen gegen schwarze Anzüge getauscht. Nach der Zeremonie ging die Familie zurück in die Powell Street. Dort begann jetzt die einwöchige Trauerzeit. Wie es Sitte war, empfingen sie Besucher, die kamen, um die Hinterbliebenen zu trösten. Einige von ihnen brachten Zeitungsartikel mit, die zu Ehren des Verstorbenen verfaßt worden waren. In den Nachrufen wurde David Stern als »hochgeachteter Mann und Pionier der Kaufleute« gewürdigt.

Die pragmatische Fanny hatte ihre Fassung erstaunlich schnell wiedergewonnen. »Davon, daß ich mich ins Bett lege, wird David auch nicht wieder lebendig«, antwortete sie ihrem Bruder, als der ihr riet sich ein wenig zu schonen. Statt dessen nahm sie sich viel Zeit, um vor allem ihren jüngeren Kindern eine starke Stütze zu sein. Gemeinsam verbrachte die ganze Familie die Woche der Shiva, doch kaum waren die sieben Tage der Trauer verstrichen, ging Levi wieder in sein Büro. Für ihn bedeutete der Tod Davids einen doppelten Verlust. Nicht nur, daß der Freund, Schwager und langjährige Weggefährte gegangen war – auch in der Firma hinterließ David Stern eine tiefe Lücke. Diese zu schließen war jetzt Levis vornehmliche Aufgabe. Er widmete sich ihr mit dem ihm eigenen Fleiß und Engagement.

Die Arbeit lenkte ihn zwar von seiner Trauer um David ab, doch oft waren es ärgerliche Probleme, die es zu lösen galt. Wegen der großen Beliebtheit, der sich die genieteten Kleidungsstücke erfreuten, versuchten andere Hersteller immer wieder, das Patent zu kopieren. Levi führte gegen mehrere Konkurrenten Prozesse, die er alle gewann. Auf diese Weise blieb das Unternehmen unangefochtener Marktführer.

In der Powell Street 317 tat inzwischen William Sahlein das für seine verwitwete Schwägerin, was Fanny einst in schweren Zeiten für ihn getan hatte. Stunde um Stunde verbrachten die beiden miteinander. William war ein guter Zuhörer, und Fanny fühlte sich nach den langen Gesprächen stets getröstet und besserer Stimmung. Die Monate vergingen, der Alltag kehrte zurück, und als es Herbst wurde, trafen Fanny und William eine Entscheidung.

Es war der 21. Oktober 1874, der erste Tag des Laubhüttenfestes. Auf dem Tisch prangte der symbolische Strauß aus Palmen- und anderen grünen Zweigen. Die ganze Familie hatte sich versammelt. Die Kinder plapperten munter durcheinander, der freche Sigmund neckte seine kleine Cousine Rosa. William Sahlein setzte ein feierliches Gesicht auf. »Levi, ich habe etwas mit dir zu beprechen.« Levi schaute ihn überrascht und erwartungsvoll an. »Jetzt und hier?«, fragte er. »Nun, vielleicht warten wir lieber, bis die Kinder im Bett sind. Dann haben wir mehr Ruhe.« Fanny, die nur auf einen Vorwand gewartet hatte, den Tisch zu verlassen, klatschte in die Hände. »Schluß jetzt, die Männer haben etwas zu besprechen. Kommt mit.« Einer nach dem anderen verließen sie das Eßzimmer und kabbelten sich auf der Treppe weiter, bevor das Trappeln ihrer Schritte im oberen Stockwerk von den Teppichen verschluckt wurde.

»Nur zu, William, jetzt sind wir unter uns. Was hast du auf dem Herzen?« William stand auf, zupfte seine Jacke zurecht, räusperte sich, legte die Hände ineinander und sagte feierlich. »Levi Strauss, ich möchte bei dir um die Hand deiner Schwester Fanny anhalten.« Levi lächelte erfreut und räusperte sich mit verschmitztem Blick: »Habt ihr euch das auch gut überlegt? Ich meine, so jung wie ihr seid, muß so ein Schritt wohl durchdacht sein«, frotzelte er den Mann, der jetzt zum zweiten Mal sein Schwager werden wollte. »Bitte Levi, mir ist nicht nach Scherzen. Das ist eine wichtige Angelegenheit.« William fühlte sich nicht ernst genommen. »Ich bitte dich, William, ihr seid beide über fünfzig Jahre alt. Wenn ihr entschieden habt, zu heiraten, wer bin ich, das zu verhindern? Im Gegenteil! Ich freue mich für euch!« Er rief seine Schwester. »Fannyleben, komm her und laß dich herzen. Was für eine wunderbare Nachricht. Wann soll es denn so weit sein?« Fanny errötete ganz leicht. »So bald wie möglich, dachten wir.« Sie schaute auf den Boden. Levi, der eben noch ein fröhliches Gesicht gemacht hatte, wurde auf einmal ganz ernst. »Das heißt natürlich, daß ich mir in der Stadt eine Wohnung nehmen werde. Für uns alle ist das Haus hier zu klein, und außerdem will ich euch nicht im Wege sein.« »Das kommt überhaupt nicht in Frage«, Fannys Stimme hatte einen empörten Unterton. »Du gehörst zu uns und wir gehören zu dir. Ich habe mein ganzes Leben mit dir verbracht und denke nicht daran, das jetzt zu ändern.« Levi schaute sie liebevoll an. »Na, na, nun beruhige dich schon. Wollen wir doch erstmal hören, was William dazu zu sagen hat.« »Nein, Levi, das habe ich schon mit Fanny besprochen. Ohne dich ginge es uns allen nicht so gut, wie das der Fall ist. Ohne dich wäre ich nicht hier. Die Kinder lieben und verehren dich. Also für mich ist es gar keine Frage, daß wir alle zusammenbleiben.« Levi versuchte zu verbergen, wie geschmeichelt er war. Die offensichtliche Zuneigung von Schwester und Schwager tat ihm gut. Er schlug einen geschäftsmäßigen Ton an. »Nun, dann müssen wir drei uns mal zusammensetzen und überlegen, wie wir das lösen. Denn ihr werdet mir wohl recht geben, daß dieses Haus zu klein für uns alle ist. Wie viele werden wir dann sein?« Er hielt seine beiden Hände in die Luft und zählte an den Fingern ab. »Fanny und ihre Kinder, das sind acht. William kommt mit drei Sprößlingen – macht zwölf. Da seht ihr, meine Finger reichen nicht, um uns alle zu zählen. Mit mir sind wir dreizehn – und wir brauchen mindestens ein Gästezimmer. Unser Neffe Nathan wird ab nächstem Jahr noch sehr viel mehr Zeit mit uns verbringen als bisher. Louis möchte, daß er das Geschäft hier in San Francisco lernt.« Fanny nickte. »Das heißt, daß wir wirklich ein großes Haus brauchen – denn du darfst nicht vergessen, so einen Haushalt kann ich nicht ohne Personal führen, und das muß auch noch seine Kammern haben.« »Ich werde mich darum kümmern«, sagte ihr Bruder. »Regelt ihr mal die Vorbereitungen für eure Hochzeit, ich halte Ausschau nach einem passenden Objekt für uns alle.«

Fanny und William kamen überein, ihre Vermählung nicht in großem Rahmen zu feiern. »David ist noch kein Jahr tot, und in unserem Alter ist so ein großes Fest nicht mehr angemessen«, sagt Fanny. »Außerdem sind wir schon genügend Leute, wenn wir nur die Familie zusammen nehmen« »Ich denke auch, wir sollten es nicht übertreiben«, pflichtete William ihr bei. Levi war einverstanden, und so wurde die Trauung in aller Stille vollzogen. Am 30. November feierten Fanny und William den ersten Tag des Hanukkah-Festes bereits als Ehepaar. Während Fanny die Speisen eigenhändig zubereitete, hielt Levi seine jüngste Nichte auf dem Schoß und sprach mit dem kleinen Abraham, der auf einem Stuhl neben ihm saß und mit den Fransen der Tischdecke spielte. Mitten auf dem Tisch stand der achtarmige Chanukkaleuchter. Das Messing war blank geputzt, die Kerzen noch nicht angezündet. »Weißt du, wo dieser Leuchter herkommt?« fragte Levi seinen Neffen, der verneinend den Kopf schüttelte. »Den hatten wir schon, als ich ein kleiner Junge war. Noch kleiner, als du jetzt bist.« Er erzählte Abraham von Buttenheim, wie arm sie dort gewesen waren, und wie schön es immer war, wenn ein Fest gefeiert wurde und es etwas Besonderes zu essen gab. »Und wenn Hanukkah die erste Kerze angezündet wurde, stellte mir mein Vater immer eine Frage.« »Was wollte er denn von dir wissen?« Abrahams Neugierde war erwacht. »Er wollte wissen, warum an acht Tagen eine Kerze nach der anderen entzündet wurde, und nicht alle Kerzen auf einmal. Weißt du das?« Abraham nickte eifrig. »Das habe ich in der Sabbat-Schule gelernt. Es ist, weil es daran erinnern soll, daß sie im Tempel eines Tages einen nicht entweihten Ölvorrat gefunden haben, der genau für acht Tage ausreichte.« Levi strich ihm lobend über den Kopf. »Bist ein gescheiter Bursche«, sagte er erfreut.

Der Platz im Haus erwies sich mit den vielen Personen im Alltag als noch beengter, als Levi zunächst befürchtet hatte, und so war er sehr froh, als in der Post Street, Ecke Leavenworth Street ein großes Haus verkauft wurde, das ausreichend Raum für alle bot. William und Levi kauften es gemeinsam, und Fanny war ganz und gar in ihrem Element. »Sieh nur, wie praktisch«, jubelte sie und zeigte auf die kleinen Öffnungen im Mauerwerk der Flure, durch die man sich mittels eines ausgeklügelten Rohrsystems ohne zu schreien mit den Dienstboten verständigen konnte.

Der Bau in der Leavenworth Street 621 war größer, als alles, was sie bis dahin bewohnt hatten. Zwar war die Ausstattung nicht so luxuriös und elegant wie in einigen Nachbarhäusern, doch die Familie war glücklich, es gefunden zu haben. Mächtige Säulen verzierten den Eingang, von dem man in eine große Halle gelangte. Für offizielle Anlässe gab es einen weiträumigen Salon. Überall lagen üppige Teppiche auf den polierten Böden, die Wände waren mit Gemälden dekoriert. Im oberen Stockwerk befanden sich die Schlafzimmer der Familie und darüber die Kammern der Dienstboten. Alle Räume waren mit Gas zu beleuchten. Es gab fließendes Wasser bis in die oberen Stockwerke, und als Krönung der Ausstattung bestellte Fanny bei einem New Yorker Hersteller zwei hochmoderne Wasserklosetts, deren Abbildungen sie in einem Katalog gesehen hatte. Als die Schüsseln geliefert wurden, sammelte sie höchstpersönlich alle Nachttöpfe in den Zimmern ein und spendete alle bis auf einen an die Eureka Benevolent Society. »Schließlich kommen immer noch genug Menschen hier an, die sich den Luxus einer Toilette im Haus nicht leisten können«, begründete sie die Aktion. »Diesen hier behalten wir«, sagte sie zu einem Dienstmädchen und wies sie an, das Porzellan aufs Peinlichste zu säubern. »Man weiß nie, ob man nicht doch mal einen braucht, wenn jemand krank wird«, sagte die Hausherrin und widmete sich den anzubringenden Vorhängen. »Genau so habe ich es mir immer gewünscht«, flüsterte Fanny ihrem zweiten Mann zu, als sie in der ersten Nacht im neuen Haus unter ihre Bettdecke kroch.

Auch Levi fühlte sich sehr wohl und genoß den Platz in der neuen Villa. Obwohl das Haus etwas weiter von der Battery Street entfernt war, behielt er seine alte Gewohnheit bei und ging jeden Morgen zu Fuß in die Firma. »Ich bin sicher, daß dieser tägliche Spaziergang gut für mich ist, und außerdem macht es mir Spaß, die ganzen Leute auf dem Weg zur Arbeit zu treffen«, pflegte er zu sagen, wenn William Sahlein ihn wieder einmal überreden wollte, doch mit ihm im Zweispänner zu fahren. Je näher Levi an den Firmensitz herankam, umso länger dauerten seine kleinen Unterhaltungen. Die Geschäftsleute kannten sich nun schon seit Jahren und Levi sah dem allmorgendlichen Plausch jeden Tag mit großem Vergnügen entgegen. Das erste Geschäft im Block gehörte Leo Metzger, der mit Wein und Spirituosen handelte, neben ihm befand sich der Laden von William Fleisher, der Hüte und Mützen herstellte, und daneben verkaufte Blumenthal & Co Handschuhe für alle nur erdenklichen Gelegenheiten. Levis Weg dauerte eine gute Stunde, und pünktlich um 10.00 warteten Philip Fisher und mit ihm Albert Hirschfeld, einer von Levis ältesten und treuesten Angestellten, auf das »Guten Morgen« ihres Chefs.

Auf den Wogen des Erfolges

Seit einigen Wochen lebte auch Nathan Strauss in der Leavenworth Street 621. Louis hatte seinen Sohn von New York nach San Francisco geschickt, damit er von Levi in die Geheimnisse seines geschäftlichen Erfolges eingeweiht würde. Levi, der ohnehin regen Anteil an der Entwicklung seiner Neffen und Nichten nahm, hielt es für seine wichtigste Pflicht und Aufgabe, besonders die jungen Männer zu fähigen Geschätfsleuten auszubilden. Einer nach dem anderen kamen sie langsam in ein Alter, in dem sie – längst den Kinderschuhen entwachsen – an gewisse Verantwortungen herangeführt werden mußten. Jacob, ein ruhiger, verständiger junger Mann, war direkt nach dem Tod seines Vaters David in die Firma eingetreten und lernte unter Levis Aufsicht Schritt für Schritt, dessen ehemalige Position zu füllen. Folgend in der Reihe waren Sigmund und Nathan. Die beiden Cousins hatten ein sehr inniges Verhältnis zueinander. Levis besondere Zuneigung zu Sigmund war im Laufe der Jahre stetig gewachsen, und als Nathan aus New York eintraf, bedurfte es nur eines gemeinsamen Abendessens, und Levi war sicher: »Die zwei sind aus einem Holz.« Während Nathan von seinem Vater bereits ein gutes Gespür für die Qualität verschiedener Stoffe erlernt hatte, fand Sigmund mehr Spaß an allem, was mit Kaufen und Verkaufen zu tun hatte. Levi beobachtete seine Neffen genau und bemühte sich gewissenhaft, sie ihren Talenten entsprechend einzusetzen. »Natürlich müßt ihr von allem etwas verstehen, sonst kann man ein solches Unternehmen nicht leiten, aber letztendlich werdet ihr vor allem das tun, was euch am meisten liegt, und je früher wir das herausfinden, desto eher können wir uns darauf konzentrieren.« Täglich nahm Levi seine beiden Neffen mit in die Firma und ließ sie die verschiedenen Stationen durchlaufen. Philip Fisher unterwies sie in der Buchhaltung. Durch Jacob Davis konnten sie die Herstellung der Produkte kennenlernen, und Levi selbst zeigte ihnen, wie man günstig ein- und teuer verkaufte. Hier zeigte sich sehr schnell, daß Sigmund nicht nur Freude am Handel, sondern auch eine eindeutige Begabung dafür hatte. Wie sein Onkel verstand er es, günstige Gelegenheiten schneller als andere zu erkennen; Levi war sehr angetan von seinen Vorschlägen und machte ihn bald zum Einkäufer der Firma. »Das wichtigste ist und bleibt, daß man ein gutes Geschäft vor allen anderen erkennt, prüft und dann tätigt«, predigte er immer wieder. Im Spätsommer 1875 hatte der Firmenchef Gelegenheit, seinen Neffen zu zeigen, was er damit meinte:

William Chapman Ralston war 1854 im Alter von achtundzwanzig Jahren als kleiner, mittelloser Möbeltischler nach San Francisco gekommen und hatte es im Laufe der Jahre zu einem der größten Vermögen des Landes gebracht. Was der Mann mit dem rechteckigen Schädel, den melancholisch dunklen Augen und dem schmalen Mund anfaßte, wurde zu Geld. Bereits zehn Jahre nach seiner Ankunft in Kalifornien erwarb er in Belmont ein etwa vierzehn Hektar großes Grundstück und baute eine Villa darauf, die ihresgleichen suchte. Auf vier Stockwerken befanden sich einhundert Zimmer, in feingeschliffenen Kristalleuchtern flackerten alleine im Ballsaal dreihundert Gaslichter. In dieser üppigen Ausstattung und den prachtvoll angelegten Gärten verbrachten Prominente wie Mark Twain gerne ein amüsant-erholsames Wochenende. Ralston wußte jede der unbegrenzten Möglichkeiten in Kalifornien zu nutzen, gründete die »Bank of California« und hatte es damit geschafft: Er gehörte zur Geldelite des Landes und genoß seinen Status in vollen Zügen. Doch nie vergaß der Mann mit dem riesigen Vermögen seine Vergangenheit. Ralston lieh armen Menschen Geld, spendete immense Summen für wohltätige Zwecke und legte allergrößten Wert darauf, für diese Taten weder öffentlich genannt zu werden, geschweige denn in den Schlagzeilen der Zeitungen zu erscheinen. Am 26. August 1875 mußte die »Bank of California« jedoch wegen Insolvenz ihre Schalter schließen. Nur einen Tag später erschütterte die Nachricht seines plötzlichen Todes die Stadt. Ralston war in der Nähe eines kleinen Badehauses ertrunken. Die Zeitungen überboten sich in der Verbreitung von Gerüchten um einen möglichen Freitod. Überall wurde spekuliert, und die Gesellschaft, bei der Ralston eine Lebensversicherung zugunsten seiner vier Kinder abgeschlossen hatte, sah sich zu Recherchen veranlaßt. Doch die Autopsie ergab zweifelsfrei, daß Ralston in Folge eines Herzinfarktes ins Wasser gefallen und gestorben war.

Zum Immobiliennachlaß des Millionärs gehörte unter anderem die »Mission & Pacific Garn- und Wollweberei«, von der die Firma »Levi Strauss & Co« seit Jahren einen Großteil ihrer Stoffe bezog.

Kaum hatte Levi Strauss aus der Zeitung von Ralstons Tod erfahren, da rief er seinen Partner William Sahlein sowie Jacob, Sigmund und Nathan zu sich. »Das ist es, was ich meine«, sagte er und deutete auf den Artikel. »Hier gilt es, keine Zeit mit Sentimentalitäten zu vergeuden, sondern sofort die Verhandlungen aufzunehmen. Wir haben in der Vergangenheit ein Vermögen für unsere Stoffe ausgegeben. Wenn diese Firma unserem Unternehmen gehört, können wir unsere Materialien selbst produzieren.« »Aber wird das nicht eine sehr hohe Investition, Onkel Levi?«, fragte Sigmund. »Natürlich wird es das, aber auf lange Sicht wird sie sich dennoch für uns lohnen«, beschied Levi seinen Neffen. Ende des Jahres 1875 war das Geschäft besiegelt, und die Weberei gehörte »Levi Strauss & Co«.

Levi war ein wichtiges Mitglied des großen Haushalts in der Leavenworth Street. So sehr er das Zusammensein mit der

Familie genoß, so überzeugt war er jedoch davon, daß er nicht jeden Abend mit Fanny und William zusammensitzen konnte und wollte. Wenn die Verkaufsräume in der Battery Street 14–16 abends um 18.00 Uhr geschlossen wurden, drehte Levi eine letzte Runde durch das Gebäude, setzte seinen schwarzen Zylinder auf und ging nach Hause. Dort entspannte er sich einen Augenblick, zog sich um, und während die Familie sich zum Abendessen um den großen Tisch versammelte, ging er mehrmals in der Woche noch einmal in die Stadt. Das Ziel seiner abendlichen Unternehmungen lag in der Powell Street. Hier befand sich das vornehme Saint Francis Hotel, dessen prächtiges Ambiente Levi ebenso schätzte, wie die exzellente Küche des Hauses. Es war noch nicht lange üblich, in Hotels zu speisen, aber Levi konnte den angebotenen Köstlichkeiten kaum widerstehen. Er schätzte Fannys traditionelle Küche durchaus, doch wenn er an die klare Brühe von Sumpfschildkröten, Ente in Aspik, Fasan und Lachs dachte, lief ihm schon auf dem Hinweg das Wasser im Mund zusammen, von den Sorbets, dem Käse- oder Apfelkuchen ganz zu schweigen. Wenn er das Entree mit den herrlich gearbeiteten Holzvertäfelungen, Säulen und bequemen Fauteuils betrat, kam ihm sofort ein dienstbarer Geist entgegen und nahm dem Stammgast Hut und Mantel ab. Im Speisesaal des Hauses war immer ein Tisch für Levi reserviert. Hier dinierte er regelmäßig mit Geschäftspartnern oder engen Mitarbeitern wie Philip Fisher. Genauso gern wie zu diesen Mahlzeiten im kleinen Kreis lud Levi Strauss zu größeren Festen. Dann wurde ein Raum mit dicken Teppichen, Lüstern aus Kristall und duftigen Damastvorhängen eigens für ihn und seine Gäste vorbereitet, und die Küche überbot sich in der Vielfalt der aufgefahrenen Gerichte. Wenn es etwas zu feiern gab, waren Sigmund und Nathan fast immer mit von der Partie. Keinem Vergnügen abgeneigt, liebten beide die Einladungen ihres Onkels und brachten ihrerseits mit dessen Erlaubnis Freunde mit.

An einem lauen Septemberabend besuchten die jungen Männer eine groß angekündigte Vorstellung im Tivoli Theater. Der Star des Abends, »Fräulein Lotta, der Liebling von San Francisco« wie die Zeitungen sie nannten, präsentierte sich und ihre Kunst in einer Gala-Darbietung. Wenige Tage zuvor hatte die inzwischen erwachsen gewordene Künstlerin der Stadt am 9. September 1875 einen prächtigen, gußeisernen Trinkwasserbrunnen gestiftet. In Anwesenheit einiger Honoratioren und vieler Schaulustiger war das meterhohe Kunstwerk eingeweiht worden.

Die achtundzwanzigjährige Lotta Crabtree war eine Berühmtheit. Noch immer mit Argusaugen von ihrer strengen Mutter bewacht, führten ihre ausverkauften Tourneen sie auf die großen Bühnen Amerikas. Doch am liebsten trat sie in San Francisco auf. Sie liebte die Stadt ganz besonders. Hier hatte sich Miss Crabtree einige Immobilien zugelegt, hierher kam sie immer wieder gerne zurück.

Ganz San Francisco verehrte die tanzende Komödiantin und Schauspielerin, die berüchtigt für ihre skandalös kurzen Röcke war. Wenn sie in ihrer Kutsche in die Stadt einfuhr, wartete stets eine ganze Meute junger Männer auf die Künstlerin. Sie spannten die Pferde aus dem Geschirr und zogen Miss Crabtrees Wagen, wohin immer sie wünschte. Die rothaarige Schönheit konnte sich vor Bewunderern kaum retten. Doch wann immer sie Interesse für einen der Männer zeigte oder die Präsenz eines ihrer Verehrer zu groß wurde, funkte Mutter Mary Ann vehement und erfolgreich dazwischen. »Ich habe nicht mein Leben für dich geopfert, damit du heiratest und am Schluß bei irgendeinem Habenichts und einer Horde Kinder landest!« Lotta, die wußte, daß sie ihre Karriere dem Engagement ihrer Mutter verdankte, wagte nicht zu widersprechen. Gehorsam schwang sie die Beine, entwickelte sich zu einer überragenden Komödiantin und verdiente ein Vermögen.

Sigmund und Nathan waren begeistert von der Aufführung. »Wir warten am Ausgang auf sie und fragen sie, ob sie mit uns ins Saint Francis will«, schlug Sigmund vor. »Nichts da Ausgang!«, widersprach sein Cousin, »was meinst du, wie viele Kerle da stehen und auf sie warten. Laß mich mal machen.« Er stand auf und verließ leise und gebückt den Zuschauerraum, noch bevor der erste Vorhang gefallen war.

Die Dekoration des Foyers bestand unter anderem aus vier großen Bodenvasen, in denen kunstvoll arrangierte Blumengestecke prangten. Nathan sah sich vorsichtig um. Von der Bühne klang die Musik bis hierher, der alte Pförtner hatte eine der Türen zum Zuschauerraum einen Spalt weit geöffnet und verfolgte gebannt Lotta Crabtrees Auftritt. Nathan zögerte nicht lange. Er rupfte aus allen vier Gestecken die roten und die weißen Rosen und band sie geschickt zu einem Strauss. Dann schlich er sich am Pförtner vorbei zum Bühneneingang. Auch hier hielt ihn niemand auf, und als Lotta Crabtree ihre letzte Verbeugung absolviert hatte und der tosende Applaus langsam verebbte, lief sie direkt in Nathans Blumen. Der überschüttete sie auf dem Weg zur Garderobe mit einem derartigen Schwall von Worten und Komplimenten, daß Lotta gar nicht wußte wie ihr geschah. »Mein Onkel verehrt Sie«, log Nathan dreist. »Er gibt heute Abend einen Empfang im Saint Francis Hotel und hat meinen Cousin und mich extra geschickt, Sie auf Knien und mit diesem Strauß zu bitten, sein Gast zu sein.« Nathan überlegte kurz, welche Schwindelei er als nächstes loslassen sollte. »Aber ich kann meine Mutter nicht allein lassen, sie hat sich die Vorstellung aus der Loge angesehen und wird jeden Moment hier sein«, nutzte Lotta seine kurze Atempause. »Nicht doch, nicht doch, natürlich ist Ihre Frau Mama auch eingeladen, das hat mein Onkel ausdrücklich gesagt.« Nathan richtete den Blick gen Decke. Für seine Lügen erwartete er jederzeit vom Blitz getroffen zu werden. In diesem Augenblick bog Mary Ann um die Ecke. Sie hatte seine letzten Worte gehört. »Wie reizend, daß ich auch eingeladen bin, junger Mann«, bemerkte sie forsch und fügte ein wenig schnippisch hinzu, »aber ich muß doch fragen, wer ist denn dieser ominöse Onkel überhaupt?« Nathan griff nach ihren Fingerspitzen, machte eine Verbeugung und hauchte einen Kuß auf ihren Handrücken. »Mit Verlaub, Madam, mein Onkel ist der berühmte Levi Strauss, Besitzer der Firma ›Levi Strauss & Co‹. Ich bin sicher, Sie haben seinen Namen schon einmal gehört. Er verehrt Ihre Tochter sehr, und hat nicht minder von Ihnen geschwärmt, Sie müssen ihm schon einmal begegnet sein.« Jetzt war Nathan sicher, daß Der Ewige ihn für seine Worte schrecklich strafen würde, aber es gab kein Zurück.

Mary Ann war geschmeichelt und zeigte sich interessiert. »Nun, ich kann mich zwar nicht erinnern, Ihren Onkel schon einmal getroffen zu haben, aber wenn er einen so charmanten jungen Mann schickt, um mich abzuholen, wäre es ja zu unhöflich, seiner Einladung nicht Folge zu leisten.« »Gewonnen«, jubelte Nathans innere Stimme, während er sich sagen hörte: »Wenn gnädige Frau gestatten, werde ich Sie und das reizende Fräulein Tochter mit meinem Cousin am Ausgang erwarten.« Mary Ann nickte huldvoll, und Lotta entschwand in ihrer Garderobe, um ihr Bühnenkostüm gegen ein lindgrünes, mit Spitzen besetztes Taftkleid zu tauschen.

Sigmund traute seinen Ohren nicht, als Nathan mit seinen Überredungskünsten prahlte. »Das gibt Ärger! Glaub mir, Onkel Levi liebt solche Dinge ganz und gar nicht.« »Was sollte ich machen«, Nathan tat unschuldig, »anders hätte ich sie niemals ins Hotel gekriegt.« Die beiden Damen traten aus dem Theater und alle vier bestiegen nacheinander eine Kutsche.

Im Saint Francis Hotel hatte das Fest gerade begonnen. Der Saal war über und über mit Blumen geschmückt und selbst die verwöhnte Lotta Crabtree staunte, als sie sah, was

Küche und Service gezaubert hatten. Mitten im Saal erhob sich eine Fontäne, von oben bis unten aus bläulich-weiß glitzerndem Zuckerwerk nachgebildet. Der süße Strahl ergoß sich in ein Becken aus Kuchenteig und in den Fluten spielten Delfine aus Marzipan neben possierlichen Seehunden aus Schokolade. Entlang der Seitenwände des Raumes standen lange, bis zum Boden mit weißem Damast bedeckte Tische. Auf riesigen silbernen Tabletts türmten sich Köstlichkeiten aus aller Herren Länder. Kapaune und gefüllte Truthähne, mit den eigenen Federn verziert. Hummer, deren Scheren schon geknackt und kunstvoll drapiert waren. Kalter Braten und Pasteten, mit exotischen Früchten geschmückt, überbackene Austern und verlockende Deserts. Und überall kostbare Kristallkaraffen, in denen erfrischender Champagnerpunsch perlte.

Sigmund, der um nichts in der Welt in Nathans Haut hätte stecken mögen, reichte Lotta den Arm und stellte sie seinem guten Freund William Randolph Hearst vor. Der ehrgeizige Journalist, ledig und berühmt-berüchtigt wegen seiner Vorliebe für attraktive Schauspielerinnen, zeigte sich hocherfreut. »Ich bin ein großer Verehrer Ihrer Kunst, es ist mir ein ganz besonderes Vergnügen, Sie persönlich kennenzulernen.« Lotta bedankte sich höflich für das Kompliment und der charmante Hearst verwickelte sie in ein Gespräch über Kunst und Komödie. Der Mann mit den blaßblauen Augen und dem fein geschwungenen Mund zog sie auf der Stelle in seinen Bann, aber Sigmund, der direkt neben den beiden stand, nahm keine Silbe wahr. Mit ängstlichen Blicken verfolgte er Nathan, der soeben Mary Ann zu Levi führte und krampfhaft darüber nachdachte, wie er sich aus der selbstverschuldeten Bredouille befreien sollte. Die schwatzhafte Mary Ann kam ihm nichtsahnend zu Hilfe. Freundlich reichte sie Levi ihre Hand: »Ich freue mich, Sie zu sehen, Mr. Strauss, auch wenn ich leider gestehen muß, daß ich mich nicht erinnern kann, wann und wo wir uns schon einmal begegnet sein sollen.« Mit einem fragenden Blick zu Nathan erwiderte Levi den Gruß, doch bevor er weitersprechen konnte, fiel sein Neffe ihm ins Wort. »Das ist Mrs. Crabtree, Onkel, die Mutter der berühmten Lotta Crabtree – siehst du, dort steht sie mit Sigmund und William Randolph.« Levi dreht sich ein wenig nach rechts, sah die wilden roten Locken und das umwerfende Lachen, das zwei Reihen perlweißer Zähne freigab und erinnerte sich sofort. »Aber natürlich, was für eine entzückende Überraschung, Mrs. Crabtree. Ich weiß es noch genau – Placerville, es muß an die zwanzig Jahre her sein, doch Ihnen hat die Zeit wahrhaftig nichts anhaben können und das Fräulein Tochter ist eine wirkliche Schönheit geworden.« Er griff nach Mary Anns Arm und ging mit ihr zu Sigmund.

Nathan hatte das Gefühl, daß ihm jemand den Teppich unter den Füßen wegzog. Wenn er ein Schwindler war, was war dann sein Onkel? Unfähig sich zu rühren, stand er mit offenem Mund vor einer Punschkaraffe, bis Philip Fisher herantrat, ihm ein Glas offerierte und ihn damit aus seiner Erstarrung befreite.

Levi ging auf Lotta Crabtree zu, wartete höflich, bis sie ihren letzten Satz beendet hatte, und begrüßte sie. »Miss Crabtree, was für eine Freude, Sie wiederzusehen. Sie werden sich nicht mehr an mich erinnern, aber ich weiß dafür um so genauer, wann wir uns das letzte Mal begegnet sind. Sie tanzten und sangen schon damals phantastisch, und ich habe mir erlaubt, Ihnen ein blaues Band für ihre wundervollen Haare zu schenken.« In Lottas Augen blitzte die Erinnerung. »Aber natürlich, der Mann mit dem blauen Band. Ich habe Sie nie vergessen.« Sie lachte fröhlich und reichte Levi die Hand. »Ihre beiden Neffen waren so überaus freundlich, uns einzuladen.« »Die Gäste meiner Neffen sind auch meine Gäste«, sagt Levi und bot Lotta seinen Arm. »Erlauben Sie, daß ich Sie zum Buffett geleite, Sie werden sicher hungrig sein nach der Vorstellung. – Darf ich Sie der Obhut meiner

Neffen anvertrauen?«, wandte er sich an Mary Ann und ging mit Lotta, die sich auf die köstlichen Speisen stürzte. »Wie heißt es so schön, Austern müssen in Champagner schwimmen, nicht wahr«, sagte sie lächelnd und langte kräftig zu. Levi war äußerst angetan von der jungen Frau. Ihr natürlicher Charme und ihre unbefangene Art gefielen ihm über die Maßen, und so verbrachte er den überwiegenden Teil des Abends in ihrer Gesellschaft. Als das Fest sich dem Ende neigte und Mary Ann zum Aufbruch drängte, hatte Levi fest zugesagt, am kommenden Abend ihre Vorstellung zu besuchen und sie danach zum Essen einzuladen.

Dieser ersten Verabredung folgten weitere, und bald wurden Levi und Lotta immer häufiger zusammen in einem schmucken Zweispänner gesehen. Schon kursierten in der Stadt Gerüchte über eine mögliche Verbindung. Mütter von ledigen Töchtern, die nicht bei dem wohlhabenden älteren Geschäftsmann hatten landen können, zerrissen sich die neidischen Mäuler. Auch Mary Ann betrachtete die Entwicklung mit Skepsis. »Lotta, was hast du vor?« fragte sie eines Tages unverblümt. »Dieser Mann macht dir den Hof. Wenn er ernsthafte Absichten verfolgt, solltest du dir gut überlegen, wie du das mit deiner Karriere vereinbaren willst.« Sie runzelte die Stirn. »Aber Mama! Ich bitte dich. Der Mann ist nett, reich und charmant, aber doch viel zu alt für mich. Ich genieße seine Gesellschaft, aber du brauchst dir wirklich keine Sorgen zu machen«, beruhigte Lotta ihre Mutter.

Levi ahnte von all dem nichts. Er brachte Lotta große Sympathie entgegen, amüsierte sich bestens in ihrer Anwesenheit und verfolgte keineswegs »ernsthafte Pläne«. Lotta hatte von Anfang an keinen Zweifel daran gelassen, daß ihr der Beruf wichtiger als alles andere war. »Die Bühne ist mein Leben, und so wird es immer sein. Ich gehöre zum fahrenden Volk und kann mir gar nicht vorstellen, jemals irgendwo seßhaft zu sein«, sagte sie und schuf damit klare Verhältnisse. Levi, der sich nach der tief enttäuschenden Erfahrung mit Pauline geschworen hatte, sein Herz niemals wieder so verletzen zu lassen, war sehr zufrieden mit dem Arrangement. Wenn Lotta in der Stadt war, trafen sich die beiden. Er besuchte ihre Aufführungen, sie war gern gesehener Gast bei seinen Empfängen. So wie die Künstlerin ihr Leben der Bühne verschrieben hatte, bestand Levis Leben aus seiner Arbeit. Abendliche Zerstreuung tat ihm gut, doch sein Herz gehörte der Firma.

1876 wies die Verkaufsbilanz knapp unter zweihunderttausend Dollar aus. Levi entschied, daß es an der Zeit war, das Unternehmen noch einmal zu erweitern. Er schickte den Schneider Jacob Davis nach New York, mit der Aufgabe, dort nach kalifornischem Muster eine weitere Fabrik für genietete Kleidung zu eröffnen. »Das macht schon deswegen Sinn«, erklärte er seinen Neffen, »weil wir mit der eigenen Weberei unseren Bedarf an Stoffen hier decken können. Wenn wir noch eine Fabrik in New York eröffnen, können dort Jonas und Louis für die notwendigen Materialien sorgen. Das spart die teuren Transporte und steigert den Umsatz. Ich lege allerdings größten Wert darauf, daß die Zentrale hier in San Francisco bleibt.« Das Projekt war erfolgreich und wie Levi es vorausgesehen hatte, expandierte das Geschäft vor allem an der Ostküste. Während der Abwesenheit seines Vaters übernahm Simon Davis dessen Funktion in San Francisco und erwies sich als zuverlässiger und umsichtiger Mitarbeiter. Alles lief zu Levis Zufriedenheit. Unterstützt von seinen Neffen, investierte er einen Teil des Gewinns in den Kauf von Grundstücken in guter, zentraler Lage und bebaute sie mit Geschäftshäusern, die er dann entweder veräußerte oder vermietete. So gehörten der Firma im Laufe der Zeit »Levi Strauss & Co« unter anderem Komplexe in der Market, Kearny, Post, Powell und Sansome Street. »Ich bewundere ihn. Er hat wirklich einen untrüglichen Riecher für gute Geschäfte«, sagte Sigmund, der seinem Onkel in dieser Beziehung immer ähnlicher wurde.

Der Aufstand

Während Levis Unternehmen wuchs und immer höhere Umsätze ausweisen konnte, zeichnete sich in der zweiten Hälfte 1876 eine bedrohliche Entwicklung auf dem Arbeitsmarkt in San Francisco ab. Immer mehr Männer waren ohne Beschäftigung, der Unmut in der Bevölkerung stieg. Ein Sündenbock für die mißliche Situation war schnell gefunden: die Chinesen. Noch immer übernahmen sie jede Tätigkeit für wesentlich geringere Löhne als die Weißen verlangten, und schufen sich damit unter diesen täglich mehr Feinde.

Die Lebensbedingungen in Chinatown hatten sich nicht verbessert. Zu Enge und Schmutz kamen jetzt noch kriminelle Banden, die Glücksspiel und Prostitution in professioneller Manier kontrollierten und das Viertel mit brutaler Gewalt beherrschten. Glücklich, überhaupt etwas verdienen zu können, arbeiteten die anderen Chinesen für einen Dollar in einer der vielen Wäschereien, in Großküchen, als Träger oder wo immer sonst sie einen Job ergattern konnten.

Hong Teng Wu gehörte mit seiner festen, gut bezahlten Anstellung zu den absolut privilegierten Männern. Ting Ling hatte inzwischen zwei gesunden Kindern das Leben geschenkt und wünschte sich kaum etwas so sehr, wie etwas mehr Platz und Sauberkeit, um die beiden aufziehen zu können. Hong Teng Wu dachte oft und mit schlechtem Gewissen an sein Dorf und die Hoffnungen, die die Bewohner in ihn gesetzt hatten. Doch wenn er mit Ting Ling darüber sprach, sah sie ihn aus ihren schönen Augen an und sagte mit sanfter Stimme: »Du kannst sie nicht alle retten. Du hast mich gerettet. Laß der Vergangenheit ihren Platz und lebe im Jetzt. Die Menschen in deinem Dorf sind erwachsen, unsere Kinder sind klein. Ihnen soll es einmal besser gehen als es uns beiden ergangen ist. Ich will, daß sie später irgendwo leben können, wo sie nicht wie hier diskriminiert werden, wo sie wählen dürfen, Land besitzen dürfen und heiraten dürfen, wen sie wollen.« Und für dieses Ziel schuftete Hong Teng Wu sechs Tage in der Woche, beinahe ohne Pause. Mit Besorgnis verfolgte er die antichinesische Stimmung, die sich zunehmend in verdeckter Aggression äußerte. Geschürt wurden die Ressentiments von allen Seiten. Nicht nur die Arbeitslosen selbst suchten nach Schuldigen für ihre Misere und fanden sie in den Chinesen, auch Männer von Rang und Namen beteiligten sich an der Hetze. Als Rabbi Isaac Mayer Wise 1877 den Tempel Emanu-El in San Francisco besuchte, meinte auch er zu beobachten: »Sie sagen, es gibt in dieser Stadt zehntausend Männer ohne Arbeit. Es ist der Chinese, der die Fabrikarbeit, die Hausarbeit, die Farmarbeit, die Eisenbahnarbeit und alle möglichen anderen handwerklichen Arbeitet verrichtet. Aber es ist natürlich auch wahr, daß genau mit dieser billigen Arbeitskraft Kalifornien und insbesondere San Francisco aufgebaut wird.«

Monat um Monat wuchsen Verzweiflung und Haß unter den nicht beschäftigten Männern, bis die weißen Arbeitslosen sich schließlich zu einer Organisation formierten, die sie »Weiße Arbeiterpartei« nannten. Zu einem ihrer Sprecher wählten sie Denis Kearney, einen Demagogen, der es verstand, die Massen zu mobilisieren. Am 23. Juli 1877 hielt er eine flammende Rede gegen die Drahtzieher des Kapitalismus. Unter der tosenden Zustimmung seines Publikums wetterte Kearney laut gegen die Reichen und ihre Arbeitspolitik. Am Ende seiner Rede kanalisierte er die Wut der Menge gegen die Chinesen und behauptete, schuld an allem Elend seien letztendlich sie mit ihren Niedriglöhnen. Bei diesen Worten geriet der Mob aus der Kontrolle. Fackeln wurden angezündet, und mit lauten Rufen »Auf nach Chinatown!« setzte sich die Menschenmenge in Bewegung. Die Arbeitslosen schlugen, traten und droschen ihren Weg durch die chinesischen Läden und Wohnungen. Von Panik erfaßt ergriffen die Bewohner die Flucht, doch viele waren nicht schnell genug und fielen dem Pöbel zum Opfer.

Als Hong Teng Wu gewahr wurde, welche Bedrohung nahte, packte er seine Kinder und floh mit Ting Ling aus dem Viertel. Kopflos in seiner Not wußte er zunächst nicht, wohin er sich wenden sollte, um seine Familie in Sicherheit zu bringen, als ihm einfiel, daß die Villa seines Arbeitgebers nicht weit entfernt war. Zitternd und atemlos gelangten sie zur Eingangstür und klopften um ihr Leben. Das Dienstmädchen öffnete die Tür. Hong Teng Wu, bis dahin ein Beispiel an bescheidener Höflichkeit, stieß die zierliche Person grob zur Seite und zerrte Frau und Kinder in die imposante Eingangshalle. Dann schlug er die Tür zu und ließ hilflos die Hände sinken.

Fanny hatte die Hilferufe des Mädchens gehört und war sofort herbeigeeilt, um zu sehen, was die Ursache für den ungewohnten Lärm war. Als sie erschien, sank Hong Teng Wu vor ihr auf die Knie: »Bitte, bitte, gnädige Frau, helfen Sie uns. Sie jagen uns mit ihren Knüppeln wie räudige Hunde.« Fanny, die keine Ahnung hatte, wovon der Mann sprach, sah ihm und seiner Frau die Todesangst an und zögerte keinen Augenblick. »Stehen Sie auf und fassen Sie sich«, sagte sie freundlich und bat die Familie in den Salon. Dort ließ sie Tee servieren und hörte den Schilderungen der Eltern zu. »Sie können hierbleiben, bis der Spuk vorüber ist«, entschied die Hausherrin, ohne mit einem anderen Familienmitglied Rücksprache zu nehmen. »Oben im Dach ist noch eine Kammer frei, die lasse ich für Sie herrichten, das wird zwar etwas eng, aber für eine Nacht geht es. Und morgen können Sie dann sicher wieder in ihre Wohnung zurück.« Ting Ling dankte ihr überschwenglich. »Ist schon gut«, beschwichtigte Fanny, »ich habe selbst acht Kinder geboren und weiß, was es heißt, Angst um sie zu haben«, sagte sie und dachte an den kleinen Henry.

Hong Teng Wu und seine Familie waren gerettet. Sie aßen mit dem Personal in der Küche zu Abend und gingen dann in ihr kleines Stübchen, um sich von den überstandenen Schrecken zu erholen. Die Kammer hatte eine kleine Luke. Hong Teng Wu stellte sich auf einen Stuhl und schaute heraus. Was er sah, trieb ihm die Tränen in die Augen: Das Chinesenviertel stand in Flammen. Meterhoch loderte das Feuer in den Nachthimmel. Funken stoben wie kleine Sterne durch die Dunkelheit, der Geruch von Brand erfüllte die Luft. »Sieh nicht heraus«, sagte er zu seiner Frau und nahm Ting Ling fest in den Arm.

Der Wahnsinn in Chinatown dauerte drei Tage. Dann erst hatte eine hoffnungslos überforderte Feuerwehr die Brände unter Kontrolle und die Vandalen waren abgezogen. »Selbstverständlich bleiben sie hier, bis diese Verrückten verschwunden sind«, hatte Fanny zu Levi und William gesagt, als klar wurde, daß es mit einer Nacht nicht getan war. »Wir können die Menschen doch nicht sehenden Auges in ihr Verderben zurückschicken.«

Am vierten Tag brach die kleine Familie auf, um zu sehen, was von ihrer Wohnung noch übrig war. Das Holzhaus war bis auf die Grundfesten niedergebrannt. Ting Ling weinte bitterlich. Viele Freunde und Nachbarn waren verletzt, einige sogar in dem Inferno umgekommen. »Wir werden ganz von vorne anfangen müssen«, sagte Hong Teng Wu und trat gegen einen noch schwelenden Balken. Dann nahm er seine Kinder an die Hand und suchte nach einer Unterkunft für die Nacht. Die großen unterirdischen Lagerkeller waren überfüllt mit verzweifelten Menschen, die alles verloren hatten. Hier fand die kleine Familie ein Eckchen zum Schlafen. Als Hong Teng Wu am nächsten Tag die Fabrik betrat, schlug ihm betroffenes Schweigen entgegen. Die meisten der weißen Näherinnen schämten sich für die Greueltaten. Sie hatten Kinderkleidung, Decken und ein wenig Hausrat gesammelt, um dem Kollegen den Neuanfang zu erleichtern. Hong Teng Wu wußte kaum was er sagen sollte, kreuzte die Hände vor der Brust und verbeugte sich tief.

Einen Tag nach dem Aufstand saß Levi in seinem Büro und wartete auf Philip Fisher, um die tägliche Besprechung abzuhalten. Der Freund näherte sich dem Schreibtisch mit betretenem Gesicht. Er hielt ein Stück Papier in der Hand, das er Levi herüberreichte. »Hier, sehen Sie sich das an, äußerst unerfreulich, wie ich finde«, kommentierte er den Zeitungsartikel. Levi überflog die Zeilen. Es handelte sich um eine Liste der reichsten Bürger von San Francisco. Ein findiger Journalist hatte recherchiert und die Namen alphabetisch mitsamt dem geschätzten Besitz schwarz auf weiß gedruckt. Unter »S« stand Levi Strauss mit der Angabe, sein Vermögen werde auf mehr als vier Millionen Dollar taxiert. »Das ist allerdings mehr als ärgerlich«, sagte der Firmenchef verstimmt. »Das ist eine Form von Öffentlichkeit, die ich ganz und gar nicht schätze. So etwas ruft Neider und Kritiker auf den Plan.« Und genau so war es. Der Artikel blieb nicht ohne Folgen.

Der erste, der sich zu Wort meldete, war ein prominenter Kolumnist namens Isadore Choynski. Er beschuldigte Levi Strauss und einige andere jüdische Millionäre der Stadt, geizig auf ihrem Geld zu sitzen und sich nicht genügend für wohltätige Projekte zu engagieren. Auch die »San Francisco Post« äußerte sich kritisch über die wohlhabenden Bürger. Wenn sie sich schon nicht durch Spenden und ähnliches hervortaten, sollten sie doch wenigstens einen angemessenen Steuersatz bezahlen, stand in einem Leitartikel der Zeitung. Damit spielte der Autor auf die Tatsache an, daß auf der einen Seite viele Menschen in San Francisco ohne Arbeit waren und kaum genug zum Leben hatten, während die Reichen andererseits jeden Luxus genossen und immer wieder versuchten, Steuerzahlungen zu vermeiden.

Regelmäßig ging ein Steuereintreiber durch die Straßen, in denen die reichen Kaufleute lebten. Es gehörte zu seinen Aufgaben, den jeweiligen Familienbesitz zu schätzen und entsprechende Steuern zu erheben. In den großen Villen scherzte man, daß die Damen bei seinem Anblick als erstes Pelze, Juwelen und kostbares chinesisches Porzellan in Kellern, Koffern und Kisten verschwinden ließen, um die Abgaben zu reduzieren.

Levi ärgerte sich über die erhobenen Vorwürfe, war allerdings frei von jeder Schuld. Er gehörte zu denen, die ihre Steuern regelmäßig und in angemessener Höhe zahlten und wollte sich von niemand vorschreiben lassen, in welchem Rahmen er sich sozial betätigte. Noch immer unterstützte er die Eureca Benevolent Gesellschaft mit großzügigen Geldbeträgen. »Was soll das Gerede«, empörte er sich. »Was ich wem gebe, wann ich es tue und warum, geht niemand etwas an.« Er blieb bei seiner Strategie und reagierte nicht öffentlich auf die Kritik. Als sein Neffe Jacob Stern Vermögensverwalter eines großen jüdischen Waisenhauses wurde, spendete Levi Strauss hohe Summen für die Kinder.

Unangefochten war seine Postition in der Geschäftswelt. Man achtete ihn als Fachmann in finanziellen Fragen, gab viel auf seine Meinung und seine Ratschläge. Mehrere Firmen boten ihm Posten in ihren Aufsichtsräten an. Levi Strauss übernahm diese Funktion in der »Spring Valley Water Company«, der »San Francisco Land and Milling Company«, der »San Francisco Gas Company« und der »London, Liverpool and Globe Insurance Company«. Als er 1877 schließlich gebeten wurde, Mitglied der Handelskammer zu werden, sagte er auch hier zu.

Die Zeit vergeht

Levi genoß seine Beliebtheit und die Erfolge der Firma. Er war gesund, arbeitete gern und erfreute sich an seiner Familie. Nur die ersten Zeichen des Älterwerdens machten ihn bisweilen mürrisch. »Da hat er wieder genagt, der Zahn der Zeit«, brummte er unwirsch, wenn der Blick in den Spiegel seinen immer weiter nach hinten rutschenden Haaransatz freigab. Doch so sehr er sich auch mühte, sie zu meiden, die Vergänglichkeit alles Irdischen holte ihn immer wieder ein. So auch Mitte Juni 1880, als er der Zeitung entnehmen mußte, daß Johann August Sutter das Ende seines Prozesses gegen die Amerikanische Regierung nicht mehr erlebt hatte. Für den 16. Juni 1880 war eine Sitzung des Kongresses anberaumt gewesen, in der man dem General fünfzigtausend Dollar zugestehen wollte. Aus organisatorischen Gründen mußte die Sitzung jedoch vertagt werden. Zwei Tage später erlag der inzwischen siebenundsiebzigjährige Sutter einem Herzinfarkt. Das Urteil wurde nicht mehr ausgesprochen, Sutters Erben gingen leer aus. Levi legte die Zeitung zur Seite und schüttelte den Kopf. »Gerecht ist das alles nicht«, murmelte er und widmete sich wieder seinen Geschäftsunterlagen.

In New York hatte sich Jonas Strauss derweil ins Privatleben zurückgezogen und das tägliche Geschäft seinem Bruder Louis überlassen. Was in der von Jacob Davis aufgebauten Fabrik produziert wurde, ließ sich hervorragend in der Filiale im Osten verkaufen. Die Partner waren sehr zufrieden mit den Umsätzen. Nathan unterstützte seinen Vater in New York nach Kräften. Der junge Mann hatte in San Fancisco alles gelernt, was er benötigte, um das Geschäft erfolgreich zu führen und war Louis Strauss eine große Hilfe.

1881 erhielt Levi ein trauriges Telegramm seines Neffen.

Louis war im Alter von vierundsechzig Jahren gestorben. Mit Jonas im Hintergrund und in regelmäßiger Verbindung zu Levi trat Nathan das Erbe seines Vaters an. Gerade hatten die Bewohner der Leavenworth Street 621 sich von ihrem Kummer ein wenig erholt, da begann William Sahlein zu kränkeln. Fanny machte sich große Sorgen um ihren Mann und pflegte ihn voller Hingabe. Der Arzt besuchte ihn beinahe täglich, doch auch er konnte nicht verhindern, daß sein Patient noch vor Ende des Jahres die Augen für immer schloß. Wieder trauerte die Familie, und als Shiva vorüber war, schien Fanny um Jahre gealtert. »Wenn ich euch alle nicht hätte«, sagte sie mehr als einmal, »bräuchte ich auch nicht mehr auf dieser Welt zu sein.« Dann versicherten ihr Levi und alle zehn Stern/Sahlein-Sprößlinge, daß sich niemand ein Leben ohne sie vorstellen könne und daß sie dringend gebraucht würde. Nach dergleichen Beteuerungen richtete sich Fanny meist auf wie eine Blume, der man Wasser gegeben hatte, und meinte: »Macht euch mal keine Sorgen! Ich weiß schon, daß es ohne mich nicht geht. Wer soll sich denn um das große Haus kümmern, wenn ich es nicht tue – ihr arbeitet ja alle den ganzen Tag.«

Levi hatte seine tägliche Routine nicht verändert. Er war jetzt dreiundfünfzig Jahre alt, und noch immer verließ er jeden Morgen das Haus und ging zu Fuß in die Battery Street. Noch immer hielt er die erste Besprechung des Tages mit seinem Buchhalter, und noch immer stattete er den beiden Fabriken regelmäßige Kontrollbesuche ab. Dann stand er in seinem schwarzen Anzug, den Hut in der Hand, im Türrahmen der großen Halle und ließ den Blick über die Näherinnen und die immer wechselnden Zuschneider schweifen.

Auch Hong Teng Wu war im Monat zuvor an einer Blutvergiftung gestorben. Bei einem seiner kraftvoll ausgeführten Schnitte durch die dicken Denimlagen war das Messer abgerutscht und ihm tief in den linken Handballen gefahren. Um zu verhindern, daß sein Blut auf den Stoff tropfte, sprang der Chinese zurück, knickte um und fiel auf den Boden. Unwillkürlich stützte er sich mit den Händen ab. Holzsplitter und Schmutz gelangten in seine Wunde. Hong Teng Wu, stets in Sorge, seine gut bezahlte Arbeit an einen Weißen zu verlieren, wusch die Wunde nur notdürftig aus, verband sie und stellte sich wieder an seinen Zuschneidetisch. Der Schnitt entzündete sich und kostete ihn nach zwei hochfiebrigen Wochen schließlich das Leben. Nach chinesischem Glauben bestand Ting Ling darauf, ihren verstorbenen Mann in der Heimat beizusetzen, damit sein Geist nicht zu ewigem Herumirren verdammt werde. Gemeinsam mit den beiden Kindern bestieg sie ein Schiff und verließ Kalifornien für immer. Jetzt waren es wieder Weiße, die Simon Davis regelmäßig einstellte, um sie ebenso regelmäßig wieder entlassen zu müssen.

Nach dem Mittagessen verbrachte Levi die meiste Zeit mit Besprechungen, Sitzungen in den verschiedenen Aufsichtsräten und Konferenzen. Er beendete den langen Arbeitstag wie ehedem mit Philip Fisher und den Zahlen des Tages. Trotz all dieser Aufgaben dachte das Oberhaupt der Firma ständig darüber nach, wie er das Unternehmen noch größer und seine Produkte noch erfolgreicher machen konnte.

1886 führte »Levi Strauss & Co« ein neues Markenzeichen ein. Es war aus Leder und am hinteren Bund festgesteppt. Auf dem rechteckigen, hellen Untergrund waren zwei Pferde zu sehen, die versuchten, ein paar Jeans zu zerreißen. Das Bild prägte sich schnell ein und immer mehr Kunden fragten im Laden nach der »Zwei-Pferde-Marke«, wenn sie ein genietetes Kleidungsstück kaufen wollten. »Das müssen wir uns zunutze machen«, sagte Levi eines Tages zu Sigmund. »Wir werden damit werben, daß wir jedem eine Hose umsonst geben, der uns ein zerrissenes Paar bringt.« Das Angebot sprach sich herum wie ein Lauffeuer. In der Hoffnung, eine kostenlose Hose zu erhalten, kamen die Leute auf die merkwürdigsten Gedanken. »Angeblich hat sogar jemand versucht, einen abgekoppelten Waggon mit einer unserer Hosen an die Lok zu binden. Und stell dir vor, die Hose ist nicht gerissen«, Sigmund lachte, als er seinem Onkel die Anekdote erzählte. »Je mehr solcher Geschichten kursieren, desto besser für uns. In ein paar Jahren läuft der Patentschutz aus. Dann kann jeder genietete Kleidungsstücke herstellen. Wir müssen sehen, daß unser Name bis dahin so verankert ist in den Köpfen der Leute, daß sie gar nicht auf die Idee kommen, vielleicht billigere Imitate zu kaufen«, antwortete Levi. »Darüber habe ich auch schon nachgedacht«, entgegnete Sigmund. »Bevor es so weit ist, sollten wir uns unbedingt Gedanken darüber machen, wie wir diese Konkurrenz ausschalten oder zumindest möglichst gering halten können.« Levi nickte. »Noch haben wir ein paar Jahre Zeit, aber du hast recht, bis 1890 sollten wir wissen, wie wir mit der Sache umgehen.«

Levi Strauss war jetzt siebenundfünfzig Jahre alt. Die vielen Verpflichtungen außerhalb der Firma ließen seine Zeit immer knapper werden. Jacob, Sigmund, Louis und Abraham, die vier Söhne seines verstorbenen Partners und Freundes David Stern, hatten sich zu ausgezeichneten Mitarbeitern entwickelt, und so beschloß Levi, ihnen die Anteile ihres Vaters und größere Verantwortung im Tagesgeschäft zu übergeben. »Ich denke, es ist so weit«, sagte er zu Fanny, mit der er am Abend nach dem Essen manchmal noch ein wenig vor dem knisternden Kamin saß. »Das kann ich natürlich gar nicht beruteilen«, gab seine Schwester zurück. »Ich denke nur oft, wenn ich die Jungen so sehe, wie stolz David darauf wäre, was aus ihnen geworden ist – oder sollte ich lieber sagen, was du aus ihnen gemacht hast.« Sie strich ihrem Bruder liebevoll über den Arm. »Ach Levi, was wäre aus uns allen geworden, wenn es dich nicht gäbe. Der Jüngste von allen und so gescheit«, sie seufzte. Levi schob seine samtene Jarmulke ein wenig nach hinten, rieb die schwarzseidenen Hausschuhe aneinander, schaute in die flackernden Flammen und wußte, daß sie wie er an Buttenheim und die Eltern dachte. Was wohl aus Pauline geworden war? Er hatte die Liebe seiner Jugend nie vergessen und seufzte leise ...

Levi sorgte dafür, daß die Verteilung der Anteile korrekt vorgenommen wurde. Es galt, die Prozente durch sieben zu teilen, denn David Stern hatte nicht nur vier Söhne, sondern auch drei Töchter hinterlassen. Die Mädchen wurden jedoch nicht in das aktive Geschäft eingebunden. »Ganz leer wollen wir euch aber nicht ausgehen lassen«, teilte Levi seinen Nichten mit, »schließlich sind Anteile an einer solchen Firma eine schöne Mitgift, oder?« Er schmunzelte, als Caroline, die Älteste, ihn stellvertretend für die Schwestern umarmte und ihn auf die Wange küßte. William Sahleins Teil am Unternehmen war nach seinem Tod auf seine drei Kinder Moses, Henry und Rosa überschrieben worden. »Am besten ist immer, wenn alles in der Familie bleibt«, sagte Levi und schaute dabei Jacob geradewegs ins Gesicht. Der zurückhaltende junge Mann stand wie immer ganz nahe bei seiner Cousine Rosa und wurde rot. Also doch, dachte sein Onkel bei sich und nahm sich vor, seine Schwester bei nächster Gelegenheit zu fragen, ob auch sie beobachtet hatte, was ihm in jüngster Zeit aufgefallen war.

Die frischgekürten Teilhaber enttäuschten ihren Onkel nicht, und 1890 waren in Fabrik und Firmenzentrale vierhundertundfünfzig Näherinnen und Angestellte, sowie fünfundachtzig Lagerarbeiter beschäftigt. Levis Credo »nur weiße Arbeit« galt nach wie vor. »Wer glaubt ihr, kauft unsere Waren?«, predigte er immer wieder. »In erster Linie Weiße. Und wovon sollen die die Sachen bezahlen, wenn sie keine Arbeit haben und kein Geld verdienen? Wer Chinesen beschäftigt, und wenn sie noch so billig sind, schneidet sich ins eigene Fleisch.« So blieb Hong Teng Wu ein für allemal die Ausnahme bei »Levi Strauss & Co«.

Es war das Jahr, in dem der Patentschutz der Nieten auslief, und es war das Jahr, in dem zum ersten Mal Hosen mit der Seriennummer 501 hergestellt wurden. Gemeinsam mit seinen Neffen hatte Levi eine erfolgversprechende Strategie entwickelt, um sich gegen mögliche Billiganbieter zu behaupten. »Wir werden selbst eine preiswertere Kollektion auf den Markt bringen«, informierte er seine Angestellten. »Wer es sich leisten kann, wird nach wie vor kaufen, was er bisher gekauft hat. Die anderen Kunden werden preiswertere Nietenhosen sicher eher bei uns, als bei der Konkurrenz kaufen, wenn wir sie ihnen anbieten.« Sein Konzept ging auf. »Levi Strauss & Co« blieb trotz aller Konkurrenz auch diesmal Marktführer.
Das Firmenoberhaupt hielt fünfundfünfzig Prozent der Anteile, der Rest gehörte seinen Nichten und Neffen. Auch wenn letztere überaus fleißig und gewissenhaft arbeiteten – Sigmund war inzwischen zum Chefeinkäufer avanciert – wurde nach wie vor keine Entscheidung getroffen, zu der Levi Strauss nicht sein Placet gegeben hatte. Dieses ungeschriebene Gesetz galt sowohl für den geschäftlichen, als auch für den privaten Bereich innerhalb der Familie.

SECHSTER TEIL

Neue Wege

Levi gab noch immer gerne kleinere und große Einladungen im Saint Francis Hotel, und Sigmund begleitete ihn inzwischen regelmäßig an diesen Abenden. In erster Linie kamen hier Freunde und Bekannte der Familie zusammen, um sich zu amüsieren, doch nicht selten wurden auch geschäftliche Dinge besprochen und neue Projekte entwickelt. Levi fand es immer wieder anregend und vergnüglich, seine Ideen in entspannter Atmosphäre mit intelligenten jungen Leuten wie Sigmund oder dessen engem Freund William Randolph Hearst zu diskutieren.

Seit 1869 die letzten Gleise der Pacific Railroad gelegt worden waren, hatten sich die Transportbedingungen sowohl für Reisende als auch für Güter erheblich verbessert. Geldgierig erhoben die Eisenbahneigner horrende Preisforderungen für Frachtgut und schufen damit für die Kaufleute auf Dauer unerträgliche Bedingungen. Die immensen Kosten führten dazu, daß ein Geschäftsmann in Nord-Kalifornien günstiger einkaufte, wenn er seine Waren per Schiff aus Chicago kommen ließ, anstatt die gleiche Bestellung per Bahn aus San Francisco zu beziehen. Levi Strauss war dieses Gebaren schon lange ein Dorn im Auge. Er sann nach einer praktikablen Lösung und hatte schließlich eine Idee.

1891 tat er sich mit neununddreißig anderen kalifornischen Geschäftsleuten zusammen, um den unliebsamen Zustand zu beenden. Jeder der Männer zahlte eintausend Dollar in einen Fonds. Mit dem Geld sollten Untersuchungen finanziert werden, um die günstigste Strecke für eine Bahnverbindung zwischen San Francisco und Salt Lake City zu ergründen. War diese erst einmal gefunden, so planten die Männer, wollten sie das notwendige Geld durch den Verkauf von Anteilen der zu bauenden Bahnlinie auftreiben. Obwohl sich alle Beteiligten sehr engagierten, kam das Projekt nicht zustande.

Doch Levi verfolgte sein Ziel weiter. Fest davon überzeugt, daß dies der Weg war, die ökonomische Zukunft der Stadt zu sichern, suchte er nach einer praktikablen Lösung und wähnte sich dieser einen erheblichen Schritt näher, als er hörte, daß die Los Angeles Chamber of Commerce Pläne hegte, eine Bahnverbindung Richtung Norden zu bauen. Eine der treibenden Kräfte für das Projekt war Claus Spreckels, ein Einwanderer aus Deutschland und sehr guter Bekannter der Familie Strauss. Spreckels hatte auf Hawaii ein Vermögen mit dem Anbau und Verkauf von Zuckerrohr gemacht, bevor er sich 1886 in Kalifornien niederließ. Er gehörte zu den einhundert reichsten Männern von San Francisco und verkehrte in den besten Kreisen. Sein Plan, auf eigenen Schienen das Monopol der Pacific-Railroad-Eigner zu brechen, schien gut durchdacht und sorgfältig geprüft, und so gehörte Levi Strauss 1893 zu einer ganzen Reihe von Geschäftsleuten, die Spreckels einen Betrag von fünfundzwanzigtausend Dollar anvertrauten.

»Was halten Sie davon, William?« fragte er Hearst eines Abends im Saint Francis Hotel. Der Sohn des Multimillionärs George Hearst hatte eine respektable eigene Karriere vorzuweisen, und Levi schätzte sowohl seinen Geschäftssinn, als auch den Pragmatismus, mit dem er an neue Aufgaben heranging.

Als William Randolph Hearst ein kleiner Junge war, zog sein Vater durch den Westen Amerikas und schaffte es mit sicherem Instinkt, sich als Teilhaber in die drei größten Goldminen einzukaufen, die jemals in Amerika entdeckt wurden. Auf diese Weise zum Millionär geworden, liebte es George Hearst, einen Teil seines Geldes beim Glücksspiel zu riskieren. Eines Tages konnte ein Mitspieler seine erheblichen Schulden nicht begleichen und George Hearst sah sich gezwungen, eine Zeitung als Äquivalent zu akzeptieren. So kam er 1880 in den Besitz des »San Francisco Examiner«. Hearst Senior war zu dieser Zeit Senator und interessierte sich nicht im mindesten für das Blatt. Seinen Sohn hatte er nach Harvard geschickt, um ihm eine solide ökonomische Ausbildung zu verschaffen. William Randolph, so der Wunsch des Vaters, sollte sich dereinst um die Verwaltung der lukrativen Goldminen kümmern.

Doch Hearst Junior hatte ganz andere Pläne. Er schrieb seinem Vater, daß er nichts so sehr ersehnte, wie den »Examiner« zu übernehmen und zu einem erfolgreichen Blatt zu machen. Nach einigen heftigen Auseinandersetzungen mit seinem Erzeuger setzte er sich durch, verließ Harvard frühzeitig und wurde am 7. März 1887 Eigentümer der Zeitung. Der »Examiner« entwickelte sich zu einem einflußreichen Blatt. Hearsts brillantes Gespür für schillernde Artikel und emotionale Schlagzeilen trugen ihm bald den Spitznamen »Vater des Boulevardjournalismus« ein. So schrill wie mancher Artikel war auch seine Kleidung, und als Hearst Mitte Dreißig war, galt er als spannendste Figur der Branche und gesellschaftliches Original in San Francisco.

Die Idee, eine weitere Eisenbahnlinie zu bauen und damit das bestehende Monopol zu zerstören war ganz nach seinem Gusto. »Ich werde flammende Plädoyers in meiner Zeitung für sie halten«, antwortete er Levi auf dessen Frage und bestärkte ihn in seinem Engagement. Tatsächlich warb der »Examiner« äußerst wirkungsvoll für das ehrgeizige Projekt, und tatsächlich waren dessen Initiatoren bei weitem erfolgreicher als bei ihrem ersten Versuch. Bald war eine Strecke gefunden, die sich für den Bau eignete, und die Arbeiten begannen. Levi war geradezu euphorisch: »Wir werden sie das Fürchten lehren. Jetzt ist Schluß mit den astronomischen Preisen«, frohlockte er, nicht ahnend, daß ihm eine bittere Enttäuschung bevorstand.

Claus Spreckels, Besitzer der meisten Anteile des Unternehmens, entpuppte sich als hintertriebener Intrigant und keineswegs als der Freund, der zu sein er stets vorgegeben hatte. Kaum war die Linie an der südlichen Spitze von San Joaquin Valley fertig gestellt, da verkaufte er ohne Wissen seiner Mitaktionäre das ganze Projekt an die Atchison, Topeka und Santa Fe Eisenbahngesellschaft. Die Tinte auf dem Vertrag war kaum getrocknet, da fusionierte diese mit der Southern Pacific Railroad und schuf so die Grundlage für ein noch viel größeres und damit äußerst profitables Monopol.

Als Levi Strauss von Spreckels Verrat erfuhr, war er außer sich vor Zorn und Enttäuschung. »Ausgerechnet mir muß so etwas passieren! Ausgerechnet! Wie konnte ich mich nur so täuschen. Wie kann Spreckels es wagen, mich so zu hintergehen. Mich, der ich immer nur saubere Geschäfte mache, meine Steuern regelmäßig zahle und niemals jemand hintergangen habe.« Er schlug sich mit der flachen Hand vor die Stirn. »Ich habe ihm vertraut! Wie konnte ich nur so dumm, so dumm, so ganz besonders dämlich sein?« Er schnaubte vor Wut über sich und Spreckels. Sigmund, der Zeuge des Ausbruchs wurde, versuchte ihn zu beschwichtigen, doch dieses eine Mal hatte auch er keinen Einfluß auf seinen Onkel. Levi zog sich in sein Büro zurück, wünschte, nicht gestört zu werden und versank in tiefes Grübeln. Am Ende des Tages hatte er die Aktion als finanziellen und menschlichen Mißerfolg verbucht und beschlossen, sich in Zukunft von ähnlichen Unternehmungen fernzuhalten und mehr dem Privatleben zu widmen.

Wo die Liebe hinfällt

Das Leben in der Leavenworth Street 621 hatte sich sehr verändert. Fanny, die Seele des Haushalts, war im Laufe der Jahre sichtlich gealtert. »Frauen in ihrem Alter kommen manchmal ein wenig aus dem Gleichgewicht«, verharmloste der Arzt ihren Zustand und verordnete Baldrian für die Nerven und Lebertran gegen die Bleichsucht. Fanny schluckte beides wie verschrieben, doch die Medikation blieb ohne Erfolg. Tapfer kämpfte die Patientin gegen ihre immer wiederkehrenden Schwächeanfälle an, bis sie eines Tages nicht mehr die Kraft hatte, das Bett zu verlassen. »Ich wußte, daß ich ihn irgendwann noch einmal brauchen würde«, sagte sie und ließ sich von einem Dienstmädchen den alten Nachttopf, den sie all die Jahre aufbewahrt hatte, unter das Bett stellen. Von ihrem Zimmer aus dirigierte sie das Personal. Treu ergeben befolgten die Angestellten ihre Befehle, wie sie es immer getan hatten.

Jeden Abend, wenn Levi aus der Battery Street nach Hause kam, besuchte er als erstes seine Schwester. Oft ließ er sich das Abendessen in ihr Zimmer bringen, erzählte von den Ereignissen in der Firma und versuchte sie abzulenken. Aber Fanny wußte, daß ihre Tage gezählt waren. »Ach Levi, wie soll das nur weitergehen«, seufzte sie und sah ihn traurig an. »Was wird nur aus euch allen, wenn ich nicht mehr bin?« »Sprich nicht so, Schwesterleben, du wirst wieder gesund und überlebst uns am Ende alle«, scherzte Levi. Er nahm ihre runzelige Hand und streichelte sie. Durch die pergamentige Haut fühlte er die Gelenke ihrer Finger. Früher waren sie mit Gold und Brillanten bereift gewesen, jetzt lagen die Ringe wohlverwahrt in einem kleinen Silberdöschen auf dem Nachttisch neben dem Bett.

Fanny drehte den Kopf zur Seite. Eine Träne lief über ihre Wange. »Ich hätte so gerne noch erlebt, daß Jacob und Rosa heiraten«, flüsterte sie. Tatsächlich hatte auch sie längst bemerkt, daß ihr ältester Sohn und seine Cousine Rosa Sahlein ineinander verliebt waren. Die beiden bemühten sich zwar noch immer, ihre Zuneigung vor dem Rest der Familie zu verbergen, doch Levi und Fanny waren sicher, daß sie eines Tages damit herausrücken und heiraten würden. Levi, der sich sonst nie in das Leben seiner erwachsenen Neffen einmischte, wollte, daß Jacob seiner Mutter diesen Wunsch erfüllte. Am Abend bat er ihn zu sich in den Salon.

»Da bin ich, Onkel Levi«, sagte Jacob vergnügt und schloß die Tür hinter sich. »Was kann ich für dich tun?« Er legte ein dickes Holzscheit in den Kamin. »Setz dich, mein Junge«, Levi machte eine einladende Handbewegung, und Jacob nahm in einem tiefen Sessel Platz. Erwartungsvoll betrachtete er seinen Onkel, der mit starrem Blick auf das Feuer schaute. »Jacob, deiner Mutter geht es sehr schlecht«, eröffnete Levi das Gespräch. Die Miene seines Neffen verdüsterte sich, er nickte traurig. »Es geht ihr so schlecht«, fuhr Levi fort, »daß wir täglich mit dem Schlimmsten rechnen müssen. Und deshalb habe ich eine große Bitte an dich.« Jacobs Körper straffte sich. »Fanny hat nur noch einen Wunsch und den kannst ihr nur du erfüllen.« »Ich? Was soll ich tun?«, fragte der junge Mann erstaunt. »Bitte entschuldige, wenn ich dir jetzt zu nahe trete, aber der Zustand deiner Mutter läßt mir keine andere Wahl; doch es ist natürlich deine Entscheidung«, fügte Levi nach einer kurzen Pause hinzu und kam sich vor wie ein Kind, das etwas Unangenehmes zu beichten hat. Er gab sich einen Ruck: »Also, deine Mutter wünscht sich mehr als alles auf der Welt, daß du deine Cousine Rosa heiratest und sie das noch erlebt.« Jetzt war es draußen. Jacob verharrte eine Weile schweigend in seinem Sessel: »Ich werde mit Rosa sprechen.« Er stand auf und fügte zuversichtlich hinzu: »Mach dir keine Gedanken, Onkel Levi, es wird eine Lösung in Mamas Sinn geben.«

Einige Tage später feierte die ganze Familie die Verlobung von Jacob Stern und seiner Cousine Rosa Sahlein in Fannys Zimmer. Fanny lag von großen, weißen Spitzenkissen gestützt in ihrem Bett. Sie hatte sich zur Feier des Tages von ihrer Tochter Caroline die Wangen mit ein wenig Rouge schminken lassen und lächelte glücklich. Jacob und Rosa knieten vor ihr. Fanny strich ihrem Sohn über den Kopf, dann nahm sie Rosas linke Hand und legte sie in Jacobs Rechte. »Ich bin sicher, ihr werdet sehr glücklich miteinander«, flüsterte sie müde. »Caroline, sei so gut und reich mir die kleine Schmuckdose von meinem Nachttisch.« Ihre Tochter stand auf und tat, wie sie geheißen wurde. Fanny öffnete das Döschen, schaute einen Moment wehmütig auf ihren geliebten Schmuck, der da auf dem kleinen, blausamtenen Kissen lag, und nahm einen Ring heraus. Das Kleinod hatte einen funkelnden Smaragd in der Mitte, den ein Kranz von feingeschliffenen Brillanten umgab. »Den hat dein Vater mir geschenkt«, sagte sie zu Rosa und steckte ihn ihr an den Mittelfinger der rechten Hand. »Ich bin sicher, er würde wollen, daß du ihn trägst.« Sie streichelte die Hand ihrer Nichte und zukünftigen Schwiegertochter. Fanny gab sich alle Mühe, doch ihre Kraft reichte nicht aus, die Hochzeit ihres ältesten Sohnes noch zu erleben.

Levi trauerte um seine Schwester. »Es ist schon ein merkwürdiges Gefühl«, vertraute er Sigmund an. »Ich komme mir vor wie ein Fossil. Außer mir lebt nur noch Jonas, aber der ist weit weg in New York, und für die weite Reise sind wir beide zu alt.« Umgeben von einigen seiner Neffen und Nichten war Levi der unangefochtene Patriarch des Hauses. Jacob und Rosa bekamen bald ihr erstes Kind, und Levi freute sich am Heranwachsen einer weiteren Generation. Auch Caroline und Hattie hatten bald nach dem Tod der Mutter geheiratet und das Haus verlassen, doch auch sie legten sehr viel Wert auf engen Kontakt zu ihrem Onkel, der zu ihren Kindern wie ein Großvater stand. Auch

Moses und Henry Sahlein hatten Frauen gefunden, die sie liebten und mit denen sie Familien gründen wollten.

Sigmund und Louis waren beide noch Junggesellen und begleiteten Levi nach wie vor gemeinsam zu den Abenden im San Francis Hotel, die er noch immer sehr genoß. Er war jetzt über sechzig Jahre alt und zog es in der Regel vor, mit seinen beiden Neffen und einigen Freunden im vornehmen Ambiente des Hotels zu dinieren, statt große Feste auszurichten. Wenn sich jedoch ein entsprechender Anlaß bot, zeigte sich Levi Strauss nach wie vor von seiner großzügigsten Seite.

So hatten sie im Saint Francis Hotel erst vor wenigen Wochen den Abschied von Lotta Crabtree gefeiert, die Kalifornien verließ, um ihre außergewöhnliche Karriere mit einem Engagement in New York zu krönen.

»Sie ist noch immer eine bemerkenswert attraktive Person«, stellte Sigmund fest. »Schade, daß sie die Stadt verläßt«, pflichtete ihm sein Bruder bei. »Jungs, was redet ihr?«, mischte sich Levi in das Gespräch der beiden. »Die Dame ist zwar wirklich etwas ganz Besonderes, aber doch nichts für euch.« Er versetzte Sigmund einen leichten Stoß in die Rippen. »Was ist mit euch los? Alle eure Brüder und Schwestern sind verheiratet oder werden demnächst heiraten, nur ihr beide seid noch übrig. Ihr werdet doch wohl nicht in meine Fußstapfen treten wollen. Bemüht euch mal ein bißchen, oder gibt es in San Francisco keine passenden Mädchen für euch?«, scherzte er. »Gefunden haben wir noch keine, nicht wahr, Louis?«, gab Sigmund zurück. »Außerdem sind es nicht nur wir beide, wenn du die Korrektur erlaubst, Onkel Levi. Da gibt es schließlich auch noch Abraham und unsere jüngste Schwester.« »Ich bitte dich, Sigmund, meinst du ich kann nicht zählen? Das weiß ich doch, aber die beiden sind nun wirklich noch zu jung, um ans Heiraten zu denken.« Er drehte sich um. »Kommt, wir sollten uns um unsere Gäste kümmern, aber morgen würde ich gerne in Ruhe etwas mit euch besprechen. Ich habe da so eine Idee...«, deutete er geheimnisvoll an und ließ seine Neffen stehen. »Was meinst du, was er wieder ausgeheckt hat?« Louis sah seinen älteren Bruder fragend an. »Keine Ahnung, wahrscheinlich hat es etwas mit der Firma zu tun. Wir werden ja sehen.« Sigmund zuckte die Achseln und mischte sich unter die Gäste.

Das Fest zog sich bis tief in die Nacht. Zu später Stunde sang und tanzte Lotta Crabtree »nur für Levi Strauss, der leider ein ebenso hartnäckiger Junggeselle ist wie ich«. Dann setzte sie sich neben ihn, küßte ihn auf die Wange, holte einen kleinen, dunklen Zigarillo aus ihrem zierlichen Handtäschchen und blies kleine Rauchkringel in die Luft. »Wir sind aus dem gleichen Holz, nicht wahr. Die Arbeit ist unser Leben«, sagte sie zwischen zwei Ringen aus blauem Dunst. Levi sah sie von der Seite an.»Vielleicht hätten wir uns doch lieber nach dem Rat des alten Rabbi richten sollen, der von einem Junggesellen gefragt wurde, ob er heiraten sollte. Der Rabbi dachte einen Moment nach, dann sagte er: ›Wenn du es tust, wirst du es bedauern, wenn du es nicht tust, wirst du es auch bedauern, wahrscheinlich ein bißchen mehr. Also heirate und bedauere es wie alle anderen Leute.‹« Lotta lachte. »Wie es aussieht werden wir beide – du hier an der Westküste und ich irgendwo im Osten – ohne Kinder, aber dafür steinreich sterben«, scherzte sie, nicht ahnend, daß ihre Prophezeiung sich genau so erfüllen sollte.

Am nächsten Abend zog Levi sich nach dem Essen mit Sigmund und Louis in den Salon zurück. »Entschuldigt uns«, sagte er höflich zu Jacob und Rosa, »aber ich habe noch etwas mit den beiden zu bereden.« Levi machte es sich in seinem geliebten Ohrensessel bequem, seine Neffen saßen in zwei ausladenden Fauteuils und warteten, daß er das Wort ergriff. »Also, was ich euch zu sagen habe, ist ganz einfach folgendes«, eröffnete Levi das Gespräch. »Ich möchte, daß ihr beide eine Reise nach Europa unternehmt.« Die Brüder sahen sich überrascht an. »Wie wir gestern festgestellt haben, seid ihr noch ledig und ungebunden. Das kann sich in eurem Alter allerdings schnell ändern. Und ich wünsche, daß ihr vorher euren Horizont im wahrsten Sinne des Wortes erweitert, ein schönes Schiff besteigt und euch auf dem Kontinent umseht, von dem wir ursprünglich alle kommen.« Sigmund wollte etwas sagen, aber Levi gebot ihm mit einer Handbewegung zu schweigen. »Einen Augenblick, mein Junge, ihr seid gleich dran. Laß mich meinen Gedanken bitte zu Ende bringen. Ich bin ein alter Mann, und wer weiß, wie lange ich noch zu leben habe. Wenn ich mal nicht mehr bin, und das wiederum kann in meinem Alter schnell gehen, seid ihr beide in der Firma unabkömmlich. Dann sind große Reisen, einfach nur zum Vergnügen, ganz sicher nicht möglich. Deshalb wollte ich euch vorschlagen, die Freiheit, die ihr jetzt in zweifacher Hinsicht, nämlich beruflich und privat, noch habt, zu nutzen und zu genießen.« Sigmund und Louis konnten ihre Begeisterung nicht länger beherrschen. »Das ist eine großartige Idee. Immer schon wollte ich Deutschland kennenlernen und Städte wie Paris oder London besuchen«, jubelte Louis, und Sigmund schloß sich ihm an: »Bei der Gelegenheit könnten wir Onkel Jonas und Nathan besuchen und nach der Fabrik in New York sehen«, sagte er, und Levi schaute ihn wohlwollend an. »Genau das hätte ich euch auch vorgeschlagen. Sehr gute Idee!«, lobte er.

Sie sprachen noch eine Weile über den Ablauf der notwendigen Vorbereitungen und gingen dann zu Bett. »Gestern war es sehr spät«, gähnte Levi, »ich muß mich jetzt hinlegen, sonst kann ich morgen Philips Zahlenkolonnen nicht erkennen.« Seine Neffen lachten und wünschten ihm eine gute Nacht. Ein paar Wochen später war alles geregelt. Sigmund und Louis gingen an Bord eines luxuriösen Dampfers und stachen in See. Levi stand am Kai, winkte ihnen zu und dachte an seine Ankunft in San Francisco zurück. »Ob die zwei wohl wissen wie gut sie es haben?«, murmelte er in seinen kleinen Bart und kehrte zurück in sein Büro. Sigmund und Louis wußten wohl, wie gut sie es hatten. Sie genossen jede Minute der Reise und kabelten ihrem Onkel regelmäßig dankbare Nachrichten aus den verschiedenen Städten, die sie besuchten. Levi freute sich immer sehr über die Telegramme der beiden, bis eines Tages eine Botschaft eintraf, die seine Laune ganz besonders hob.

Sigmund hatte auf dem Trip eine junge Frau namens Rosalie Meyer kennen gelernt. Die Dreiundzwanzigjährige war die Tochter des berühmten kalifornischen Bankiers Eugene Meyer, und Sigmund bat seinen Onkel telegrafisch um die Erlaubnis, Rosalie Meyer einen offiziellen Heiratsantrag machen zu dürfen. Levi rief Jacob zu sich. »Was meinst du, mein Junge, das Mädchen ist aus einer der besten jüdischen Familien des Landes. Wenn die beiden sich lieben, und das scheint der Fall zu sein, können wir nichts gegen diese Verbindung einwenden, oder?« »Ganz und gar nicht«, bestätigte Jacob, »aber wenn Sigmund zurückkommt werde ich ihn fragen, warum er bis nach Europa reisen mußte, um ein Mädchen aus Kalifornien kennenzulernen.« Levi lachte und setzte eine positive Antwort an Sigmund auf. Ein paar Tage später hielt Jacob ein an ihn gerichtetes Telegramm in den Händen, das er seinem Onkel unverzüglich zu lesen gab. Sigmund schrieb: »Es geht mir gut. Ich bin glücklich, zufrieden und verlobt. Herz, was begehrst du mehr!« Levi lächelte: »Den hätten wir also in festen Händen, mal sehen, wer der Nächste ist.«

Auch auf dem Rückweg von Europa machten Sigmund und Louis ein paar Tage Halt in New York, bevor sie sich nach San Francisco einschifften. Rosalie Meyer reiste mit ihrer Mutter zurück nach Kalifornien, wo sich die beiden Familien erstmals trafen und die Hochzeitsvorbereitungen trafen. Levi übetrug diese Aufgabe Rosa. »Bitte, mein Kind, du bist jetzt die Dame des Hauses. Ich kann mich nicht um die Details kümmern, geh deinem Vetter zur Hand und hilf ihm, wo er dich braucht.« »Selbstverständlich, Onkel Levi, verlaß dich ganz auf mich und mach dir keine Gedanken, ich werde für alles sorgen.«

Eugene Meyer richtete seiner Tochter eine prunkvolle Hochzeit aus. Nachdem die Feierlichkeiten im Hause des Bankiers beendet waren, begann – in Levis Namen von Rosa perfekt organisiert – im Saint Francis Hotel eine nicht endenwollende Serie von Festen, die für das junge Paar gegeben wurden. Sigmunds Freunde überboten sich gegenseitig so lange mit Einladungen, bis der frischgebackene Ehemann und seine Frau sich erschöpft in ihr neues Haus zurückzogen und schworen, die Abende der nächsten Wochen nur innerhalb der eigenen vier Wände zu verbringen.

In der Leavenworth Street 621 kehrte der Alltag zurück. Levi, Jacob und Rosa verstanden sich prächtig und führten ein angenehm friedliches Leben miteinander. Der Patriarch freute sich an der wachsenden Kinderschar des Paares und nahm regen Anteil an der Entwicklung der Stern-Sprößlinge. »Sie sind richtige kleine Amerikaner. Von unseren alten Traditionen ist wirklich nicht viel übrig geblieben. Wie auch, von uns ist ja auch kaum noch jemand übrig«, er seufzte. Es war nicht lange her, da hatte Nathan gekabelt, daß nach Louis nun auch Jonas gestorben war. Levi hatte seinen älteren Halbbruder schon eine kleine Ewigkeit nicht mehr gesehen, doch jetzt, da die Möglichkeit eines Wiedersehens nicht mehr bestand, fühlte er sich manchmal trotz all der Menschen, die ihn umgaben, sehr einsam. »Alt werden ist nicht schön«, sagte er bei einem gemeinsamen Mittagessen zu seinen treuen Mitarbeitern Philip Fisher und Albert Hirschfeld, deren Haare auch längst ergraut waren. »Arm und krank sein ist noch schlimmer«, antwortete sein Buchhalter und brachte Levi damit zum Lachen.

Noch immer ging er jeden Morgen pünktlich um 9.00 Uhr

aus dem Haus und traf etwa eine Stunde später in der Battery Street 14-16 ein. Hier war Jacob inzwischen zum offiziellen Büroleiter aufgestiegen. Er kümmerte sich um die Geschäfte und kontrollierte den Verkauf. Sigmund leitete den Einkauf und Louis hatte seine Aufgabe im Bereich der Finanzen gefunden. Nur Abraham suchte seinen Platz im Unternehmen noch und erprobte seine Talente in den verschiedenen Abteilungen.

Ein großer Teil von Levis Zeit wurde nach wie vor von seinen vielfachen Aufsichtsratsverpflichtungen beansprucht. Immer wieder kamen Anfragen, mittels derer er gebeten wurde, Vorträge zu halten, oder Inteviews zu geben. Doch Levi Strauss lehnte sie meistens ab. Er fühlte sich im Licht der Öffentlichkeit nicht wohl und bat die Reporter stets um Verständnis für seine Haltung. Im Oktober 1895 gelang es dem »San Francisco Bulletin«, dem prominenten Bürger der Stadt in einem seiner ganz seltenen Interviews ein paar sehr persönliche Sätze zu entlocken. »Ich bin Junggeselle«, sagte Levi Strauss, »und ich denke, daß ich deswegen so viel arbeite, denn mein Leben ist mein Geschäft. Ich glaube nicht, daß ein Mann, der daran gewöhnt ist, in dieser Form zu arbeiten, sich zurückziehen und damit zufrieden sein kann... Mein Glück liegt in der Routine meiner Tätigkeit... Ich glaube nicht, daß große Vermögen ihren Besitzern viel Freude machen, denn in der Regel werden die, die sie besitzen, schnell zu Sklaven ihres Wohlstandes. Ihr Leben lang haben sie das Gefühl, sich der Pflege und dem Erhalt ihres Eigentums widmen zu müssen. Ich glaube übrigens auch nicht, daß Geld seinen Besitzern Freunde bringt. Tatsächlich scheint mir oft eher das Gegenteil der Fall zu sein.«

Mit zunehmendem Alter engagierte sich Levi Strauss immer intensiver im karitativen und sozialen Bereich. Längst belohnte er den alljährlich besten Absolventen der Sabbat-Schule mit einer Medaille aus purem Gold. »Das motiviert die Kinder«, sagte er zu Rosa, der die Idee ausnehmend gut gefiel. 1897 wandte sich Jacob Reinstein, ein leitender Mitarbeiter der Kalifornischen Universität an Levi. Er bat ihn, sich an einem Fonds für Stipendien zu beteiligen. Levi reagierte mit einem eigenen Vorschlag und bot an, aus seiner Tasche ein privates Äquivalent zu den vom Staat vorgesehenen achtundzwanzig Stipendien zu stiften. »Begabte und fleißige junge Leute müssen zumindest die Chance für eine gute Ausbildung erhalten«, sagte er zu Jacob, als er ihm von seiner Idee erzählte. Seine Einstellung veranlaßte Levi mehr als einmal, über die Stipendien hinaus tätig zu werden. Jacob, der sich nach wie vor stark für das Jüdische Waisenhaus engagierte, berichtete seinem Onkel immer wieder von Kindern, die dort lebten und sich durch besondere Begabungen von den anderen abhoben. Wann immer er ihn darum bat, spendete Levi Geld, damit diese Kinder entsprechend gefördert werden konnten.

Levis ausgeprägtes Interesse galt jedoch einer kleinen Gruppe von besonders benachteiligten Kindern. Sie waren alle entweder von Geburt an oder durch Unfälle und verschleppte Krankheiten taubstumm und besuchten eine spezielle Schule. Der Leiter der Taubstummen-Schule von Kalifornien war dem berühmten Unternehmer sehr dankbar für seine Unterstützung, die sich meist in großzügigen Geldspenden äußerte. Eines Tages ließ Levi jedoch einen großen Wagen vor dem Portal anhalten und überwachte persönlich, wie eine riesige Bronzeglocke abgeladen wurde. Wenig später tat sie ihre ersten Schläge vom Uhrturm auf dem Campus der Schule. »Aber warum ausgerechnet eine Glocke, sie hören doch nichts«, Jacob wunderte sich. »Einige von ihnen können die tiefen Tonschwingungen mit dem Bauch wahrnehmen, und die anderen sehen zumindest, wenn sie sich bewegt«, erklärte Levi sein Geschenk.

Ein neues Jahrhundert

Überall im Land bereitete man sich auf das große Fest zur Jahrhundertwende vor. Auch in San Francisco waren Straßen und Häuser geschmückt, in den Hotels und Restaurants wurden festliche Bankette vorbereitet. »Es ist zwar nicht unser Neujahr«, hatte Levi vor einigen Wochen zu Jacob und Rosa gesagt, »aber ich würde es gerne mit euch allen im Saint Francis Hotel begehen.« Während Jacob für die Idee war, meldete Rosa Bedenken an: »Sei mir nicht böse, Onkel Levi, aber ich hätte gerne, wenn die Kinder es auch erleben könnten. Im Saint Francis kann ich sie nicht bis Mitternacht bei Laune halten, zumindest die Kleineren nicht. Wenn wir hier bleiben, könnte ich sie ganz normal zu Bett bringen und kurz vor Mitternacht wecken. Meine Idee wäre, daß wir alle, gemeinsam mit Sigmund, Louis, Abraham, Henry, Moses, Caroline, Hattie und ihren Familien hier feiern.« Levi sah sie zögernd an. »Platz genug haben wir, aber weißt du, was das für eine Arbeit ist, ein Fest für so viele Leute zu organisieren. Wer soll denn das übernehmen?« Rosa lächelte: »Das überlaß einfach mir, Onkel Levi, ich werde alles regeln. Mach dir keine Gedanken, ich werde eine wunderbare Feier organisieren – und ihr beide«, sie schaute Jacob und Levi an, »könnt bis zur letzten Minute arbeiten – so wie ihr das sonst auch tut.« Ihr Mann war schnell überredet. »Sie hat recht, Onkel Levi, so etwas kommt schließlich nur alle hundert Jahre vor, da wäre es doch schön, wenn die Kinder mit uns feiern könnten.« Levi gab nach. »Wie ihr meint, ich mische mich da nicht ein. Wenn es euch nicht zu viel Arbeit ist, von mir aus.«

Am Morgen des 31. Dezember 1899 ließ Levi sich die Zeitung, das gebutterte Brötchen und den Kaffee von einem Diener an sein Bett bringen. Nach einigen Protesten hatte er Jacobs Drängen nachgegeben und sich überreden lassen, den Vormittag zu ruhen, um frisch für die Silvesternacht zu sein. Zusätzlich zu allen Familienmitgliedern hatten seine Nichten und Neffen noch einige Freunde eingeladen, und da Mitternacht den Höhepunkt des festlichen Beisammenseins bilden sollte, würde es ein sehr langer Abend werden. Levi hatte gerade seine Zeitung ausgelesen und legte sie sorgfältig gefaltet auf seinen Nachttisch. Dann wischte er mit einer knappen Handbewegung ein paar Krümel vom Bett und lehnte sich behaglich in die Kissen, um noch ein wenig zu dösen. Kaum hatte er die Lider geschlossen, klopfte es an der Tür. »Ja bitte«, Levi richtete sich auf. Sein Diener öffnete die Tür und trat mit einer kleinen Verbeugung ein. »Sir, ich bitte um Entschuldigung, das hier ist gerade an der Haustür für Sie abgegeben worden.« Er reichte Levi ein kleines Päckchen mit der Aufschrift: »Levi Strauss & Co, an den Inhaber, San Francisco, Kalifornien, Amerika.« Ein Absender stand nicht darauf, aber Levi hatte die Handschrift längst erkannt. Er bedankte sich bei seinem Diener und wartete, bis dieser das Zimmer verlassen hatte. Dann erst machte er sich an der sorgfältig geknüpften Verschnürung zu schaffen. Seine Hände zitterten, das Herz klopfte bis zum Hals. Statt eine Schere zu holen und die Knoten mit einem Schnitt zu lösen, nestelte er minutenlang mit fliegenden Fingern an der Kordel. Endlich war der Anfang gefunden. Levi öffnete das Päckchen. In der kleinen Holzkiste befand sich ein Brief und eine sorgsam in weiches Papier gewickelte Glasglocke mit weißem Samtboden. Darauf lagen, vom langen Transport durcheinandergewirbelt, einige bräunlich vertrocknete Blütenblätter. Sie verdeckten eine verblichene Stickerei auf dem Samt. Levi schüttelte das kleine Gefäß ein wenig hin und her, bis er lesen konnte, was da in winzigen Kreuzstichen stand: »Anno Domini Juno 1847« Gerührt stellte er die Glasglocke zur Seite, dann griff er nach dem Umschlag, brach das Siegel und nahm den Brief heraus.

»Lieber Löb, wenn ich Dich nach all den Jahren überhaupt noch so nennen darf, zur Jahrtausendwende schicke ich Dir die Rose, die Du mir einst zum Abschied geschenkt hast. Du siehst, ich habe sie liebevoll unter Glas gehütet, so wie ich Dein Andenken immer liebevoll in meinem Herzen gehütet habe. Inzwischen bin ich eine alte Frau. Meine Kinder sind längst erwachsen, die Enkelkinder beinahe auch schon.« Über mehr als drei Seiten schrieb Pauline, wie ihr Leben in Buttenheim verlaufen und daß sie schon lange verwitwet war. Dann kam sie zum Schluß. »Jetzt wollen die alten Knochen nicht mehr so recht. Ich kann nur noch mit Hilfe eines Stockes laufen, jeder Schritt schmerzt in den Hüften. Die Treppe zu meinen Zimmern kann ich nur noch gehen, wenn mich jemand stützt. Einer meiner Schwiegersöhne will unser Haus umbauen und ein wenig modernisieren, damit ich ins Erdgeschoß ziehen kann. Einige Möbel sollen verkauft werden, deshalb bin ich schon seit ein paar Monaten damit beschäftigt, Schränke und Schubladen gewissenhaft durchzusehen und wegzuwerfen, was nicht mehr gebraucht wird. Vor kurzem habe ich mir den Sekretär meiner Mutter vorgenommen, und was ich gefunden habe, ist der Grund für dieses Schreiben. Denk nur, in einem Geheimfach lagen Deine Briefe und meine. Wäre es nicht so traurig, ich hätte beinahe gelächelt, meine Mutter konnte einfach nichts wegwerfen ... Ich weiß nicht, wie sie es angestellt hat, aber sie muß alle unsere Briefe abgefangen haben, um uns auseinanderzubringen. Nun, es ist ihr gelungen. Zuerst war ich sehr zornig, doch der Pfarrer hat mich in der Beichte dazu gebracht, den Eltern zu vergeben. Jetzt bitte ich Dich, vergib auch Du mir. Vergib mir, daß ich je an Deiner Treue gezweifelt, Deine Aufrichtigkeit in Frage gestellt habe. Ich hoffe sehr, daß Dein Leben glücklicher war als das meine, und bete täglich zu Gott, es möge Dir gutgehen.« Die Unterschrift »immer Deine Pauline« war von Tränen verwischt.

»Sie hat die Rose die ganzen Jahre aufbewahrt«, flüsterte Levi, lehnte sich zurück und schloß die Augen. Vor sich sah er Pauline, dort, wo sie sich immer getroffen und ewige Treue geschworen hatten. Er meinte, die zarte Haut ihrer Wangen zu spüren, ihren lieblichen Duft zu riechen und spürte, wie Tränen in seinen Bart liefen. Irgendwann schlief er ein und wurde erst wach, als Jacobs jüngste Tochter in sein Zimmer stapfte und an der Bettdecke zupfte. »Grandpa-Onkel Levi«, flüsterte das Kind, »du mußt aufstehen, die Mama hat gesagt, das Mittagessen ist gleich fertig.« Levi rieb sich die Augen und putzte sich die Nase. »Geh schon herunter und sag der Mama, ich komme sofort. Ein paar Minuten nur, dann bin ich bei euch.« Bevor er das Zimmer verließ, legte er Glasglocke und Brief in seinen Kleiderschrank, dann straffte er die Schultern, schüttelte die traurigen Gedanken ab und begab sich zu Tisch.

Rosa hatte lediglich eine Kartoffelsuppe zubereiten lassen, die sie ausnahmsweise in der Küche zu sich nahmen. »Ich hoffe, es ist dir recht, Onkel Levi«, sagte Rosa, »aber im Speisezimmer können wir nicht mehr essen, da wird schon für den Abend eingedeckt.« Levi nickte und löffelte den schmackhaften Eintopf. Nach dem Essen machte er einen kleinen Spaziergang und verbrachte den Rest des Nachmittags in seinem Zimmer, wo er Paulines Brief noch einmal las, um ihn dann endgültig wegzulegen.

Die Familie versammelte sich in den frühen Abendstunden. Sigmund und seine Cousins kamen in schwarzen Fräcken, die Damen trugen festliche Abendkleider und kostbares Geschmeide. Aufgeregt sprangen die Kinder durcheinander und ließen sich nur widerwillig und mit dem hoch und heiligen Versprechen, nur ja rechtzeitig geweckt zu werden, in ihre Betten bringen. Als gegen 21.00 Uhr am Abend die ersten Gäste eintrafen, hatte Levi breits zwei Gläser trockenen Sherrys getrunken und präsentierte sich als aufgeräumter Hausherr.

Rosa hatte das Speisezimmer vollkommen leer räumen und einen großen, hufeisenförmigen Tisch aufstellen lassen. Wieder einmal bewies sie ihr Talent, wenn es um die Gestaltung feierlicher Anlässe ging. In der Mitte des Kopfendes saß Levi auf einem hochlehnigen, bequemen Stuhl, eingerahmt von Sigmund und Jacob. »Das sieht ja aus, als hättet ihr einen Thron für mich aufgestellt«, sagte Levi, als er sich setzte. Sigmund und Jacob warteten ehrerbietig, bis der Patriarch sich niedergelassen hatte, dann erst nahmen auch sie Platz. Rechts und links des Trios schlossen sich in bunter Reihe Freunde und Familienmitglieder an. Rosas Tischordnung erwies sich als voller Erfolg, die Gäste amüsierten sich prächtig. Sigmund hatte schon vor Wochen eine vierköpfige Kapelle engagiert, die während des Essens für angenehm untermalende Klänge aus dem Hintergrund sorgte und später zum Tanz aufspielen sollte.

Das mehrgängige Menu zog sich bis kurz vor Mitternacht. Inzwischen waren die kleinen Kinder geweckt worden und klammerten sich verschlafen an ihre Eltern. Mit einem diskreten Wink gab Rosa dem Personal das verabredete Handzeichen, den Champagner zu servieren. Zwei livrierte Diener schoben einen großen Rollwagen durch die Flügeltür und stellten ihn in der Mitte des Hufeisens ab. Auf der bodenlangen weißen Tischdecke war kunstvoll eine Pyramide aus Kristallschalen errichtet, in die jetzt der Champagner gefüllt wurde. Die Gesellschaft erhob sich von ihren Plätzen und als alle ein Glas in der Hand hielten, begrüßten sie zum Tusch der Kapelle gemeinsam das neue Jahr mit einem dreifachen »Vivat«. »Lechaim«, sagte Levi und küßte Rosa auf die Wange. »Das hast du wunderbar gemacht, was für ein gelungener Abend«, flüsterte er ihr ins Ohr. Seine Nichte lächelte ihn dankbar und stolz an: »Jetzt bis du dran, Onkel Levi, du mußt eine Rede halten.« Levi nickte. Sigmund hatte ihn schon vor ein paar Tagen darum gebeten, als Familienoberhaupt das neue Jahrhundert im

Namen der Familie zu begrüßen. Levi stellte sich in den Rahmen der Tür, Sigmund läutete mit einer kleinen Silberglocke, die Gespräche verstummten. Der Hausherr hatte eine kurze Ansprache vorbereitet. Mit knappen Worten referierte er die Geschichte der Firma und hob das Glas »Auf den Familienzweig in New York! Leider können mein Neffe Nathan und all die anderen heute nicht hier sein, aber ich bin sicher, daß sie ebenso an uns denken wie wir an sie.« Er trank einen Schluck. »Bevor ich mich zurückziehe und der Musik den Rest der Nacht überlasse, möchte ich mich noch bedanken.« Er machte eine kurze Pause. »Jacob und Rosa, ich danke besonders euch beiden für das gemütliche Heim, das ihr mir bereitet. Allen anderen Neffen und Nichten und natürlich den Kindern möchte ich sagen, daß ich glücklich bin, euch alle in meiner Nähe, und euch Jungs in der Firma zu haben.« Wieder erhob er sein Glas: »Auf die Zukunft meiner Nachfolger! Ich wünsche euch für dieses Jahrhundert so viel Erfolg, wie mir in meinem Leben beschieden war«, er machte eine kurze Pause und fügte etwas leiser hinzu: »Und mögen auch eure Herzenswünsche in Erfüllung gehen.« Dann verbeugte er sich knapp und leerte unter dem Applaus seiner Gäste das Glas.

Auf Jacobs Zeichen begann die Musik zu spielen. Levi schaute der Gesellschaft noch eine Weile zu, dann ging er zu Bett. Das Fest zog sich bis in die frühen Morgenstunden, und der Mond verblaßte schon, als die letzten Gäste die Leavenworth Street 621 verließen.

Auch im eben begonnenen Jahrhundert stiegen die Umsätze des Unternehmens weiter. Das Angebot der Firma beinhaltete nach wie vor eine Vielzahl von Artikeln, doch am gefragtesten waren immer noch die genieteten Hosen aus Denim. Im Laufe der Jahre hatte sich eindeutig herausgestellt, daß die Kunden das angenehme Material den schwereren Ursprungsstoffen vorzogen, und so wurden die Kleidungsstücke immer häufiger aus dem blauen Gewebe hergestellt. Nachdem Levi sich mit zunehmendem Alter immer stärker aus dem Tagesgeschäft zurückgezogen hatte, fällten Sigmund, Jacob und ihre Cousins die Firmenentscheidungen immer häufiger selbständig. Levi hatte jedoch noch immer ein großes Interesse an den Verkaufszahlen und ließ es sich nicht nehmen, sie tagtäglich mit Philip Fisher durchzugehen. Die Bilanzen zeigten ihm, daß er fähige Nachfolger in seinen Neffen hatte. Mit Vergnügen nahm er an ihren Besprechungen teil, doch jetzt leitete er die Diskussionen nicht mehr, sondern es waren vor allem Jacob und Sigmund, die diese Funktion erfüllten. Sie waren es auch, die in strittigen Fragen gerne auf den Rat ihres Onkels zurückgriffen und ihn informierten, wenn es etwas zu besprechen gab.

»Er sieht in letzter Zeit sehr müde aus, findest du nicht?«, fragte Sigmund eines Tages seinen älteren Bruder. »Komisch, daß du das sagst, mir ist es gar nicht so aufgefallen, aber Rosa hat es unlängst auch festgestellt.« Jacob runzelte besorgt die Stirn. Zwei Abende später erlitt Levi auf dem Weg in sein Zimmer einen leichten Schwächeanfall auf der Treppe. Jacob, der ihn leise stöhnen hörte, eilte ihm sofort zu Hilfe und führte ihn die restlichen Stufen hinauf. »Ich weiß gar nicht, was mit mir ist, das hat es doch noch nie gegeben, daß ich die Treppe nicht gehen kann. Aber plötzlich habe ich keine Luft mehr bekommen.« Levi stützte sich schwer auf seinen Neffen. »Wie heißt es so schön: du sollst die Stütze meines Alters sein, nicht wahr, na, das bist du ja jetzt buchstäblich.« Levi lächelte schon wieder. Ein Diener half ihm, sich für die Nacht fertig zu machen und während Levi bereits fest schlief, saßen Rosa und Jacob im Salon und unterhielten sich. »Das erste, was wir morgen tun müssen, ist einen Arzt holen«, sagte Rosa. »Ich erledige das auf dem Weg in die Battery Street«, versprach ihr Mann. »Das einzige, was ich nicht weiß, ist, wie wir Onkel Levi dazu bringen, bis zum Eintreffen des Arztes im Bett zu bleiben. Er wird wieder pünktlich wie immer um 9.00 Uhr aus dem Haus gehen wollen. Rosa zog ratlos die Schultern hoch. »Das laß mal meine Sorge sein. Er war doch recht schwach, als ich ihn vorhin in sein Zimmer gebracht habe. Ich werde ihn schon überreden.« Jacob machte ein zuversichtlich bestimmtes Gesicht.

Am nächsten Morgen wartete er darauf, daß sein Onkel zum Frühstück erschien. Die Standuhr in der Eingangshalle hatte längst acht Schläge getan, doch ganz gegen seine sonstige Gewohnheit war Levi noch nicht aus seinem Zimmer gekommen. Jacob ging die Treppe hinauf und klopfte leise an die Tür. »Ja bitte.« Levi lag im Bett und schaute ihn an. »Was ist mit dir, Onkel?« fragte Jacob. »Fühlst du dich nicht wohl?« Levi schüttelte matt den Kopf. »Ich kann es dir gar nicht beschreiben, mein Junge, aber mir ist auf eine ganz merkwürdige Weise elend. Als ich vorhin aufstehen wollte, erfaßte mich ein Schwindel von solcher Stärke, daß ich mich sofort wieder zurückgelehnt habe. Vielleicht habe ich etwas Falsches gegessen«, sagt er, beinahe als hoffte er, daß dies die Ursache für sein schlechtes Befinden sein könnte. »Ich denke, es ist am besten, wenn du im Bett bleibst. Ich gehe gleich beim Arzt vorbei und schicke ihn dir.« Zu Jacobs Überraschung erhob sein Onkel keinen Protest, sondern nickte nur schwach. »Möchtest du etwas frühstücken?« »Nein danke, ich habe gar keinen Appetit, aber eine Tasse Tee wäre schön.« Tee zum Frühstück, Jacob konnte sich nicht erinnern, daß sein Onkel am Morgen jemals etwas anderes als stark gezuckerten schwarzen Kaffee zu sich genommen hätte. Er ging die Treppe hinunter und wies das Dienstmädchen an, Levi eine Kanne Tee ans Bett zu bringen. »Es war nicht schwer, ihn zu überreden, er bleibt freiwillig im Bett«, sagte er zu Rosa, die ihn im Speisezimmer erwartete.

Der Arzt untersuchte Levi Strauss fast eine Stunde lang, dann schloß er den Messingbügel seiner großen, braunen

Ledertasche und stellte sich ans Fußende des Bettes. »Mr. Strauss, mein Eindruck ist, daß Sie eigentlich gesund sind. Was mir allerdings Sorgen macht, ist der Zustand Ihres Herzens. Mir scheint, es handelt sich bei Ihrer Schwäche um einen Erschöpfungszustand. Ich muß Ihnen dringend raten, sich mehr zu schonen, keine anstrengenden Dinge zu tun und sich so viel wie möglich auszuruhen.« »Ausruhen, wie stellen Sie sich das vor, Doktor«, protestierte Levi. »Soll ich etwa hier im Bett herumliegen und Däumchen drehen. Ich habe mein Leben lang hart gearbeitet, jeden Tag viele Stunden lang. Ich würde sterben, wenn ich nichts mehr zu tun hätte.« »Sie verkennen die Lage, Mr. Strauss«, sagte der Arzt ruhig, aber fest. »Sie sind erschöpft, eben weil Sie ein Leben lang gearbeitet haben, und Sie werden viel eher sterben, wenn Sie sich nicht einen ruhigeren Rhythmus angewöhnen.« Levi schwieg. Der Arzt verabschiedete sich, ging hinunter und traf in der Halle auf Rosa. »Ihr Onkel braucht dringend mehr Ruhe. Wenn er sich nicht daran hält, wird sein Herz nicht mehr lange mitmachen. Versuchen Sie, ihn zu bremsen, wenn er sich zu viel zumutet.« Rosa nickte: »Wenn Sie wüßten, Doktor, wie schwer es ist, ihn von etwas abzuhalten, das er sich in den Kopf gesetzt hat.«

Am nächsten Tag fühlte Levi sich wesentlich besser, stand zur gewohnten Zeit auf und ging, als sei nichts gewesen, in die Battery Street. Jacob versuchte, ihn zurückzuhalten und erntete eine freundlich bestimmte Abfuhr: »Bitte, mein Junge, ich bin wirklich ein erwachsener Mann, und glaube mir, ich weiß sehr wohl, was mir gut tut und was nicht. Macht euch nicht so viele Gedanken um mich. Ich bin sicher, daß ich irgendeine verdorbene Speise zu mir genommen habe. Das war alles, heute geht es mir wieder bestens.« Mit diesen Worten setzte Levi seinen schwarzen Seidenzylinder auf und verließ das Haus. Samstag am späten Nachmittag, Philip Fisher war gekommen, um die Tagesbilanz mit Levi Strauss durchzusehen, fand der Buchhalter den

Seniorchef ohnmächtig auf seinem Schreibtisch zusammengesackt. Er hob ihn vom Sessel, legte ihn auf den Boden und rief ihn mit leichten Klapsen auf die Wange wieder zu Bewußtsein. »Philip«, Levi schaute Fisher erstaunt an. »Wieso liege ich hier auf dem Boden? Was soll das?« Mit Hilfe des Freundes erhob er sich, ließ sich schwerfällig auf den Sessel sinken und bat um ein Glas Wasser. »Ist einer von den Jungs noch im Büro?« »Louis ist noch da«, wußte Fisher. »Gut, sagen Sie ihm doch bitte, er soll mich mitnehmen, wenn er nach Hause fährt, ich glaube, ich möchte heute nicht mehr laufen.« Levi lehnte sich zurück und schloß die Augen.

Louis brachte seinen Onkel in die Leavenworth Street und erzählte Jacob und Rosa, was in der Firma geschehen war. »Du bist unverbesserlich, Onkel Levi, hat der Arzt dir nicht gesagt, du sollst dich ausruhen?« Rosa küßte Levi auf die Wange. Er lächelte erschöpft: »Hat er wohl, nicht wahr? Na gut, ich werde hinaufgehen und mich ausruhen.« Während sein Onkel sich zurückzog, stieg Louis wieder in seinen Zweispänner und fuhr noch einmal Richtung Stadt, um den Arzt zu holen. Diesmal blieb der Doktor noch etwas länger bei Levi und kam mit beunruhigter Miene wieder heraus. »Mr. Stern«, sagte er zu Jacob, »Sie müssen mit allen Mitteln dafür sorgen, daß Ihr Onkel sich an meine Anweisungen hält. Wenn er nicht auf das hört, was ich ihm verordne, kann ich für nichts garantieren. Mr. Strauss braucht eine Pflegerin, die rund um die Uhr zu seiner Verfügung ist und darauf achtet, daß er sich ausruht, keinen Strapazen aussetzt und sich nicht aufregt. Meiner Meinung nach ist sein Herz sehr schwach, die kleinste Belastung kann zu einem großen Problem werden. Ich werde morgen noch einmal vorbeischauen und zwei Kollegen mitbringen, die spezialisiert sind auf diesem Gebiet. Doch ich fürchte, auch die werden Ihnen nichts anderes sagen können. Es tut mir leid.« Er nahm seinen Hut, verbeugte sich in Rosas Richtung, »Madam«, und verließ das Haus.

Wieder fühlte sich Levi am folgenden Tag besser und wollte unverzüglich ins Büro gehen. »Kommt gar nicht in Frage, die Ärzte wollen dich gründlich untersuchen«, sagte Jacob streng und drückte ihn beim Frühstück auf den Stuhl zurück. »Du bleibst heute hier, und du bleibst auch morgen hier. Ich werde mich um eine Pflegerin für dich kümmern. Wie ich dich kenne, wird dir nicht gleich die Erstbeste gefallen, also schicke ich dir verschiedene mögliche Bewerberinnen her, und du kannst dir dann aussuchen, wer sich in Zukunft um dich kümmern wird.« Levi wurde böse. »Ich verbitte mir das, Jacob.« Er schüttelte die Hand seines Neffen ab. »Erstens bin ich hier immer noch derjenige, der das Sagen hat, zweitens, wie sprichst du überhaupt mit mir, und drittens, was heißt hier Pflegerin, ich bin doch kein Krüppel! Das Haus wimmelt von Dienstboten, ich brauche keine Pflegerin, und ich will keine Pflegerin, also brauchst du mir auch niemanden zu schicken!« Er atmete schwer. Rosa legte beschwichtigend ihre Fingerspitzen auf seinen Unterarm. »Onkel Levi, schimpf doch nicht so. Wir meinen es doch nur gut mit dir. Der Arzt hat gesagt, du brauchst jemand, der rund um die Uhr für dich da ist. Und reg dich vor allem bitte nicht so auf. Das ist Gift für dich.« »Ich rege mich nicht auf! Ihr regt mich auf! Nur weil mir zweimal in dreiundsiebzig Jahren etwas unwohl gewesen ist, wohlgemerkt zweimal! In dreiundsiebzig Jahren! Ihr behandelt mich wie einen Greis.« Er stand auf und wollte zur Tür gehen, mußte sich aber auf der Rücklehne seines Stuhles abstützen. Jacob nahm wortlos seinen Arm und brachte ihn in sein Zimmer. »Ruh dich ein wenig aus«, sagte er freundlich und ließ seinen immer noch verärgerten Onkel allein. Die Doktoren kamen, untersuchten ihn gründlich und kamen alle drei zum gleichen Schluß: Ruhe, Ruhe, und noch einmal Ruhe. Das Herz war schwach, jede Aufregung und Anstrengung gefährlich.

Als er am Abend nach Hause kam, war Jacob Stern guter

Dinge. Levi hatte den Tag mürrisch in seinem Zimmer verbracht und war auch zum Diner nicht heruntergekommen. »Ich habe ihm alles bringen lassen«, sagte Rosa. »Sigmund hat jemand gefunden, der sich um Onkel Levi kümmern wird, so wie der Doktor es möchte – und zwar schon ab morgen«, sagte Jacob und lächelte verschmitzt. »Du guckst so komisch, was habt ihr zwei denn da ausgeheckt? Wohl eine besonders hübsche, junge Dame, die Sigmund da ausgesucht hat?« Rosa lächelte ebenfalls, aber ihr Mann blieb die Antwort auf ihre Frage schuldig.

Am nächsten Morgen klopfte es an der Haustür. Das Mädchen öffnete und stand einem jungen Mann gegenüber, der ihr freundlich die Hand entgegenstreckte. »John«, stellte er sich vor, »John Cody. Ich soll mich bei Mister oder Misses Stern melden.« Das Dienstmädchen tat einen Schritt zur Seite und ließ den Fremden eintreten. »Warten Sie bitte hier, Sir, ich sage Mister Stern Bescheid.« Zwei Minuten später kam Jacob in die Halle. »John Cody, nicht wahr? Sie sehen genauso aus, wie mein Bruder Sie beschrieben hat.« Cody machte einen Diener. »Sir Sigmund ist ein sehr netter Mann, ich habe ihn oft gesehen, als ich seinen Schwiegervater gepflegt habe.« »Ja, das hat Sigmund mir erzählt. Mister Meyer hatte sich damals das Bein gebrochen, nicht wahr?« »Ja, Sir, aber es geht ihm schon lange wieder gut.« Jacob machte eine einladende Handbwegung in Richtung Salon: »Kommen Sie herein, John, setzen Sie sich.« Er läutete eine kleine silberne Glocke, das Dienstmädchen erschien in der Tür. »Hol doch bitte meine Frau herunter, ich glaube, sie ist oben bei Mister Strauss.« »Gern, Sir«, knickste das Mädchen.

Wenige Minuten später stand Rosa im Salon und schaute ihren Mann fragend an: »Wir haben Besuch?« Sie ging auf den Gast zu, um ihn zu begrüßen. »Rosa, darf ich dir vorstellen, das ist John Cody, Onkel Levis neuer Pfleger.« Rosa verbarg ihre Überraschung und schüttelte Cody die Hand,

»so schnell, das ist ja großartig.« Gemeinsam mit Jacob schilderte sie Levis Zustand und machte auch keinen Hehl daraus, daß er heftig gegen pflegende Hilfe protestiert hatte. »Wissen Sie, Mr. Cody, ...« »Bitte nennen Sie mich John, Madam«, unterbach der Pfleger sie. »Nun gut, John, unser Onkel ist die Liebenswürdigkeit in Person. Wir hängen alles sehr an ihm und machen uns große Sorgen. Er hat ein Leben lang schwer gearbeitet und jetzt ist offenbar die Zeit gekommen, in der er etwas sparsamer mit seinen Kräften umgehen müßte. Aber das will er nicht einsehen, und der Arzt hat uns wirklich sehr ins Gewissen geredet, ihn notfalls auch zu seinem Glück zu zwingen. Es kann natürlich sein, daß es am Anfang nicht ganz einfach wird – nicht für Sie und nicht für ihn, aber uns ist wirklich beinahe jedes Mittel recht, damit Mr. Strauss noch sehr, sehr lange und so gesund wie möglich bei uns ist.« Cody nickte: »Zerbrechen Sie sich nicht meinen Kopf, Madam, wenn ich das so sagen darf. Ich werde mir große Mühe geben, Mister Strauss zu Ihrer, aber vor allem auch zu seiner Zufriedenheit zu betreuen.« »So, so, werden Sie das?« Levi stand in der Tür und verzog keine Miene. »Na, das hört sich ja gar nicht so schlecht an. Wenn es dabei vor allem um meine Zufriedenheit geht, wollen wir mal sehen, wie wir beide miteinander zurecht kommen. Sonst geben die beiden hier ja doch keine Ruhe.« John Cody war aufgestanden und grüßte respektvoll. »Sir, es ist mir eine große Ehre Sie persönlich kennenzulernen.« Er deutete auf seine Hose, »Sie sehen, Ihren Namen kenne ich schon lange – wer kennt den nicht, hier in der Stadt.« Levi schmunzelte. »Das lobe ich mir, kauft unsere Hosen von seinem sauer verdienten Geld, und noch dazu die teurere Version, wenn das nicht für Sie spricht, John.« Er wandte sich an Jacob und Rosa, die dem Wortwechsel reglos gefolgt waren. »Sitzt nicht da wie die Ölgötzen, ihr Zwei. Nicht, daß ihr denkt, ich hätte meine Meinung grundsätzlich geändert, aber wenn ich so viel nette Dinge über mich höre, kann ich ja gar nicht anders als es zumindest mit John zu versuchen. Dem Ewigen sei Dank, ist er wenigstens keine vertrocknete alte Krankenschwester.« Rosa stand auf. »Natürlich nicht, Onkel Levi«, sie gab ihm einen flüchtigen Kuß, »wir wollen dich doch nicht ärgern, sondern dir etwas Gutes tun.« Und zu John: »Kommen Sie, John, ich zeige Ihnen Ihr Zimmer.« John, der ohne Gepäck gekommen war, schaute sich auf dem Weg nach oben bewundernd um. »Was für ein schönes Haus Sie haben, Misses Strauss. Und so viel Platz.« Rosa lachte. »Nun, wir sind eine große Familie, zu Zeiten haben hier dreizehn Personen gewohnt, und es war immer noch ein Bett für Gäste frei.«

Der Pfleger erwies sich als wahrer Glücksgriff. Es dauerte keine Woche, da hatte Levi ihn nicht nur akzeptiert, sondern hätte ihn nicht mehr missen mögen. »Wie habe ich das nur früher gemacht ohne Sie, John«, fragte er Cody, dem er längst angeboten hatte, ihn beim Vornamen zu nennen. Der junge Mann grinste: »So soll es sein, Sir Levi, wenn ich meine Arbeit gut mache, darf ich nicht stören, wenn ich da bin, und nicht fehlen, wenn ich mal nicht da sein sollte.« Von morgens bis abends kümmerte sich John mit unaufdringlicher Perfektion um Levi. Er begleitete ihn auf erquicklichen Spaziergängen, stützte ihn, wenn ihn die Treppe anstrengte, sorgte dafür, daß er die vom Arzt verordneten Tropfen pünktlich nahm und seine Mittagsruhe einhielt, und manchmal brachte er ihn mit dem Zweispänner zur Firma und wartete draußen auf ihn. Wenn Levi dann nach zwei Stunden nicht wieder aus seinem Büro kam, ging John hinauf und stellte sich schweigend, aber unübersehbar wie eine mahnende Statue in die Tür, bis sein Patient brav aufstand und sich nach Hause bringen ließ. Unter der ruhigen Pflege des jungen Mannes besserte sich Levis Verfassung, und beinahe war er versucht, seinen alten Rhythmus wieder aufzunehmen, da kam es Anfang September 1902 zu einem erneuten Schwächeanfall. Diesmal mußte Levi

Strauss über eine Woche das Bett hüten, fühlte sich matt und elend, mochte nichts essen und registrierte mißmutig: »So miserabel habe ich mich, glaube ich, noch nie in meinem Leben gefühlt.« John las ihm vor, ließ sich im Schach von ihm schlagen und leistete ihm bei den Mahlzeiten Gesellschaft. Nur wenn Levi schlief, verließ er kurz das Zimmer und zog sich in seine Kammer zurück. Der Patient erholte sich nur langsam, doch nach zwei Wochen schien er wieder hergestellt. Seine Beine, angeschwollen von Wasser, hatten wieder ihren normalen Umfang, das Atmen fiel ihm leichter, er konnte wieder aufstehen. Der Arzt riet dringend zu einem Erholungsurlaub in guter Luft mit gutem Essen und noch mehr Ruhe, als das Haus in der Leavenworth Street bieten konnte. »Urlaub! Ich weiß gar nicht was Urlaub ist, und ich glaube auch nicht, daß ich es jetzt noch lernen möchte. Ich brauche keinen Urlaub. Schaut mich doch an, es geht mir gut«, sagte Levi zu Jacob und Rosa, doch seine müden Augen und die fahle Hautfarbe des Gesichts kündeten vom Gegenteil.

Jacob rief seinen Bruder Sigmund zu Hilfe: »Du hast noch immer den größten Einfluß auf ihn, sprich du mit ihm und versuch ihn davon zu überzeugen, wenigstens für eine Woche mit John irgendwohin zu fahren.« Sigmund, der durch die Familie seiner Frau eine ganze Reihe vornehmer Orte und Hotels kennengelernt hatte, dachte einen Moment nach: »Es darf nicht zu weit weg sein, muß so komfortabel sein, daß er gar nicht auf die Idee kommt, irgend etwas anderes zu tun, als sich auszuruhen, und gute Luft wollen wir für ihn – da kommt eigentlich nur eines in Frage, das Hotel Del Monte in Monterey.«

Er ging zu Levi, der gerade seinen Nachmittagsschlaf beendet hatte und begann, ihn zu bearbeiten. Sein Onkel sträubte sich zunächst, wie er auch schon Jacob und Rosa widersprochen hatte. Doch Sigmunds Charme und seine Überredungskünste waren schließlich stärker als aller Protest.« »Na, wenn's denn nicht anders geht, verfrachtet mich halt in dieses ominöse Hotel, aber wehe dir, wenn du übertreibst. Wenn es nicht mindestens so elegant wie das Saint Francis und die Küche nicht erstklassig ist, packe ich meinen Koffer gar nicht erst aus und komme mit dem nächsten Zug zurück.« Davon konnte allerdings keine Rede mehr sein, als die Kutsche vor dem prächtigen Bau in Monterey vorfuhr.

Der vornehme Badeort war 1769 als kleines Dorf von den Spaniern gegründet und 1846 von den Amerikanern annektiert worden. Commodore John Drake Sloat nahm den Ort völlig ohne Widerstand ein, sogar ein paar Californios, die von Sutters Fort ausgezogen waren, um die amerikanische Machtübernahme zu verhindern, steckten ihre Waffen freiwillig ein und zogen sich unverrichteter Dinge wieder in die Berge zurück. Als Kalifornien 1850 in die Reihe der amerikanischen Bundesstaaten aufgenommen wurde, war Monterey die erste Hauptstadt des jungen Staates. Ein schottischer Unternehmer namens David Jacks witterte das Geschäft seines Lebens und kaufte Hektar um Hektar Grund und Boden um Monterey auf, um einen vornehmen Badeort daraus zu machen. Sein Instinkt trog ihn nicht, Jacks wurde einer der ersten Millionäre Kaliforniens.

Die Krönung seiner Träume ergab sich aus einem Treffen mit vier Männern, die zu diesem Zeitpunkt bereits lebende Legenden und unter dem Namen »The Big Four« landesweit berühmt waren:

Mark Hopkins hatte sich im Zuge des Goldrauschs von seinem Geburtsort New York Richtung Westen begeben und war dort mit zweitausend Dollar Eigenkapital in den Bau der Central Pacific Railroad eingestiegen. Als die Bahnverbindung fertig gestellt wurde, war sein Vermögen auf zwanzig Millionen Dollar angewachsen.

Leland Stanford, bis zu seinem Lebensende Präsident der

Southern Pacific Railroad und ein skrupelloser Geschäftsmann, sorgte mittels seines politischen Einflusses und geschickter Schachzüge dafür, daß das privat finanzierte Projekt mit staatlichen Subeventionen und günstiger Landvergabe unterstützt wurde. Zusätzlich zu seinen Anteilen an der Bahn hatte er rechtzeitig erhebliche Beteiligungen an den Firmen erworben, die diese bauten und war so ein schwerreicher Mann geworden.

Charles Crocker, ein gebürtiger New Yorker, verlegte sich nach zwei Jahren erfolgloser Goldsuche ebenfalls auf den Eisenbahnbau und managte schließlich die gesamte Konstruktion der Bahn. Für die gefährlichen Teile der Arbeit beschäftigte er mit Vorliebe Chinesen, die er trotz ihrer Niedrigstlöhne mit seinem Ehrgeiz rücksichtslos an den Rand der Erschöpfung trieb. Dank dieses zweifelhaften, aber sehr effizienten Einsatzes wurde die Bahn sieben Jahre früher als geplant fertig und er zu einem der mächtigen Präsidenten des Unternehmens.

Collis Huntington, einer der wichtigsten Eisenbahnbauer der amerikanischen Geschichte, kam bereits als erfolgreicher Geschäftsmann nach Kalifornien. Er trug wesentlich zur Realisierung des Plans bei, der die »Big Four« schließlich zusammenbrachte und zu vier der reichsten und einflußreichsten Männer des Landes machte.

Die Eisenbahnbarone, wie das Kleeblatt auch genannt wurde, trafen auf David Jacks und seine ehrgeizigen Pläne. Ohne lange zu zögern, kauften sie einen Großteil seines Grundbesitzes auf der Halbinsel und zahlten pro Morgen fünf Dollar. Jacks, der seinerseits zwölf Cent für die selbe Fläche gezahlt hatte, gab ihnen, was sie wollten. Als der Vertrag unterzeichnet war, gingen die Vier sofort daran, aus Monterey den vornehmen Ort zu machen, der Jacks vorgeschwebt hatte. Das kleine Dorf, einst Refugium für Künstler und Lebensraum für ein paar Fischer und Farmer, wich noblen Villen und vornehmen Restaurants. Hauptanziehungspunkt wurde das märchenhaft schöne Hotel Del Monte, das, in einhundert Tagen erbaut, 1880 erstmals seine Pforten öffnete.

Levi Strauss war überwältigt. Das Gebäude mit seinen Erkern und Türmchen, dem repräsentativen Entree mit der prächtigen Portiere aus schwerem Brokat und einem Interieur, das keine Wünsche offen ließ, übetraf all seine Erwartungen. »Was mein Neffe Sigmund so alles kennt«, sagte er beeindruckt, und John konnte sich gerade noch einen bewundernden Pfiff durch die Zähne verkneifen.

Diensteifrige Pagen nahmen das Gepäck und brachten es in Levis Zimmer, das einer Suite glich. Dicke Teppiche schluckten jeden Schritt, die Fenster waren eingerahmt von bodenlangen, rotsamtenen Vorhängen, kostbare Gemälde und Möbel von erlesener Qualität zierten die Räume, und es schloß sich ein Bad an, das eines Palastes würdig gewesen wäre. Levi belohnte den Pagen mit einem Trinkgeld und sah sich um. Vom Fenster aus hatte er einen himmlischen Blick auf den weiten Park, der das Hotel umgab. Dort unten promenierten kleine Gruppen von Damen in vornehmsten Kleidern und Herren, deren Gehröcke ebenfalls von exquisitem Schnitt und Material waren. »Es ist das Paradies der Reichsten der Reichen«, hatte Sigmund angekündigt, und Levi konnte nicht anders als seinem Neffen recht geben.

Auch Johns Unterkunft im Dienstbotentrakt war dergestalt, daß der Pfleger beinahe bedauerte, sein Zimmer wieder verlassen zu müssen, um nach Levi zu sehen.

Es wurde Zeit, das Mittagessen einzunehmen, und John begleitete Levi die geschwungene Treppe mit prächtigen Läufern hinunter in den üppig dekorierten Speisesaal. Kaum traten sie durch die Tür, da erhob sich zur Linken ein alter Kunde und Geschäftsfreund, ging auf Levi zu und begrüßte ihn. »Mister Strauss, was für eine Freude, Sie zu sehen, darf ich Sie an meinen Tisch bitten? Ich sitze dort drüben mit meiner Frau und meiner Tochter.« Levi warf einen Blick auf die beiden sympathischen Damen und setzte sich zu ihnen. Während des ganzen Aufenthaltes hielt John sich diskret im Hintergrund, verstand es jedoch immer sofort zur Stelle zu sein, wenn Levi einen stützenden Arm oder andere Hilfe brauchte. Der Rekonvaleszent blühte auf. Das Ambiente, die anderen Gäste, von denen er noch einige kannte, er genoß jede Minute. »Diese Flugente, John, die müssen Sie probieren, so etwas Hervorragendes habe ich seit besten Saint-Francis-Zeiten nicht mehr serviert bekommen.« John hob leicht die Augenbrauen: »Sir Levi«, wandte er ein, »der Arzt hat gesagt, Sie sollen möglichst leicht essen.« »John, ich bitte Sie, leichter als ein Tier das fliegt, kann man nicht essen«, scherzte Levi. Er war so begeistert von dem Gericht, daß er es innerhalb der einen Woche dreimal bestellte. An den Nachmittagen ging er viel spazieren und sonnte sich vor allem darin, daß immer wieder Geschäftsleute auf ihn zu kamen, um ihn in Fachgespräche zu verwickeln und seinen Rat einzuholen. Seine Hautfarbe nahm einen rosigen Ton an, seine Schritte wurden müheloser, das Atmen fiel ihm leichter – Levi Strauss erholte sich blendend. Als er nach einer Woche wieder in der Kutsche saß, die ihn und John zum Bahnhof brachte, sagte er mit dem Brustton der Überzeugung: »John, ich weiß nicht, ob ich es Ihnen verdanke, oder dem Aufenthalt in diesem Paradies, aber so wohl wie im Moment habe ich mich schon seit Jahren nicht mehr gefühlt.« »Vielleicht ist es eine Mischung aus beidem«, sagte John und bedankte sich dafür, daß er Levi hatte begleiten dürfen.

Das Ende

Die Reise nach Hause dauerte nicht lange. Levi döste in seinem bequemen Sessel und schaute von Zeit zu Zeit aus dem Fenster. Am Bahnhof von San Francisco erwartete ihn beinahe die ganze Familie. Während ihm seine Großnichten und -neffen jubelnd um den Hals fielen, begrüßte Levi die Erwachsenen. »Ich bin ganz gerührt, euch alle hier zu sehen – aber muß denn keiner von euch arbeiten?« Er knuffte Jacob jovial in die Seite. »Onkel Levi, es ist beinahe halb acht, das Geschäft ist längst zu«, verteidigte der sich und Sigmund lachte: »Da schickt man ihn zur Erholung eine Woche aufs Land, und woran denkt er als erstes – ans Arbeiten.«

Am nächsten Morgen fühlte er sich so wohl, daß er darauf bestand, zu Fuß in die Battery Street zu gehen. John begleitete ihn und sah mit Freude, daß Levi wirklich gut in Form zu sein schien. Nach dem obligatorischen Besuch der Fabrik gingen sie ins Büro und Levi war sichtlich geschmeichelt von dem herzlichen Willkommen, das ihm die Angestellten bereiteten. Niemand ließ es sich nehmen, den beliebten Seniorchef persönlich zu begrüßen und alle waren sich einig: »Mister Strauss, so gut und gesund haben Sie schon lange nicht mehr ausgesehen.« Levi nahm die vielen Komplimente dankend entgegen, ließ sich jedoch nach ein paar Stunden gern von John zurück in die Leavenworth Street bringen. Der Vormittag hatte ihn mehr angestrengt, als er zugeben mochte. Levi Strauss verschlief beinahe den ganzen Nachmittag und verließ sein Zimmer erst, um mit der Familie zu Abend zu essen.

Der 19. September 1902 war ein Freitag. Levi Strauss hatte wieder mit Schwindelanfällen und Atemnot zu kämpfen, verbarg seine Schwäche jedoch vor der Familie. John beobachtete ihn aufmerksam. »Sie sollten sich ein wenig hinlegen«, schlug er am Nachmittag vor, doch Levi schüttelte den Kopf. »Ich weiß, Sie meinen es gut, John, aber ich habe noch etwas zu erledigen. Ich werde mich in mein Zimmer zurückziehen, bitte sorgen Sie dafür, daß ich nicht gestört werde.« Levi schloß die Tür hinter sich und setzte sich an seinen Schreitisch. »Mein letzter Wille«, schrieb er auf ein blankes Blatt Papier. Er hatte so lange darüber nachgedacht, daß ihm das Schreiben seines Testaments keinerlei Mühe machte. Zwanzigtausend Dollar vermachte er dem Jüdischen Waisenhaus, das er jahrelang unterstützt hatte, zehntausend Dollar verfügte er zugunsten eines jüdischen Altersheims, fünftausend Dollar für die Eureca Benevolent Association und jeweils fünftausend Dollar für ein katholisches und ein evangelisches Waisenhaus. Alles in allem hinterließ er sechs Millionen Dollar und vererbte davon eine Million und sechshunderttausend Dollar an wohltätige Organisationen, Freunde und die Kinder und Enkel seiner Brüder und Schwestern. Fannys vier Söhne erhielten das Unternehmen und die Immobilien. Levi wartete, bis die Tinte getrocknet war, faltete das Blatt und legte es in die oberste Schreibtischschublade.

Am folgenden Montag bestand er darauf, in die Firma zu gehen. Mit Johns Unterstützung versuchte Jacob ihn davon abzuhalten, aber Levi ließ sich nicht beirren: »Jacob, bitte, ich fühle mich gut und möchte jetzt wirklich nicht länger mit dir debattieren. Was soll ich mich den ganzen Tag hier im Haus langweilen, wenn meine Verfassung so ist, daß ich genausogut arbeiten kann.« Jacob gab nach und Levi verbrachte beinahe den ganzen Tag in der Battery Street. Am nächsten Tag erwachte er und mußte zugeben, daß er sich vielleicht doch ein wenig übernommen hatte. Levi Strauss fühlte sich erschöpft und matt und widersprach ausnahmsweise einmal nicht, als John ihm nahelegte, im Bett zu bleiben. Rosa schickte nach den Ärzten, die den Patienten gründlich untersuchten und zu einer einstimmigen Diagnose kamen. »Es ist nichts Ernstes, eine leichte Leberstauung«, sie verschrieben ihm ein Medikament und versicherten, »in Kürze werden sie sich wieder besser fühlen.« Levi hütete das Bett, und am Freitag fühlte er sich tatsächlich so gut, daß er am späten Nachmittag aufstand, sich ankleidete und das Abendessen mit der Familie einnahm. »Wie schön, daß es dir wieder besser geht«, sagte Rosa, die mit Freude registrierte, wie Levi bei Tisch mit ihren Kindern scherzte und schäkerte. »Ja, das finde ich auch. Dieses ewige Herumliegen im Bett ist meine Sache nicht«, antwortete Levi und lächelte sie an. Nach dem Essen, die Kinder waren bereits zu Bett gebracht worden, saßen Levi, Jacob und Rosa gemeinsam im Salon. »Ach Kinder, alt werden ist nicht schön, jedenfalls nicht, wenn der Körper nicht mehr so will, wie der Kopf noch könnte«, seufzte Levi. »Dein Körper würde es dir sicher danken, wenn du noch etwas mehr Rücksicht auf ihn nähmest«, wagte Jacob zu bemerken und fing einen strafenden Blick seines Onkels. »Noch mehr Rücksicht – wie soll das gehen. Ich tue ja schon gar nichts mehr. Aber ob du es glaubst oder nicht, ich habe immer das Gefühl, gerade das Nichtstun ist es, was mich schlapper macht, als alles andere.« Levi nippte an seinem Tee. »Na gut, morgen ist ein neuer Tag, ich werde brav und folgsam sein und mich zu Bett begeben. Immerhin haben die Ärzte mir offenbar die richtige Medizin verordnet, denn es geht mir wirklich viel besser.« Rosa rief nach John, der Levi die Treppe hinauf geleitete und ihm half, sich bettfertig zu machen. Dann schloß er leise die Tür und ging noch einmal herunter in den Salon. »Madam«, sagte er zu Rosa, »entschuldigen Sie, daß ich Sie noch einmal störe.« – »Sie stören nie, John, was gibt's denn?« unterbrach ihn Jacob. »Ich wollte nur wissen, ob Sie wünschen, daß ich auch heute Nacht am Bett Ihres Onkels wache«, fragte John, der die Nächte der ganzen Woche in einem Lehnstuhl neben dem schlafenden Levi verbracht hatte. Rosa schaute ihren Mann fragend an: »Was meinst du, Jacob?« Jacob zögerte einen Moment. »Ich weiß, wir muten Ihnen eine Menge zu, nicht wahr, John, aber wenn es Ihnen nichts ausmacht, wäre mir lieber, Sie blieben in seiner Nähe. Immerhin ist er heute zum ersten Mal wieder auf den Beinen gewesen. Wer weiß, wie ihm das bekommen ist.« »Sir, machen Sie sich um meinetwegen keine Gedanken. Ich denke auch, daß es besser ist, ihn nicht allein zu lassen, und den Schlaf hole ich schon nach«, sagte John und verließ den Salon mit einer kleinen Verbeugung. »Der Mann ist wirklich ein Geschenk, nicht wahr«, bemerkte Jacob leise, als er Johns Schritte auf der Treppe hörte. »Ja, und was für ein Zufall, daß Sigmund ihn kannte«, bestätigte Rosa.

Die Standuhr in der Eingangshalle schlug eben 10.00 Uhr. John schlich sich vorsichtig in Levis Zimmer und rückte wie in den letzten Nächten den Lehnstuhl an das Bett, dann holte er sich einen kleinen Fußschemel und richtete sich so behaglich wie möglich auf die Nacht ein. Levi schlief fest und atmete gleichmäßig. John beobachtete ihn noch ein Weilchen, dann wurden auch ihm die Lider schwer, und er schlief ein.

Zwei Stunden später, es war kurz vor Mitternacht, erwachte der Pfleger von einem leisen Stöhnen seines Patienten. Er beugte sich über ihn und flüsterte: »Sir Levi, ist alles in Ordnung? Wie fühlen Sie sich?« Levi öffnete verschlafen die Augen: »Danke, den Umständen entsprechend gut«, flüsterte er zurück. Dann drehte er den Kopf zur Seite und schlief wieder ein. Sein Atem ging regelmäßig, doch John Cody, von einem unguten Gefühl beschlichen, lief zu Jacobs und Rosas Schlafzimmer und klopfte leise an die Tür. Es dauerte ein Weilchen, bis Jacob öffnete. Er schlang den Gürtel um seinen seidenen Morgenmantel und strich sich das Haar aus der Stirn. »Was ist John, ist etwas nicht in Ordnung«, fragte er besorgt. »Sir, ich bin mir nicht sicher, aber ich glaube, es wäre besser, wenn Sie und Misses Stern zu ihrem Onkel kämen.« Jacob nickte und drehte sich um. Rosa war bereits aufgestanden und hatte sich ein zartviolettes Negligé über ihr Nachthemd gezogen. Dicht gefolgt von John eilte das Ehepaar barfuß die wenigen Meter zu Levis Zimmer. Rosa stürzte ans Bett und beugte sich über ihren geliebten Onkel, der friedlich zu schlafen schien. Sie griff nach seiner Hand und fühlte den Puls. »John«, stöhnte sie, »John, bitte fühlen Sie, ich spüre keinen Schlag mehr.« Jacob hatte inzwischen das Licht angemacht und war ebenfalls ans Bett getreten. Noch während John vergeblich nach Levis Puls suchte, brach Rosa in Tränen aus und barg ihr Gesicht an der Schulter ihres Mannes. Der strich ihr liebevoll über das schwarze Haar und nickte John zu, als der ihm mit einem Zeichen zu verstehen gab, daß Levi nicht mehr erwachen würde.

Samstag, der 27. September 1902, war ein trauriger Tag in der Leavenworth Street. Jacob schickte in aller Frühe den Diener zu Sigmund und seinen anderen Geschwistern, die einer nach dem anderen weinend eintrafen. John hatte Levi gewaschen, frisch gekleidet und auf seinem Bett aufgebahrt. Rosa nahm die Kleinsten an die Hand und ging mit ihnen, Abschied von ihrem geliebten Grandpa-Onkel Levi zu nehmen. Während sie um Fassung rang, liefen ihr unablässig Tränen über das Gesicht. Die Dienstboten huschten mit gesenkten Köpfen und verweinten Augen durch das Haus. John war in seine Kammer gegangen und saß, den Kopf in die Hände gestützt, an dem kleinen Holztisch. Auf dem Bett stand sein Koffer, den er noch nicht ganz fertig gepackt hatte. Es klopfte an der Tür. »Herein«, John nahm eine aufrechte Haltung ein. »Ich bin's, John«, sagt Sigmund und trat ein. »Wie geht es Ihnen?«, fragte er mitfühlend. John erhob sich und zuckte die Schultern. »Wie soll's schon gehen? Ich werde ihn vermissen, er war ein ganz besonderer Mensch.«

Sigmund nickte und reichte dem Pfleger die Hand. »Ich wollte Ihnen nur in unser aller Namen sagen, daß Sie natürlich so lange bleiben können, wie Sie möchten«, sagte er mit einer Kopfbewegung in Richtung des halbgefüllten Koffers. »Und außerdem wollte ich Ihnen sagen, daß wir alle sehr dankbar sind, für das, was Sie für unseren Onkel getan haben.« John kämpfte mit den Tränen und nickte. »Wenn Sie möchten, können Sie gerne morgen am Gottesdienst teilnehmen. Er wird hier im Haus stattfinden. Ich habe schon mit dem Rabbi gesprochen.« Sigmund schickte sich an, zu gehen. »Sehr gerne, vielen Dank, Mister Stern«, sagte John und schloß die Tür hinter ihm.

Am Montag, den 29. Spetember, betrat der würdige Rabbi Voorsanger vom Tempel Emanue-El pünktlich die Halle in der Leavenworth Street 621. Die Trauergäste drängten sich bis unter das Dach des Hauses. Ein offizieller Erlaß verordnete, daß die Geschäfte der Stadt geschlossen zu bleiben hatten, damit jedermann Gelegenheit hatte, der Andacht beizuwohnen. Vom reichsten Geschäftsfreund bis zum kleinsten Fabrikarbeiter waren alle gekommen, Levi Strauss die letzte Ehre zu erweisen. Die Trauerfeier begann um 10.30 Uhr. Der Rabbi zitierte einige Psalmen, bevor er eine ergreifende Rede auf den Verstorbenen hielt. Voller Bewunderung und Respekt sprach er von Levi Strauss als einem Mann mit großem Charakter und legte den Schwerpunkt seiner Worte weniger auf Levis geschäftliche Erfolge als vielmehr auf seine guten Taten. »Er liebte den Frieden ... sein Wort war bindend, sein Versprechen Verpflichtung ...« Als der Rabbi seinen Vortrag beendet hatte, wurde der Tote vorbei an seiner Familie, den Geschäftsfreunden und mehr als zweihundert Firmenangestellten herausgetragen.

Gemeinsam folgten sie dem Sarg, der in einer langen Prozession durch die Straßen von San Francisco bis zum Bahnhof getragen wurde. Überall waren die Fahnen auf Halbmast geflaggt, die Stadt trauerte um einen ihrer beliebtesten Bürger. Am Bahnhof wartete ein spezieller Zug, der den Sarg nach Colma, einem kleinen Ort südlich von San Francisco, brachte. Hier wurde Levi Strauss auf dem Friedhof »Haus des Friedens« feierlich beigesetzt.

In allen Zeitungen wurden hymnische Nachrufe auf den Verstorbenen veröffentlicht. Der »San Francisco Call« veröffentlichte eine dreispaltige Geschichte über sein Leben, und konstatierte:

»Mit wenig Geld, einem klaren Kopf und Hoffnung im Herzen eröffnete er das Kaufhaus ›Levi Strauss & Co‹ für Textilien und andere Waren und blieb dessen Besitzer und führender Kopf bis zu seinem Tod, neunundvierzig Jahre später.«

Das führende Gremium aller Geschäftsleute der Stadt berief eine Zusammenkunft ein und verfaßte einen Nachruf, der noch am selben Nachmittag veröffentlicht wurde:

»Der Staat Kalifornien verliert mit dem Tod von Herrn Strauss einen seiner führenden und herausragendsten Bürger. Die Stadt San Francisco betrauert einen kaufmännischen Pionier, dessen Erfolg nur noch von seinen guten Taten und seinem makellosen Ruf erreicht wird und diese Gemeinschaft ein Mitglied, dessen Arbeit, Geduld, Kraft und scharfes Urteilsvermögen für alle Zukunft in den Sitzungsprotokollen festgehalten sein werden.

Daß die großen pädagogischen Institute und einige bedeutende soziale Einrichtungen ebenfalls einen großen Verlust mit dem Tod von Herrn Strauss erlitten haben, manifestiert sich in seinem außergewöhnlichen Engagement für die kalifornische Universität, und zahllose Spenden, die er im Stillen getätigt hat. Für ihn spielten weder Rasse noch Glaube einer Rolle. Damit bewies er seine großzügige und allumfassende Sympathie für die Menschlichkeit.«

Wenige Wochen später versammelten sich die Familie, Philip Fisher und Albert Hirschfeld, um der feierlichen Testamentseröffnung beizuwohnen. Levis letzter Wille enthielt keine Überraschungen. Seine Neffen wußten, daß es ihre Aufgabe sein würde, die Firma auch im Zukunft im Sinne ihres verstorbenen Onkels zu führen. Nachdem der Text verlesen worden und alle Fragen geklärt waren, gingen die Familien Stern und Sahlein gemeinsam in die Leavenworth Street.

»Ich war noch nicht wieder in seinem Zimmer. Es schnürt mir das Herz zu«, sagte Rosa und wischte sich eine Träne aus dem Augenwinkel. Jacob nahm seine Frau liebevoll in den Arm. »Sigmund, willst du das nicht machen? Du warst ihm letztlich von uns allen immer der Nächste«, sagte er zu seinem Bruder. Sigmund nickte.

Zögernd betrat er Levis Zimmer. Es war dunkel. Das Dienstmädchen hatte das Bett frisch gemacht und die Vorhänge zugezogen. Sigmund atmete den unpersönlichen Geruch von Zitrone und Kampfer. Er öffnete die Gardinen, ließ frische Luft herein und sah sich um. »Wo soll ich denn anfangen?« murmelte er und öffnete die mittlere Schublade des Schreibtisches. Ordentlich, wie Levi zu Lebzeiten gewesen war, lagen hier, wo er auch das Testament verwahrt hatte, Papier und Federkiele nebeneinander.

Er ging zum Schrank, die Tür knarzte ein wenig. Wie Soldaten in Reih und Glied hingen die schwarzen Anzüge seines Onkels nebeneinander. Sigmund ließ liebevoll die Finger darüber streichen. Oberhalb der Westen, Jacken und Hosen befand sich ein Fach, in dem Levi seine Hemden aufbewahrt hatte. Sigmund stellte sich auf die Zehenspitzen und versuchte hinter die weißen Stapel zu spähen. »Da ist doch noch etwas«, er zog einen Stuhl heran und kletterte darauf. Tatsächlich, hinter den Hemden stand ein hölzernes Kistchen. Sigmund holte es hervor und stieg wieder vom Stuhl herunter. Er stellte den kleinen Behälter auf den Schreibtisch. Die Kiste war nicht verschlossen, dennoch fühlte sich Sigmund wie ein kleiner Junge, der etwas Verbotenes vorhatte. Er zögerte einen Augenblick, dann klappte er den Deckel zurück. Sigmund blickte auf ein Stück vergilbter Spitze. Er schlug die Enden des rechteckigen Stoffes zur Seite und sah ein kleines Bündelchen liebvoll verschnürter Briefe. Daneben stand eine zierliche Glasglocke, in der sich auf einer Stickerei ein paar vertrocknete Rosenblätter befanden und – verwahrt in einem speckigen Lederbeutelchen – eine silberne Haarspange.

EPILOG

Mit Jacob Stern an der Spitze, blieb die Firma auch nach dem Tod ihres Gründers auf Erfolgskurs. Sigmund und Abraham arbeiteten weiterhin in San Francsico, während Louis nach New York ging und den dortigen Firmenzweig leitete.

Am 18. April 1906 – Jacob Stern befand sich zu diesem Zeitpunkt in Europa – wurde San Francisco erneut von einem Erdbeben heimgesucht. Es war das schwerste in der Geschichte der Stadt. Die Zentrale in der Battery Street brannte fast vollständig aus, die Fabrikgebäude wurden ernsthaft beschädigt. Sigmund und Rosalie, Abraham und seine Frau Elise flohen mit den Kindern aus ihren Häusern und biwakierten in Sigmunds Garten, solange die Nachbeben und Feuer in der Stadt wüteten.

Als alles überstanden war, machten sich Sigmund und Abraham sofort an den Wiederaufbau der Firma. Während sie einen neuen Firmensitz in der Battery Street 98 errichten ließen, wurde die Verwaltung vorübergehend in Abrahams Haus untergebracht. Mit vereinten Kräften bewältigten sie die schwierige Zeit und bald war die Firma erfolgreich wie eh und je.

Mit ihren Millionen-Vermögen im Hintergrund betätigten sich die Stern-Brüder als Kunstmäzene und spendeten weiterhin hohe Summen für karitative Zwecke. Als Abraham, der jüngste der Brüder, 1912 an einer Lebensmittelvergiftung starb, erlitt die Familie einen weiteren herben Verlust.

Im selben Jahr entwickelte Simon Davis eine Kollektion für Kinder. Schon die ersten Spiel-Overalls ließen ahnen, daß die Serie ein unglaublicher Erfolg werden würde. Nachdem sein Vater Jacob Davis sich zur Ruhe gesetzt hatte, übernahm Simon dessen Funktion und leitete die Produktion.

1919 bereitete sich Sigmund auf den Ruhestand vor und holte seinen Schwiegersohn Walter Haas in die Firma. Gemeinsam mit seinem Cousin Daniel Koshland bereitete dieser sich darauf vor, »Levi Strauss & Co« in die Zukunft zu führen.

Generation um Generation blieb die Firma ein Familienunternehmen, doch die Ausweitung auf den europäischen Markt in den 6oer Jahren und das damit verbundene Wachstum führten 1970 zu einer tiefgreifenden Veränderung:

Die Geschäftsleitung ging an die Börse. Mit dem Verkauf der Aktien war »Levi Strauss & Co« kein reines Familienunternehmen mehr. Die Expansion geriet außer Kontrolle, die Firma begann Geld zu verlieren. Mit großer Anstrengung gelang es innerhalb der folgenden Jahre, die Verluste aufzufangen, und 1974 war die Krise überstanden.

Mit Robert D. Haas und seinem Cousin Peter beschloß die fünfte Generation der Strauss und Stern Familien, ihre ehemaligen Anteile zurückzukaufen. Am 30. August 1985 realisierten sie ihre Vision. Sie nahmen einen Kredit in Höhe von 1485 Milliarden Dollar auf und erwarben die Mehrheit ihrer Aktien.

Heute sind 99,8 Prozent der Firmenanteile wieder im Besitz von Familienmitgliedern.

DANK

Ich danke allen, die mir bei der Recherche zu diesem Buch behilflich waren, Beate Blüggel, Esther von Bruchhausen, Justus von Dohnanyi, Eva Heppe, Barbara Koller, Deborah Mark, Marc Mesgarzahdeh, Dianne Milla, Manfred Ostner, Tanja Roppelt und Christine Westermann.

Karin Graf und Heinke Hager ein Dankeschön für die engagierte Betreuung und meinem Lektor Ulrich Wank ganz herzlichen Dank für die »phantomastische« Zusammenarbeit.

BILDNACHWEIS

akg-images, Berlin: Seite 10 unten links
Corbis/Museum of the City of New York: Seite 2
Ullstein Bilderdienst, Berlin: Seite 3–7; Seite 9 oben;
Seite 16

Katja Doubek
Lexikon der Attentate
Berühmte Verschwörungen, Komplotte und Anschläge.
375 Seiten. Serie Piper

Könige, Stars, Politiker, Wirtschaftsführer und auch Spitzensportler – sie alle stehen im Scheinwerferlicht der Öffentlichkeit. Doch je größer Macht, Einfluß und Bekanntheitsgrad, desto höher ist auch auch ihr Risiko, Opfer eines Anschlags zu werden. Ob Sisi oder Hanns-Martin Schleyer, Julius Cäsar, John F. Kennedy oder Olof Palme – packend und faktenreich erzählt Katja Doubek von berühmten Verschwörungen und Komplotten von der Antike bis in die Gegenwart.

»Die Geschichte der Attentate, der geglückten und der mißlungenen, hat die Autorin in historischen Momentaufnahmen festgehalten – ein Buch, das durch die Ereignisse des 11. September 2001 eine beklemmende Aktualität bekommen hat.«
Die Zeit

Katja Doubek
Lexikon merkwürdiger Todesarten
Seltsame Spielarten und Formen des Exitus von Amoklauf bis Zyankali.
334 Seiten. Serie Piper

Was passiert, wenn man mit einem Revolver telefoniert? Ist Golfspielen wirklich lebensgefährlich? Mit welchen Mordwerkzeugen operierte die Inquisition? In diesem eigenwilligen Lexikon erfährt der Leser Verblüffendes über denkbar bizarre Todesarten. Katja Doubek erzählt von Schiffsunglücken, Schierlingsbechern, Schlaftabletten und Amokläufern, vom Tod durch Elefantentritte, Meuchelmörder und Zeppelinabstürze. Ein skurriles, schauerliches, bisweilen aber auch sehr amüsantes Panoptikum.

»Ein Buch, vor dem Einschlafen zu lesen, das zeigt, zu welch makabren Scherzen der Tod oft aufgelegt ist und wie komisch und brutal er zuschlägt – Trost durch Trostlosigkeit.«
Hellmuth Karasek, Der Tagesspiegel

SERIE PIPER

SERIE PIPER

Amanda Foreman
Die Herzogin von Devonshire
Das Leben einer leidenschaftlichen Frau. Aus dem Englischen von Susanne Friederike Levin und Martina M. Oepping. 512 Seiten mit 57 Abbildungen. Serie Piper

Leidenschaftlich, verwegen, sensibel: Georgiana, die Herzogin von Devonshire (1757–1806), war der alles überstrahlende Stern am Himmel der englischen Gesellschaft ihrer Zeit. Geliebt für ihren Charme, gerühmt für ihre extravaganten Mode-Ideen und geachtet als Politikerin, wurde sie von der damaligen Presse zu einem Star gemacht. Doch ihr Leben hatte durchaus Schattenseiten: Georgiana floh aus ihrer unglücklichen Ehe in Affären und an den Spieltisch, wo sie ein Vermögen verlor. Packend und einfühlsam erzählt Amanda Foreman die Lebensgeschichte dieser außergewöhnlichen Frau.

»Ein lebendiges Porträt, das über die aufregende Herzogin Georgiana ebenso viel erzählt wie über die ganze Epoche.«
Freundin

Helmut Kaiser
Maria Sibylla Merian
Eine Biographie. 203 Seiten mit 17 Abbildungen. Serie Piper

Maria Sibylla Merian (1647–1717), hochbegabte Kupferstecherin, Malerin und Naturforscherin, Tochter des berühmten Kupferstechers Merian, zeichnete Pflanzen, Früchte und Insekten in ihren verschiedenen Entwicklungsstadien nach der lebenden Natur wie kein Wissenschaftler und Künstler vor ihr. Ihre Forschungsarbeit, gepaart mit grenzenloser Neugier und nicht zu erschöpfender Tatkraft, war ebenso unkonventionell und ungewöhnlich wie ihr Privatleben: Sie trennte sich von ihrem Ehemann, lebte zeitweise in einer pietistischen Glaubensgemeinschaft und wechselte häufig ihren Wohnsitz. Ihre Forschungsreise nach Surinam 1699 krönte ihre Lebensleistung. Nach ihrer Rückkehr veröffentlichte sie 1705 ihr naturwissenschaftliches Meisterwerk, die kolorierten Kupferstiche »Metamorphosis Insectorum Surinamensium«.

Antje Windgassen
Alexandra David-Néel
Auf der Suche nach dem Licht. Biographischer Roman. 246 Seiten. Serie Piper

Als eine der ersten Frauen studierte Alexandra David-Néel an der Sorbonne. Als Dreiundzwanzigjährige machte sie sich 1891 das erste Mal auf in das Land ihrer Träume, nach Asien. Schließlich verbrachte sie ihr halbes Leben dort und wanderte durch Indien, Sikkim, Nepal, China und Tibet. Begegnungen mit dem Dalai Lama und mit Mahatma Gandhi machten sie weltberühmt.

»Es gab rasante Abenteuerinnen, die auf Kamelen Afrika erkundeten, in langen Röcken den Mont Blanc bezwangen und in unsicheren Flugkisten mit offenem Cockpit flogen. Eine von ihnen und die wohl berühmteste ist Alexandra David-Néel.«
Emma

Stefan Gläser
Frauen um Napoleon
261 Seiten und 16 Seiten Bildtafeln. Serie Piper

Elf Frauen, die in Napoleons Leben eine besondere Rolle spielten, die seinen glanzvollen Aufstieg und seinen jähen Sturz erlebten, die ihn liebten, bewunderten oder auch verachteten: von der Mutter Letizia und den drei Schwestern über die Ehefrauen Joséphine und Marie Louise und die beiden Adoptivtöchter bis hin zur Geliebten Marie Walewska und den Gegnerinnen Königin Luise und Madame de Staël – sie alle hat Stefan Gläser historisch fundiert und mitreißend porträtiert.

»Eine flüssig zu lesende und zugleich neue Einsichten eröffnende Ergänzung zu den unzähligen politischen Napoleon-Biographien.«
Geschichte

SERIE PIPER

Lesen Sie täglich eine Neuerscheinung: uns.

Lesen Sie die Frankfurter Rundschau zwei Wochen kostenlos und unverbindlich.

Telefon: 0800/8 444 8 44
Online: www.fr-aktuell.de

Frankfurter Rundschau
Deutlich. Schärfer.